Les Techniques littéraires au Lycée

Nouveau Bac 96

Claude Eterstein
Ancien élève de l'E.N.S.
Agrégé de l'Université
Professeur au Lycée international
de Saint-Germain-en-Laye

Adeline Lesot
Agrégée de l'Université
Professeur au Lycée polyvalent
René Cassin de Gonesse

Avant-propos

Les objectifs

Les Techniques littéraires au Lycée se propose trois objectifs :
– permettre à l'élève d'acquérir **les savoirs fondamentaux** nécessaires dès la classe de Seconde, tels que les instructions officielles de 1987 et 1988 les ont établis ;
– associer **les savoirs techniques** (linguistiques, rhétoriques, méthodologiques) aux connaissances et à **la culture littéraire** (chronologie, histoire, textes et problématiques), conformément à l'orientation définie pour la classe de Seconde par l'Inspection Générale des Lettres le 25 novembre 1994 ;
– présenter en détail **la nouvelle définition de l'épreuve de Français** au Baccalauréat (B.O. 28 juillet 1994), permettre un apprentissage des différents types d'exercices et de leurs modalités, offrir un entraînement efficace aux nouveaux sujets.

La composition des *Techniques littéraires au Lycée*

On trouvera dans ce livre 265 notions traitées en 30 leçons, 375 exercices, 390 extraits représentatifs de 145 auteurs du XVe au XXe siècle. L'ouvrage se présente en quatre grandes parties qui forment un ensemble progressif.
▶**La première partie** apprend à identifier les différentes formes de communication et la spécificité du texte littéraire (3 chapitres).
▶ **La deuxième partie** présente l'ensemble des outils indispensables pour lire, comprendre et analyser les différents types de textes et les grands genres littéraires (19 chapitres).
▶ **La troisième partie** est consacrée à la préparation de l'oral du Baccalauréat (2 chapitres).
▶ **La quatrième partie** a pour objectif de préparer aux épreuves écrites du Baccalauréat (6 chapitres).
Les notions qui sont abordées dans les deux premières parties sont récapitulées et réutilisées dans les parties consacrées aux épreuves du Baccalauréat ; on évite ainsi l'émiettement et le cloisonnement des savoirs, en favorisant les synthèses nécessaires à l'examen.

Comment utiliser *Les Techniques littéraires au Lycée*

Les Techniques littéraires au Lycée propose à ses utilisateurs une démarche claire.
Lecture et analyse
Chaque chapitre s'ouvre sur l'étude d'un texte qui donne une première illustration des notions abordées dans la leçon qui suit. Cette étude est moins un modèle qu'un cadre pour la réflexion : elle propose, par exemple, pour les épreuves du Bac des devoirs-types rédigés ou sous forme de plan.

Leçon

La leçon elle-même s'appuie sur de nombreux exemples, renvoie explicitement, à chaque étape, à des exercices d'application et s'achève sur un résumé (**L'essentiel**).

Exercices

Les exercices, par souci de clarté, sont rattachés distinctement aux points traités dans la leçon. L'objectif pédagogique de chaque exercice est précisé par son titre (ex : *La tonalité tragique, La rédaction d'une conclusion*).

Annexes

Les annexes comprennent :
– une fiche méthodique pour l'épreuve de Terminale ;
– des tableaux chronologiques des principaux mouvements littéraires ;
– un index des notions, qui renvoie aux questions traitées et aux définitions des mots-clés de l'analyse ;
– un index des auteurs, qui aide l'élève et le professeur dans leur parcours et permet des confrontations de textes et des groupements.

Un ouvrage progressif

Le souci des auteurs a été de garantir une progressivité à tous les niveaux de l'ouvrage.

▶ **Les parties I et II** offrent de multiples activités pour la classe de Seconde, à pratiquer par exemple en séances de modules.

▶ **Les parties III et IV**, consacrées aux épreuves du Baccalauréat, permettront en Première et en Terminale les entraînements indispensables ; les épreuves des séries technologiques sont abordées comme celles des séries générales.

▶ **Dans les leçons**, les points difficiles sont décomposés afin d'être plus accessibles. Un des objectifs privilégiés est d'apprendre à lire une question (ex : *Qu'est-ce qu'étudier une stratégie argumentative ?*). Une autre est de donner les références stylistiques et littéraires pour rédiger un devoir ou étudier un texte (ex : *Chapitres sur les genres littéraires*).

▶ **Les exercices** sont disposés selon une progression claire : repérage, analyse, approfondissement et rédaction, exercice-bilan pour clore le chapitre.

Un critère essentiel a été retenu pour les textes proposés, les consignes, l'articulation entre la leçon et les exercices : **la lisibilité**. Les auteurs souhaitent qu'en offrant les moyens de mieux lire, d'exercer plus librement sa réflexion et son jugement, ce livre soit un véritable instrument de succès.

Les auteurs remercient chaleureusement Béatrice Rego pour la part qu'elle a prise dans la conception de cet ouvrage.

LES AUTEURS

Mode d'emploi

Cet ouvrage propose trente chapitres qui correspondent à autant de modules d'activité pour la classe de français au Lycée.

Chaque chapitre contient trois parties clairement articulées : la partie « Lecture et analyse » (ou « Analyse et rédaction »), la partie « Leçon » et la partie « Exercices ». L'ouvrage s'achève sur des tableaux d'histoire littéraire et des index (« Annexes »).

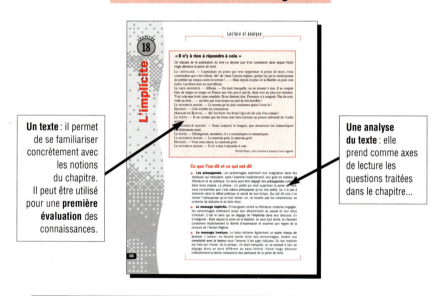

Un texte : il permet de se familiariser concrètement avec les notions du chapitre. Il peut être utilisé pour une **première évaluation** des connaissances.

Une analyse du texte : elle prend comme axes de lecture les questions traitées dans le chapitre...

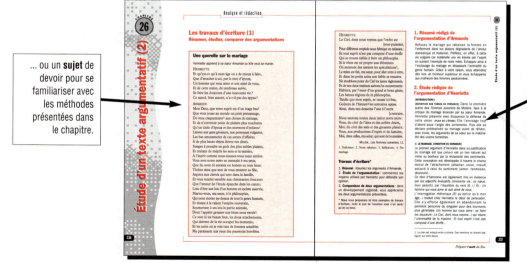

... ou un **sujet de devoir** pour se familiariser avec les méthodes présentées dans le chapitre.

... ou **un devoir rédigé** pour donner une idée de ce qui est attendu à l'examen.

Leçon

Elle propose :

Une méthode pour lire une question et aborder les épreuves du Baccalauréat.

Des exemples pour illustrer chaque point.

Des tableaux récapitulatifs renvoyant aux autres leçons.

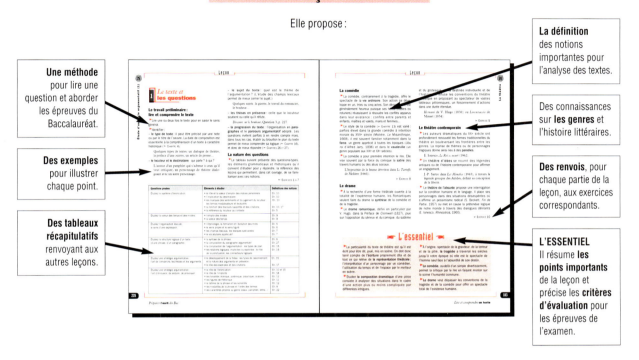

La définition des notions importantes pour l'analyse des textes.

Des connaissances sur **les genres** et l'histoire littéraires.

Des renvois, pour chaque partie de la leçon, aux exercices correspondants.

L'ESSENTIEL Il résume **les points importants** de la leçon et précise les **critères d'évaluation** pour les épreuves de l'examen.

Exercices

Ils invitent, selon une démarche progressive, à des repérages puis à des analyses plus approfondies, enfin à des travaux dirigés de rédaction.

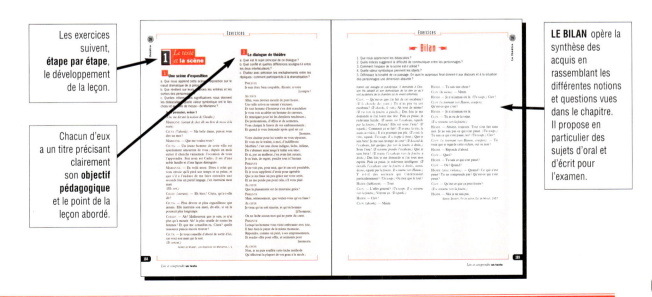

Les exercices suivent, **étape par étape**, le développement de la leçon.

Chacun d'eux a un titre précisant clairement son **objectif pédagogique** et le point de la leçon abordé.

LE BILAN opère la synthèse des acquis en rassemblant les différentes notions et questions vues dans le chapitre. Il propose en particulier des sujets d'oral et d'écrit pour l'examen.

Sommaire

PREMIÈRE PARTIE

Communiquer : signes, textes, images.

1. La communication et ses signes	10
● 2. L'image et sa critique	16
3. La création littéraire	32

DEUXIÈME PARTIE

Lire et comprendre un texte

4. Les types de texte	42
5. Texte et contexte	54
● 6. Le lexique : étymologie, polysémie	64
● 7. Le lexique : les réseaux lexicaux	70
● 8. La phrase	78
● 9. Les temps et les modes	86
● 10. L'énonciation	94
● 11. Les figures de rhétorique	104
● 12. Métrique, rythme et sonorités	114
● 13. Les tonalités	124
14. La narration et la description	132
15. L'information et l'argumentation	142
● 16. La logique de l'argumentation	150
● 17. Les exemples et les citations	160
● 18. L'implicite	166
19. Le roman	172
20. Le théâtre	180
21. La poésie	190
22. L'essai, le pamphlet, la lettre, l'autobiographie	198

● Les chapitres comportant une pastille rouge sont particulièrement recommandés dans le cadre d'un enseignement en modules.

TROISIÈME PARTIE
Préparer l'oral du Bac

23. La lecture méthodique 208
24. L'entretien 216

QUATRIÈME PARTIE
Préparer l'écrit du Bac

Les sujets du nouveau Bac 224
25. Étude d'un texte argumentatif (I) - Questions 226
26. Étude d'un texte argumentatif (II) - Travaux d'écriture (1) : 236
    Résumer, étudier, comparer des argumentations
27. Étude d'un texte argumentatif (III) - Travaux d'écriture (2) : 248
    Développer, réfuter, discuter une argumentation
28. Étude et commentaire d'un texte littéraire (I) : Questions 256
29. Étude et commentaire d'un texte littéraire (II) : 264
    Commentaire composé
30. Dissertation sur un sujet littéraire 272

Annexes

Fiche méthodique pour l'épreuve de Terminale 280
Tableaux chronologiques des principaux mouvements littéraires 282
Index des notions 286
Index des auteurs 288

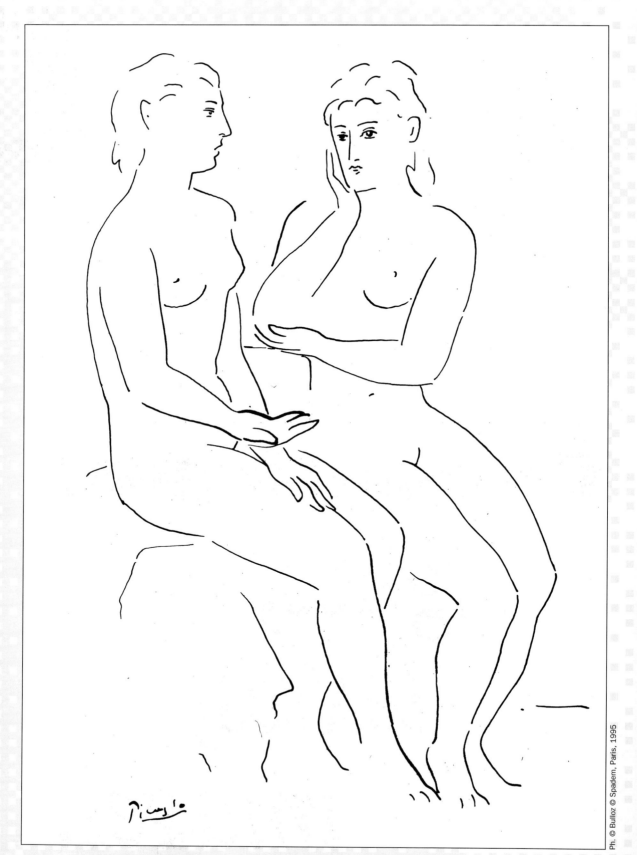

Pablo Picasso (1881-1973). *Deux femmes nues* (dessin) - Musée d'Art Moderne de la ville de Paris.

Partie 1

Communiquer :
signes,

textes,

images.

CHAPITRE 1 — La communication et ses signes

Lecture et analyse

Un mot pour un autre

LA BONNE, *entrant*. — Madame, c'est Madame de Perleminouze.

MADAME. — Ah ! Quelle grappe ! Faites-la vite grossir !

La Bonne sort. Madame, en attendant la visiteuse, se met au piano et joue. Il en sort un tout petit air de boîte à musique.

Retour de la Bonne, suivie de Madame de Perleminouze.

LA BONNE, *annonçant*. — Madame la comtesse de Perleminouze !

MADAME, *fermant le piano et allant au-devant de son amie*. — Chère, très chère peluche ! Depuis combien de trous, depuis combien de galets n'avais-je pas eu le mitron de vous sucrer !

MADAME DE PERLEMINOUZE, *très affectée*. — Hélas ! Chère ! j'étais moi-même très, très vitreuse ! Mes trois plus jeunes tourteaux ont eu la citronnade, l'un après l'autre. Pendant tout le début du corsaire, je n'ai fait que nicher des moulins, courir chez le ludion ou chez le tabouret, j'ai passé des puits à surveiller leur carbure, à leur donner des pinces et des moussons. Bref, je n'ai pas eu une minette à moi.

MADAME. — Pauvre chère ! Et moi qui ne me grattais de rien !

JEAN TARDIEU, *Un mot pour un autre*, Éd. Gallimard, 1951.

Le dérèglement du signe

▶ **Un dialogue.** Dans cet extrait d'une pièce de théâtre, deux personnages, face à face, communiquent. **Leur communication s'établit à l'aide de mots.** Mais la plupart des mots employés sont utilisés à la place d'autres mots, selon le principe énoncé dans le titre de la pièce : *Un mot pour un autre*, comme si les personnages, explique Tardieu, puisaient au hasard dans un sac.

▶ **Une communication menacée.** Ce procédé engendre une situation de communication inhabituelle : **le signe** (ici, le mot) n'est visiblement pas à sa place et ne remplit pas sa fonction ordinaire. La plupart des mots renvoyant à une définition qui ne fait pas sens dans la phrase, la communication, assurée d'habitude par le langage, paraît très compromise. Toute communication requiert en effet l'emploi d'un **code commun** aux utilisateurs, par exemple la langue française, dans laquelle tel mot a telle signification.

▶ **Le signe, une convention.** La communication entre les personnages reste possible, bien que certains de ses éléments soient perturbés. On comprend en effet que Mme de Perleminouze se plaint des soucis rencontrés dans sa vie familiale. Mais pour attribuer ce sens à ses paroles, il faut supposer que *vitreuse* signifie *soucieuse*, *trois jeunes tourteaux* : *trois jeunes enfants*, *la citronnade* : *la jaunisse*, *leur carbure* : *leur température*... En opérant ces substitutions, on met en évidence **le caractère arbitraire du signe.** Pourquoi *jaunisse* et pas *citronnade* pour désigner la maladie ? Les signes, y compris les signes linguistiques, on le voit, résultent d'une convention, d'un accord passé entre ceux qui les utilisent.

Leçon

1 Les signes

Tous ces signes servent à communiquer.

	1	2	3	4	5	6
Type	1. signal	2. symbole, pictogramme	3. signe gestuel des sourds-muets	4. alphabet morse	5. signe linguistique : interjection	6. signe linguistique : phrase
Signification	sens interdit	défense de fumer	union, chaîne	SOS	surprise ? reproche ? admiration ?	change de sens s'il se trouve sur une porte d'appartement, sur une machine à écrire, à l'entrée d'une salle de boxe, s'il sert de slogan à une agence de publicité ou à une bande de casseurs.

Signes et symboles

▶ Les signes 1, 4, 5, 6 nécessitent une connaissance pour être compris (connaissance du code de la route, de l'alphabet Morse, de la langue française). Ils résultent d'une **convention**. Ils sont arbitraires ; on pourrait signifier la même chose par un autre signe.

▶ Les signes 2 et 3 sont des représentations **symboliques**. Ils ressemblent à ce qu'ils signifient. On peut facilement deviner leur signification.

Sens et interprétation

▶ Les signes 1, 2, 3, 4 ont une **signification fixe**. Elle ne varie pas selon le contexte. Il est indispensable qu'il n'y ait aucune équivoque dans un panneau de signalisation routière.

▶ Les signes 5 et 6 admettent **des interprétations différentes**. Ils doivent être placés dans un contexte pour que leur signification se précise.

➤ EXERCICES 1, 2

2 Le mot : signifiant et signifié

Définition

Comme tout signe, un mot se compose d'un signifiant et d'un signifié.

▶ Le **signifiant** est la combinaison de lettres et de sons. C'est l'aspect matériel, la **forme** du mot.

> Le mot *chien* comporte cinq lettres *(C.H.I.E.N.)* et se prononce [ʃjɛ̃].

▶ Le **signifié** est le **concept**, ce que l'on signifie à l'aide du signifiant. L'idée d'un animal domestique à quatre pattes, mammifère carnivore, capable d'aboyer, correspond dans mon esprit au mot *chien*.

▶ Signifiant et signifié sont **indissociables**. Mais leur rapport est **arbitraire**. A priori, rien ne lie le mot *chien* à ce qu'il désigne. Dans d'autres langues, on emploiera d'ailleurs d'autres signifiants *(dog, hunt, cane...)* pour ce même signifié. On pourrait même s'amuser à substituer un signifiant à un autre, décider d'appeler un chien « cheval » et prétendre que le cheval aboie...

▶ Néanmoins, le rapport entre le signifiant et le signifié est ressenti comme une **nécessité** par une même communauté linguistique. En effet, pour établir la communication et assurer une compréhension satisfaisante, il est indispensable que les interlocuteurs emploient les mêmes outils (signifiant et signifié).

Le jeu sur le signifié

Le travail sur le signifié et sur le signifiant est une source de création intéressante.

▶ Un même signifiant peut avoir **plusieurs signifiés**.

Le service :
a. l'aide procurée à quelqu'un bénévolement,
b. le travail accompli pour servir des clients,
c. l'ensemble de bureaux dans une entreprise,
d. le pourboire,
e. le service militaire,
f. le service au tennis.

▶ Les humoristes et les poètes exploitent souvent cette diversité de sens, créatrice d'ambiguïtés, en jouant sur les équivoques pour renouveler notre rapport aux mots (➢ Chapitre 7).

Le plus clair de mon temps, je le passe à l'obscurcir.
                                          Boris Vian

Le jeu sur le signifiant

La forme du mot se prête à des transformations ou à des rapprochements enrichissants.

▶ **L'anagramme** intervertit les lettres d'un mot pour créer un autre mot.

Marcher → charmer

▶ La **paronomase** rapproche des mots de sonorités presque semblables et de sens différents.

Qui se ressemble s'assemble.

▶ **L'allitération** et **l'assonance** naissent du rapprochement de mots formés de sons consonantiques ou vocaliques semblables. La poésie en tire des effets sonores expressifs (➢ Chapitre 12).

Dans son sommeil glissant l'eau se suscite un songe.
= allitération en [s]
                                          Claude Roy

De tout ce que j'ai dit je me dédis ici. = assonance en [i]
                                          Molière
➢ Exercices 3 à 5

3 La communication verbale : l'oral et l'écrit

La communication verbale s'établit par des mots. Elle peut être orale ou écrite. Quoiqu'elles utilisent le même support (la langue), ces deux formes de communication présentent des traits distincts.

La communication écrite et orale

▶ Dans la communication **écrite**, le **destinataire** (celui à qui l'on s'adresse) est éloigné. Le message doit être complet, achevé, et obéir aux règles de lisibilité de l'écrit : orthographe, ponctuation, cohérence.

▶ Dans la communication **orale**, l'**émetteur et le récepteur** sont en principe en présence l'un de l'autre. La communication orale ajoute aux mots les expressions du visage, les gestes, les intonations de la voix. Si le message est improvisé, il sera amené à subir des interruptions, des modifications.

Les caractéristiques de l'oral

Intonations, rythme
- Intonation ascendante dans l'interrogation :
    Tu viens ?
- Intonation descendante dans l'exclamation :
    Quelle affaire !
- Pauses, silences, interruptions
- Accentuation expressive :
    C'est in-vrai-sem-blable.
- Prononciation, contractions *(p't-être)*, accents régionaux

Lexique
- Répétitions
- Interjections :
    Heu !
- Appuis du discours :
    Tu sais, bon, j'veux dire

Syntaxe
- Constructions segmentées :
    Le plombier, tu l'as appelé ?
- Suppression d'une partie de la négation :
    J'ai pas entendu.
- Redondance pronominale :
    Hier, mon frère, il m'a dit...

Leçon

- Emploi de la coordination plutôt que de la subordination
- Temps grammaticaux moins nombreux

L'oral dans l'écrit, l'écrit à l'oral

▶ L'oral et l'écrit ne sont pas toujours des catégories nettement distinctes.

▶ Pour transcrire une communication orale, dans un dialogue de roman par exemple, on pourra chercher, **par souci de fidélité ou de naturel**, à transférer dans le code écrit les marques caractéristiques de la langue parlée.

C'est vrai, t'as raison en somme, que j'ai convenu, conciliant, mais enfin on est tous assis sur une grande galère, on rame tous à tour de bras, tu peux pas venir me dire le contraire !... L.-F. CÉLINE

▶ En dehors même du dialogue, il arrive qu'un récit, une lettre, un article de presse reproduisent dans l'écrit la spontanéité et l'expressivité de l'oral.

▶ Mais à l'inverse, le dialogue de théâtre, le discours, bien qu'ils soient prononcés oralement, sont des textes mis en forme selon les critères de la langue écrite.

➢ EXERCICES 6 À 10

L'essentiel

▶ Les **signes** sont les **outils de la communication**. Le support (signal, symbole ou signe linguistique) transmet une signification dont l'interprétation est plus ou moins directe, plus ou moins ouverte.

▶ Comme signe, le **mot** est la **combinaison d'un signifiant** (la forme du mot) **et d'un signifié** (ce que veut dire ce mot). Le travail sur le signifiant (par permutation, manipulation, rapprochement), et le travail sur le signifié (en jouant sur la polysémie du mot) permettent de multiplier les ressources poétiques de la langue.

▶ Dans la communication verbale, **l'oral et l'écrit** mettent en jeu des situations et des codes différents : présence ou absence de l'émetteur ou du récepteur, caractère spontané ou achevé du message. Mais l'écrit peut intégrer l'oralité (romans, lettres...) et l'oral peut être de l'écrit transmis oralement (théâtre, discours...).

Exercices

1 Les signes

1 Les signes et leur interprétation

a. Quels sont les signes demandant une connaissance pour être compris ?
b. Quels sont ceux auxquels on peut facilement donner une interprétation ? Laquelle ?
c. Quels sont ceux qui entraînent plusieurs interprétations ? Lesquelles ?

1   2   3   4   5

2 Le langage des signes

Relevez les termes qui font penser que les signes évoqués dans le texte « parlent ».

> Nous devions alors, la petite fille et moi, avoir dans les treize ans. Je pense bien ne lui avoir pas parlé plus de trois minutes dans toute ma vie, mais je n'ai pas cessé de lui faire ma cour durant des années. Et quelle cour ! À cause d'elle seule j'ai perdu beaucoup de ce temps dont je n'avais guère. Sans rien nous dire, nous étions convenus d'un langage : on n'imagine pas ce que des persiennes peuvent dire, selon qu'elles sont plus ou moins closes, plus ou moins ouvertes, plus ou moins inclinées, sans parler de leurs battements qui, d'une fenêtre à l'autre, peuvent être des saluts, des soupirs, des reproches, des prières. Tout signifiait : je pense à vous.
>
> JEAN GUÉHENNO, *Changer la vie*, Éd. Grasset, 1961

2 Le mot : signifiant et signifié

3 Signifiant et signifié

Donnez au moins deux signifiés pour chacun de ces signifiants : *une mine, un accent, un terme, une glace, une légende*.

4 Les anagrammes

Créez des anagrammes en intervertissant les lettres qui composent chacun de ces mots : *niche, Marie, rage, semeur*.

5 Le jeu sur le signifiant

Analysez le jeu pratiqué sur le signifiant.

Texte 1

La mer, la mer, toujours recommencée !
Ô récompense après une pensée.
        PAUL VALÉRY, *Le Cimetière marin*, Éd. Gallimard, 1922

Texte 2

Jeux mais merveilles
Faux marbre fou d'ambre d'ombre
Des vagues et du soleil
Tatouant toute la chambre
Où débouche mon sommeil
        JEAN COCTEAU, *Opéra*, © Jean Cocteau, 1927

Texte 3

Je tresserai mes vers de verre et de verveine
Je tisserai ma rime au métier de la fée
Et trouvère du vent je verserai la vaine
Avoine verte de mes veines
Pour récolter la strophe et t'offrir ce trophée
        © Louis Aragon, *Les Yeux d'Elsa*, Éd. Pierre Seghers, 1941

3 La communication verbale : l'oral et l'écrit

6 De l'oral à l'écrit

Voici la transcription d'un exposé oral enregistré.
a. Réécrivez le texte en vous efforçant d'éliminer les marques de l'oral.
b. Indiquez les transformations opérées.

> Bon alors le thème c'est « à travail égal salaire égal » bon en ce qui me concerne je suis pas tout à fait d'accord avec cette formule parce qu'elle est pas très souvent appliquée je dirais même pratiquement jamais ou alors des – vraiment des cas disons exceptionnels heu – en ce qui concerne le travail ça on sait vous le donner même en abondance sans regarder heu si vous êtes apte à le faire ou pas en ce

Exercices

qui concerne le salaire ça c'est autre chose en ce qui concerne les hommes je crois que quand même ils ont sur nous un avantage considérable parce que eux au moins bon ben on va les rémunérer en fonction de ce qu'ils font même des fois je vais être méchante là même des fois un peu plus par rapport à ce qu'y font dans leur – dans leur travail et des responsabilités qu'ils ont Heu tandis que nous heu on se limite vraiment heu bon vous êtes sténo-dactylo une sténo dactylo doit gagner tant même si vous allez faire un peu plus un travail de secrétaire tenir un secrétariat enfin rédiger des lettres répondre au téléphone recevoir éventuellement un client pour lui donner des informations on vous dira bon ben c'est bien ou bien des fois on vous dira rien du tout on n'en tiendra pas compte mais le salaire pour ça ne bouge pas

7 Les marques de l'oral dans un dialogue écrit

Étudiez les procédés qui ont servi à transcrire la langue orale utilisée dans ce dialogue familier.

« V'la l'affaire. J'étions embusqué à l'Éperon quand quèque chose nous passe dans le premier buisson à gauche, au bout du mur. Mailloche y lâche un coup, ça tombe. Et je filons, vu les gardes. Je veux pas te dire ce que c'est, vu que je l'ignore [...] — C'est-i pas un chevreuil ?
— Ça s'peut bien, ça ou autre chose ? Un chevreuil ?... oui... C'est p't-être pu gros ? Comme qui dirait une biche. Oh ! j'te dis pas que c'est une biche, vu que j'l'ignore, mais ça s'peut ! »

GUY DE MAUPASSANT, « L'Âne », *Contes*

8 Transcription de l'oral

Que cherche à faire Balzac dans cet extrait ?
a. Comment s'y prend-il ?
b. Quel est le rôle de l'italique ?

« *Montemisselle*, dit-il enfin à la pauvre jeune fille, *auriez-fûs la pondé té m'accebder gomme fodre brodecdère ? [...] Ne bleurez boind. Ce feux fus rentre la blis hereize te duddes les phâmes... Laissez-fûs seilement aimer bar moi, fus verrez.* »

HONORÉ DE BALZAC,
Splendeurs et Misères des courtisanes, 2e Partie

9 L'écrit et l'oral dans une lettre

a. Relevez les éléments qui permettent de distinguer une situation de communication écrite.
b. Quelles sont cependant les marques de l'oral ?

Ah ! mon Dieu, Madame, que je suis affligée ! que je suis malheureuse ! Qui me consolera dans mes peines ? qui me conseillera dans l'embarras où je me trouve ? Ce M. de Valmont... et Danceny ! non, l'idée de Danceny me met au désespoir... Comment vous raconter ? comment vous dire ?... Je ne sais comment faire. Cependant mon cœur est plein... Il faut que je parle à quelqu'un, et vous êtes la seule à qui je puisse, à qui j'ose me confier. [...]
Apprenez donc... ma main tremble, comme vous voyez, je ne peux presque pas écrire, je me sens le visage tout en feu... Ah ! c'est bien le rouge de la honte. Hé bien ! je la souffrirai ; ce sera la première punition de ma faute. Oui, je vous dirai tout.

CHODERLOS DE LACLOS, *Les Liaisons dangereuses*, Lettre CV

10 L'écrit et l'oral dans un discours

a. Relevez les éléments qui permettent de distinguer une situation de communication orale.
b. Faites apparaître les aspects qui montrent que ce texte est travaillé, organisé comme un texte écrit.

Je vous demande, citoyens, cette loi que je vous ai proposée. Mais j'insiste sur ce qui est plus qu'une loi : il faut que vous soyez peuple ; il faut que tout homme à qui il reste quelque étincelle de patriotisme, que tout homme qui souhaite encore se montrer français, ne s'éloigne pas du peuple ; c'est le peuple qui nous a produits ; nous ne sommes pas ses pères, mais nous sommes ses enfants !
(*Applaudissements.*)
Je demande qu'on mette aux voix ma proposition qui est d'armer tous les Français, au moins d'une pique ; de mettre en activité le Tribunal révolutionnaire, et que vous fassiez une déclaration manifeste, qui sera envoyée à tous les départements, par laquelle vous annoncerez au peuple français que vous serez aussi terribles que lui, que vous ferez toutes les lois nécessaires pour anéantir à jamais l'esclavage, et qu'il n'y a plus ni paix, ni trêve entre vous et les ennemis de l'intérieur.
(*Vifs applaudissements.*)

DANTON, *Discours à la Convention*, 27 mars 1793

CHAPITRE 2 — L'image et sa critique

Observation et analyse

Un tableau « révolutionnaire »

▶ **Une scène d'histoire et une chose vue** : si l'ambition de la peinture, de la Renaissance au début du XIXe siècle, est de **représenter les hauts-faits de l'humanité**, la particularité de ce tableau est de saisir **une histoire encore vivante**, immédiatement contemporaine (Delacroix fut un témoin direct de la Révolution de 1830). Le tableau mêle ainsi la vision d'art et *la chose vue* (V. Hugo), la réalité et l'imagination.

▶ **Une composition dynamique** : caractéristique des **innovations romantiques** en matière de composition artistique, ce tableau surprend par **le mouvement des lignes** formées par les corps, les bras, les armes des trois personnages principaux (la femme au centre, l'enfant à sa gauche, le jeune homme tenant un fusil à sa droite) qui semblent se diriger vers le spectateur. **Une série de tensions formelles et thématiques** permettent de suggérer la violence et la complexité d'une journée révolutionnaire (l'opposition de l'horizontal et du vertical, des vivants et des morts, des couleurs sombres et éclatantes, de l'individu et de la foule, etc.).

▶ **L'allégorie** : comme son titre l'indique, ce tableau est une allégorie qui permet à l'artiste de donner son **interprétation d'un événement historique** dans lequel il célèbre l'union du peuple à la conquête de sa liberté. Chaque détail représenté possède une **valeur symbolique** : on reconnaît le manoeuvre à son mouchoir de tête et à sa blouse bleue, l'ouvrier (au sabre) à son tablier, l'étudiant de Polytechnique (au troisième plan) à son bicorne. La « Liberté » a la poitrine nue des Victoires antiques et porte au sommet de la composition les couleurs de la République.

▶ **La signature de l'artiste** : Delacroix s'est représenté lui-même à la gauche du tableau en chapeau haut de forme et en redingote. En troquant ses pinceaux contre un fusil, il affirme **l'engagement politique de l'artiste**.

EUGÈNE DELACROIX (1798-1863), *La Liberté guidant le Peuple*, 1831. Musée du Louvre, Paris.

D'abord intitulé « Le 28 juillet 1830 », ce tableau d'Eugène Delacroix évoque les « Trois glorieuses », ces journées révolutionnaires au cours desquelles Paris se couvrit de barricades pour mettre fin au règne du roi Charles X.

Leçon

L'image et sa critique

Claude Gellée, dit Le Lorrain (1608-1682), *Port de mer au soleil couchant*. Musée du Louvre, Paris.

1 L'image et ses signes

Un vocabulaire de formes et de couleurs

▶ Le vocabulaire de l'image est constitué de **lignes**, de **points**, de **surfaces**, de **couleurs** dont la disposition donne parfois l'illusion du volume, de la lumière, du mouvement, de la vie.

▶ **La perspective géométrique** représente les objets sur une surface plane de telle sorte que leur représentation corresponde à la perception visuelle qu'on peut en avoir. Le principal aspect technique de la représentation en perspective est l'organisation des lignes en un faisceau orienté vers un point unique appelé **point de fuite** (Voir le schéma sur le tableau ci-dessus).

▶ On distingue les **couleurs chaudes** (jaune, orangé, rouge) et **froides** (celles qui se rapprochent du bleu), les couleurs **primaires** (jaune, rouge, et bleu) et **complémentaires** (par exemple, le vert est complémentaire du rouge).

➢ Exercices 1, 4

Un système de signes

▶ Ces éléments peuvent recevoir un sens et être interprétés, ce qui les constitue comme **signes**.

Dans *La Liberté guidant le Peuple*, la convergence des lignes de la partie supérieure du tableau vers la femme portant le drapeau souligne son rôle de guide.

▶ Toute image peut être « lue » comme un système de signes, ce qui l'apparente à d'autres messages (au texte écrit notamment). Cependant l'image est singulière en

Communiquer: **signes, textes et images**

Leçon

Ci-dessus, à gauche
CLAUDE MONET
(1840-1926),
La cathédrale de Rouen-Le portail, soleil matinal-Harmonie bleue,
1893. Musée
d'Orsay, Paris.

Ci-dessus, à droite
CLAUDE MONET
(1840-1926),
Portail de la cathédrale de Rouen, temps gris.
Musée des Beaux-Arts,
Rouen.

ce qu'elle présente ses signes **simultanément** (et non successivement comme dans le cas du texte écrit).

▶ Des relations complexes se nouent entre ces « signes » :
– organisation des lignes et répartition des objets selon les **lois de la perspective**.
– **contraste** de l'ombre et de la lumière dans la technique du **clair-obscur** (mise au point aux XVIe et XVIIe siècles en Italie et en Flandre).
– **jeu systématique** sur les taches et les contrastes de couleurs pour suggérer les formes, les volumes et l'éclairage des objets à différents instants, comme dans la peinture impressionniste à la fin du XIXe siècle (par exemple, *Les Cathédrales de Rouen* de Monet).
– **fragmentation et assemblage** de différentes surfaces colorées, comme dans le cubisme, au début du XXe siècle.

▶ Les images (et leurs signes) peuvent s'organiser en **chaînes** ou en **séries** dans la bande dessinée et le cinéma, où la succession et le montage des images permettent le déroulement dans le temps d'un récit.

▶ La publicité joue plutôt sur la répétition (sur des supports variés) d'une même image ou d'un même message.

➤ EXERCICES 1, 3, 4, 8

Le contenu du message

Des intentions différentes président au choix et à la répartition des signes de l'image (ou bien des éléments d'une chaîne d'images) :
– **représenter** des objets, des lieux, des personnages ou des événements chargés d'une **signification personnelle ou collective** (religieuse, morale, sociale, politique, historique…).

Communiquer : **signes, textes et images**

Leçon

La représentation allégorique de la Liberté dans le tableau de Delacroix ; la photographie d'un homme politique dans un reportage d'actualité ; ou encore les images d'une automobile dans un film publicitaire.

– **imiter la nature** selon un parti-pris plus ou moins réaliste et figuratif.

Le tableau d'un paysage, ou une « nature morte ».

– **créer un univers** de formes et de couleurs ne renvoyant pas au monde extérieur mais à une « nécessité intérieure », comme dans l'art abstrait. V. Kandinsky peint en 1910 la première aquarelle abstraite.

➤ Exercices 1 à 4

Le texte et l'image

▶ Des rapports complexes se créent dans la publicité, la bande dessinée ou le cinéma entre le texte et l'image. Parfois l'image sert simplement d'illustration à un texte ; mais, souvent, c'est le texte qui sert de **légende** à l'image en orientant son interprétation.

▶ L'image peut-être « signée » non seulement par le nom de son créateur mais par l'interprétation personnelle qu'il donne d'une image préexistante.
La Joconde de Léonard de Vinci a ainsi donné lieu à de nombreuses réinterprétations, parfois dans une intention parodique (on parle alors de « **détournement** » de l'image et de son message) : voir *Mona Lisa* de Andy Warhol, page 21.

➤ Exercices 3, 5

2 L'image et le point de vue

Le point de vue

▶ Toute image est le produit d'un point de vue sur le monde (ou sur soi). De plus, elle s'adresse au regard d'un spectateur en lui offrant **un certain découpage** de la réalité, un certain angle de vue, une forme particulière d'illusion.

▶ Ainsi, dans la manière de représenter l'espace, on sera attentif à divers procédés :
– aux effets du **cadrage** en plans larges, plans moyens ou gros plans ;
– aux visions **centrées** (celle qu'offrent, bien souvent, les œuvres de la Renaissance) ou **décentrées** (celles qu'affectionnent les Impressionnistes) ;
– aux visions en **plongée** (en surplomb) ou en **contre-plongée** (de bas en haut) ;
– aux effets de la **profondeur de champ** (du premier plan au « fond » de l'image) ;
– à l'**ouverture** ou la **clôture** de l'espace représenté, qui organisent les rapports essentiels dans une image entre le visible et l'invisible.

➤ Exercices 6, 7, 9, 10, 11

Vassily Kandinsky (1866-1944), *Première aquarelle abstraite,* 1910. Museum of Modern Art, New-York.

Communiquer : **signes, textes et images**

Leçon

La mise en œuvre du regard

▶ Les regards des personnages représentés ordonnent la composition de l'image et « dialoguent » avec le spectateur.

▶ Certains artistes choisissent, à des fins expressives, de déformer l'image pour inviter à regarder le monde autrement :

La déformation des lignes et des volumes par le choix d'un objectif « grand angle » en photographie.

➤ EXERCICES 7, 8, 10

3 L'image et sa critique

▶ De Platon à nos jours, **les illusions propres à l'image**, qui est parfois confondue avec la réalité (voir la technique du « trompe-l'œil »), ont été soulignées et souvent dénoncées. Aujourd'hui, alors que les images sont omniprésentes à travers la multiplication de leurs médias, leur critique est une activité de pensée salutaire : pour dépasser leur simple « consommation », il est indispensable de les comprendre.

▶ **La critique d'art**, appliquée à la peinture, la photographie ou le cinéma, est encore une critique de l'image. Elle prend, chez Diderot, Baudelaire ou Malraux, le caractère d'un exercice littéraire où le texte écrit commente l'image et s'en inspire.

➤ EXERCICES 12 À 14

ANDY WARHOL (1930-1987), *Mona Lisa*. Silkscreen on canvas. H. 44 in. W. 29 in. The Metropolitan Museum of Art, Gift of Henry Geldzahler, 1965.

☞ L'essentiel ☜

▶ Déchiffrer une image suppose l'apprentissage d'un « **vocabulaire** » particulier de formes et de couleurs, qui sont autant de **signes**. Ceux-ci forment un message susceptible d'être interprété.

▶ On s'intéressera donc à la **composition** de l'image, c'est-à-dire à l'assemblage (par contraste, complémentarité, fragmentation...) de ses éléments et à leur valeur **symbolique**.

▶ Selon les périodes et les créateurs, l'image peut en effet se charger d'un sens individuel ou collectif (religieux, social, politique...). Figurative ou abstraite, elle renvoie à la fois au monde extérieur et au monde intérieur de l'artiste.

▶ Son « **point de vue** » s'exprime par le découpage de la réalité que ses oeuvres proposent : le cadrage, l'angle de vue, la succession des plans, l'ouverture ou la clôture de l'espace.

▶ Un **texte écrit** peut illustrer, relayer, expliquer ou contester une image : c'est le cas dans la critique d'art.

Communiquer : **signes, textes et images**

Exercices

JAN VAN EYCK (?-1441),
La Vierge du Chancelier Rolin,
vers 1435. Musée
du Louvre, Paris.

CASPAR-DAVID FRIEDRICH
(1774-1840),
L'arbre aux corbeaux,
Musée du Louvre, Paris.

1 L'image et les signes

1 Une composition symbolique

Dans ce tableau, le peintre flamand Jan Van Eyck a représenté à la fois le personnage important qui lui avait commandé son portrait (Nicolas Rolin, chancelier de Bourgogne) et une Vierge à l'enfant.

a. Décrivez les différents plans du tableau. Comment est renforcé l'effet de la perspective qui relie ces différents plans (organisation des lignes du tableau, géométrie du pavage, taille des personnages et des objets représentés, jeux de lumière) ?

b. L'intention d'une telle représentation est-elle « réaliste » ? Justifiez et nuancez votre réponse en vous appuyant sur des éléments précis du tableau. Comment expliquer le face à face entre le chancelier et la Vierge ?

c. Quelle est la signification de la couronne (en haut à droite) ? du geste de la main droite de Jésus ? du livre devant lequel le chancelier est agenouillé ?

2 La représentation d'un paysage : l'extérieur et l'intérieur

Pour beaucoup d'artistes romantiques, une relation permanente existe entre les paysages de la nature et leur état d'âme. Quels sentiments vous paraissent suggérés par *L'arbre aux corbeaux* ? Commentez le choix des couleurs, des formes, l'opposition entre le premier plan et le fond du tableau, le symbolisme de l'arbre et des oiseaux.

Communiquer : **signes, textes et images**

Exercices

3 L'image et sa légende

Étudiez dans cette publicité la relation entre l'image et le texte.
a. Sur quel jeu de mots et d'échelle repose-t-elle ?
b. Comment l'idée de proximité du service rendu par la Poste est-elle suggérée ?

4 Jeu de lignes et de lumière

a. Étudiez la composition de cette photographie en distinguant ses différents plans et en étudiant le jeu des lignes.
b. Toute photographie d'art est un travail sur la lumière : comment ombre et lumière se répartissent-elles dans ce cas ? Peut-on leur donner une valeur symbolique ?
c. Quel est le « message » de cette photographie ? Montrez en particulier que le lieu choisi (les quais de la Seine à Paris) n'a pas forcément la même signification pour les deux couples représentés.

ÉDOUARD BOUBAT,
Île Saint-Louis, 1965.
Photographie extraite de
Le Paris de Boubat,
Paris Audiovisuel-
Paris Musées.

Communiquer : **signes, textes et images**

Exercices

5 Création et recréation : comparaison de deux tableaux

De retour d'un voyage aux Pays-Bas, le peintre catalan Joan Miró s'est inspiré d'un tableau du XVIIe siècle, *La Leçon de danse du chat*, pour peindre trois études intitulées *Intérieur hollandais*.

a. Comparez ces deux tableaux : quels éléments de l'oeuvre initiale sont repris par Miró ? Quelles métamorphoses subissent-ils ? Observez notamment la différence des proportions et le jeu des couleurs.

b. Quelle intention préside selon vous à cette réinterprétation ? Peut-on parler d'un hommage de Miró à l'œuvre du maître hollandais Jan Steen ?

Jan Havicksz Steen (1626-1679), *La leçon de danse*, 1674. Rijksmuseum Foundation, Amsterdam.

Joan Miró (1893-1983), *Intérieur hollandais II*, Été 1928, Huile sur toile, 92 x 73 cm. The Solomon R. Guggenheim Foundation, New-York, Peggy Guggenheim Collection, Venise, 1976.

Exercices

2 L'image et le point de vue

6 Cadrage et angle de vue

Commentez les effets du cadrage, de la perspective, de la vision en plongée et de la lumière dans ce tableau. Comment le peintre donne-t-il une impression de la matérialité de ce qui est représenté ?

Gustave Caillebotte (1848-1894), *Raboteurs de parquet*, 1875. Musée d'Orsay, Paris.

7 La réalité et ses reflets

Dans ce tableau, Velasquez s'est représenté en train de peindre le roi d'Espagne, Philippe IV et son épouse Mariana que l'on aperçoit dans un miroir. Leur fille, Marguerite, entourée de ses suivantes (les « Ménines »), est venue les contempler.

a. Étudiez dans ce tableau le jeu des différents plans et les effets du cadrage. Peut-on parler d'une vision centrée ?

b. Quels rapports s'établissent ici entre le visible et l'invisible, la réalité et son reflet, le peintre et le spectateur du tableau, « regardants » et « regardés » ?

Diego Velasquez (1599-1660), *Les Ménines*, 1656. Musée du Prado, Madrid.

Communiquer : **signes, textes et images**

Exercices

Georges de La Tour (1593-1652), *Le tricheur*, vers 1620. Musée du Louvre, Paris.

8 Le dialogue entre le tableau et son spectateur

a. Vous étudierez le jeu des regards et des mains dans ce tableau en montrant comment le regard du spectateur est sollicité et doit participer en quelque sorte à la scène représentée.

b. Commentez également les effets de l'ombre et de la lumière sur les visages et les vêtements.

9 Un récit en images : la succession des points de vue

a. Vous étudierez et justifierez le choix et la succession des différents angles de vision et des différents cadrages dans cet extrait d'une bande dessinée de Hugo Pratt.

b. Montrez ce que la technique adoptée dans ce récit emprunte au cinéma.

Communiquer: **signes, textes et images**

Exercices

Hugo Pratt, *Fable de Venise*, 1981, © Casterman.

Exercices

10. Le regard du poète et le regard du photographe

a. Confrontez le poème en prose de Baudelaire et la photographie de Boubat : dans les deux cas, comment sont mis en relation l'extérieur et l'intérieur, le visible et l'invisible ?

b. Quels sont les rôles respectifs du regard et de l'imagination dans les autres images proposées dans ce chapitre ?

Les fenêtres

Celui qui regarde du dehors à travers une fenêtre ouverte, ne voit jamais autant de choses que celui qui regarde une fenêtre fermée. Il n'est pas d'objet plus profond, plus mystérieux, plus fécond, plus ténébreux, plus éblouissant qu'une fenêtre éclairée d'une chandelle. Ce qu'on peut voir au soleil est toujours moins intéressant que ce qui se passe derrière une vitre. Dans ce trou noir ou lumineux vit la vie, rêve la vie, souffre la vie.

Par-delà des vagues de toits, j'aperçois une femme mûre, ridée déjà, pauvre, toujours penchée sur quelque chose, et qui ne sort jamais. Avec son visage, avec son vêtement, avec son geste, avec presque rien, j'ai refait l'histoire de cette femme, ou plutôt sa légende, et quelquefois je me la raconte à moi-même en pleurant.

Si c'eût été un pauvre vieux homme, j'aurais refait la sienne tout aussi aisément.

Et je me couche, fier d'avoir vécu et souffert dans d'autres que moi-même.

Peut-être me direz-vous : « Es-tu sûr que cette légende soit la vraie ? » Qu'importe ce que peut être la réalité placée hors de moi, si elle m'a aidé à vivre, à sentir que je suis et ce que je suis ?

CHARLES BAUDELAIRE,
Le Spleen de Paris,
« Les fenêtres »

ÉDOUARD BOUBAT,
Quartier latin,
mai 1968.
Photographie extraite de
Le Paris de Boubat,
Paris Audiovisuel-
Paris Musées.

Exercices

3 L'image et sa critique

11 Le pouvoir d'illusion de l'image

a. Comment et pourquoi la technique du « trompe-l'œil » est-elle utilisée dans ce tableau ?

b. Quelle interprétation peut-on donner du titre : *La condition humaine* ? Quelle valeur attribuer à l'absence de personnage dans le tableau ?

c. Dans quelle mesure peut-on dire que ce tableau est une critique de la représentation de la réalité par la peinture classique ?

12 La place de l'œuvre d'art et des images

a. Qu'est-ce qui nuit aujourd'hui, d'après Jean Guichard-Meili, à la contemplation des œuvres d'art ?

b. Partagez-vous sa critique de la retraite de l'œuvre au musée et son inquiétude devant *la fantastique prolifération de l'image* dans notre société ?

RENÉ MAGRITTE (1898-1967), *La Condition humaine*, 1933. National Gallery of Art, Washington.

Les œuvres d'art menacées

Qu'on permette à l'art de se retirer sur ses plus hauts sommets, sous prétexte de pureté, il se retirera du même coup de la vie. Parqué[1] dans des réserves où ne se livreront plus que des jeux désincarnés, les espaces abandonnés seront vite transformés en désert. Les grandes époques sont au contraire, pour l'art, celles de la présence totale, de la présence naturelle. Le coffre médiéval d'usage courant n'est pas indigne des stalles sculptées de la cathédrale ; l'enseigne du drapier peut rivaliser avec les ferronneries du chœur. L'artiste à qui l'on doit le polyptyque[2] d'autel peint aussi les bannières des corporations. Michel-Ange dessine des uniformes, Léonard de Vinci d'innombrables machines, des ponts, des armes. Et ainsi à l'infini. Alors l'œuvre d'art est partout. Elle est familière. Elle n'a pas de raisons d'intimider.

L'intimidation a malheureusement fini par prévaloir. Conséquence de la retraite de l'œuvre au musée, hors d'une fréquentation habituelle. Conséquence aussi d'une situation nouvelle de l'artiste, inaugurée par le romantisme : celle d'un être à part, perdu dans les nuées de l'inspiration, planant au-dessus du commun. Quand bien même il a voulu répudier cette pose, son entourage s'est obstiné à la lui attribuer, comme au savant, comme à l'acteur.

Exercices

Dans le même temps, on assistait à une fantastique prolifération de l'image, submergeant tous les domaines, par l'effet des procédés perfectionnés de reproduction mécanique. L'affiche, la publicité sous toutes ses formes, l'imprimé lui-même accueillaient de plus en plus l'image, de préférence au texte. Par un cheminement inverse de celui qui suivit l'invention de l'imprimerie, on trouvait plus efficace de s'adresser directement à l'œil plutôt qu'au raisonnement : nos magazines ne rejoignent-ils pas, finalement, la bible des pauvres du Moyen Âge – représentation figurée qui épargne la lecture et l'étude ? Le cinéma, la télévision mettent le comble – vingt-quatre images à la seconde ! – à cette débauche qui ne ménage plus guère de repos au regard. Surabondance entraîne dévalorisation : de même que l'abus inconsidéré du langage affaiblit le sens de la poésie – exercice du verbe en ce qu'il a de plus précieux –, de même ce recours obsessionnel à une image perpétuellement imposée, non choisie, entrevue plus que vue, aussitôt effacée par la suivante, affaiblit les facultés d'attention du regard. Comment s'étonner que dans ce climat l'on trouve trop fière l'œuvre d'art, qui ne saurait s'offrir de la sorte ?

Jean Guichard-Meili, *Regarder la peinture*, Éd. du Seuil, 1960.

1. Comprendre : si l'art est parqué.
2. Polyptyque : tableau à plusieurs volets.

13 La critique d'art

Vous confronterez ces deux extraits des œuvres critiques de Charles Baudelaire et le tableau de Delacroix qui ouvre ce chapitre (p. 16) : les jugements de l'écrivain vous paraissent-ils justifiés ?

Texte 1

Du dessin de Delacroix, si absurdement, si niaisement critiqué, que faut-il dire, si ce n'est qu'il est des vérités élémentaires complètement méconnues ; qu'un bon dessin n'est pas une ligne dure, cruelle, despotique, immobile, enfermant une figure comme une camisole de force ; que le dessin doit être comme la nature, vivant et agité ; que la simplification dans le dessin est une monstruosité, comme la tragédie dans le monde dramatique ; que la nature nous présente une série infinie de lignes courbes, fuyantes, brisées, suivant une loi de génération impeccable, où le parallélisme est toujours indécis et sinueux, où les concavités et les convexités se correspondent et se poursuivent ; que M. Delacroix satisfait admirablement à toutes ces conditions et que, quand même son dessin laisserait percer quelquefois des défaillances ou des outrances, il a au moins cet immense mérite d'être une protestation perpétuelle et efficace contre la barbare invasion de la ligne droite, cette ligne tragique et systématique, dont actuellement les ravages sont déjà immenses dans la peinture et dans la sculpture ?

Charles Baudelaire, *Exposition universelle de 1855*.

Texte 2

Tout, dans son œuvre, n'est que désolation, massacres, incendies ; tout porte témoignage contre l'éternelle et incorrigible barbarie de l'homme. Les villes incendiées et fumantes, les victimes égorgées, les femmes violées, les enfants eux-mêmes jetés sous les pieds des chevaux ou sous le poignard des mères délirantes ; tout cet œuvre, dis-je, ressemble à un hymne terrible composé en l'honneur de la fatalité et de l'irrémédiable douleur. Il a pu quelquefois, car il ne manquait certes pas de tendresse, consacrer son pinceau à l'expression de sentiments tendres et voluptueux ; mais là encore l'inguérissable amertume était répandue à forte dose, et l'insouciance et la joie (qui sont les compagnes ordinaires de la volupté naïve) en étaient absentes.

Charles Baudelaire, *L'œuvre et la vie d'Eugène Delacroix*.

Pablo Picasso (1881-1973), *Guernica*, 1937, Musée du Buen Retiro, Madrid.

Exercices

Bilan

1. Faites une recherche sur les événements historiques qui ont inspiré à Picasso ce tableau.
2. Étudiez la composition de l'œuvre : le format adopté par le peintre (un rectangle aplati de 3,51 m sur 7,52 m), la répartition des différents personnages représentés, l'absence quasi-totale de perspective.
3. Montrez comment certaines des techniques du cubisme (fragmentation, déformation, assemblage par collage) sont utilisées dans cette composition.
4. Comment sont suggérés la violence de la guerre et son caractère inhumain ? Choisissez des détails symboliques et interprétez-les. Pourquoi, selon vous, le peintre a-t-il limité sa palette au noir, au blanc et au gris ?
5. Résumez et commentez ce jugement du poète Paul Éluard sur *Guernica* :

> Il existe peu de tableaux en colère, peu de tableaux aussi brûlants que *Guernica*. [...] Toutes les figures des études de Picasso pour *Guernica* souffrent de la douleur suprême, elles n'expient rien, elles reçoivent l'injure de la souffrance imméritée. Et elles n'acceptent pas, elles suent de fureur, elles recrachent l'air noir de la honte et du crime, de l'homme humiliant, détruisant son semblable. [...] Les hommes, même quand ils se déchirent, font leur histoire ensemble. Le poète, je dirais aussi bien le peintre, est avec eux. Mais son devoir et son pouvoir choisissent la réalité, il la veut profonde et morale. Et si le mal peut le mener au beau, le beau ne peut que le mener au bien.
>
> P. ÉLUARD, *Picasso, Dessins*, 1952, « Bibliothèque de la Pléiade », t.II, Éd. Gallimard

Communiquer : **signes, textes et images**

Lecture et analyse

CHAPITRE 3
La création littéraire

Texte 1

[Manuscrit manuscrit d'un poème]

Tristesse de l'étoile

Une belle Minerve est l'enfant de ma tête
Une étoile de sang me couronne à jamais
La raison est au fond et le ciel est au faîte
Du chef où dès longtemps Déesse tu t'armais

C'est pourquoi de mes maux ce n'était pas le pire
Ce trou presque mortel et qui s'est étoilé
Mais le secret malheur qui nourrit mon délire
Est bien plus grand qu'âme ait jamais dissimulé

Et je porte avec moi cette ardente souffrance
Comme le ver luisant tient son corps enflammé
Comme au cœur du soldat il palpite la France
Et comme au cœur du lys le pollen parfumé

Les plus beaux manuscrits des poètes français, Bibliothèque Nationale et Robert Laffont, 1991

Texte 2

Tristesse d'une étoile

Une belle Minerve est l'enfant de ma tête
Une étoile de sang me couronne à jamais[1]
La raison est au fond et le ciel est au faîte
Du chef[2] où dès longtemps Déesse[3] tu t'armais

C'est pourquoi de mes maux ce n'était pas le pire
Ce trou presque mortel et qui s'est étoilé
Mais le secret malheur qui nourrit mon délire
Est bien plus grand qu'aucune âme ait jamais celé

Et je porte avec moi cette ardente souffrance
Comme le ver luisant tient son corps enflammé
Comme au cœur du soldat il palpite la France
Et comme au cœur du lys le pollen parfumé

Guillaume Apollinaire, «Tristesse d'une étoile », *Calligrammes*, Éd. Gallimard

1. Apollinaire a été blessé à la tête pendant la guerre de 1914. 2. Au sens étymologique : la tête. 3. Minerve, identifiée à Athéna, déesse de la sagesse et de la guerre. Elle sortit toute armée du cerveau de son père, Zeus.

Un travail de création

▶ Un manuscrit corrigé

Le texte 1 est le brouillon autographe d'un poème d'Apollinaire. Le texte 2 est le même poème dans sa version définitive. On observe, dans le manuscrit, des ratures, des corrections, des mots remplacés par d'autres, parfois des vers entiers transformés (le deuxième quatrain).

▶ Vers une plus grande unité thématique

Si l'on compare la première version à la version définitive, on constate que les modifications apportées donnent au poème une plus grande unité thématique, grâce notamment au motif de l'étoile qui remplace dans le titre l'évocation plus traditionnelle de l'automne. De plus, **les corrections modifient sensiblement le poème**. D'une part, elle donnent à la confidence une valeur plus générale : *que je ne puis pas dire* devient *qu'aucune âme ait jamais celé* (v. 8), *palpite cette France* (démonstratif) devient *il palpite la France* (tournure impersonnelle) (v. 11). D'autre part, elles transforment la blessure en souffrance plus profonde et plus morale : *le trou sanglant* devient *le trou presque mortel* (v. 6), *la secrète douleur* devient *le secret malheur* (v. 7), *qu'aucune âme* (v. 8) remplace *qu'aucun homme*.

▶ Une forme et un sens indissociables

Cette comparaison permet de saisir sur le vif **une des étapes de la création littéraire** : le travail sur les mots, le choix des procédés expressifs, l'élaboration d'un univers personnel indissociable d'une forme esthétique. L'inconscient s'y révèle aussi avec le lapsus (?) présent dans le manuscrit : *vers* mis pour *ver* dans la dernière strophe.

Leçon

1 Qu'appelle-t-on « texte littéraire » ?

Textes écrits et texte littéraire

▶ Écrire est un acte que nous accomplissons tous les jours. Pour autant, nous ne sommes pas tous des écrivains. De la même façon, de nombreux textes écrits prennent place dans notre univers quotidien (textes publicitaires, textes journalistiques, textes d'information), mais ce que l'on appelle un **texte littéraire** possède des **caractéristiques propres** qui le distinguent d'autres productions écrites.

Un travail de création

▶ Le texte littéraire résulte d'un travail, d'une recherche. L'écrivain crée à l'aide du langage, comme le peintre utilise les couleurs, les volumes, et le musicien les harmonies. Pour cela, il rédige des brouillons, apporte des corrections, élabore plusieurs versions préparatoires de son œuvre. Même si certains écrivains privilégient l'expression spontanée, un texte qui a des qualités littéraires témoigne toujours d'**un souci accordé au langage**, au style, à l'« écriture ».

➤ Exercices 1 à 3

2 La fonction du texte littéraire

La « communication » littéraire

▶ La fonction du texte littéraire **n'est pas** celle d'une simple communication **utilitaire**. La plupart des communications ordinaires véhiculent une information, et, après que le message a été transmis, et reçu, il est remplacé par un autre.

L'article de presse a cette fonction utilitaire liée à l'actualité.

▶ Le texte littéraire, lui, transmet plus qu'une information, et ce qu'il a à nous dire va au-delà du simple intérêt pratique et immédiat.

C'est pourquoi ces textes méritent d'être étudiés, analysés, relus et remémorés. La production d'un sens n'épuise pas l'**intérêt et la richesse** d'un texte littéraire.

La fonction expressive et la fonction poétique

Le texte littéraire met en jeu deux fonctions essentielles du langage, et c'est ce qui le distingue d'autres types de communication.

▶ **La fonction expressive** : il s'exprime dans le texte des émotions, des sentiments, une sensibilité.

▶ **La fonction poétique** : l'accent est mis sur le langage et sur toutes les composantes esthétiques du texte.

➤ Exercices 4, 5

3 Le sens et la forme

Les moyens d'expression

▶ La création littéraire utilise le langage pour ses qualités d'évocation et de suggestion aussi bien que pour sa signification. Pour cette raison, les textes littéraires sont souvent riches en **procédés expressifs** comme les métaphores, les rythmes, les antithèses, la variété du lexique. Ou bien ils produisent un sens par le refus de tous ces procédés (➤ Chapitre 11).

Le sens inséparable de la forme

▶ Le texte littéraire ne se réduit pas à son sens. Le sens y est indissociable de la forme. C'est pourquoi il est impossible (et d'ailleurs inutile) de résumer un texte littéraire. Par exemple, les quelques lignes qui racontent l'« histoire » au dos du livre ne suffisent pas à rendre compte de l'intérêt d'un roman.

▶ Dans le texte littéraire, **la forme elle-même est sens**. Un même « sujet », traité par plusieurs écrivains, prend un sens différent par l'effet de la structure choisie, des mots employés, de la syntaxe, des images ou de l'absence d'images, de tout ce qui constitue les choix stylistiques de l'écrivain.

➤ Exercices 6 à 8

Leçon

4 L'écrivain, l'écriture et le lecteur

Les influences

▶ La création littéraire met en jeu une **personnalité**, celle de l'écrivain, avec son histoire propre, ses goûts, son imaginaire, sa vision du monde. L'œuvre se ressent aussi du **contexte** dans lequel elle a été écrite : le contexte historique, la condition sociale de l'écrivain, l'influence esthétique que l'écrivain reçoit, ou qu'il rejette.

La réception de l'œuvre

▶ Cette somme d'influences qui s'exerce sur l'écrivain agit également sur le public de l'œuvre littéraire. C'est pourquoi les œuvres sont appréciées différemment selon les lecteurs et selon les époques.

> Stendhal ne fut vraiment apprécié que quarante ans après sa mort, ce qu'il avait lui-même prévu. D'autres œuvres, célèbres en leur temps, subissent une période d'oubli, puis sont redécouvertes.

▶ Une des richesses de l'œuvre littéraire est de se prêter à des **interprétations variées**. Établissant une relation et une rencontre, l'œuvre littéraire est celle dont « les lecteurs font eux-mêmes la moitié », selon les mots de Voltaire.

➣ EXERCICE 9

L'essentiel

▶ **La création littéraire** témoigne de la relation singulière que l'écrivain entretient avec l'outil d'expression qui est le sien : le langage.

▶ À la différence d'autres communications linguistiques dont la fonction est avant tout pratique, l'œuvre littéraire se caractérise par sa **fonction poétique**. Elle traduit une sensibilité, une vision du monde à partir de composantes **esthétiques**.

▶ Un des signes du caractère littéraire d'un texte est le fait que le contenu et les moyens stylistiques demeurent **indissociables**.

▶ L'écrivain engage son être dans sa création et à son tour l'œuvre littéraire trouve une résonance dans l'être individuel ou collectif **qui la reçoit**.

Communiquer : **signes, textes et images**

Exercices

1 Qu'appelle-t-on « texte littéraire » ?

1 Un travail de création : une héroïne redéfinie

Dans ces deux versions successives d'un même texte, dégagez les principales différences, en montrant ce que la version 2 gagne à ces changements. Vous pourrez analyser les points suivants :
a. les modifications syntaxiques ;
b. les différences dans la relation du narrateur et du personnage ;
c. les changements apportés dans la caractérisation de l'héroïne (dernière phrase de la version 2).

Version 1

Avant de *se marier*, elle avait cru *sentir* de l'amour, *et cet amour ayant eu sa conclusion heureuse par le mariage*, et le bonheur *étonnant* qui *en doit* résulter n'étant pas venu, elle *s'était donc trompée et elle n'avait pas eu d'amour !* et à quoi bon s'être mariée ?

GUSTAVE FLAUBERT, *Madame Bovary*, Scénarios inédits, d'après les manuscrits de Rouen. Édition établie par Jean Pommier et Gabrielle Leleu, Corti, 1949 (cité par G. Gengembre, *Madame Bovary, Textes et contextes*, Magnard)

Version 2

Avant qu'elle se mariât, elle avait cru avoir de l'amour ; mais le bonheur qui aurait dû résulter de cet amour n'étant pas venu, il fallait qu'elle se fût trompée, songeait-elle. Et Emma cherchait à savoir ce que l'on entendait au juste dans la vie par les mots de *félicité*, de *passion* et *d'ivresse*, qui lui avaient paru si beaux dans les livres.

GUSTAVE FLAUBERT, *Madame Bovary*, 1re Partie, Chapitre 5

2 Un récit plus dramatique

Même exercice. Vous pourrez analyser :
a. le rythme des phrases ;
b. la qualité de la dramatisation ;
c. la place du narrateur dans son récit.

Version 1

Le vieillard se découvrit promptement et se leva pour saluer le jeune homme ; mais sa perruque, étant probablement collée au cuir gras qui garnissait l'intérieur de son chapeau, y resta ; et, sans le savoir, le colonel montra tout à coup un crâne horriblement mutilé. Une cicatrice transversale, formant une coupure saillante, prenait sur l'occiput et venait mourir à l'œil droit... Les boucles de la perruque dissimulaient cette ancienne blessure, par suite de laquelle la tête avait dû être profondément ouverte... Ni l'avoué ni son clerc n'eurent envie de rire, tant ce crâne fendu était épouvantable à voir ; vous eussiez dit un supplicié debout sans sa tête ; car la première pensée que suggérait l'aspect de cette blessure était celle-ci :
– Là-dessous, il n'y a plus d'intelligence !...

HONORÉ DE BALZAC, *La comtesse aux deux maris*, 1835, (qui deviendra *Le Colonel Chabert* en 1844)

Version 2

Le vieillard se découvrit promptement et se leva pour saluer le jeune homme ; le cuir qui garnissait l'intérieur de son chapeau étant sans doute fort gras, sa perruque y resta collée sans qu'il s'en aperçût, et laissa voir à nu son crâne horriblement mutilé par une cicatrice transversale qui prenait à l'occiput et venait mourir à l'œil droit, en formant partout une grosse couture saillante. L'enlèvement soudain de cette perruque sale, que le pauvre homme portait pour cacher sa blessure, ne donna nulle envie de rire aux deux gens de loi, tant ce crâne fendu était épouvantable à voir. La première pensée que suggérait l'aspect de cette blessure était celle-ci : « Par là s'est enfuie l'intelligence ! »

HONORÉ DE BALZAC, *Le Colonel Chabert*

3 Un mystère plus affirmé

Observez ces deux textes.
a. Relevez les principales transformations apportées par la version 2 dans l'évocation des activités et des sentiments du narrateur.
b. Qu'ajoute à la présentation du héros le dernier paragraphe de la version 2 par rapport à la dernière phrase de la version 1 ?

Version 1

Je m'enfermais dans le cabinet des archives plein de mouches mortes et *d'archives* d'affiches *pendues à des cordes* battant au *moindre* vent, et je lisais assis sur une vieille bascule. [...] Et lorsque la nuit venait, que le carreau dépoli de notre petite cuisine s'illuminait *je traversai* tandis que déjà les chiens

Communiquer : signes, textes et images

Exercices

dans la cour de la ferme commençaient à hurler à la lune, je rentrais. Ma mère avait commencé le repas et j'étais content / de me trouver / seul avec elle. Je montais / trois / *sur les* marches de l'escalier et la tête dans les mains, appuyé sur la rampe de fer, je la regardais allumer son feu *et* dans l'étroite cuisine *éclairée* où vacillait la flamme d'une bougie. Depuis que Meaulnes est chez nous, tout a bien changé.

ALAIN-FOURNIER, Ébauches du *Grand Meaulnes*, f° 35,
Le dossier du *Grand Meaulnes*, Classiques Garnier, 1986

Version 2

Alors, tant qu'il y avait une lueur de jour, je restais au fond de la Mairie, enfermé dans le Cabinet des Archives plein de mouches mortes, d'affiches battant au vent, et je lisais assis sur une vieille bascule, auprès d'une fenêtre qui donnait sur le jardin.

Lorsqu'il faisait noir, que les chiens de la ferme voisine commençaient à hurler et que le carreau de notre petite cuisine s'illuminait, je rentrais enfin. Ma mère avait commencé de préparer le repas. Je montais trois marches de l'escalier du grenier ; je m'asseyais sans rien dire et, la tête appuyée aux barreaux froids de la rampe, je la regardais allumer son feu dans l'étroite cuisine où vacillait la flamme d'une bougie…

Mais quelqu'un est venu qui m'a enlevé à tous ces plaisirs d'enfant paisible. Quelqu'un a soufflé la bougie qui éclairait pour moi le doux visage maternel penché sur le repas du soir. Quelqu'un a éteint la lampe autour de laquelle nous étions une famille heureuse, à la nuit, lorsque mon père avait accroché les volets de bois aux portes vitrées. Et celui-là, ce fut Augustin Meaulnes, que les autres élèves appelèrent bientôt le grand Meaulnes.

ALAIN-FOURNIER, *Le Grand Meaulnes*, 1re Partie, Chapitre 2,
© Librairie Fayard, 1971

2 La fonction du texte littéraire

4 La fonction poétique

Comparez ces deux textes. Précisez quel est l'objectif du premier. En quoi le texte 2 s'écarte-t-il de cet objectif ? En quoi diffère-t-il du texte 1 ?

Texte 1

HUÎTRE n. f. (lat. *ostrea*, du gr. *ostreon*).
1. Mollusque marin bivalve, comestible fixé par une valve, objet d'un élevage (ostréiculture).

■ ENCYCL. L'huître vraie, *Ostrea edulis*, vit à une dizaine de mètres de profondeur. Les bancs les plus importants sont dans la baie de Cancale. Elle est vivipare. L'huître portugaise (*Crassostrea angulata*), très différente par sa forme et sa structure, vit près de la surface. Elle est ovipare. Elle est aujourd'hui remplacée dans les élevages français par l'huître creuse (*Crassostrea gigas*), très rustique, à croissance rapide et réputée pour la qualité de sa chair. Comme aliment, l'huître, riche en substance azotée, compte parmi les plus reconstituants et les plus légers. Les huîtres se consomment le plus souvent crues. Leur consommation est à éviter à l'époque du frai (mai-septembre), tout au moins hors des régions de pêche.

Dictionnaire Larousse en 5 volumes

Texte 2

L'huître, de la grosseur d'un galet moyen, est d'une apparence plus rugueuse, d'une couleur moins unie, brillamment blanchâtre. C'est un monde opiniâtrement clos. Pourtant on peut l'ouvrir : il faut alors la tenir au creux d'un torchon, se servir d'un couteau ébréché et peu franc, s'y reprendre à plusieurs fois. Les doigts curieux s'y coupent, s'y cassent les ongles : c'est un travail grossier. Les coups qu'on lui porte marquent son enveloppe de ronds blancs, d'une sorte de halos.

À l'intérieur l'on trouve tout un monde, à boire et à manger : sous un *firmament*[1] (à proprement parler) de nacre, les cieux d'en-dessus s'affaissent sur les cieux d'en-dessous, pour ne plus former qu'une mare, un sachet visqueux et verdâtre, qui flue et reflue à l'odeur et à la vue, frangé d'une dentelle noirâtre sur les bords.

Parfois très rare une formule[2] perle à leur gosier de nacre, d'où l'on trouve aussitôt à s'orner.

FRANCIS PONGE, *Le Parti pris des choses*, Éd. Gallimard, 1942

1. Voûte céleste (littéralement soutien, appui). 2. Du latin *formula* qui signifie «petite forme».

Communiquer : **signes, textes et images**

Exercices

5 Le texte littéraire et le texte critique

Ces deux textes rapportent le même événement.
a. Quelle est la fonction de chacun ?
b. Pour quelles raisons peut-on dire que le Texte 1 est un texte littéraire et que le Texte 2 ne l'est pas ? Étudiez dans le Texte 1 la qualité de la « mise en scène », et l'implication du narrateur dans son récit.

Texte 1

Environ un mois après, j'étais un matin chez madame de Staël ; elle m'avait reçu à sa toilette ; elle se laissait habiller par mademoiselle Olive, tandis qu'elle causait en roulant dans ses doigts une petite branche verte. Entre tout à coup madame Récamier, vêtue d'une robe blanche ; elle s'assit au milieu d'un sofa de soie bleue. Madame de Staël, restée debout, continua sa conversation fort animée, et parlait avec éloquence ; je répondais à peine, les yeux attachés sur madame Récamier. Je n'avais jamais inventé rien de pareil, et plus que jamais je fus découragé : mon admiration se changea en humeur contre ma personne. Madame Récamier sortit, et je ne la revis plus que douze ans après.

CHATEAUBRIAND, *Mémoires d'Outre-Tombe*, Livre XXIX, Ch. 1

Texte 2

Après la publication d'*Atala*, un matin, comme Mme de Staël avait reçu Chateaubriand tandis que sa femme de chambre achevait de l'habiller, entra tout à coup Mme Récamier vêtue d'une robe de soie blanche. [...] Mme de Staël parla longuement ; Mme Récamier se leva sans avoir rien dit ; Chateaubriand ne devait la revoir que douze ans plus tard.

ANDRÉ MAUROIS, *René ou la vie de Chateaubriand*, Ch. IV, Éd. Grasset, 1938

3 Le sens et la forme

6 Le sens inséparable de la forme

Résumez cette fable en quelques lignes. Analysez ce que le texte a perdu dans ce traitement, en examinant ce que vous avez supprimé ou ce que vous avez modifié.

Les médecins

Le médecin Tant-pis allait voir un malade
Que visitait aussi son confrère Tant-mieux.
Ce dernier espérait, quoique son camarade[1]
Soutînt que le gisant irait voir ses aïeux[2].
Tous deux s'étant trouvés différents pour la cure[3],
Leur malade paya le tribut à nature[4],
Après qu'en ses conseils Tant-pis eut été cru.
Ils triomphaient encor sur cette maladie.
L'un disait : « Il est mort je l'avais bien prévu.
– S'il m'eût cru, disait l'autre, il serait plein de vie. »

LA FONTAINE, *Fables*, Livre V, Fable 12

1. Camarade : confrère. 2. Aïeux : ancêtres. 3. Cure : traitement. 4. Paya le tribut à nature : mourut.

7 Le message poétique

Que « dit » Bérénice dans ces vers ? Résumez son propos en une phrase au style indirect *(Elle dit que...)*. Comparez votre « message » à celui de Racine et dégagez les spécificités du texte de Racine.

BÉRÉNICE (à *Titus*)
Je n'écoute plus rien, et pour jamais adieu.
Pour jamais ! Ah ! Seigneur, songez-vous en
 [vous-même
Combien ce mot cruel est affreux quand on aime ?
Dans un mois, dans un an, comment
 [souffrirons-nous,
Seigneur, que tant de mers me séparent de vous ?
Que le jour recommence et que le jour finisse
Sans que jamais Titus puisse voir Bérénice,
Sans que de tout le jour je puisse voir Titus ?

JEAN RACINE, *Bérénice*, Acte IV, Scène 5

8 Une forme signifiante

a. Quel est le point commun de ces trois extraits ?
b. Quelles sont leurs différences (présentation de l'héroïne ; description de l'objet) ?
c. Dégagez les éléments spécifiques de chaque texte.

Texte 1

Elle était sur le seuil ; elle alla chercher son ombrelle, elle l'ouvrit. L'ombrelle, de soie gorge-de-pigeon, que traversait le soleil, éclairait de reflets mobiles la peau blanche de sa figure. Elle souriait là-dessous à la chaleur tiède ; et on entendait les gouttes d'eau, une à une, tomber sur la moire tendue.

GUSTAVE FLAUBERT, *Madame Bovary*, 1re Partie, Chapitre 2

Communiquer : **signes, textes et images**

Exercices

Texte 2

Tout d'un coup, sur le sable de l'allée, tardive, alentie et luxuriante comme la plus belle fleur et qui ne s'ouvrirait qu'à midi, Mme Swann apparaissait, épanouissant autour d'elle une toilette toujours différente mais que je me rappelle surtout mauve ; puis elle hissait et déployait sur un long pédoncule, au moment de sa plus complète irradiation, le pavillon de soie d'une large ombrelle de la même nuance que l'effeuillaison des pétales de sa robe.

MARCEL PROUST, *À l'ombre des jeunes filles en fleurs*

Texte 3

La jeune femme a maintenant refermé son ombrelle qu'elle tient la pointe fichée entre les galets près de l'un de ses pieds, le manche légèrement en oblique, le tissu pastel tendu sur les baleines formant des godets autour du cône renversé dont l'ouverture est bordée par une collerette de festons. Sa main délicate joue à faire pivoter sur elle-même la poignée sculptée, tournoyant dans un sens puis dans l'autre.

CLAUDE SIMON, *Leçon de choses*, Éd. de Minuit, 1975

4 L'écrivain, l'écriture et le lecteur

9 Le rôle du lecteur

Voici trois citations qui se rapportent aux relations entre l'écrivain, le livre, et le lecteur. Choisissez une de ces citations et explicitez en une quinzaine de lignes la thèse qu'elle contient.

1. En réalité, chaque lecteur est, quand il lit, le propre lecteur de soi-même.

MARCEL PROUST, *À la recherche du temps perdu*

2. Le poète est celui qui inspire bien plus que celui qui est inspiré.

PAUL ÉLUARD, *L'évidence poétique*

3. Le lecteur est co-auteur du livre.

MICHEL TOURNIER

4. Les livres les plus utiles sont ceux dont les lecteurs font eux-mêmes la moitié.

VOLTAIRE, *Dictionnaire philosophique*

 **Bilan**

1. Pourquoi peut-on dire que ce texte a des qualités littéraires ? Analysez plusieurs traits spécifiques.

Le python du jardin zoologique

Il remue et c'est l'univers solide qui chavire. Se peut-il que sous un poids de serpent, depuis le premier serpent du monde, l'homme fluctue et titube ? Il remue, il aggrave la confusion de ses lacs[1], enfle, déforme ses monogrammes et m'abuse : c'est l'O qui est un C, et le G un Z. Il se liquéfie, coule le long de l'arbre et d'autre part se rétracte, figé – il s'efforce, il présage je ne sais quelle éclosion – au plus épais des spires qui luttent et se malaxent, bâille enfin un étroit abîme, qui expulse une tête ; – une tête petite et plate, comme laminée par son propre effort, et qui n'est même pas hideuse, mais gaie, parée d'yeux d'or invariables, de durs naseaux cornés et d'une bouche horizontale. Je respire : le python n'est qu'une bête, et non une sorte d'enfer concentrique, un nauséeux chaos sans commencement ni fin. C'est une bête comme vous et moi. Il a le cou mince, doué de grâce, il le darde vers moi d'un jet, avec une vélocité, une inimitié qui me rassurent. Mais il s'arrête, entravé, et sa tête commence le hochement régulier, la danse latérale commune à tous les fauves, à tous les prisonniers : col délié, langue de flamme, c'est peut-être son châtiment, à cette tête, de traîner derrière elle, à jamais, ces vingt brasses, ces cent kilos de serpent...

COLETTE, *Prisons et Paradis*, Éd. Ferenczi, 1932

1. Nœuds, liens.

Communiquer : **signes, textes et images**

(Attribué à) Jean-Honoré Fragonard (1732-1806). *Le liseur* (Lavis encre) - Musée des Beaux-Arts et de la Dentelle, Alençon.

Partie 2

Lire et comprendre **un texte**

Lecture et analyse

Texte 1

Imagination

C'est cette partie dominante de l'homme, cette maîtresse d'erreur et de fausseté, et d'autant plus fourbe qu'elle ne l'est pas toujours, car elle serait règle infaillible de vérité, si elle l'était infaillible du mensonge.

Mais, étant le plus souvent fausse, elle ne donne aucune marque de sa qualité, marquant du même caractère le vrai et le faux. Je ne parle pas des fous, je parle des plus sages, et c'est parmi eux que l'imagination a le grand droit de persuader les hommes. La raison a beau crier, elle ne peut mettre le prix aux choses.

BLAISE PASCAL, *Pensées* (82)

Texte 2

Titans contre géants

Au moment où le premier flot des assiégeants entra, toute la retirade se couvrit d'éclairs, et ce fut quelque chose comme la foudre éclatant sous terre. Le tonnerre assaillant répliqua au tonnerre embusqué. Les détonations se ripostèrent ; le cri de Gauvain s'éleva : Fonçons ! Puis le cri de Lantenac : Faites ferme contre l'ennemi ! Puis le cri de l'Imânus : À moi les Mainiaux ! Puis des cliquetis, sabres contre sabres, et, coup sur coup, d'effroyables décharges tuant tout. La torche accrochée au mur éclairait vaguement toute cette épouvante.

VICTOR HUGO, *Quatre-vingt-treize*, Troisième partie, IV, 9

Texte 1

Un discours argumentatif

▶ **Un discours critique.** Ce fragment des *Pensées* appartient au genre de l'essai. C'est un **discours** : l'utilisation du « je » caractérise le système d'énonciation *(Je ne parle pas des fous...)*. L'**intention** de Pascal est de critiquer l'imagination en démontrant qu'elle est une puissance trompeuse.

▶ **Une démonstration.** Son **argumentation** se construit autour d'articulations logiques *(d'autant plus que, car)*, et emploie un présent de vérité générale et un vocabulaire abstrait *(vérité, raison)*.

▶ **Une volonté d'instruire.** Les explications sont données sur un mode **didactique**. On note le souci de la définition *(C'est cette partie dominante...)*.

Texte 2

Un récit épique

▶ **Une action.** Cet extrait est tiré d'un **roman**. C'est le **récit** à la troisième personne d'un combat à l'intérieur d'une tour (« la retirade »). Sa progression chronologique est marquée par des indicateurs temporels *(Puis, tout à coup)* et des verbes d'action *(entra, répliqua...)*.

▶ **Une description.** Au récit proprement dit se mêlent des éléments descriptifs notamment dans la dernière phrase, écrite à l'imparfait.

▶ **Un effet d'amplification.** Des images hyperboliques donnent au récit **une tonalité épique** *(... flot des assiégeants ; Le tonnerre assaillant... ; ...d'effroyables décharges tuant tout)*.

CHAPITRE 4 — Les types de texte

Texte 3
Les malheurs d'Arlequin

LA PRINCESSE
Que cherches-tu, Arlequin ? ton maître est-il dans le palais ?

ARLEQUIN
Madame, je supplie Votre Principauté de pardonner l'impertinence de mon étourderie ; si j'avais su que votre présence eût été ici, je n'aurais pas été assez nigaud pour y venir apporter ma personne.

LA PRINCESSE
Tu n'as point fait de mal. Mais dis-moi, cherches-tu ton maître ?

ARLEQUIN
Tout juste, vous l'avez deviné, Madame ; depuis qu'il vous a parlé tantôt, je l'ai perdu de vue dans cette peste de maison, et ne vous déplaise, je me suis aussi perdu moi. Si vous vouliez bien m'enseigner mon chemin, vous me feriez plaisir ; il y a ici un si grand tas de chambres, que j'y voyage depuis une heure sans en trouver le bout. Par la mardi, si vous louez tout cela, cela vous doit rapporter bien de l'argent pourtant.

Marivaux, *Le Prince travesti*, I, 2

Texte 4
« Le ciel est par-dessus le toit… »

Le ciel est par-dessus le toit,
Si bleu, si calme !
Un arbre, par-dessus le toit,
Berce sa palme.

La cloche dans le ciel qu'on voit,
Doucement tinte.
Un oiseau sur l'arbre qu'on voit
Chante sa plainte.

Mon Dieu, mon Dieu, la vie est là,
Simple et tranquille.
Cette paisible rumeur-là
Vient de la ville.

- Qu'as-tu fait, ô toi que voilà
Pleurant sans cesse,
Dis, qu'as-tu fait, toi que voilà,
De ta jeunesse ?

PAUL VERLAINE, *Sagesse*, III,6

Texte 3
Un dialogue comique

▶ **Une différence de tons.** Dans ce dialogue de théâtre, la **tonalité comique** naît du décalage entre deux discours : aux questions simples de la princesse répondent les explications compliquées d'Arlequin. Celui-ci se croit obligé, par politesse, de multiplier les périphrases (*Votre Principauté, votre présence, venir apporter ma personne*).

▶ **Le rôle de la naïveté.** Il retrouve bien vite cependant son **style familier** (*cette peste de maison, un si grand tas de chambres*) et fait sourire par sa naïveté.

Texte 4
Un poème lyrique

▶ **L'expression de sentiments.** Ce poème en vers présente les marques d'un **discours lyrique**. Le poète s'adresse à lui-même, dans la dernière strophe, pour exprimer ses regrets : la modalité interrogative, l'apostrophe (*ô toi que voilà*), la répétition (*Qu'as-tu fait…*) traduisent son émotion.

▶ **Un paysage.** La description d'un paysage par l'emploi de verbes de perception (*on voit*) et d'éléments visuels et sonores (la couleur du ciel, la plainte d'un oiseau, la rumeur de la ville) est comme un écho des sentiments du poète.

Lire et comprendre **un texte**

Leçon

 Le classement des textes

On peut classer les textes selon quatre critères principaux.

Le genre du texte

▶ Définir le genre du texte en **oriente la lecture**. Ainsi, dans une page de roman, on s'intéressera à la conduite du récit, au rôle des descriptions. Dans une lettre, on recherchera les indices de la subjectivité et de la relation entre émetteur et destinataire.

▶ On distingue les genres suivants :
– **le roman** (➤ Chapitre 19) ;
– **le théâtre** (➤ Chapitre 20) ;
– **la poésie** (➤ Chapitre 21) ;
– **l'essai** et les **autres genres en prose ou en vers** (la lettre, le pamphlet, le sermon, la prière, la préface, le récit autobiographique, l'article de dictionnaire, d'encyclopédie ou de journal…) (➤ Chapitre 22).

➤ Exercices 1, 2, 6, 8, 9

Le système d'énonciation   ➤ Chapitre 10

Il permet de distinguer les discours et les récits.

Discours	Récit
1. Organisation des temps Dans le discours (discours oral ou écrit, lettre, explication, démonstration, etc.), **le temps de référence est le présent de l'énonciation**. C'est autour de lui que s'organisent le futur et le passé (passé composé, imparfait, plus-que-parfait mais jamais le passé simple). *Texte 1 p. 42 :* C'est le présent qui domine dans le discours de Pascal.	**1. Organisation des temps** Dans le récit (dans un livre d'histoire, un roman, une fable, un fait-divers, etc.), les événements sont relatés **sans référence à l'instant de l'énonciation** (au passé simple, imparfait, plus-que-parfait, parfois présent de narration, mais pratiquement jamais au passé composé) *Texte 2 p. 42 :* C'est au passé simple et à l'imparfait qu'Hugo mène son récit.
2. Indices de l'énonciation On note la **présence d'indices** de l'énonciation (marques de la 1re et de la 2e personne du locuteur et de son destinataire). *Texte 4 p. 43 :* Dis, qu'as-tu fait, toi que voilà, De ta jeunesse ?	**2. Indices de l'énonciation** Les indices de l'énonciation sont **discrets ou absents** (récits à la troisième personne). *Texte 2 p. 42 :* Pas de pronom de 1re ou 2e personne.
3. Récit dans le discours On peut trouver un récit dans un discours. *Texte de Valéry, p. 150 :* Dans ce discours, le récit du deuxième paragraphe illustre les idées exposées par l'auteur.	**3. Discours dans le récit** Le discours du narrateur (dans le récit à la première personne) ou les discours rapportés (discours des personnages dans un roman, par exemple) peuvent se mêler au récit. *Texte 2 p. 42 :* … le cri de Gauvain s'éleva : Fonçons !

➤ Exercices 2 à 5

*Lire et comprendre **un texte***

Leçon

L'intention du locuteur

▶ Définir l'intention du locuteur permet de préciser le type du texte.

Intention du locuteur	Type de texte
– raconter des événements, une histoire	– texte narratif (➤ Ch. 14)
– décrire des objets, des lieux, des personnages	– texte descriptif (➤ Ch. 14)
– argumenter, raisonner, critiquer	– texte argumentatif (➤ Ch. 15)
– informer, expliquer	– texte explicatif (➤ Ch. 15)
– conseiller, prier, ordonner	– texte injonctif (➤ Ch. 9, Exercice 2)
– exprimer des émotions, des sentiments	– texte expressif (➤ Texte 4 p. 43)
– susciter des émotions, des sentiments chez le destinataire	– texte impressif (➤ Texte 2 p. 42)

▶ Ces différentes intentions peuvent évidemment se combiner dans un même texte.

➤ Exercice 7

La tonalité du texte (ou registre littéraire)

▶ On distingue les textes lyriques, épiques, tragiques, pathétiques, comiques, dramatiques, polémiques, didactiques (➤ Chapitre 13).

▶ On peut reconnaître et analyser dans ces textes des **caractères propres à chaque tonalité**. Ainsi le texte épique se caractérise par l'amplification et la simplification : il comporte souvent des hyperboles, des gradations, parfois des accumulations, des phrases en expansion (➤ Texte 2 p. 42).

➤ Exercices 1, 2, 7, 8, 9

2 La diversité des **textes**

▶ Les différents classements proposés ne doivent pas donner à penser qu'un texte peut réaliser la « pureté » d'un type. Ce que révèle l'étude des textes, c'est leur infinie **diversité**.
Ainsi un texte de théâtre peut avoir des intentions différentes et être explicatif, narratif, descriptif ou encore injonctif.

▶ Un même texte peut mêler différentes tonalités et passer du lyrique à l'épique ou au tragique. Un texte argumentatif peut être par sa tonalité didactique mais aussi, pourquoi pas, polémique ou comique.

▶ Des auteurs contemporains ont souligné dans les titres de leurs oeuvres ce mélange des genres et des styles (Aragon, *Théâtre/Roman*, Francis Ponge, *Proêmes*).

▶ L'étude des textes (lecture méthodique, commentaire littéraire, étude de texte argumentatif) doit dès lors repérer non seulement les **signes distinctifs de différents types** mais leur **combinaison** et leur **confrontation** dans un même texte.

➤ Exercices 7 à 10

👉 L'essentiel 👈

▶ Il est nécessaire pour étudier un texte de déterminer le type auquel il appartient. Ce classement oriente l'analyse vers les caractéristiques formelles du texte et permet de formuler des **axes de lecture**.

▶ On peut classer les textes selon différents critères : le critère du **genre** (le roman, le théâtre, la poésie…), celui de l'**énonciation** (système du discours ou système du récit), celui de l'**intention** qui a présidé à sa production (texte narratif, argumentatif…), celui enfin de sa **tonalité** (lyrique, épique, tragique…). Ainsi un texte peut appartenir au genre du théâtre, se présenter comme un discours dont l'intention est d'argumenter et dont la tonalité est comique.

▶ Aucun texte ne représente un type de manière « pure » : l'intérêt de l'analyse est précisément de montrer comment et pourquoi **se mêlent** des intentions, des tonalités ou des genres différents.

*Lire et comprendre **un texte***

Exercices

1. Le classement des textes

1 Le type de texte

a. Déterminez les types des textes en indiquant leur genre, leur intention, leur(s) tonalité(s). Aidez-vous de la définition des tonalités (➤ CHAPITRE 13).
b. S'agit-il de récits ou de discours ?

Texte 1

Entre Hernani, grand manteau. Grand chapeau. Dessous, un costume de montagnard d'Aragon, gris, avec une cuirasse de cuir, une épée, un poignard, et un cor à la ceinture.

DOÑA SOL, *courant à lui.*
Hernani !

HERNANI
          Doña Sol ! Ah ! c'est vous que je vois
Enfin ! et cette voix qui parle est votre voix !
Pourquoi le sort mit-il mes jours si loin des vôtres ?
J'ai tant besoin de vous pour oublier les autres !

DOÑA SOL, *touchant ses vêtements.*
Jésus ! votre manteau ruisselle ! il pleut donc bien ?

HERNANI
Je ne sais.

DOÑA SOL
        Vous devez avoir froid !

HERNANI
                 Ce n'est rien.

DOÑA SOL
Ôtez donc ce manteau.

HERNANI
          Doña Sol, mon amie,
Dites-moi, quand la nuit vous êtes endormie,
Calme, innocente et pure, et qu'un sommeil joyeux
Entr'ouvre votre bouche et du doigt clôt vos yeux,
Un ange vous dit-il combien vous êtes douce
Au malheureux que tout abandonne et repousse ?

VICTOR HUGO, *Hernani*, I, 2

Texte 2

Rien n'était si beau, si leste, si brillant, si bien ordonné que les deux armées. Les trompettes, les fifres, les hautbois, les tambours, les canons, formaient une harmonie telle qu'il n'y en eut jamais en enfer. Les canons renversèrent d'abord à peu près six mille hommes de chaque côté ; ensuite la mousqueterie ôta du meilleur des mondes environ neuf à dix mille coquins qui en infectaient la surface. La baïonnette fut aussi la raison suffisante de la mort de quelques milliers d'hommes. Le tout pouvait bien se monter à une trentaine de mille âmes. Candide, qui tremblait comme un philosophe, se cacha du mieux qu'il put pendant cette boucherie héroïque.

VOLTAIRE, *Candide*, Ch. 3

2 Discours, intention et tonalité

a. Indiquez l'intention et la tonalité du texte suivant.
b. Relevez dans ces vers les caractères d'un discours (temporalité, énonciation).
c. Dans quel autre genre que la poésie pourrait-on classer ce texte ?

Surtout qu'en vos écrits la langue révérée
Dans vos plus grands excès vous soit toujours sacrée.
En vain vous me frappez d'un son mélodieux
Si le terme est impropre ou le tour vicieux.
Mon esprit n'admet point un pompeux barbarisme,
Ni d'un vers ampoulé l'orgueilleux solécisme.
Sans la langue, en un mot, l'auteur le plus divin
Est toujours, quoi qu'il fasse, un méchant écrivain.
Travaillez à loisir, quelque ordre qui vous presse,
Et ne vous piquez point d'une folle vitesse.
Un style si rapide, et qui court en rimant,
Marque moins trop d'esprit que peu de jugement.
J'aime mieux un ruisseau qui, sur la molle arène,
Dans un pré plein de fleurs lentement se promène,
Qu'un torrent débordé qui, d'un cours orageux,
Roule, plein de gravier, sur un terrain fangeux.
Hâtez-vous lentement, et, sans perdre courage,
Vingt fois sur le métier remettez votre ouvrage.
Polissez-le sans cesse et le repolissez ;
Ajoutez quelquefois, et souvent effacez.

NICOLAS BOILEAU, *Art poétique*, Chant 1

Lire et comprendre **un texte**

Exercices

3 Discours et récit

Distinguez dans les extraits suivants les discours et les récits en relevant leurs marques caractéristiques. Aidez-vous du tableau comparatif p. 44.

Texte 1

Candide, chassé du paradis terrestre, marcha longtemps sans savoir où, pleurant, levant les yeux au ciel, les tournant souvent vers le plus beau des châteaux, qui renfermait la plus belle des baronnettes ; il se coucha sans souper au milieu des champs entre deux sillons ; la neige tombait à gros flocons. Candide, tout transi, se traîna le lendemain vers la ville voisine, qui s'appelle Valdberghoff-trarbk-dikdorff, n'ayant point d'argent, mourant de faim et de lassitude. Il s'arrêta tristement à la porte d'un cabaret.

VOLTAIRE, *Candide*, Ch. 2

Texte 2

Et le roman s'achève de lui-même
J'ai déchiré ma vie et mon poème

Plus tard plus tard on dira qui je fus

J'ai déchiré des pages et des pages
Dans le miroir j'ai brisé mon visage

Le grand soleil ne me reconnaît plus

J'ai déchiré mon livre et ma mémoire
Il y avait dedans trop d'heures noires

Déchiré l'azur pour chasser les nues

Déchiré mon chant pour masquer les larmes
Dissipé le bruit que faisaient les armes

Souri dans la pluie après qu'il a plu

Déchiré mon cœur déchiré mes rêves
Que de leurs débris une aube se lève

Qui n'ait jamais vu ce que moi j'ai vu

LOUIS ARAGON, *Le roman inachevé*,
Éd. Gallimard © Aragon, 1956

Texte 3

Lorsque Desgenais fut parti, je sentis une agitation si affreuse, que je résolus d'y mettre un terme, de quelque manière que ce fût. Après une lutte terrible, l'horreur surmonta enfin l'amour. J'écrivis à ma maîtresse que je ne la reverrais jamais et que je la priais de ne plus revenir, si elle ne voulait s'exposer à être refusée à ma porte. Je sonnai violemment, et ordonnai qu'on portât ma lettre le plus vite possible. À peine mon domestique eut-il fermé la porte, que je le rappelai. Il ne m'entendit pas ; je n'osai le rappeler une seconde fois ; et, mettant mes deux mains sur mon visage, je demeurai enseveli dans le plus profond désespoir.

ALFRED DE MUSSET, *La Confession d'un enfant du siècle*

4 Le mélange du discours et du récit

a. Repérez dans le récit qui suit la part des discours.
b. Quelle est la fonction du récit de l'aventure d'Ésope dans le discours du narrateur ?

Jacques voyage avec son maître quand il rencontre le cortège funèbre du capitaine qui, autrefois, lui a enseigné sa philosophie fataliste.

Voilà nos deux voyageurs arrivés au côté de cette voiture funèbre. À l'instant, Jacques pousse un cri, tombe de son cheval plutôt qu'il n'en descend, s'arrache les cheveux, se roule à terre en criant : « Mon capitaine ! mon pauvre capitaine ! c'est lui, je n'en saurais douter, voilà ses armes... » Il y avait, en effet, dans le char, un long cercueil sous un drap mortuaire, sur le drap mortuaire une épée avec un cordon, et à côté du cercueil un prêtre, son bréviaire à la main et psalmodiant. Le char allait toujours, Jacques le suivait en se lamentant, le maître suivait Jacques en jurant et les domestiques certifiaient à Jacques que ce convoi était celui de son capitaine, décédé dans la ville voisine, d'où on le transférait à la sépulture de ses ancêtres. Depuis que ce militaire avait été privé par la mort d'un autre militaire, son ami, capitaine au même régiment, de la satisfaction de se battre au moins une fois par semaine, il en était tombé dans une mélancolie qui l'avait éteint au bout de quelques mois. Jacques, après avoir payé à son capitaine le tribut d'éloges, de regrets et de larmes qu'il lui devait, fit excuse à son maître, remonta sur son cheval, et ils allaient en silence.
Mais, pour Dieu, lecteur, me dites-vous, où allaient-ils ?... Mais, pour Dieu, lecteur, vous répondrai-je, est-ce qu'on sait où l'on va ? Et vous, où allez-vous ? Faut-il que je vous rappelle l'aventure d'Ésope ? Son maître Xantippe lui dit un soir d'été ou d'hiver, car les Grecs se baignaient dans toutes les saisons : « Ésope, va au bain ; s'il y a peu de monde nous nous baignerons... » Ésope part. Chemin faisant il rencontre la patrouille

d'Athènes. « Où vas-tu ? - Où je vais ? répond Ésope, je n'en sais rien. - Tu n'en sais rien ? marche en prison. - Eh bien ! reprit Ésope, ne l'avais-je pas bien dit que je ne savais où j'allais ? je voulais aller au bain, et voilà que je vais en prison... »

DENIS DIDEROT, *Jacques le Fataliste et son maître*

5 Discours ou récit ?

Le texte suivant est-il un récit ou un discours ? Qu'est-ce qui rend difficile ici cette distinction ? Quelles caractéristiques formelles du texte peuvent déterminer votre réponse ?

Je l'avais aimée éperdument ! Pourquoi aime-t-on ? Est-ce bizarre de ne plus voir dans le monde qu'un être, de n'avoir plus dans l'esprit qu'une pensée, dans le cœur qu'un désir, et dans la bouche qu'un nom : un nom qui monte incessamment, qui monte, comme l'eau d'une source, des profondeurs de l'âme, qui monte aux lèvres, et qu'on dit, qu'on redit, qu'on murmure sans cesse, partout, ainsi qu'une prière.

Je ne conterai point notre histoire. L'amour n'en a qu'une, toujours la même. Je l'avais rencontrée et aimée. Voilà tout. Et j'avais vécu pendant un an dans sa tendresse, dans ses bras, dans sa caresse, dans son regard, dans ses robes, dans sa parole, enveloppé, lié, emprisonné dans tout ce qui venait d'elle, d'une façon si complète que je ne savais plus s'il faisait jour ou nuit, si j'étais mort ou vivant, sur la vieille terre ou ailleurs.

Et voilà qu'elle mourut. Comment ? Je ne sais pas, je ne sais plus.

Elle rentra mouillée, un soir de pluie, et le lendemain, elle toussait. Elle toussa pendant une semaine environ et prit le lit.

Que s'est-il passé ? Je ne sais plus.

GUY DE MAUPASSANT, *La morte*

6 Les intentions du locuteur

Distinguez les différentes intentions mises en œuvre et définissez le type des textes suivants.

Texte 1

Honore ton père et ta mère comme l'Éternel ton Dieu te l'a commandé, afin que tes jours soient prolongés, et que tu sois heureux sur la terre que l'Éternel ton Dieu te donne.
Tu ne tueras point.
Tu ne commettras point d'adultère.
Tu ne déroberas point.
Tu ne diras point de faux témoignage contre ton prochain.
Tu ne convoiteras point la femme de ton prochain, et tu ne désireras point la maison de ton prochain, ni son champ, ni son serviteur, ni sa servante, ni son bœuf, ni son âne, ni aucune chose qui soit à ton prochain.

LA BIBLE, *Deutéronome*, 5, 16-21

Texte 2

Hé que voulez-vous dire ? Êtes-vous si cruelle
De ne vouloir aimer ? Voyez les passereaux
Qui démènent l'amour ; voyez les colombeaux,
Regardez le ramier, voyez la tourterelle,

Voyez deçà delà d'une frétillante aile
Voleter par le bois les amoureux oiseaux,
Voyez la jeune vigne embrasser les ormeaux,
Et toute chose rire en la saison nouvelle [...]

PIERRE DE RONSARD, *La Nouvelle Continuation des amours*

Texte 3

Sensation

Par les soirs bleus d'été, j'irai dans les sentiers,
Picoté par les blés, fouler l'herbe menue :
Rêveur, j'en sentirai la fraîcheur à mes pieds.
Je laisserai le vent baigner ma tête nue.

Je ne parlerai pas, je ne penserai rien :
Mais l'amour infini me montera dans l'âme,
Et j'irai loin, bien loin, comme un bohémien,
Par la Nature, - heureux comme avec une femme.

ARTHUR RIMBAUD, *Poésies*

Texte 4

Il partit avec cinq copains. [...]
À peine dix minutes. Les soldats affolés se retournèrent, les artilleurs essayèrent de tourner leurs pièces : l'auto de Puig, le petit poste de garde enfoncé, dégringolait sur les canons avec le fusil mitrailleur entre deux lames du pare-brise, l'arrière secoué de gauche à droite comme un balancier frénétique. Puig voyait les canonniers, que leurs pare-balles ne protégeaient plus, grossir comme au cinéma. Une mitrailleuse fasciste tirait et grossissait.

ANDRÉ MALRAUX, *L'Espoir*, Éd. Gallimard, 1937

Exercices

Texte 5

Plus je travaille avec le langage, plus ses trahisons m'épouvantent. Inventé pour servir la vérité, il semble s'ingénier à la faire servir : en tout cas, il l'obnubile plus volontiers qu'il ne la révèle. Sa vocation première devrait être de libérer l'homme : trop souvent c'est son exploitation qu'il favorise. Voilà pourquoi un écrivain, comme un soldat qui fourbit ses armes, a pour premier devoir de nettoyer son langage, de le préciser, l'ajuster, l'approprier à ses fins ; bref, de savoir toujours ce que parler veut dire et dit.

Roger Ikor, *Les Nouvelles littéraires*, 8 janvier 1973

Texte 6

L'automne s'obstine au flanc des coteaux. Du maïs, des oiseaux s'envolent. Des feux s'allument dans les jardins. Il en monte de hautes fumées. L'air sent le céleri, les fanes de pommes de terre. La campagne est calme et muette. On voit au loin, contre le ciel, sur les collines, le contour de quelque village.

Alexandre Vialatte, *Dernières Nouvelles de l'homme*, Éd. Julliard 1978

Texte 7

Au cours des vingt dernières années, le second rang des activités de loisir revient, si l'on en croit l'INSEE, aux sorties : « Inviter des parents ou des amis pour un repas au moins une fois par mois » se classe après l'indélogeable télé avec 64 % de suffrages et une augmentation de 25 points. « Sortir le soir au moins une fois par mois » réalise aussi un bon score à 48 % et gagne pratiquement un point par an.

Bernard Préel, *L'État de la France et ses habitants*, Éd. La Découverte, 1989

2 La diversité des textes

7 La pluralité des intentions

a. Quelles intentions se mêlent dans ces textes ?
b. Définissez leur tonalité.

Texte 1

Tu es plus belle que le ciel et la mer

Quand tu aimes il faut partir
Quitte ta femme quitte ton enfant
Quitte ton ami quitte ton amie
Quitte ton amante quitte ton amant
Quand tu aimes il faut partir
Le monde est plein de nègres et de négresses
Des femmes des hommes des hommes des femmes
Regarde les beaux magasins
Ce fiacre cet homme cette femme ce fiacre
Et toutes les belles marchandises

Il y a l'air il y a le vent
Les montagnes l'eau le ciel la terre
Les enfants les animaux
Les plantes et le charbon de terre

Apprends à vendre et à acheter à revendre
Donne prends donne prends

Quand tu aimes il faut savoir
Chanter courir manger boire
Siffler
Et apprendre à travailler

Quand tu aimes il faut partir
Ne larmoie pas en souriant
Ne te niche pas entre deux seins
Respire marche pars va-t'en

Je prends mon bain et je regarde
Je vois la bouche que je connais
La main la jambe l'œil
Je prends mon bain et je regarde

Le monde entier est toujours là
La vie pleine de choses surprenantes
Je sors de la phramacie
Je descends juste de la bascule
Je pèse mes 80 kilos
Je t'aime

Blaise Cendrars, *Feuilles de route*, Éd. Denoël, 1947

*Lire et comprendre **un texte***

Exercices

Texte 2

Considérez, Messieurs, ces grandes puissances que nous regardons de si bas ; pendant que nous tremblons sous leur main, Dieu les frappe pour nous avertir. Leur élévation en est la cause ; et il les épargne si peu qu'il ne craint pas de les sacrifier à l'instruction du reste des hommes. Chrétiens, ne murmurez pas si Madame a été choisie pour nous donner une telle instruction : il n'y a rien ici de rude pour elle, puisque, comme vous le verrez dans la suite, Dieu la sauve par le même coup qui nous instruit. Nous devrions être assez convaincus de notre néant : mais s'il faut des coups de surprise à nos cœurs enchantés de l'amour du monde, celui-ci est assez grand et assez terrible. Ô nuit désastreuse ! ô nuit effroyable, où retentit tout à coup comme un éclat de tonnerre cette étonnante nouvelle : Madame se meurt ! Madame est morte ! Qui de nous ne se sentit frappé à ce coup, comme si quelque tragique accident avait désolé sa famille ? Au premier bruit d'un mal si étrange, on accourut à Saint-Cloud de toutes parts ; on trouve tout consterné, excepté le cœur de cette princesse : partout on entend des cris ; partout on voit la douleur et le désespoir, et l'image de la mort. Le roi, la reine, Monsieur, toute la cour, tout le peuple, tout est abatttu, tout est désespéré ; et il me semble que je vois l'accomplissement de cette parole du prophète : « Le roi pleurera, le prince sera désolé, et les mains tomberont au peuple de douleur et d'étonnement. »

BOSSUET, *Oraison funèbre d'Henriette d'Angleterre*

8 Exercices de style

Dans les *Exercices de style*, Raymond Queneau reprend quatre-vingt-dix-neuf fois la même histoire en modifiant le genre, la tonalité, le registre de langue, etc. Dans les quatre extraits suivants, distinguez les différents « styles », en utilisant les principes de classement définis dans ce chapitre.

Texte 1

Récit

Un jour vers midi du côté du parc Monceau, sur la plate-forme arrière d'un autobus à peu près complet de la ligne S (aujourd'hui 84), j'aperçus un personnage au cou fort long qui portait un feutre mou entouré d'un galon tressé au lieu de ruban. Cet individu interpella tout à coup son voisin en prétendant que celui-ci faisait exprès de lui marcher sur les pieds chaque fois qu'il montait ou descendait des voyageurs. Il abandonna d'ailleurs rapidement la discussion pour se jeter sur une place devenue libre.

Deux heures plus tard, je le revis devant la gare Saint-Lazare en grande conversation avec un ami qui lui conseillait de diminuer l'échancrure de son pardessus en en faisant remonter le bouton supérieur par quelque tailleur compétent.

Texte 2

Comédie

ACTE PREMIER
SCÈNE I

(Sur la plate-forme arrière d'un autobus S, un jour, vers midi.)

LE RECEVEUR. — La monnaie, s'iou plaît.
(Des voyageurs lui passent la monnaie.)

SCÈNE II

(L'autobus s'arrête.)

LE RECEVEUR. — Laissons descendre. Priorités ? Une priorité ! C'est complet. Drelin, drelin, drelin.

ACTE SECOND
SCÈNE I

(Même décor.)

PREMIER VOYAGEUR *(jeune, long cou, une tresse autour du chapeau)*. — On dirait, monsieur, que vous le faites exprès de me marcher sur les pieds chaque fois qu'il passe des gens.

SECOND VOYAGEUR *(hausse les épaules).*

SCÈNE II

(Un troisième voyageur descend.)

PREMIER VOYAGEUR *(s'adressant au public).*
— Chouette ! une place libre ! J'y cours.
(Il se précipite dessus et l'occupe.)

ACTE TROISIÈME
SCÈNE I

(La Cour de Rome.)

UN JEUNE ÉLÉGANT *(au premier voyageur, maintenant piéton)*. — L'échancrure de ton pardessus est trop large. Tu devrais la fermer un peu en faisant remonter le bouton du haut.

Exercices

SCÈNE II

(*À bord d'un autobus S passant devant la Cour de Rome.*)
QUATRIÈME VOYAGEUR — Tiens, le type qui se trouvait tout à l'heure avec moi dans l'autobus et qui s'engueulait avec un bonhomme. Curieuse rencontre. J'en ferai une comédie en trois actes et en prose.

Texte 1

Sonnet

Glabre de la vaisselle et tressé du bonnet,
Un paltoquet chétif au cou mélancolique
Et long se préparait, quotidienne colique,
À prendre un autobus le plus souvent complet.

L'un vint, c'était un dix ou bien peut-être un S.
La plate-forme, hochet adjoint au véhicule,
Trimbalait une foule en son sein minuscule
Où des richards pervers allumaient des londrès.

Le jeune girafeau, cité première strophe,
Grimpé sur cette planche entreprend un péquin
Lequel, proclame-t-il, voulait sa catastrophe,

Pour sortir du pétrin bigle une place assise
Et s'y met. Le temps passe. Au retour un faquin
À propos d'un bouton examinait sa mise.

Texte 2

Géométrique

Dans un parallélépipède rectangle se déplaçant le long d'une ligne droite d'équation $84\,x + S = y$, un homoïde A présentant une calotte sphérique entourée de deux sinusoïdes, au-dessus d'une partie cylindrique de longueur $l > n$, présente un point de contact avec un homoïde trivial B. Démontrer que ce point de contact est un point de rebroussement.
Si l'homoïde A rencontre un homoïde homologue C, alors le point de contact est un disque de rayon $r > l$. Déterminer la hauteur h de ce point de contact par rapport à l'axe vertical de l'homoïde A.

RAYMOND QUENEAU, *Exercices de style*, Éd. Gallimard, 1947

Tout à coup *la Marseillaise* retentit. Hussonnet et Frédéric se penchèrent sur la rampe. C'était le peuple. Il se précipita dans l'escalier, en secouant à flots vertigineux des têtes nues, des casques, des bonnets rouges, des baïonnettes et des épaules, si impétueusement que des gens disparaissaient dans cette masse grouillante qui montait toujours, comme un fleuve refoulé par une marée d'équinoxe, avec un long mugissement, sous une impulsion irrésistible. En haut, elle se répandit, et le chant tomba.
On n'entendait plus que les piétinements de tous les souliers, avec le clapotement des voix. La foule inoffensive se contentait de regarder. Mais, de temps à autre, un coude trop à l'étroit enfonçait une vitre; ou bien un vase, une statuette déroulait d'une console, par terre. Les boiseries pressées craquaient. Tous les visages étaient rouges, la sueur en coulait à larges gouttes; Hussonnet fit cette remarque :
« Les héros ne sentent pas bon !
- Ah ! vous êtes agaçant », reprit Frédéric.
Et poussés malgré eux, ils entrèrent dans un appartement où s'étendait, au plafond, un dais de velours rouge. Sur le trône, en dessous, était assis un prolétaire à barbe noire, la chemise entr'ouverte, l'air hilare et stupide comme un magot[1]. D'autres gravissaient l'estrade pour s'asseoir à sa place.
« Quel mythe ! dit Hussonnet. Voilà le peuple souverain ! »
Le fauteuil fut enlevé à bout de bras, et traversa toute la salle en se balançant.
« Saprelotte ! comme il chaloupe ! Le vaisseau de l'Etat est balloté sur une mer orageuse ! cancane-t-il ![2] »
On l'avait approché d'une fenêtre, et, au milieu des sifflets, on le lança.
« Pauvre vieux ! » dit Hussonnet, en le voyant tomber dans le jardin, où il fut repris vivement pour être promené ensuite jusqu'à la Bastille, et brûlé.

GUSTAVE FLAUBERT, *L'éducation sentimentale*, III, 1

1. Un singe 2. Danse-t-il !

9 Un texte hybride

a. Distinguez le récit des descriptions.
b. Quelle est leur tonalité principale ?
c. Quelle est la tonalité des différents discours ?
d. Quel est l'effet de ce mélange des tonalités ?

Exercices

10 Le mélange des tons

Dans la célèbre « tirade des nez », Cyrano distingue différents tons. Correspondent-ils aux critères de classement proposés dans ce chapitre ? Quelles sont les caractéristiques des tons « gracieux », « pédant », « campagnard » et « militaire » ?

Cyrano vient d'être insulté par un jeune vicomte qui lui a platement reproché son grand nez.

CYRANO

                Ah ! non ! c'est un peu court, jeune homme !
On pouvait dire... Oh ! Dieu !... bien des choses en somme...
En variant le ton,... par exemple, tenez :
Agressif : « Moi, monsieur, si j'avais un tel nez,
Il faudrait sur le champ que je me l'amputasse ! »
Amical : « Mais il doit tremper dans votre tasse !
Pour boire, faites-vous fabriquer un hanap ! »
Descriptif : « C'est un roc !... c'est un pic !... c'est un cap !
Que dis-je, c'est un cap ?... C'est une péninsule ! »
Curieux : « De quoi sert cette oblongue capsule ?
D'écritoire, monsieur, ou de boîte à ciseaux ? »
Gracieux : « Aimez-vous à ce point les oiseaux
Que paternellement vous vous préoccupâtes
De tendre ce perchoir à leurs petites pattes ? »
Truculent : « Ça, monsieur, lorsque vous pétunez,
La vapeur du tabac vous sort-elle du nez
Sans qu'un voisin ne crie au feu de cheminée ? »
Prévenant : « Gardez-vous, votre tête entraînée
Par ce poids, de tomber en avant sur le sol ! »
Tendre : « Faites-lui faire un petit parasol
De peur que sa couleur au soleil ne se fane ! »
Pédant : « L'animal seul, monsieur, qu'Aristophane
Appelle Hippocampeléphantocamélos
Dut avoir sous le front tant de chair sur tant d'os ! »
Cavalier : « Quoi, l'ami, ce croc est à la mode ?
Pour pendre son chapeau, c'est vraiment très commode ! »
Emphatique : « Aucun vent ne peut, nez magistral,
T'enrhumer tout entier, excepté le mistral ! »
Dramatique : « C'est la mer Rouge quand il saigne ! »
Admiratif : « Pour un parfumeur, quelle enseigne ! »
Lyrique : « Est-ce une conque, êtes-vous un triton ? »
Naïf : « Ce monument, quand le visite-t-on ? »
Respectueux : « Souffrez, monsieur, qu'on vous salue,
C'est là ce qui s'appelle avoir pignon sur rue ! »
Campagnard : « Hé, ardé ! C'est-y un nez ? Nanain !
C'est queuqu'navet géant ou ben queuqu'melonnain ! »
Militaire : « Pointez contre cavalerie ! »
Pratique : « Voulez-vous le mettre en loterie ?
Assurément, monsieur, ce sera le gros lot ! »

EDMOND ROSTAND, *Cyrano de Bergerac*, I, 4

Exercices

 Bilan

1. À quel genre appartient le texte suivant ? Relevez les signes qui l'apparentent aussi au genre de la lettre.
2. Repérez les marques spécifiques d'un discours (temps, énonciation). À quel moment Hugo introduit-il un récit dans son discours ? Quelle est la fonction de ce récit ?
3. Quelles sont les intentions de V. Hugo dans ce texte ? Peut-on définir son type ? Repérez les marques d'un texte injonctif dans le discours du bouvreuil.
4. Quelles sont les tonalités principales de ce texte ? Quel commentaire Hugo propose-t-il dans ces vers sur le mélange des tonalités ?

À André Chénier[1]

Oui, mon vers croit pouvoir, sans se mésallier,
Prendre à la prose un peu de son air familier.
André, c'est vrai, je ris quelquefois sur la lyre.
Voici pourquoi. Tout jeune encor, tâchant de lire
Dans le livre effrayant des forêts et des eaux,
J'habitais un parc sombre où jasaient des oiseaux,
Où des pleurs souriaient dans l'œil bleu des pervenches ;
Un jour que je songeais seul au milieu des branches,
Un bouvreuil qui faisait le feuilleton du bois
M'a dit : « Il faut marcher à terre quelquefois.
« La nature est un peu moqueuse autour des hommes ;
« O poète, tes chants, ou ce qu'ainsi tu nommes,
« Lui ressembleraient mieux si tu les dégonflais.
« Les bois ont des soupirs, mais ils ont des sifflets.
« L'azur luit, quand parfois la gaîté le déchire ;
« L'Olympe reste grand en éclatant de rire ;
« Ne crois pas que l'esprit du poète descend
« Lorsque entre deux grands vers un mot passe en dansant.
« Ce n'est pas un pleureur que le vent en démence ;
« Le flot profond n'est pas un chanteur de romance ;
« Et la nature, au fond des siècles et des nuits,
« Accouplant Rabelais à Dante plein d'ennuis,
« Et l'Ugolin[2] sinistre au Grandgousier[3] difforme,
« Près de l'immense deuil montre le rire énorme. »

Victor Hugo, *Les Contemplations*

1. André Chénier : poète du XVIIIe siècle. Ses poèmes se caractérisent par la gravité de la pensée et la noblesse de la forme. 2. Ugolin : personnage de *La Divine Comédie* de Dante. Dans l'enfer, il est condamné à dévorer la cervelle de son propre fils. 3. Personnage de Rabelais

Lecture et analyse

« La vie est un songe »

Texte 1

Le baroque : courant littéraire et artistique, né dès la fin du XVIe et qui se développe au XVIIe siècle. Il doit son nom à un mot portugais, « Barocco », qui signifie irrégulier et s'appliquait à des perles naturelles. Le courant baroque est en effet caractérisé par des thèmes et des formes qui expriment l'instabilité, l'irrégularité, le foisonnement, le passage. Le sentiment de la fragilité de la vie associé au goût nostalgique pour ses richesses, paysages, fruits, fleurs, émotions, conduit les poètes et les peintres à privilégier l'expression d'une sensualité à la fois épanouie et mélancolique.

L'art cherche à saisir ce qui s'échappe, eau, fumée, nuages, lumière, rêves. Les poètes et les peintres observent avec fascination des jeux de miroirs et de métamorphoses qui se rattachent au fantastique et rendent dans leurs œuvres la complexité du trompe-l'œil, le charme des illusions, les dangers des apparences.

Littérature 1re, Textes et méthodes, Éd. Hatier, 1994

Texte 2

Tout n'est plein ici-bas que de vaine apparence,
Ce qu'on donne à sagesse est conduit par le sort,
L'on monte et l'on descend avec pareil effort,
Sans jamais rencontrer l'état de consistance.

Que veiller et dormir ont peu de différence !
Grand maître en l'art d'aimer, tu te trompes bien fort
En nommant le sommeil l'image de la mort :
La vie et le sommeil ont plus de ressemblance.

Comme on rêve en son lit, rêver en la maison,
Espérer sans succès, et craindre sans raison,
Passer et repasser d'une à une autre envie,

Travailler avec peine et travailler sans fruit,
Le dirai-je, mortels, qu'est-ce que cette vie ?
C'est un songe qui dure un peu plus qu'une nuit.

Jacques des Barreaux (1599-1673)
Cité dans *Le XVIIe siècle en littérature,* Coll. Perspectives et confrontations, Éd. Hachette, 1987

Texte 3

Le monde est un théâtre : cette propositon en appelle inévitablement une autre, qui la transpose sur une autre frontière de l'existence, et dont Calderón fait le titre d'une de ses « comédies » : la vie est un songe . Une dialectique perplexe de la veille et du rêve , du réel et de l'imaginaire, de la sagesse et de la folie, traverse toute la pensée baroque [...]

Ce que nous prenons pour réalité n'est peut-être qu' illusion , mais qui sait si ce que nous prenons pour illusion n'est pas aussi souvent réalité ? Si la folie n'est pas un *autre tour de sagesse*, et le songe une vie *un peu plus inconstante* ?

GÉRARD GENETTE, *Figures I*, Chapitre 1, Éd. du Seuil

Une mise en perspective

▶ **Les thèmes du poème.**

Le poème de Jacques des Barreaux fait apparaître plusieurs thèmes qui ont tous pour trait commun l'incertitude et la confusion :

• **le rêve** et l'impression que la vie elle-même est un songe (*Que veiller et dormir ont peu de différence ! ; La vie et le sommeil ont plus de ressemblance ; Qu'est-ce que cette vie ? / C'est un songe qui dure un peu plus qu'une nuit*) ;

• **l'illusion et l'apparence** (*Tout n'est plein ici bas que de vaine apparence*) ;

• **le rôle du hasard** (*Ce qu'on donne à sagesse est conduit par le sort*) ;

• **l'instabilité et l'insatisfaction** (*Espérer sans succès et craindre sans raison ; Passer et repasser d'une à une autre envie*).

▶ **Le mouvement artistique.**

Le Texte 1 qui accompagne le poème fait référence au mouvement littéraire et artistique, le Baroque, en analysant le contenu thématique de ce courant. Les thèmes abordés dans ce texte **explicatif** correspondent à ceux du poème cité, et un parallèle peut facilement être établi. Les informations fournies sur l'histoire artistique et littéraire peuvent ainsi aider à situer le poème de J. des Barreaux dans **le contexte du Baroque**. Le Texte 3, un texte **critique**, est également à mettre en relation avec le poème. Il analyse la thématique baroque de l'illusion. Les motifs étudiés par le critique définissent un contexte idéologique et esthétique auquel se rattache le sonnet.

▶ **Le paratexte.**

Les informations données **à la suite du poème** renvoient elles aussi à un contexte historique et littéraire. Les dates de la vie de l'auteur le situent au XVIIe siècle ; le titre de l'ouvrage d'histoire littéraire et du chapitre où a été cité le poème inscrit plus précisément cet auteur dans le courant auquel il se rattache.

Leçon

1 L'importance du contexte

Pour mieux lire et comprendre un texte littéraire, il est utile de le mettre en perspective avec tout ce qui constitue son contexte.

L'écrivain dans l'histoire

▶ Tout en dépassant le cadre limité de son époque, un écrivain appartient à une **période historique**, au cours de laquelle il s'est formé, avec laquelle ou contre laquelle il a réagi. Il convient de savoir situer l'écrivain dans son temps, surtout lorsque son œuvre est devenue inséparable d'un certain contexte **politique, idéologique et social**.

> Molière et la première moitié du règne de Louis XIV ; Voltaire et le siècle des Lumières ; Zola et la Révolution industrielle.

▶ Situer les écrivains chronologiquement les uns par rapport aux autres permet en outre de comprendre des filiations, les **influences** qu'ils ont pu exercer ou subir, **leur rejet** parfois de ce qui a précédé.

> L'essor de la sensibilité romantique au début du XIXe siècle apparaît comme une réaction contre le rationalisme du XVIIIe siècle.

➤ Exercices 1 à 3

Le contexte artistique et littéraire

Pour la chronologie des principaux mouvements artistiques et littéraires ➤ Tableau p. 283.

▶ Il importe de savoir situer un texte ou une œuvre **dans un mouvement artistique** afin de comprendre de quelle façon l'écrivain se rattache à ce courant ou quelle marque personnelle il lui imprime. On reliera ainsi Victor Hugo et le **Romantisme**, Zola et le **Naturalisme**.

> Nous avons mis en relation le poème de Jacques des Barreaux avec le mouvement baroque tel que les histoires littéraires le définissent. Cette confrontation a permis de dégager du sonnet des thèmes et des images propres à cette esthétique.

▶ Mais il faut être **prudent** dans cette comparaison. Si la connaissance d'un mouvement littéraire permet d'éclairer une œuvre, on ne doit pas oublier que ce sont les œuvres elles-mêmes et leur inspiration commune qui permettent de définir ce que nous voyons aujourd'hui comme un courant, un mouvement, une école.

> Il serait maladroit de dire que Jean-Jacques Rousseau est un « pré-romantique » comme s'il avait choisi de s'associer à un mouvement existant. Tout au plus peut-on considérer que l'œuvre de Rousseau contient des thèmes et une inspiration qui se retrouveront chez d'autres écrivains que l'on qualifiera de romantiques.

➤ Exercices 4, 5

Les références culturelles

▶ Comprendre un texte, c'est aussi être capable d'identifier les références qui s'y trouvent. Un écrivain est **porteur d'une culture** et son œuvre en est souvent le reflet. Sa création s'appuie sur des références conscientes ou inconscientes, que le lecteur doit s'efforcer de partager.

> Les poètes de la Renaissance empruntent la plupart de leurs images à la mythologie grecque et latine. La connaissance de cette culture est nécessaire au lecteur.

▶ Lorsqu'un texte a pour cadre une période historique, proche ou lointaine, on doit chercher à **élucider les événements** auxquels il se réfère, afin de pouvoir se repérer dans le contexte évoqué.

> On ne comprend bien *Le Colonel Chabert* de Balzac que si l'on sait dans quelles conditions la Restauration a succédé à l'Empire. Ce changement politique et social explique l'inadaptation du personnage.

➤ Exercices 6, 7

2 Le texte et l'œuvre

La place du texte dans l'œuvre

▶ Un texte fait généralement partie d'un ensemble plus vaste que lui : un recueil poétique, un roman, une pièce de théâtre. De la place qu'il occupe dans l'œuvre, l'extrait tire des **caractères particuliers**. En tenant compte de cette situation, l'analyse pourra mettre en évidence les traits spécifiques du texte.

▶ Une première page de roman ou les premières scènes au théâtre apportent les informations nécessaires à la lecture (l'identification des personnages ;

Lire et comprendre **un texte**

Leçon

le cadre spatio-temporel dans lequel l'action prendra place...). Ces « **incipits** », ces **scènes d'exposition**, annoncent souvent aussi les événements à venir, et cela de façon explicite, implicite ou symbolique.

> Dès les premières pages de *Au Bonheur des dames*, Zola met en place la figure maternelle de Denise, l'opposition du petit et du grand commerce, la fascination exercée par le grand magasin.

▶ Comparer deux passages d'une même œuvre permet de percevoir l'**unité thématique** de l'ensemble. Deux poèmes d'un même recueil peuvent, par exemple, se faire écho par leurs images ou par leur forme. La mise en parallèle de deux textes peut aussi faire apparaître une **structure récurrente** à l'intérieur d'une même œuvre, ou bien elle peut aider à mesurer l'**évolution** d'une situation ou d'un caractère.

> On peut ainsi rapprocher l'état initial et l'état final d'un récit, examiner la transformation qui s'est opérée et interpréter les éléments comparables.

➤ EXERCICES 8, 9

Les informations données sur le texte

▶ Le texte est souvent accompagné d'informations qui aident à le comprendre. Ces données extra-textuelles, appelées aussi le **paratexte**, peuvent être :
– une courte introduction ;
– des notes ;
– la date et les circonstances de la publication de l'œuvre ;
– des renseignements biographiques sur l'auteur.

▶ Ces repères permettent d'éviter les contresens, les anachronismes, les interprétations faussées. Parfois, ils doivent aussi être exploités pour guider l'analyse (➤ CHAPITRES 23, 28, 29).

▶ Le **titre** de l'œuvre dont il est tiré peut éclairer le sens d'un texte.

> En rapprochant le titre *L'école des femmes* donné par Molière, de certaines scènes de cette comédie, on met en lumière les composantes du thème principal de la pièce : l'ignorance et le savoir, l'instruction refusée aux femmes, l'amour et la nature comme seuls vrais guides et éducateurs.

▶ Les **sous-titres**, comme les divisions dans un recueil poétique ou dans un essai, et le titre des chapitres dans un roman, enrichissent souvent l'analyse.

> Victor Hugo divise son œuvre poétique *Les Contemplations* en deux parties : « Autrefois », « Aujourd'hui », que sépare la date de la mort de sa fille Léopoldine. On pourra apprécier la tonalité d'un poème de ce recueil en fonction de sa place dans l'une ou l'autre de ces sections.

➤ EXERCICES 10, 11

☞ L'essentiel ☜

▶ Un texte littéraire n'est pas un fragment isolé, sans relation avec ce qui l'entoure. Il prend place dans une **époque historique** et s'inscrit dans une période de l'**histoire littéraire**. La connaissance de ce contexte permet de situer le texte dans une chronologie et d'enrichir la lecture par des rapprochements, des comparaisons, par la mise en lumière d'influences ou de traits originaux.

▶ Les **références culturelles** auxquelles renvoie le texte forment également un arrière-plan qu'il est nécessaire d'élucider.

▶ Un texte entretient avec **l'œuvre où il se situe** des liens qui lui donnent sens. Mettre en perspective plusieurs extraits, ou apprécier la situation précise d'un texte dans une structure plus générale, permet de dégager la cohérence d'une œuvre, ses temps forts, sa thématique.

▶ L'analyse d'un texte peut être enfin utilement guidée par un ensemble d'informations qui, sans appartenir au texte lui-même, l'éclairent et aident à formuler des **hypothèses de lecture**.

Exercices

1. L'importance du contexte

1. L'auteur et son siècle

Placez ces écrivains dans leur siècle.

a. **Auteurs** : Albert Camus, Montaigne, Victor Hugo, Voltaire, La Fontaine, Maupassant, Rabelais, Jean-Jacques Rousseau, Apollinaire, Diderot, Ronsard, Beaumarchais, Baudelaire, Molière.

b. **Siècles** : XVIe, XVIIe, XVIIIe, XIXe, XXe.

2. L'écrivain, l'œuvre et l'histoire

Associez les événements historiques suivants, les écrivains qui les ont vécus, et les œuvres qu'ils leur ont consacrées.

a. La Révolution de 1848
Le coup d'État de 1851
L'Affaire Dreyfus (1894-1906)
La guerre de 1914-1918
La guerre d'Espagne (1936)
La colonisation française en Indochine dans les années 1930.

b. Louis-Ferdinand Céline, André Malraux, Gustave Flaubert, Marguerite Duras, Victor Hugo, Émile Zola.

c. *L'Éducation sentimentale*
Barrage contre le Pacifique
J'accuse
Voyage au bout de la nuit
Les Châtiments
L'Espoir

3. Les écrivains les uns par rapport aux autres

En vous aidant des textes cités, placez sur l'axe du temps : Nerval, Proust, Chateaubriand, Rousseau.

Texte 1

Et déjà je pouvais dire que si c'était chez moi, par l'importance exclusive qu'il prenait, un trait qui m'était personnel, cependant j'étais rassuré en découvrant qu'il s'apparentait à des traits moins marqués, mais discernables, et au fond assez analogues, chez certains écrivains. N'est-ce pas à une sensation du genre de celle de la madeleine qu'est suspendue la plus belle partie des *Mémoires d'Outre-Tombe* : « Hier au soir je me promenais seul... je fus tiré de mes réflexions par le gazouillement d'une grive perchée sur la plus haute branche d'un bouleau ». [...] Un des chefs-d'œuvre de la littérature française, *Sylvie*, de Gérard de Nerval a tout comme le livre des *Mémoires d'Outre-Tombe* relatif à Combourg, une sensation du même genre que le goût de la madeleine et « le gazouillement de la grive ».

MARCEL PROUST, *À la recherche du temps perdu*, « Le temps retrouvé »

Texte 2

Il me vint l'idée de me distraire par une promenade à Ermenonville, distant d'une lieue par le chemin de la forêt. [...] Voici les peupliers de l'île, et la tombe de Rousseau, vide de ses cendres. Ô sage ! tu nous avais donné le lait des forts, et nous étions trop faibles pour qu'il pût nous profiter.

GÉRARD DE NERVAL, *Sylvie*, Chapitre IX

Texte 3

Resté assis sur un banc devant le mur d'enceinte, je tournais le dos à la France et j'avais les yeux attachés, tantôt sur la cime du mont Blanc, tantôt sur le lac de Genève : des nuages d'or couvraient l'horizon derrière la ligne sombre du Jura ; on eût dit d'une gloire qui s'élevait au-dessus d'un long cercueil. J'apercevais de l'autre côté du lac la maison de lord Byron, dont le faîte était touché d'un rayon du couchant ; Rousseau n'était plus là pour admirer ce spectacle, et Voltaire, aussi disparu, ne s'en était jamais soucié.

FRANÇOIS-RENÉ DE CHATEAUBRIAND, *Mémoires d'Outre-Tombe*, Livre Trente-sixième, Ch. 22

4. Le contexte littéraire

a. Dégagez du poème de Lamartine (Texte 2) les caractères de la poésie romantique présentés dans le Texte 1.

b. Après lecture du poème, quel « paramètre » pouvez-vous ajouter à ceux que recense déjà le Texte 1 ?

Exercices

Argumentatif (handwritten)

Texte 1

Romantisme

La poésie romantique est caractérisée par trois paramètres :

a) Le culte, et même l'exacerbation, du Moi : le locuteur occupe le devant du discours.

b) Le goût du désespoir :

> *et mon luth constellé*
> *Porte le soleil noir de la mélancolie.*
>
> GÉRARD DE NERVAL, « El desdichado », in *les Chimères*, 1853

c) Le sentiment lyrique de la vie : là où l'art classique ne voyait que des formes, le romantique voit des âmes, exacerbation de l'âme du poète :

« *Objets inanimés, avez-vous donc une âme…* » demande Lamartine.

D'après *Littérature II Techniques*,
Éd. Magnard, 1987

Texte 2

Mon cœur, lassé de tout, même de l'espérance,
N'ira plus de ses vœux importuner le sort ;
Prêtez-moi seulement, vallon de mon enfance,
Un asile d'un jour pour attendre la mort.

Voici l'étroit sentier de l'obscure vallée :
Du flanc de ces coteaux pendent des bois épais,
Qui, courbant sur mon front leur ombre [entremêlée,
Me couvrent tout entier de silence et de paix.

Là, deux ruisseaux cachés sous des ponts de verdure
Tracent en serpentant les contours du vallon :
Ils mêlent un moment leur onde et leur murmure,
Et non loin de leur source ils se perdent sans nom.

La source de mes jours comme eux s'est écoulée :
Elle a passé sans bruit, sans nom et sans retour ;
Mais leur onde est limpide, et mon âme troublée
N'aura pas réfléchi les clartés d'un beau jour.

A. DE LAMARTINE, « Le vallon »,
Méditations poétiques (4 premières strophes)

5 Le contexte théorique et l'œuvre littéraire

Comparez ces deux textes de Zola.
a. Montrez sur quels points précis le Texte 2 illustre les thèses avancées dans le Texte 1.
b. Précisez à quels types de textes appartiennent les deux extraits.

Texte 1

Je veux expliquer comment une famille, un petit groupe d'êtres, se comporte dans une société, en s'épanouissant pour donner naissance à dix, à vingt individus qui paraissent, au premier coup d'œil, profondément dissemblables, mais que l'analyse montre intimement liés les uns aux autres. L'hérédité a ses lois, comme la pesanteur.

Je tâcherai de trouver et de suivre, en résolvant la double question des tempéraments et des milieux, le fil qui conduit mathématiquement d'un homme à un autre homme. Et quand je tiendrai tous les fils, quand j'aurai entre les mains tout un groupe social, je ferai voir ce groupe à l'œuvre comme acteur d'une époque historique, je le créerai agissant dans la complexité de ses efforts, j'analyserai à la fois la somme de volonté de chacun de ses membres et la poussée générale de l'ensemble.

Les Rougon-Macquart, le groupe, la famille que je me propose d'étudier a pour caractéristique le débordement des appétits, le large soulèvement de notre âge, qui se rue aux jouissances. Physiologiquement, ils sont la lente succession des accidents nerveux et sanguins qui se déclarent dans une race, à la suite d'une première lésion organique, et qui déterminent, selon les milieux, chez chacun des individus de cette race, les sentiments, les désirs, les passions, toutes les manifestations humaines, naturelles et instinctives, dont les produits prennent les noms convenus de vertus et de vices.

ÉMILE ZOLA, Préface de *La Fortune des Rougon*, 1871

Texte 2

Jacques Lantier, terrifié par le meurtre qu'il vient de commettre, s'interroge sur sa « folie ».

Sa mère Gervaise[1], il est vrai, l'avait eu très jeune, à quinze ans et demi ; mais il n'arrivait que le second, elle entrait à peine dans sa quatorzième année lorsqu'elle était accouchée du premier, Claude[2], et aucun de ses deux frères, ni Claude ni Étienne[3], né plus tard, ne semblait souffrir d'une mère si enfant et d'un père gamin comme elle, ce beau Lantier, dont le mauvais cœur devait coûter à Gervaise tant de larmes. Peut-être aussi ses frères avaient-ils chacun son mal, qu'ils n'avouaient pas, l'aîné surtout qui se dévorait à vouloir être peintre, si rageusement, qu'on le disait à moitié fou de son génie. La famille n'était

Lire et comprendre **un texte**

Exercices

guère d'aplomb, beaucoup avaient une fêlure. Lui, à certaines heures, la sentait bien, cette fêlure héréditaire ; non pas qu'il fût d'une santé mauvaise, car l'appréhension et la honte de ces crises l'avaient seules maigri autrefois ; mais c'étaient, dans son être, de subites pertes d'équilibre, comme des cassures, des trous par lesquels son moi lui échappait, au milieu d'une sorte de grande fumée qui déformait tout. Il ne s'appartenait plus, il obéissait à ses muscles, à la bête enragée. Pourtant, il ne buvait pas, il se refusait même un petit verre d'eau-de-vie, ayant remarqué que la moindre goutte d'alcool le rendait fou. Et il en venait à penser qu'il payait pour les autres, les pères, les grands-pères, qui avaient bu, les générations d'ivrognes dont il était le sang gâté, un lent empoisonnement, une sauvagerie qui le ramenait avec les loups mangeurs de femmes, au fond des bois.

ÉMILE ZOLA, *La Bête humaine*, II, 1890

1. Héroïne de *L'Assommoir*. 2. Claude Lantier, le peintre, héros de *L'Œuvre*. 3. Étienne Lantier, mineur dans *Germinal*.

6 Les références culturelles

Qui sont les « conquérants » évoqués dans ce poème ? À quelle période historique appartiennent-ils ? Aidez-vous des mots soulignés pour le déterminer.

Les conquérants

Comme un vol de gerfauts[1] hors du charnier[2] natal,
Fatigués de porter leurs misères hautaines,
De Palos de Moguer[3], routiers et capitaines
Partaient, ivres d'un rêve héroïque et brutal.

Ils allaient conquérir le fabuleux métal
Que Cipango[4] mûrit dans ses mines lointaines,
Et les vents alizés inclinaient leurs antennes[5]
Au bords mystérieux du monde Occidental.

Chaque soir, espérant des lendemains épiques,
L'azur phosphorescent de la mer des Tropiques
Enchantait leur sommeil d'un mirage doré ;

Ou penchés à l'avant des blanches caravelles,
Ils regardaient monter en un ciel ignoré
Du fond de l'Océan des étoiles nouvelles.

JOSÉ-MARIA DE HÉRÉDIA, *Les Trophées*, 1893

1. Oiseaux de proie. 2. Le nid de ce type d'oiseaux. 3. Port de la côte sud-ouest de l'Espagne. 4. Nom du Japon. 5. Les vergues soutenant les voiles du navire.

7 Le texte et l'histoire

Élucidez les allusions et les références historiques qui ont été soulignées dans cet extrait de roman.

La duchesse de Langeais évoque le passé du Père Goriot.

Ce Goriot partageait sans doute, comme tous ces gens-là, avec le Comité de Salut public. Je me souviens que l'intendant disait à ma grand-mère qu'elle pouvait rester en toute sûreté à Grandvilliers, parce que ses blés étaient une excellente carte civique. Eh bien, ce Loriot, qui vendait du blé aux coupeurs de têtes, n'a eu qu'une passion. Il adore, dit-on, ses filles. Il a juché l'aînée dans la maison de Restaud, et greffé l'autre sur le baron de Nucingen, un riche banquier qui fait le royaliste. Vous comprenez bien que, sous l'Empire, les deux gendres ne se sont pas trop formalisés d'avoir ce vieux Quatre-vingt-treize chez eux ; ça pouvait encore aller avec Buonaparte. Mais quand les Bourbons sont revenus, le bonhomme a gêné M. de Restaud, et plus encore le banquier.

HONORÉ DE BALZAC, *Le Père Goriot*

2 Le texte et l'œuvre

8 La place du texte dans l'œuvre

a. Pouvez-vous deviner où se situe cette scène dans la pièce de Musset ? Relevez les éléments qui vous ont permis de le déterminer.
b. En dégageant précisément ce qu'apporte ce dialogue au spectateur, vous tenterez de définir ce qui caractérise ce type de scènes.

LE ROI. — Mes amis, je vous ai annoncé, il y a déjà longtemps, les fiançailles de ma chère Elsbeth avec le prince de Mantoue. Je vous annonce aujourd'hui l'arrivée de ce prince ; ce soir peut-être, demain au plus tard, il sera dans ce palais. Que ce soit un jour de fête pour tout le monde ; que les prisons s'ouvrent, et que le peuple passe la nuit dans les divertissements. Rutten, où est ma fille ? *(Les courtisans se retirent.)*

RUTTEN. — Sire, elle est dans le parc avec sa gouvernante.

Lire et comprendre **un texte**

LE ROI. — Pourquoi ne l'ai-je pas encore vue aujourd'hui ? Est-elle triste ou gaie de ce mariage qui s'apprête ?

RUTTEN. — Il m'a paru que le visage de la princesse était voilé de quelque mélancolie. Quelle est la jeune fille qui ne rêve pas la veille de ses noces ? La mort de Saint-Jean l'a contrariée.

LE ROI. — Y penses-tu ? la mort de mon bouffon ! d'un plaisant de Cour bossu et presque aveugle !

RUTTEN. — La princesse l'aimait.

LE ROI. — Dis-moi, Rutten, tu as vu le prince ; quel homme est-ce ? Hélas ! je lui donne ce que j'ai de plus précieux au monde, et je ne le connais point.

RUTTEN. — Je suis demeuré fort peu de temps à Mantoue.

LE ROI. — Parle franchement. Par quels yeux puis-je voir la vérité, si ce n'est par les tiens ?

RUTTEN. — En vérité, Sire, je ne saurais rien dire sur le caractère et l'esprit du noble prince.

LE ROI. — En est-il ainsi ? Tu hésites, toi, courtisan ! De combien d'éloges l'air de cette chambre serait déjà rempli, de combien d'hyperboles et de métaphores flatteuses, si le prince qui sera demain mon gendre t'avait paru digne de ce titre ! Me serais-je trompé, mon ami ? aurais-je fait en lui un mauvais choix ?

RUTTEN. — Sire, le prince passe pour le meilleur des rois.

LE ROI. — La politique est une fine toile d'araignée, dans laquelle se débattent bien des pauvres mouches mutilées ; je ne sacrifierai le bonheur de ma fille à aucun intérêt. *(Ils sortent.)*

ALFRED DE MUSSET, *Fantasio*

9 Deux textes symétriques

Comparez ces deux extraits du même roman.
a. Quelle symétrie observez-vous entre les deux textes ? Appuyez votre étude sur :
– l'identité des personnages ;
– le lieu et la situation décrite ;
– l'organisation du récit.
b. Quels changements le Texte 2 apporte-t-il au premier ? (Observez la description des personnages). Comment le passage du temps est-il rendu ?
c. Quelle est l'efficacité de cette mise en parallèle ?

Texte 1
L'inconnue attendait impatiemment Pierrotin pour lui recommander ce fils, qui sans doute voyageait seul pour la première fois, et qu'elle avait accompagné jusqu'à la voiture, autant par défiance que par amour maternel. Cette mère était en quelque sorte complétée par son fils ; de même que, sans la mère, le fils n'eût pas été si bien compris. Si la mère se condamnait à laisser voir des gants reprisés, le fils portait une redingote olive dont les manches un peu courtes au poignet annonçaient qu'il grandirait encore, comme les adultes de dix-huit à dix-neuf ans. Le pantalon bleu, raccommodé par la mère, offrait aux regards un fond neuf, quand la redingote avait la méchanceté de s'entrouvrir par derrière.

« Ne tourmente donc pas tes gants ainsi, tu les flétris d'autant, disait-elle quand Pierrotin se montra. — Vous êtes le conducteur… Ah ! mais c'est vous, Pierrotin ? reprit-elle en laissant son fils pour un moment et emmenant le voiturier à deux pas.

— Ça va bien, madame Clapart ? répondit le messager, dont la figure eut un air qui peignait à la fois du respect et de la familiarité.

— Oui, Pierrotin. Ayez bien soin de mon Oscar, il va seul pour la première fois.

Texte 2
Longtemps après l'affaire de la Macta[1], une vieille dame vêtue de noir, donnant le bras à un homme de trente-quatre ans, et dans lequel les passants pouvaient d'autant mieux reconnaître un officier retraité qu'il avait un bras de moins et la rosette de la Légion d'honneur à sa boutonnière, stationnait, à huit heures du matin au mois de mai, sous la porte cochère de l'*Hôtel du Lion d'Argent*, rue du faubourg Saint-Denis, en attendant sans doute le départ d'une diligence. Certes, Pierrotin, l'entrepreneur des Services de la vallée de l'Oise, et qui la desservait en passant par Saint-Leu-Taverny et L'Isle-Adam jusqu'à Beaumont, devait difficilement retrouver dans cet officier au teint bronzé le petit Oscar Husson qu'il avait mené jadis à Presles. Mme Clapart, enfin veuve, était tout aussi méconnaissable que son fils. […]

« Vos places sont-elles retenues ? dit-il à Mme Clapart et à Oscar en les examinant comme un homme qui demande des ressemblances à son souvenir.

Exercices

— Oui, deux places d'intérieur au nom de Belle-Jambe, mon domestique, répondit Oscar ; il a dû les prendre en partant hier au soir.

— Ah ! monsieur est le nouveau percepteur de Beaumont [...]

HONORÉ DE BALZAC, *Un début dans la vie*

1. Défaite des troupes françaises dans la conquête de l'Algérie en 1835.

10 Utiliser le paratexte

a. Pour analyser ce texte, quel parti peut-on tirer des informations suivantes : *jeune sous-lieutenant* ; *vient d'être affecté* ; *sur un cheval d'emprunt* ? La « Monarchie de Juillet » est-elle une période de gloire militaire pour la France ?
b. Quel parti peut-on tirer du titre du roman ?

> *Lucien Leuwen, jeune sous-lieutenant, vient d'être affecté à un régiment qui va tenir garnison à Nancy. Le jour où le régiment défile en ville, Lucien, sur un cheval d'emprunt, s'abandonne à quelques réflexions désabusées. — L'histoire se passe sous la Monarchie de Juillet, vers 1834-1835.*

Lucien leva les yeux et vit une grande maison, moins mesquine que celles devant lesquelles le régiment avait passé jusque-là ; au milieu d'un grand mur blanc, il y avait une persienne peinte en vert perroquet. « Quel choix de couleurs voyantes ont ces marauds de provinciaux ! »
Lucien se complaisait dans cette idée peu polie lorsqu'il vit la persienne vert perroquet s'entr'ouvrir un peu ; c'était une jeune femme blonde qui avait des cheveux magnifiques et l'air dédaigneux ; elle venait voir défiler le régiment. Toutes les idées tristes de Lucien s'envolèrent à l'aspect de cette jolie figure ; son âme en fut ranimée. Les murs écorchés et sales des maisons de Nancy, la boue noire, l'esprit envieux et jaloux de ses camarades, les duels nécessaires, le méchant pavé sur lequel glissait la rosse qu'on lui avait donnée, peut-être exprès, tout disparut. Un embarras sous une voûte, au bout de la rue, avait forcé le régiment à s'arrêter. La jeune femme ferma sa croisée et regarda, à demi cachée par le rideau de mousseline brodée de sa fenêtre. Elle pouvait avoir vingt-quatre ou vingt-cinq ans. Lucien trouva dans ses yeux une expression singulière ; était-ce de l'ironie, de la haine, ou tout simplement de la jeunesse et une certaine disposition à s'amuser de tout ?
Le second escadron, dont Lucien faisait partie, se remit en mouvement tout à coup ; Lucien, les yeux fixés sur la fenêtre vert perroquet, donna un coup d'éperon à son cheval, qui glissa, tomba et le jeta par terre.

STENDHAL, *Lucien Leuwen*

11 Utiliser les informations biographiques et les titres

a. Pour l'analyse de ce poème, quel intérêt présente la date qui figure en bas à droite ? Quel sens en particulier donne-t-elle à la strophe 2 ? Indiquez ce qu'ajoutent au texte les informations données sur l'auteur.
b. Mettez ce poème en relation avec son titre et avec le titre du recueil. Pour cela, relevez dans le texte les champs lexicaux qui se rapportent aux deux thèmes évoqués dans ces titres.

Demain

Âgé de cent mille ans, j'aurais encor la force
De t'attendre, ô demain pressenti par l'espoir.
Le temps, vieillard souffrant de multiples entorses,
Peut gémir : Le matin est neuf, neuf est le soir.

Mais depuis trop de mois nous vivons à la veille,
Nous veillons, nous gardons la lumière et le feu,
Nous parlons à voix basse et nous tendons l'oreille
À maint bruit vite éteint et perdu comme au jeu.

Or, du fond de la nuit, nous témoignons encore
De la splendeur du jour et de tous ses présents.
Si nous ne dormons pas c'est pour guetter l'aurore
Qui prouvera qu'enfin nous vivons au présent.

R. DESNOS, *État de veille*, Éd. Gallimard, 1943

Robert Desnos : né en 1900. Entré dans la Résistance, il est arrêté par la Gestapo et déporté. Il meurt en 1945 au camp de Térézin.

Exercices

1. Quel pays est évoqué dans ce poème à travers la référence au Rhin (v.9) ? Cherchez dans une biographie d'Apollinaire les relations que le poète entretint avec ce pays dans les années 1901-1902.
2. Élucidez les références des vers 3-4 et 12. À quels personnages légendaires est-il fait allusion ?
3. Retrouvez dans un dictionnaire l'histoire de la Lorelei, ou lisez le poème d'Apollinaire *La Loreley*, extrait du recueil *Alcools*. Quels rapprochements pouvez-vous établir entre cette légende et le poème « Nuit rhénane » ?
4. Relevez dans ce poème tous les éléments qui peuvent être mis en relation avec le titre du recueil (*Alcools*) et avec le titre de la section (« *Rhénanes* »).

Nuit rhénane

Mon verre est plein d'un vin trembleur comme une flamme
Écoutez la chanson lente d'un batelier
Qui raconte avoir vu sous la lune sept femmes
Tordre leurs cheveux verts et longs jusqu'à leurs pieds

Debout chantez plus haut en dansant une ronde
Que je n'entende plus le chant du batelier
Et mettez près de moi toutes les filles blondes
Au regard immobile aux nattes repliées

Le Rhin le Rhin est ivre où les vignes se mirent
Tout l'or des nuits tombe en tremblant s'y refléter
La voix chante toujours à en râle-mourir
Ces fées aux cheveux verts qui incantent l'été

Mon verre s'est brisé comme un éclat de rire

GUILLAUME APOLLINAIRE, « Rhénanes », *Alcools* (1913), Éd. Gallimard

Le lexique : étymologie, polysémie

Lecture et analyse

Un plaidoyer convaincant

FLAMBEAU
Et nous, <u>les petits</u>, <u>les obscurs</u>, <u>les sans-grades</u>,
Nous qui marchions fourbus, blessés, crottés, malades,
Sans espoir de duchés ni de dotation[1] ;
Nous qui marchions toujours et jamais <u>n'avancions</u>
Trop <u>simples</u> et trop <u>gueux</u> pour que l'espoir nous berne
De ce <u>fameux</u> bâton qu'on a dans sa giberne[2] ;
Nous qui par tous les temps n'avons cessé d'aller,
Suant sans avoir peur, grelottant sans <u>trembler</u>,
Ne nous soutenant plus qu'à force de <u>trompette</u>,
De fièvre et de chansons qu'en marchant on répète ;
Nous sur lesquels pendant dix-sept ans, songez-y,
Sac, <u>sabre</u>, <u>tourne-vis</u>, <u>pierre à feu</u>, fusil,
– Ne parlons pas du poids toujours absent des vivres ! –
Ont fait le doux total de cinquante-huit livres ;
Nous qui, coiffés d'oursons[3] sous les ciels tropicaux,
Sous les neiges n'avions même plus de <u>shakos</u>[4]. [...]

EDMOND ROSTAND, *L'Aiglon*, Acte II, Scène XI

1. Pensions. 2. La cartouchière du soldat. Avoir « le bâton de maréchal dans sa giberne » : la possibilité, pour un simple soldat, d'accéder aux plus hauts grades. 3. Bonnets à poil. 4. Ancienne coiffure militaire rigide à visière.

La richesse des mots

▶ **L'étymologie :** c'est l'origine des mots, leur histoire. La tirade de Flambeau offre un bon aperçu de la variété du vocabulaire français, de ses origines, et de sa formation.
• **L'origine :** le mot *fameux* vient du **latin** *fama* : la renommée ; le mot *gueux* a pour origine un mot **néerlandais** ; *shakos* est calqué sur le **hongrois**.
• **La formation :** on relève des **mots composés** : *sans-grades, tourne-vis, pierre-à-feu* ; un **suffixe** diminutif : *trompette*.

▶ **La polysémie :** c'est la diversité des sens d'un même mot. Dans la tirade, certains mots sont utilisés dans un **sens figuré**. Ainsi, au vers 1, *petits* doit être compris non pas au sens premier *(de petite taille)* mais au sens figuré : *les humbles, les modestes*. De même, *obscurs* ne signifie pas *privés de lumière* mais *inconnus, ignorés*, par transfert du concret à l'abstrait.

▶ **La richesse stylistique de la polysémie.** Flambeau joue sur la polysémie des mots en **superposant plusieurs sens**. Le verbe *avancer* (vers 4) est synonyme de *marcher* mais signifie également *obtenir de l'avancement* (avancer en grade). Au vers 8, le verbe *trembler* signifie à la fois *frissonner* (il est alors synonyme de *grelotter*) et *craindre, avoir peur* (*sans trembler* exprime alors le courage des soldats). L'effet était préparé dans le même vers par *suant sans avoir peur*. Au vers 5, *simples* signifie *naïfs, crédules* (il est péjoratif), mais aussi *francs, purs* (il est alors élogieux). La variété du vocabulaire, la richesse de ses significations, donnent à ce flot de paroles une grande **force de conviction**.

Leçon

1 L'histoire des mots : l'étymologie

L'origine des mots

L'étymologie est l'étude de l'origine des mots. Elle permet de retracer l'histoire du vocabulaire.

▶ Le **fonds primitif** du vocabulaire français vient :
- du latin introduit en Gaule par la conquête romaine ;
- du celtique que parlaient les Gaulois ;
- du germanique que parlaient les Francs.

▶ Pour retrouver l'origine d'un mot, on remonte jusqu'à son **étymon**, c'est-à-dire la racine dont il est dérivé.

Contrebandier, bannière, banlieue ont pour étymon commun le vieux mot francique *ban* qui signifiait : *le territoire d'un suzerain.*
Divulguer, vulgaire, vulgarisation ont pour étymon commun le mot latin *vulgus : la foule.*

➤ Exercices 1, 2

La formation des mots

▶ **La dérivation** : elle consiste à former des mots en ajoutant à une base des préfixes et des suffixes.

▶ Le **préfixe** se place **avant** le mot de base. Il change la signification du mot.

Dire : redire, médire, prédire

▶ Tableau des principaux préfixes.

Préfixe	Signification	Exemple
a-, an-	négation / privation	apolitique, analphabète
co-, col-, com-, con-, cor-	avec	cohabiter, collaborer
dé-	séparation	défaire, déranger
é-, ex-	hors de	exporter
in-, im-	dans	importer
in-, ill-, im-, ir-	négation	indigne, illégal, impossible, irréductible
pré-	avant	prévoir, préhistoire
re-	répétition	refaire, reprendre

▶ Le **suffixe** est placé **après** le mot de base. Il change :
- la catégorie grammaticale du mot ;
  Bavard, bavarder, bavardage
- le sens du mot ;
  Intégrité, intégration, intégrisme
- la valeur d'emploi ;
  Rêver → rêvasser (péjoratif)
  Tarte → tartelette (diminutif)

➤ Exercices 3 à 5

▶ **La composition** : un grand nombre de mots ont été formés en associant des radicaux d'origine grecque et latine. Ce sont des mots d'origine savante.

Chronomètre :
du grec *chrono* (= temps) + *mètre* (= mesure).
Équilatéral :
du latin *aequus* (= égal) + *latus* (= côté).

D'autre mots sont formés en juxtaposant deux mots existants. Ce sont des mots du vocabulaire courant.

Un chou-fleur, le savoir-vivre.

➤ Exercices 6, 7

L'évolution des mots

▶ Des mots nouveaux (**néologismes**) viennent constamment enrichir la langue :
- par emprunt aux langues étrangères ;
  La banque, emprunté à l'italien au XVe siècle.
  Le parking, venu de l'anglais, répandu surtout après 1945.

➤ Exercice 8

- par création et adaptation à de nouvelles réalités.
  Le Minitel

▶ Les mots peuvent changer de sens au cours du temps.

Jusqu'au début du XXe siècle, *le dîner* désignait le repas de midi.
Le verbe *berner* (vers 5, dans le texte p. 64) signifiait à l'origine *ridiculiser quelqu'un en le faisant sauter en l'air dans une couverture.* Il signifie aujourd'hui : *tromper, leurrer.*

➤ Exercice 9

Lire et comprendre un texte

Leçon

2. Les différents sens d'un mot : la polysémie

Diversité de sens et « champ sémantique »

▶ La polysémie est le fait, pour un seul signifiant, d'avoir **plusieurs signifiés** (➤ Chapitre 1).

Le mot *peine* signifie :
a. une sanction *(purger sa peine)*,
b. un chagrin *(faire de la peine)*,
c. un effort *(se donner de la peine)*,
d. une gêne *(avoir de la peine à parler)*,
e. dans la locution *à peine* :
- presque pas *(avoir à peine de quoi vivre)*
- depuis très peu de temps *(avoir à peine commencé)*.

▶ Mis à part quelques mots très spécialisés du vocabulaire scientifique ou technique, la plupart des mots sont polysémiques.

▶ On appelle **champ sémantique** (du grec *sêmainein* : *signifier*) l'ensemble constitué par les différentes significations d'un mot.

Les emplois suivants forment le champ sémantique du verbe *gagner* : *gagner de l'argent par son travail, gagner au jeu, gagner à être connu, gagner une course (la remporter), gagner du terrain, gagner le rivage (l'atteindre).*

➤ Exercices 10, 11

Le sens figuré

▶ Le sens **figuré** est le sens qu'un mot peut prendre en plus de son sens **propre**. C'est un cas particulier de la polysémie d'un mot. À partir du sens propre ou sens premier du mot, d'autres sens se dégagent, créés par métaphore ou métonymie (➤ Chapitre 11) ou par transfert du concret sur l'abstrait.

Une terre fertile (où la végétation pousse bien) : sens propre.
Une imagination fertile (riche, inventive) : sens figuré.

➤ Exercices 12, 13

Richesse stylistique de la polysémie

▶ L'écrivain, en utilisant les ressources du vocabulaire, peut tirer parti de la superposition des divers sens d'un mot ou de l'emploi d'un même mot dans des sens différents.

Le cœur a ses raisons que la raison ne connaît pas (Pensées, 224).

Pascal joue sur la polysémie du mot *raison*. Dans le premier emploi, pluriel, le mot signifie : *ses causes, ses motifs personnels, ses propres justifications*. Dans le second emploi, le mot désigne *la faculté de raisonner avec discernement et sagesse*. Le même signifiant fait apparaître des signifiés différents et Pascal utilise cette différence jusqu'à la contradiction.

▶ À travers l'ambivalence du sens, la polysémie crée des rapprochements inattendus et ouvre à la **diversité des interprétations**.

➤ Exercices 14, 15

L'essentiel

▶ **L'étymologie** renseigne sur **l'origine des mots**. En retrouvant l'origine étymologique d'un mot, on comprend d'où il est issu, comment il est entré dans la langue, avec quelles modifications, quelles sont ses racines, comment il a été formé (par composition ? par dérivation ?), quelle évolution son sens a connu.

▶ **La polysémie** est le fait qu'un même mot ait **plusieurs significations**. Lorsqu'on rassemble, pour un signifiant, les différents aspects de son signifié, on établit le **champ sémantique** de ce mot. Les divers sens d'un mot sont liés entre eux, le plus souvent par glissement du sens propre au sens figuré, ou par emploi métaphorique.

▶ Cette pluralité de sens, créatrice d'ambiguïté, est une source de richesse mettant particulièrement en valeur la **fonction poétique du langage**.

Exercices

1 L'histoire des mots : l'étymologie

1 Les étymons

À partir de cette série de 15 mots, formez 3 séries de 5 mots contenant un même étymon. Donnez le sens de cet étymon.

1. vocation 2. carnivore 3. manipuler 4. vocalise 5. décharné 6. maniable 7. convocation 8. carnage 9. manuscrit 10. invoquer 11. manuel 12. charogne 13. incarner 14. évoquer 15. manivelle

2 Des mots proches de leur étymologie

Dans ces extraits de textes des XVIe, XVIIe et XVIIIe siècles, les mots mis en italique sont encore très proches de leur étymologie. Recherchez cette origine et dites quel contresens on pourrait commettre en l'ignorant.

Texte 1

LE COMTE
J'ai le cœur au-dessus des plus *fières* disgrâces.
PIERRE CORNEILLE, *Le Cid*, II, 1

Texte 2

JOSABETH
Avez-vous entendu cette *superbe* reine,
Seigneur ?

JOAD
      J'entendais tout et plaignais votre peine.
JEAN RACINE, *Athalie*, II, 8

Texte 3

ANTIOCHUS
Puis-je vivre et traîner cette *gêne* éternelle,
Confondre l'innocente avec la criminelle ?
PIERRE CORNEILLE, *Rodogune*, V, 4

Texte 4

Ce n'est pas la *fortune* qui domine le monde.
MONTESQUIEU, *Considérations sur les causes de la grandeur des Romains et de leur décadence*

3 La formation par dérivation

Identifiez le préfixe et le suffixe dans ces mots.

1. inacceptable 2. réanimation 3. illégalité 4. collaborateur 5. déraisonnable 6. prédéterminisme 7. excentrique

4 La formation d'antonymes

À l'aide d'un préfixe, formez des mots de sens contraire (il y a parfois plusieurs possibilités).

1. ordonné 2. honnête 3. connu 4. actif 5. heureux 6. sensé 7. content 8. moral 9. plaisant 10. complet 11. adroit 12. avoué

5 Sens et suffixation

Quelle différence de sens y a-t-il entre ces mots ?

1. justesse/justice 2. alternance/alternative 3. machinerie/machination 4. original/originel 5. respectable/respectueux 6. compréhensible/compréhensif

6 La formation par composition

En associant entre elles ces racines grecques, formez le plus grand nombre de mots possible. Vous devrez parfois les modifier légèrement :
theo → théisme ; logi → logue...

1. hydro *(eau)* 2. biblio *(livre)* 3. géo *(terre)* 4. mono *(seul)* 5. phile *(ami)* 6. poly *(plusieurs)* 7. bio *(vie)* 8. théo *(dieu)* 9. gramme *(lettre)* 10. cycle *(cercle)* 11. logie *(étude)* 12. télé *(loin)* 13. hémi *(moitié)*

7 Les racines grecques

En vous aidant d'un dictionnaire, retrouvez la forme complète de ces mots, qui sont tronqués dans l'usage courant. Donnez le sens des racines grecques qui les composent.

1. la météo 2. un kilo 3. un pneu 4. un micro 5. une photo 6. le cinéma 7. la stéréo 8. le métro

8 Les emprunts

Dites à quelles langues étrangères le français a emprunté chacun des mots suivants.

1. chocolat 2. igloo 3. yaourt 4. gadget 5. cédille 6. halte 7. wagon 8. camping 9. standing 10. chiffre 11. fresque 12. week-end 13. hutte

Exercices

9 L'évolution du sens

a. Retrouvez le sens que les mots en italique avaient au XVIIe et au XVIIIe siècles.
b. Quels sont les mots dont le sens aujourd'hui s'est affaibli ? s'est spécialisé ? est devenu péjoratif ?

Texte 1

BÉRÉNICE
Toujours la mort d'un père occupe votre esprit ?
Rien ne peut-il *charmer l'ennui* qui vous dévore ?

JEAN RACINE, *Bérénice*, II, 4

Texte 2

Quand le moment viendra d'aller trouver les morts,
J'aurai vécu sans *soins*, et mourrai sans remords.

LA FONTAINE, *Fables*, XI, 4

Texte 3

Je résolus d'employer toute mon *industrie* pour la voir.

ABBÉ PRÉVOST, *Manon Lescaut*

Texte 4

Lisbonne est *abîmée*, et l'on danse à Paris.

VOLTAIRE, *Poème sur le désastre de Lisbonne*

Texte 5

Épuisé de fatigue, tel qu'un homme qui sort d'un profond sommeil ou d'une longue distraction, il resta immobile, *stupide*, *étonné*.

DENIS DIDEROT, *Le Neveu de Rameau*

2 Les différents sens d'un mot : la polysémie

10 Les différents sens

Employez ces mots dans des phrases différentes, qui montreront la diversité de leur sens.

1. ordonner 2. tirer 3. remonter 4. cher 5. lâche 6. honnête 7. étourdi

11 Le champ sémantique

Donnez les différents sens des mots suivants.

1. entretien 2. sens 3. côte 4. peine 5. place 6. assistance

12 Le sens figuré

Employez chacun de ces mots dans une phrase où il gardera son sens propre, puis dans une phrase où il prendra un sens figuré.

1. échouer 2. profondeur 3. don 4. cœur 5. mûr 6. léger

13 Les expressions figurées

Relevez dans la presse ou à la télévision des emplois figurés qui désignent des phénomènes politiques ou économiques.

Ex : Les négociations piétinent ; l'érosion des salaires...

14 Le jeu sur la polysémie

Expliquez le double sens des mots sur lequel ont joué ces écrivains.

Texte 1

La cour (du roi) est comme un édifice bâti de marbre ; je veux dire qu'elle est composée d'hommes fort durs mais fort polis.

LA BRUYÈRE, *Caractères VIII*, 10

Texte 2

— Je le crois, monsieur, *Le Globe*[1], dont vous avez entendu parler...
— Je l'ai souvent parcouru, dit Margaritis.
— J'en étais sûr, dit Gaudissart.

HONORÉ DE BALZAC, *L'illustre Gaudissart*

1. Titre d'un journal.

Texte 3

Mon verre s'est brisé comme un éclat de rire

GUILLAUME APOLLINAIRE, « Nuit rhénane », *Alcools*

Texte 4

Les miroirs feraient bien de réfléchir un peu avant de renvoyer les images.

JEAN COCTEAU, *Essai de critique indirecte*, Éd. Grasset

Texte 5

— Il y a encore en France des sites désolés. Qu'est-ce qu'on attend pour les consoler ?

PIERRE DAC, *L'os à moelle*, Éd. Julliard, 1963

Lire et comprendre un texte

Exercices

15 La richesse de la polysémie

On trouve deux fois le même mot dans chacun des extraits. Montrez qu'il ne s'agit pas de simples répétitions. Expliquez le double sens des mots.

Texte 1

[…] par l'espace, l'univers me comprend et m'engloutit comme un point ; par la pensée, je le comprends.

Blaise Pascal, *Pensées*

Texte 2

La France contient trente-six millions de sujets, sans compter les sujets de mécontentement.

Henri Rochefort, *La Lanterne*, 1er juin 1968

Texte 3

Andromaque. — Quand il [Hector] est parti, voilà trois mois, il m'a juré que cette guerre était la dernière.

Cassandre. — C'était la dernière. La suivante l'attend.

Jean Giraudoux, *La guerre de Troie n'aura pas lieu*, I, 1

Bilan

1. Donnez l'origine des mots : *éducation* (l. 1), *collège* (l. 4), *camarade* (l. 6), *condisciple* (l. 8).
2. Trouvez trois mots formés du même préfixe (l. 29-32).
3. Quels sont les autres sens du mot *facteur* (l. 34) ?
4. Faut-il prendre au sens propre les mots *armé* et *lutte* (l. 2) ?
5. Éclairez la confusion sur le mot *carrière* (l. 4 à 10). À partir de son étymologie expliquez la polysémie.
6. Expliquez la confusion sur le mot *bagage* (l. 33 à 36).

Jacques Vingtras, devenu bachelier, quitte le collège pour Paris.

J'ai de l'éducation.

« Vous voilà armé pour la lutte — a fait mon professeur en me disant adieu. — Qui triomphe au collège entre en vainqueur dans la carrière. »

Quelle carrière ?

Un ancien camarade de mon père, qui passait à Nantes, et est venu lui rendre visite, lui a raconté qu'un de leurs condisciples d'autrefois, un de ceux qui avaient eu tous les prix, avait été trouvé mort, fracassé et sanglant, au fond d'une carrière de pierre, où il s'était jeté après être resté trois jours sans pain.

Ce n'est pas dans cette carrière qu'il faut entrer ; je ne pense pas ; il ne faut pas y entrer la tête la première, en tout cas.

Entrer dans la carrière veut dire : s'avancer dans le chemin de la vie. […]

Pendant qu'on attelait les chevaux, le proviseur est arrivé pour me serrer la main comme à un de ses plus chers *alumni*. Il a dit alumni.

Troublé par l'idée du départ, je n'ai pas compris tout de suite. M. Ribal, le professeur de troisième, m'a poussé le coude.

« *Alumn-us*, *alumn-i*, m'a-t-il soufflé tout bas en appuyant sur le génitif et en ayant l'air de remettre la boucle de son pantalon.

— J'y suis ! *Alumnus*…, cela veut dire « élève », c'est vrai. […]

Jacques fait un geste, glisse, et entraîne le proviseur dans sa chute.

[Le proviseur] reprend le premier son équilibre, et revient vers moi, en marchant un peu sur les pieds de tout le monde. Il me reparle, en ce moment suprême, de mon éducation.

« Avec ce bagage-là, mon ami… »

Le facteur[1] croit qu'il s'agit de mes malles.

« Vous avez des colis ? »

Je n'ai qu'une petite malle, mais j'ai mon éducation.

Jules Vallès, *Le Bachelier*

1. Ici : celui qui assure le service de la malle-poste.

Chapitre 7 — Les réseaux lexicaux

Lecture et analyse

La marche vers l'abîme

Gwynplaine, le héros, se trouve sur un navire qui va sombrer. Déa, celle qu'il aime, vient de mourir.

Alors Gwynplaine fut effrayant.

Il se dressa debout, leva le front, et considéra au-dessus de sa tête l'immense nuit.

Puis vu de personne, regardé pourtant peut-être dans ces ténèbres par quelqu'un d'invisible, il étendit le bras vers la profondeur d'en haut, et dit : « Je viens. »

Et il se mit à marcher, dans la direction du bord, sur le pont du navire, comme si une vision l'attirait.

À quelques pas c'était l'abîme.

Il marchait lentement, il ne regardait pas à ses pieds. Il avait le sourire que Déa venait d'avoir.

Il allait droit devant lui. Il semblait voir quelque chose. Il avait dans la prunelle une lueur qui était comme la réverbération d'une âme aperçue au loin.

Il cria : « Oui ! »

À chaque pas il se rapprochait du bord.

Il marchait tout d'une pièce, les bras levés, la tête renversée en arrière, l'œil fixe, avec un mouvement de fantôme.

Il avançait sans hâte et sans hésitation, avec une précision fatale, comme s'il n'eût pas eu tout près le gouffre béant et la tombe ouverte.

Il murmurait : « Sois tranquille. Je te suis. Je distingue très bien le signe que tu me fais. »

Il ne quittait pas des yeux un coin du ciel, au plus haut de l'ombre. Il souriait.

Le ciel était absolument noir, il n'y avait plus d'étoiles, mais évidemment il en voyait une.

Il traversa le tillac[1].

Après quelques pas rigides et sinistres, il parvint à l'extrême bord.

« J'arrive, dit-il. Déa, me voilà. »

Et il continua de marcher. Il n'y avait pas de parapet. Le vide était devant lui. Il y mit le pied.

Il tomba.

La nuit était épaisse et sourde, l'eau était profonde. Il s'engloutit. Ce fut une disparition calme et sombre. Personne ne vit ni n'entendit rien. Le navire continua de voguer et le fleuve de couler.

Peu après le navire entra dans l'océan.

Victor Hugo, *L'Homme qui rit*, 1869

1. Tillac : pont supérieur d'un navire.

Leçon

Un lexique signifiant

▶ **Les champs lexicaux.**
Plusieurs mots de ce texte ont été mis en évidence parce qu'ils présentent entre eux des points communs : ils se réfèrent à un même domaine.
• Les mots encadrés expriment la marche, le déplacement (*marcher, avancer, traverser*). Ils forment le **champ lexical du mouvement en avant**, de l'avancée.
• Les mots soulignés en noir se rapportent au regard (*œil, distinguer, voir*). Ils constituent le **champ lexical de la vue**.
• Les mots soulignés en rouge désignent un espace insondable, en haut comme en bas (*gouffre béant, au plus haut de l'ombre, vide*, etc.). Ils composent le **champ lexical de la profondeur** et de la disparition.
Le repérage et l'interprétation de ces champs lexicaux permettent de dégager les **thèmes majeurs** du texte : la progression du personnage ; la vision vers laquelle il semble se diriger ; l'abîme qui l'accueille.

▶ **Les connotations :
un autre niveau de lecture.**
Le vocabulaire utilisé, grâce à la richesse de ses connotations, conduit à une **interprétation symbolique** de la scène. Le personnage se déplace vers le bord du navire mais les mots employés évoquent aussi un mouvement d'une autre nature : il *marche* vers son destin, s'*avance* vers l'infini, *parvient au bord* du monde invisible. L'horizontal du navire et le vertical dans lequel il va disparaître délimitent deux espaces qui suggèrent l'opposition entre le monde d'ici-bas et le monde de l'au-delà. Le lexique de ce texte autorise cette double lecture.

1 *Le champ* **lexical**

Définition

▶ On appelle « champ lexical » l'ensemble des mots qui se rapportent à une même réalité. Les mots qui forment un champ lexical peuvent avoir pour points communs d'être **synonymes** ou d'appartenir à la même **famille**, au même **domaine**, à la même **notion**.

> Le champ lexical de *la guerre* :
> - synonymes : *guerre, conflit, combat*
> - même famille : *guerre, guerrier, guerroyer*
> - même domaine : *soldat, arme, troupe, capitaine*
> - même notion : *blessure, violence, hostilité*

▶ Observer et relever les mots d'un texte ou d'une œuvre pour en constituer les champs lexicaux dominants est une étape importante de l'analyse littéraire. Elle permet :
– de saisir la **cohésion lexicale** de l'œuvre ;
– d'en dégager le thème ou les **thèmes importants**.

> Le thème de la mer dans *Les Fleurs du Mal* de Baudelaire.
>
> ➤ EXERCICE 1

La combinaison de champs lexicaux

▶ Souvent, plusieurs champs lexicaux s'associent dans un même texte.

> Dans le texte de Victor Hugo, p. 70, le champ lexical du mouvement, celui du regard, et celui du gouffre, se recoupent et construisent ensemble le sens de la scène.
>
> ➤ EXERCICES 2, 3

▶ Parfois, les champs lexicaux s'entrecroisent sans appartenir au même niveau de signification du texte. Un champ lexical donne **le thème**, les autres interviennent **à titre de comparaison** ou bien de métaphore.

> *Ma jeunesse ne fut qu'un ténébreux orage,*
> *Traversé çà et là par de brillants soleils.*
>
> BAUDELAIRE
>
> Dans la suite du poème, le thème de la vie humaine, amorcé ici par le mot *jeunesse*, va être associé par métaphore au champ lexical de la nature et des intempéries, déjà présent ici par les mots *orage* et *soleils*.

Lire et comprendre **un texte**

Les réseaux lexicaux

Leçon

▶ Repérer ces associations permet de suivre le développement d'une comparaison, d'une métaphore filée, d'une allégorie (➤ CHAPITRE 11).

➤ EXERCICES 4, 5

2 La dénotation et la connotation

Définition

La plupart des mots possèdent un sens dénoté et un sens connoté.

▶ Le sens dénoté est celui que donne le dictionnaire. La **dénotation** du mot correspond à la définition du mot, à son **sens objectif**.

Le mot *rouge* dénote une couleur : l'une des trois couleurs fondamentales.

▶ Le sens connoté est celui qui s'ajoute au sens dénoté, selon le contexte où le mot est employé. La **connotation** correspond aux **sens implicites** qu'un mot reçoit :
– en fonction de la subjectivité ou de l'intention de celui qui l'emploie ;

Rouge connote, selon les situations et les associations mentales mises en jeu : l'interdiction, la colère, la révolution, le sang, la passion.

– du fait des références culturelles qui s'attachent à la valeur du mot.

Dans certains pays, le noir est associé à la mort ; dans d'autres pays, c'est le blanc qui est la couleur du deuil.

Richesse de la connotation

▶ L'analyse des champs lexicaux gagne à s'appuyer sur l'étude des connotations :
– pour le **repérage** ; un mot peut se rattacher à un champ lexical par sa connotation seule.

La courbe de tes yeux fait le tour de mon cœur
Un rond de danse et de douceur
Auréole du temps, berceau nocturne et sûr.

ÉLUARD

Dans ces vers, le mot *berceau* entre dans le champ lexical du cercle, non par sa dénotation mais par sa connotation : un espace clos et sûr, un balancement régulier, une forme incurvée *(voûte en berceau)*. La connotation du mot *berceau* construit donc avec tous les autres mots le thème de la courbe protectrice.

– pour l'**interprétation** ; le lexique des textes littéraires est très souvent riche de connotations. Interpréter ces valeurs permet de développer tous les sens que produit le texte.

Dans le texte de Victor Hugo, p.70, le champ lexical du mouvement ne doit pas être compris seulement dans sa dénotation spatiale. Il doit également être interprété en fonction de sa connotation morale et spirituelle.

➤ EXERCICES 6, 7

3 D'autres ensembles lexicaux

Les mots d'un texte peuvent aussi s'organiser en ensembles lexicaux dont le **point commun** est la **nature** du vocabulaire employé et sa **valeur**. On peut regrouper ces réseaux lexicaux selon différents modes de classement et distinguer notamment les ensembles que forment l'abstrait et le concret ; l'affectif ; l'appréciatif.

Les mots concrets et les mots abstraits

▶ Le **concret** est ce qui est perceptible par les sens et appartient au **monde physique**. Le vocabulaire concret est le vocabulaire des sensations, de la nature, des objets, de l'action. Le repérage de ce lexique peut être utilement mis en relation avec l'identification du type de texte (➤ CHAPITRE 4). La présence d'un vocabulaire concret est souvent un signe distinctif du texte **descriptif** et du **texte narratif**.

▶ L'**abstrait** est ce que l'esprit **conçoit**, en dehors du monde sensible. Le vocabulaire abstrait est le vocabulaire de la pensée, le vocabulaire moral, le vocabulaire philosophique.

Les mots comme *idée, honneur, paix, justice* font partie de cet ensemble.

Ce lexique est abondamment représenté dans les textes **argumentatifs**, les **essais**, les ouvrages de réflexion.

*Lire et comprendre **un texte***

Leçon

▶ Distinguer l'abstrait et le concret se révèle très utile pour l'analyse lorsque ces lexiques sont employés en dehors de leur domaine propre.

L'homme n'est qu'un roseau, le plus faible de la nature ; mais c'est un roseau pensant.

Dans cette phrase de Pascal, le concret est mis au service d'une idée abstraite. Cette alliance inhabituelle explique l'idée par une image concrète, lui donne de la force, en surprenant le lecteur.

➢ Exercice 8

Le vocabulaire de l'affectivité

▶ C'est celui qui se rapporte à la **psychologie**, aux **émotions**, aux **sentiments**.

Amour, cœur, douleur, plaisir, triste, sentir font partie de cet ensemble lexical.

▶ La présence de ce type de vocabulaire permet de déterminer la **tonalité dominante** du texte (par exemple, la tonalité lyrique) et les **nuances** qui s'y expriment (mélancolie, exaltation...) (➤ Chapitre 13). On pourra aussi tirer parti de l'absence ou bien de la pauvreté de ce type de vocabulaire dans un texte pour formuler une hypothèse de lecture.

➢ Exercices 9, 10

Le vocabulaire appréciatif

▶ Le vocabulaire devient « appréciatif » dès lors qu'il implique un **jugement de valeur**, un sentiment, une subjectivité. Cette appréciation peut être négative : le vocabulaire est dit **péjoratif**, dévalorisant, dépréciatif. Elle peut être positive : le vocabulaire est alors **mélioratif**, ou laudatif, ou élogieux.

— Tu as écrit aujourd'hui ?
Depuis plus d'un an, « j'écrivais ». Romain Gary

Le premier emploi du verbe *écrire* est neutre. Le second est mélioratif ; *écrire* veut dire ici : *être écrivain*.

▶ Le degré d'appréciation est lié aux **connotations** des mots employés. Dans certains contextes et pour certains locuteurs, le mot *bourgeois* est chargé d'une connotation péjorative. Utilisé avec une intention particulière ou en fonction des références culturelles et sociales qu'on lui attache, ce même mot peut recevoir une connotation élogieuse.

▶ Repérer le vocabulaire appréciatif permet de faire apparaître **les choix de l'écrivain**. Dans un texte didactique ou argumentatif, l'opposition du mélioratif et du péjoratif sert à distinguer la thèse soutenue et la thèse réfutée.

➢ Exercices 11, 12

L'essentiel

▶ Un **champ lexical** est l'ensemble des mots qui se rapportent à un même secteur de la réalité ou à une même notion. Le repérage et la constitution de champs lexicaux permettent de déterminer les **thèmes** du texte.

▶ L'interprétation des champs lexicaux s'enrichit de l'étude des **connotations**. Les connotations sont les éléments subjectifs qui s'ajoutent à la signification première des mots et qui dépendent des références culturelles et personnelles du locuteur. Elles sont particulièrement riches dans les textes littéraires, où le lexique est utilisé pour son **pouvoir de suggestion**.

▶ Les relevés lexicaux peuvent obéir à **différents modes de classement :** on peut distinguer le champ de l'**abstrait** (le vocabulaire de la pensée) et du **concret** (le vocabulaire de l'action et du mouvement, du monde matériel, des cinq sens) ; le caractère **affectif** ou **appréciatif** du vocabulaire. Les concordances ou les oppositions entre divers réseaux aident à dégager les caractères propres à l'écriture d'un texte, et qui lui donnent sens.

Exercices

1 Le champ lexical

1 Recherche d'un champ lexical

Constituez le champ lexical dominant de cet extrait. À votre avis quel est le métier de Nucingen ?

> Nucingen laissa donc échapper devant du Tillet l'idée pyramidale et victorieuse de combiner une entreprise par actions en constituant un capital assez fort pour pouvoir servir de très gros intérêts aux actionnaires pendant les premiers temps. Essayée pour la première fois, en un moment où des capitaux niais abondaient, cette combinaison devait produire une hausse sur les actions, et par conséquent un bénéfice pour le banquier qui les émettrait.
>
> HONORÉ DE BALZAC, *La maison Nucingen*

2 Caractérisation d'un personnage

Les mots que nous avons soulignés se rapportent à la figure traditionnelle du Pierrot.
a. Constituez l'autre champ lexical dominant du texte en relevant les mots qui le composent.
b. À partir de là, analysez l'image que Verlaine donne de ce personnage.

> **Pierrot**
>
> Ce n'est plus le <u>rêveur lunaire</u> du vieil air
> Qui riait aux aïeux dans les dessus de porte ;
> Sa gaîté, comme sa <u>chandelle</u>, hélas ! est morte,
> Et son spectre aujourd'hui nous hante, mince
> [et clair.
>
> Et voici que parmi l'effroi d'un long éclair
> Sa <u>pâle blouse</u> a l'air, au vent froid qui l'emporte,
> D'un linceul, et sa bouche est béante, de sorte
> Qu'il semble hurler sous les morsures du ver.
>
> Avec le bruit d'un vol d'oiseaux de nuit qui passe,
> Ses <u>manches blanches</u> font vaguement par l'espace
> Des signes fous auxquels personne ne répond.
>
> Ses yeux sont deux grands trous où rampe
> [du phosphore
> Et la <u>farine</u> rend plus effroyable encore
> Sa face exsangue au nez pointu de moribond.
>
> PAUL VERLAINE, « Pierrot », *Jadis et Naguère*

3 Combinaison de champs lexicaux

a. Dégagez les deux champs lexicaux qui servent à décrire la calomnie en relevant les mots qui les composent.
b. Analysez les effets de sens produits par ces champs lexicaux.

> BAZILE. — D'abord un bruit léger, rasant le sol comme hirondelle avant l'orage, *pianissimo*[1] murmure et file, et sème en courant le trait empoisonné. Telle bouche le recueille et *piano, piano*[1] vous le glisse en l'oreille adroitement. Le mal est fait, il germe, il rampe, il chemine et *rinforzando*[1] de bouche en bouche il va le diable ; puis tout à coup, ne sais comment, vous voyez calomnie se dresser, siffler, s'enfler, grandir à vue d'œil ; elle s'élance, étend son vol, tourbillonne, enveloppe, arrache, entraîne, éclate et tonne, et devient, grâce au ciel, un cri général, un *crescendo*[1] public, un *chorus*[2] universel de haine et de *proscription*[3]. — Qui diable y résisterait ?
>
> BEAUMARCHAIS, *Le Barbier de Séville*, Acte II, Scène 8
>
> 1. Termes de musique empruntée à l'italien. 2. Un chœur.
> 3. Condamnation.

4 Interprétation d'un champ lexical

a. À quel champ lexical est associé le mot *fanatisme* ?
b. Quel sens cette association donne-t-elle à la notion de fanatisme ?

> Lorsqu'une fois le fanatisme a gangrené un cerveau, la maladie est presque incurable. J'ai vu des convulsionnaires qui, en parlant des miracles de saint Pâris, s'échauffaient par degrés malgré eux : leurs yeux s'enflammaient, leurs membres tremblaient, la fureur défigurait leur visage, et ils auraient tué quiconque les eût contredits.
> Il n'y a d'autre remède à cette maladie épidémique que l'esprit philosophique, qui, répandu de proche en proche, adoucit enfin les mœurs des hommes, et qui prévient les accès du mal ; car, dès que ce mal fait des progrès, il faut fuir, et attendre que l'air soit purifié. Les lois et la religion ne suffisent pas contre la peste des âmes ; la religion, loin d'être pour elles un aliment salutaire, se tourne en poison dans les cerveaux infectés.
>
> VOLTAIRE, *Dictionnaire philosophique*, Article « Fanatisme »

Lire et comprendre **un texte**

Exercices

5 Champs lexicaux et métaphore

a. Relevez les termes qui constituent le champ lexical du vêtement et de l'élégance.
b. À quel autre champ lexical sont-ils associés ?
c. Analysez le sens de cette association.

Un vicomte a reproché à Cyrano sa tenue négligée.

CYRANO
Moi, c'est moralement que j'ai mes élégances.
Je ne m'attife pas ainsi qu'un freluquet,
Mais je suis plus soigné si je suis moins coquet ;
Je ne sortirais pas avec, par négligence,
Un affront pas très bien lavé, la conscience
Jaune encor de sommeil dans le coin de son œil,
Un honneur chiffonné, des scrupules en deuil.
Mais je marche sans rien sur moi qui ne reluise,
Empanaché d'indépendance et de franchise ;
Ce n'est pas une taille avantageuse, c'est
Mon âme que je cambre ainsi qu'en un corset,
Et tout couvert d'exploits qu'en rubans je m'attache
Retroussant mon esprit ainsi qu'une moustache,
Je fais, en traversant les groupes et les ronds,
Sonner les vérités comme des éperons.

EDMOND ROSTAND, *Cyrano de Bergerac*, Acte I, Scène 4

2 La dénotation et la connotation

6 La fonction poétique

a. Constituez les champs lexicaux de l'air, de l'eau et de la terre ; relevez les mots qui les composent.
b. Distinguez ceux qui se rapportent à la réalité du paysage décrit et ceux qui sont utilisés par comparaison ou par analogie.

Je revois cette profondeur marine qui grondait au-delà de la ville. Toute la plaine fumait sous l'écume des routes. Des champs, frais hersés, s'envolaient des embruns tordus. Le vent faisait son chemin et tout tremblait dans son sillage, on sentait qu'il s'en allait droit devant lui, qu'il était là, mais que déjà ses yeux s'élargissaient sur de nouveaux pays étalés et faisant la roue comme de gros oiseaux de toutes les couleurs. On sentait qu'il était puissant et doux, qu'il suffisait de s'appuyer un peu fort à son flanc pour être emporté dans le monde. On sentait que ce désir de fuite il le semait en vous comme une lente graine féroce et qu'on serait déchiré plus tard par d'énormes racines mouvantes comme des poulpes. Je sentais que le vent s'enracinait en moi.

JEAN GIONO, *Jean le Bleu*, Chapitre 4, Éd. Grasset

7 Les connotations

a. Dans le texte précédent, dégagez les connotations des champs lexicaux du vent et de la mer.
b. Avec ces connotations, quel champ lexical peut-on constituer à partir des mots *faisait son chemin* (l. 4), *droit devant lui* (l. 6), *nouveaux pays* (l. 8), *être emporté dans le monde* (l. 11), *désir de fuite* (l. 12) ?

3 D'autres ensembles lexicaux

8 L'association du concret et de l'abstrait

a. Relevez les mots abstraits de ce texte.
b. À quel type de vocabulaire sont-ils associés ?
c. Analysez les effets de cette association.

Ô gouffre ! l'âme plonge et rapporte le doute.
Nous entendons sur nous les heures, goutte
 [à goutte,
  Tomber comme l'eau sur les plombs ;
L'homme est brumeux, le monde est noir,
 [le ciel est sombre ;
Les formes de la nuit vont et viennent dans l'ombre ;
  Et nous, pâles, nous contemplons.

Nous contemplons l'obscur, l'inconnu, l'invisible.
Nous sondons le réel, l'idéal, le possible,
  L'être, spectre toujours présent.
Nous regardons trembler l'ombre indéterminée.
Nous sommes accoudés sur notre destinée,
  L'œil fixe et l'esprit frémissant.

Nous épions des bruits dans ces vides funèbres ;
Nous écoutons le souffle, errant dans les ténèbres,
  Dont frissonne l'obscurité ;
Et, par moments, perdus dans les nuits insondables,
Nous voyons s'éclairer de lueurs formidables
  La vitre de l'éternité.

VICTOR HUGO, *Les Contemplations*, Livre VI

Exercices

9 La répartition des lexiques

a. Quel est le seul mot du lexique de l'affectivité présent dans ce poème ? Où apparaît-il ?
b. Quels sont les deux autres champs lexicaux ?
c. Quel effet Prévert tire-t-il de cette répartition ?

Déjeuner du matin

Il a mis le café
Dans la tasse
Il a mis le lait
Dans la tasse de café
Il a mis le sucre
Dans le café au lait
Avec la petite cuiller
Il a tourné
Il a bu le café au lait
Et il a reposé la tasse
Sans me parler
Il a allumé
Une cigarette
Il a fait des ronds
Avec la fumée
Il a mis les cendres
Dans le cendrier
Sans me parler
Sans me regarder
Il s'est levé
Il a mis
Son chapeau sur sa tête
Il a mis
Son manteau de pluie
Parce qu'il pleuvait
Et il est parti
Sous la pluie
Sans une parole
Sans me regarder
Et moi j'ai pris
Ma tête dans ma main
Et j'ai pleuré.

JACQUES PRÉVERT, *Paroles*, Éd. Gallimard, 1946

10 Le jeu sur le choix du lexique

a. Quel est le lexique dominant dans cet extrait ?
b. Quel(s) sens la dernière phrase prend-elle ?

Il y eut la lessive, le linge qui sèche, le repassage. Le gaz, l'électricité, le téléphone. Les enfants. Les vêtements et les sous-vêtements. La moutarde. Les soupes en sachets, les soupes en boîtes. Les cheveux : comment les laver, comment les teindre, comment les faire tenir, comment les faire briller. Les étudiants, les ongles, les sirops pour la toux, les machines à écrire, les engrais, les tracteurs, les loisirs, les cadeaux, la papeterie, le blanc[1], la politique, les autoroutes, les boissons alcoolisées, les eaux minérales, les fromages et les conserves, les lampes et les rideaux, les assurances, le jardinage. Rien de ce qui est humain ne leur fut étranger.

GEORGES PÉREC, *Les Choses*, Éd. Julliard

1. Le linge de maison.

11 Le vocabulaire appréciatif

a. Relevez les mots péjoratifs dans le portrait de Louise de Bargeton (*une femme grande... la quitter*).
b. Sur quelle opposition lexicale le début du texte est-il construit (*Louise était... Paris voyaient.*) ?

Louise[1] était restée la même. Le voisinage d'une femme à la mode, de la marquise d'Espard, cette Mme de Bargeton de Paris, lui nuisait tant ; la brillante Parisienne faisait si bien ressortir les imperfections de la femme de province, que Lucien, doublement éclairé par le beau monde de cette pompeuse salle et par cette femme éminente, vit enfin dans la pauvre Anaïs de Nègrepelisse la femme réelle, la femme que les gens de Paris voyaient : une femme grande, sèche, couperosée, fanée, plus que rousse, anguleuse, guindée, précieuse, prétentieuse, provinciale dans son parler, mal arrangée surtout ! En effet, les plis d'une vieille robe de Paris attestent encore du goût, on se l'explique, on devine ce qu'elle fut, mais une vieille robe de province est inexplicable, elle est risible. La robe et la femme étaient sans grâce ni fraîcheur, le velours était miroité comme le teint. Lucien, honteux d'avoir aimé cet os de seiche, se promit de profiter du premier accès de vertu de sa Louise pour la quitter.

HONORÉ DE BALZAC, *Illusions perdues*, 2ᵉ Partie

1. Mme de Bargeton, nommée aussi Anaïs de Nègrepelisse.

12 Le point de vue du narrateur

Par l'étude du vocabulaire appréciatif, dégagez la subjectivité du narrateur dans cette description. À quoi ou à qui va sa sympathie ? son antipathie ?

Là-bas, en face, l'inévitable Mont-Valérien étageait dans la lumière crue ses talus fortifiés ;

tandis qu'à droite, l'adorable coteau de Louveciennes, tournant avec le fleuve, s'arrondissait en demi-cercle, laissant passer par places, à travers la verdure puissante et sombre des grands jardins, les blanches murailles des maisons de campagne.

Aux abords de la Grenouillère, une foule de promeneurs circulait sous les arbres géants qui font de ce coin de l'île le plus délicieux parc du monde. Des femmes, des filles aux cheveux jaunes, aux seins démesurément rebondis, à la croupe exagérée, au teint plâtré de fard, aux yeux charbonnés, aux lèvres sanguinolentes, lacées, sanglées en des robes extravagantes, traînaient sur les frais gazons le mauvais goût criard de leur toilettes ; tandis qu'à côté d'elles des jeunes gens posaient en leurs accoutrements de gravures de modes, avec des gants clairs, des bottes vernies, des badines grosses comme un fil et des monocles ponctuant la niaiserie de leur sourire.

GUY DE MAUPASSANT, *La femme de Paul*

Bilan

1. Relevez dans ce poème le champ lexical : de la musique et de la danse, de la nature, de la religion. Comment ces champs lexicaux sont-ils associés dans le poème : par comparaison ? par métaphore ?
2. Faites apparaître le champ lexical des sensations (visuelle, tactile, auditive, olfactive). Parmi ces sensations, lesquelles sont associées dans le poème ? De quelle façon ?
3. Relevez le vocabulaire de l'affectivité. Dans le dernier vers, quelles marques de l'énonciation apparaissent ? Quelle signification donnent-elles à l'ensemble de ce lexique affectif ?

Harmonie du soir

Voici venir les temps où vibrant sur sa tige
Chaque fleur s'évapore ainsi qu'un encensoir ;
Les sons et les parfums tournent dans l'air du soir ;
Valse mélancolique et langoureux vertige !

Chaque fleur s'évapore ainsi qu'un encensoir ;
Le violon frémit comme un cœur qu'on afflige ;
Valse mélancolique et langoureux vertige !
Le ciel est triste et beau comme un grand reposoir[1].

Le violon frémit comme un cœur qu'on afflige,
Un cœur tendre, qui hait le néant vaste et noir !
Le ciel est triste et beau comme un grand reposoir ;
Le soleil s'est noyé dans son sang qui se fige.

Un cœur tendre, qui hait le néant vaste et noir,
Du passé lumineux recueille tout vestige !
Le soleil s'est noyé dans son sang qui se fige...
Ton souvenir en moi luit comme un ostensoir[2] !

CHARLES BAUDELAIRE, *Les Fleurs du Mal*, « Spleen et Idéal », XLIII

1. Autel où l'on dépose le saint-sacrement dans une procession. 2. Pièce d'orfèvrerie permettant d'exposer l'hostie consacrée à l'adoration des fidèles.

Lecture et analyse

La colère de Fabricius

Pour montrer que la décadence de Rome est liée aux progrès des sciences et des arts, Jean-Jacques Rousseau donne la parole à Fabricius, un célèbre consul, modèle de sagesse et de vertu.

Jusqu'alors les Romains s'étaient contentés de pratiquer la vertu : tout fut perdu quand ils commencèrent à l'étudier.

Ô Fabricius ! qu'eût pensé votre grande âme, si, pour votre malheur, rappelé à la vie, vous eussiez vu la face pompeuse de cette Rome sauvée par votre bras, et que votre nom respectable avait plus illustrée que toutes ses conquêtes ? « Dieux ! eussiez-vous dit, que sont devenus ces toits de chaume et ces foyers rustiques qu'habitaient jadis la modération et la vertu ? Quelle splendeur funeste a succédé à la simplicité romaine ? Quel est ce langage étranger ? Quelles sont ces mœurs efféminées ? Que signifient ces statues, ces tableaux, ces édifices ? Insensés, qu'avez-vous fait ? Vous, les maîtres des nations, vous vous êtes rendus les esclaves des hommes frivoles qui vous gouvernent ! C'est pour enrichir des architectes, des peintres, des statuaires et des histrions que vous avez arrosé de votre sang la Grèce et l'Asie ! Les dépouilles de Carthage sont la proie d'un joueur de flûte ! Romains, hâtez-vous de renverser ces amphithéâtres ; brisez ces marbres, brûlez ces tableaux, chassez ces esclaves qui vous subjuguent, et dont les funestes arts vous corrompent. Que d'autres mains s'illustrent par de vains talents ; le seul talent digne de Rome est celui de conquérir le monde et d'y faire régner la vertu. [...] »

Jean-Jacques Rousseau, *Discours sur les Sciences et les Arts*

Un discours éloquent

▶ **Le type des phrases.** Pour donner plus d'éloquence et d'énergie à son discours (et à celui de Fabricius dont il fait son porte-parole), Jean-Jacques Rousseau emploie **des phrases de longueur et de structure variées** : des phrases simples qui lui permettent de condenser sa pensée et d'exprimer avec vigueur une émotion *(Insensés, qu'avez-vous fait ?)* ou des phrases complexes qui confèrent plus de précision et de logique à une idée, une hypothèse, un raisonnement *(Ô Fabricius ! qu'eût pensé votre grande âme, si... toutes ses conquêtes)*.

▶ **L'ordre des mots dans la phrase.** Elle contribue aussi à l'éloquence du discours : renforcement du groupe sujet *(Vous, les maîtres des nations)*, mise en relief par « c'est... que » *(Ce sont des rhéteurs qui vous gouvernent)*, apostrophes *(Romains, hâtez-vous...)*. Ces procédés soulignent les mots importants, créent des ruptures rythmiques, traduisent les sentiments du locuteur.

▶ **Les modalités.** Enfin, l'emploi des modalités **interrogative, exclamative et impérative** rend les paroles de Fabricius plus persuasives en exprimant la surprise, l'indignation. On remarquera en particulier la suite des interrogatives : *Quelle splendeur funeste...? Quel est ce langage...?*, ou l'injonction : *brûlez ces tableaux, chassez ces esclaves...* Ces modalités impliquent le destinataire en cherchant à l'émouvoir.

Leçon

1 Le type de phrases

Phrase verbale et phrase nominale

▶ On appelle **phrase verbale** une phrase organisée autour d'un verbe (ou de plusieurs verbes).

Gervaise <u>avait repris</u> son panier. ZOLA
          Verbe

▶ Une phrase peut être construite sans verbe, autour d'un nom. On l'appelle alors **phrase nominale**.

▶ On trouve des phrases nominales dans des énoncés exclamatifs ou interrogatifs *(Quelle horreur ! Quelle histoire ?)*, des titres ou bien des slogans *(Le parfum. Legal, le goût.)*

▶ **Effets stylistiques de la phrase nominale** : l'accélération, le raccourci qui permet de traduire avec force une idée ou une émotion.

➤ EXERCICES 1, 2, 4, 5

Phrase simple, phrase composée et phrase complexe

▶ Une **phrase simple** s'organise autour d'un verbe, de son sujet et de ses éventuels compléments.

<u>Les feuilles de vigne</u> <u>dessinaient</u> <u>leurs ombres</u> <u>sur le sable</u>.
   Sujet   Verbe   COD   Ct. circ. de lieu
                                                            FLAUBERT

[COD = complément d'objet direct du verbe ;
Ct circ. = complément circonstanciel du verbe]

▶ Une **phrase composée** est une phrase formée de deux ou plusieurs propositions indépendantes. Celles-ci peuvent être coordonnées ou juxtaposées (on dit alors qu'elles sont construites en **parataxe**).

Vous n'êtes point gentilhomme, vous n'aurez pas ma fille. MOLIÈRE

▶ Une **phrase complexe** est une phrase formée d'une proposition principale et d'une ou plusieurs propositions subordonnées.

<u>Marie a voulu</u> <u>que nous nagions ensemble</u>. CAMUS
Proposition principale   Proposition subordonnée

➤ EXERCICES 3, 4

▶ **Les propositions subordonnées relatives.** Introduites par un pronom relatif, elles complètent un nom ou un pronom (leur **antécédent**) à la manière d'un adjectif qualificatif.

Vous vous êtes rendus les esclaves des hommes frivoles <u>que vous avez vaincus</u>. ROUSSEAU
Proposition subordonnée relative

▶ **Les propositions subordonnées conjonctives.** Introduites par une conjonction – ou une locution conjonctive – *(que, pour que, quand, quoique, etc.)*, elles sont :

– **compléments d'objet** de verbes de paroles, de sentiment ou de pensée *(dire, penser, croire, vouloir, craindre, comprendre, …)* ;

J'ai pensé alors qu'il fallait dîner. CAMUS

– **compléments circonstanciels**. Elles expriment les circonstances de l'action : le temps, le but, la cause, la conséquence, la concession, l'opposition, la condition, la comparaison.

Peut-être m'aimerez-vous moins <u>quand nous nous connaîtrons mieux</u>. MARIVAUX
     Sub. circ. de temps du verbe « aimer »

➤ EXERCICE 7

La valeur stylistique de la phrase complexe

▶ La phrase complexe, souvent plus étendue que la phrase simple, permet de donner plus de subtilité au discours. Elle établit, grâce à la relation entre la principale et les subordonnées, des **rapports temporels ou logiques** entre une information principale et des informations secondaires (dans un texte explicatif, ➤ CHAPITRE 15) ou entre une idée et des arguments (dans un texte argumentatif, ➤ CHAPITRE 15).

▶ Lorsque la phrase complexe se développe dans un discours oral ou écrit en un vaste ensemble formé de nombreuses propositions et soumis à des lois de composition logique et rythmique (➤ CHAPITRE 12), on parle de **période**.

➤ EXERCICES 8, 9

2 L'ordre des termes de la phrase

Des modifications expressives

L'ordre normal de la phrase (Sujet - Verbe - Complément) peut être modifié à des fins expressives : mise en valeur d'une information, d'une émotion, d'une idée, imitation du langage parlé, effet de surprise par rupture du rythme.

➤ EXERCICE 12

*Lire et comprendre **un texte***

Leçon

Exemples de procédés

▶ **L'antéposition d'un complément :**

Moi d'abord la campagne [...], j'ai jamais pu la sentir. CÉLINE

▶ **La postposition du sujet :**

Les armes au matin sont belles et la mer. SAINT-JOHN PERSE

▶ **L'inversion :**

Fière est cette forêt dans sa beauté tranquille. MUSSET

▶ **La mise en relief** par « c'est que » :

C'est une chose que j'ai résolue. MOLIÈRE

➤ EXERCICES 10, 11

3 Les modalités de la phrase

On peut distinguer **quatre modalités de phrases**, qui correspondent à quatre intentions différentes de celui qui parle.

➤ EXERCICES 13, 14

La phrase déclarative

▶ Elle formule une déclaration qui peut être **affirmative** (*Cécile est contente*), **négative** (*Cécile n'est pas contente*), **dubitative** (*Je doute que Cécile soit contente*) ou **emphatique** (*C'est Cécile qui va être contente*).

La phrase interrogative

▶ Elle exprime une question, une demande. Elle est souvent caractérisée par l'emploi de pronoms interrogatifs, par l'inversion de l'ordre sujet/verbe, par une intonation ascendante, par un point d'interrogation.

Quelles sont ces mœurs efféminées ? ROUSSEAU

▶ Certaines interrogations sont des affirmations déguisées (**interrogations rhétoriques ou oratoires**).

Les esprits forts savent-ils qu'on les appelle ainsi par ironie ? LA BRUYÈRE

▶ Elles peuvent être aussi des ordres atténués :

Pouvez-vous passer à mon bureau ? (= Passez à mon bureau).

➤ EXERCICE 15

La phrase exclamative

▶ Elle est caractérisée par l'emploi de pronoms exclamatifs et par une intonation descendante.

▶ Elle traduit la joie ou la tristesse, la fierté ou l'étonnement, l'indignation ou la colère, et l'intensité du sentiment.

Quel dénouement ! MARIVAUX

➤ EXERCICE 16

La phrase impérative

Elle énonce un ordre (commandement, conseil, souhait). Elle utilise les modes impératif ou subjonctif.

Romains, hâtez-vous de briser ces amphithéâtres ! ROUSSEAU

☞ L'essentiel ☜

▶ Le choix du **type de phrase** est déterminant dans l'expression des idées et des sentiments.

▶ La phrase peut s'organiser autour d'un verbe ou autour d'un nom (phrase nominale/phrase verbale).

▶ **La phrase nominale** permet d'intéressants raccourcis (dans les slogans, les récits ...).

▶ **La phrase verbale** peut être **simple** ou **complexe** selon le type de logique que l'on souhaite adopter (information, constat, argumentation...).

▶ En modifiant l'**ordre de la phrase**, on peut guider la compréhension du lecteur et traduire aussi des émotions.

▶ Les nuances des sentiments se manifestent également par **les modalités** expressives de la phrase (interrogation, exclamation, ordre).

*Lire et comprendre **un texte***

Exercices

1 Le type de phrases

1 Les types de phrase

Distinguez les phrases simples, complexes, et composées. Relevez aussi une phrase nominale.

Bien qu'il fût minuit, Pécuchet eut l'idée de faire un tour dans le jardin. Bouvard ne s'y refusa pas. Ils prirent la chandelle et, l'abritant avec un vieux journal, se promenèrent le long des plates-bandes. Ils avaient plaisir à nommer tout haut les légumes : « Tiens, des carottes ! Ah ! des choux ! »

GUSTAVE FLAUBERT, *Bouvard et Pécuchet*

2 La nominalisation

Transformez les phrases suivantes en phrases nominales afin de former des titres.

1. Le Président a inauguré l'Arche de la Défense.
2. L'État et les régions s'opposent sur la rénovation de l'apprentissage.
3. Les négociations sur les salaires des fonctionnaires n'ont pu aboutir.
4. La classe politique s'est déclarée déçue après la publication du calendrier électoral.
5. Le gouvernement s'attend à un débat difficile sur le budget de l'armée.

3 L'alternance de phrases simples et nominales

Comment se justifie l'emploi des phrases simples et des phrases nominales dans cet extrait du journal d'un soldat blessé à la guerre et vivant ses derniers moments ?

1er novembre 18, matin.
Le mois de ma mort.
Être privé d'espoir. Pire que la torture de la soif. Malgré tout, la palpitation de la vie est encore en moi. Puissante. Par moments, j'oublie. Pendant quelques minutes je redeviens ce que j'étais, ce que sont les autres, j'ébauche même un projet. Et brusquement le souffle glacial : de nouveau, je sais.

ROGER MARTIN DU GARD, *Les Thibault*,
Épilogue (1940), Éd. Gallimard

4 L'emploi poétique de la phrase nominale

Quelles associations d'images permet l'emploi de phrases nominales dans le texte suivant ? Le poème y gagne-t-il en simplicité ?

Fleurs couleur bleue
bouches endormies
sommeil des profondeurs

Vous pervenches
en foule
parlant d'absence au passant

PHILIPPE JACCOTTET, *Airs*, « Monde », Éd. Gallimard, 1967

5 Alternance de phrases verbales et nominales

Quelles impressions permet de noter le passage de phrases verbales à des phrases nominales dans cette description ?

Dans le soleil brumeux du fleuve, le soleil de la chaleur, les rives se sont effacées, le fleuve paraît rejoindre l'horizon. Le fleuve coule sourdement, il ne fait aucun bruit, le sang dans le corps. Pas de vent au-dehors de l'eau. Le moteur du bac, le seul bruit de la scène, celui d'un vieux moteur déglingué aux bielles coulées. De temps en temps, par rafales légères, des bruits de voix.

MARGUERIRE DURAS, *L'Amant*, Éd. Minuit, 1984

6 De la phrase composée à la phrase complexe

Remplacez chacune de ces phrases composées par une phrase complexe ; précisez la fonction de la subordonnée ainsi créée.

1. Vous êtes très fort, alors vous vous croyez tout permis.
2. J'attendais depuis une heure ; le train arriva enfin.
3. Cette proposition est généralement valable mais elle connaît quelques exceptions.
4. Elle avait beaucoup changé : il ne la reconnut pas.
5. Laissez-les faire : vous verrez de quoi ils sont capables.
6. On n'a pas pu les compter, ils étaient trop nombreux.

Lire et comprendre **un texte**

Exercices

7. Le négociateur n'a fait aucune déclaration : donc, toutes les hypothèses sont permises.

8. Je lui ai dit de tenter sa chance, il ne m'a pas écouté.

9. Finis ton assiette, nous pourrons débarrasser la table.

10. J'aurais le temps, je réparerais cette lampe.

7 Fonction des subordonnées conjonctives

Complétez les phrases avec l'une des conjonctions de subordination (ou locutions conjonctives) ci-dessous et indiquez la fonction de la subordonnée ainsi introduite : *avant que, même si, quand, bien que, pour que, selon que, de sorte que, parce que, quand bien même, si.*

1. ... les marins seront de retour, on déchargera le poisson.

2. Que faut-il faire ... il vienne ?

3. On a annoncé un cyclone ... le gouvernement a pris des mesures d'urgence.

4. ... il soit très jeune, il a participé déjà deux fois à cette compétition.

5. ... vous aurez réussi ou non votre examen, vous déciderez de la suite de vos études.

6. Elle aime son travail ... on lui a donné des responsabilités.

7. Il a tenté cette traversée ... il savait que c'était de la folie.

8. ... il ait eu le temps de crier, Pierre est tombé à l'eau.

9. Les météorologistes seraient surpris ... la neige tombait cette semaine.

10. ... elle aurait le temps, elle n'a pas à faire tout ce travail.

8 La valeur expressive de la phrase complexe

a. Étudiez l'organisation des phrases complexes dans cet extrait.
b. Quels caractères de la musique la phrase complexe permet-elle de faire sentir ?

La petite phrase de Vinteuil

Charles Swann a été bouleversé par une sonate jouée par un jeune musicien lors d'une soirée chez les Verdurin.

Depuis plus d'une année que, lui révélant à lui-même bien des richesses de son âme, l'amour de la musique était, pour quelque temps au moins, né en lui, Swann tenait les motifs musicaux pour de véritables idées, d'un autre monde, d'un autre ordre, idées voilées de ténèbres, inconnues, impénétrables à l'intelligence, mais qui n'en sont pas moins parfaitement distinctes les unes des autres, inégales entre elles de valeur et de signification. Quand après la soirée Verdurin, se faisant rejouer la petite phrase, il avait cherché à démêler comment à la façon d'un parfum, d'une caresse, elle le circonvenait, elle l'enveloppait, il s'était rendu compte que c'était au faible écart entre les cinq notes qui la composaient et au rappel constant de deux d'entre elles qu'était due cette impression de douceur réfractée et frileuse.

MARCEL PROUST, *Du côté de chez Swann,*
À la recherche du temps perdu

9 Le mouvement de la phrase complexe

Expliquez le choix d'une phrase longue et complexe dans cet extrait de roman.

[...] il cessa de se demander quoi que ce fût, cessant en même temps de voir quoiqu'il s'efforçât de garder les yeux ouverts et de se tenir le plus droit possible sur sa selle tandis que l'espèce de vase sombre dans laquelle il lui semblait se mouvoir s'épaississait encore, et il fit noir tout à fait, et tout ce qu'il percevait maintenant c'était le bruit, le martellement monotone et multiple des sabots sur la route se répercutant, se multipliant (des centaines, des milliers de sabots à présent) au point (comme le crépitement de la pluie) de s'effacer, se détruire lui-même, engendrant par sa continuité, son uniformité, comme une sorte de silence au deuxième degré, quelque chose de majestueux, monumental : le cheminement même du temps, c'est-à-dire invisible immatériel sans commencement ni fin ni repère, et au sein duquel il avait la sensation de se tenir, glacé, raide sur son cheval lui aussi invisible dans le noir [...]

CLAUDE SIMON, *La Route des Flandres,* Éd. Minuit, 1960

Exercices

2 — L'ordre des termes de la phrase

10 Les modifications expressives

Repérez et analysez les modifications qui affectent l'ordre normal de la phrase dans ces extraits.

Texte 1

ACASTE
Pour de l'esprit, j'en ai sans doute, et du bon goût
À juger sans étude et raisonner de tout.

MOLIÈRE, *Le Misanthrope*, III, 1

Texte 2

PHÈDRE
Puisque Vénus le veut, de ce sang déplorable
Je péris la dernière et la plus misérable.

ŒNONE
Aimez-vous ?

PHÈDRE
        De l'amour j'ai toutes les fureurs.

JEAN RACINE, *Phèdre*, I, 3

Texte 3

C'est une réalité énorme qui s'est faite depuis cinq cents ans. C'est l'œuvre gigantesque que l'Église a maudite, le prodigieux édifice des sciences et des institutions modernes, qu'elle excommunia pierre par pierre, mais que chaque anathème grandit, augmenta d'un étage. Nommez-moi une science qui n'ait été révoltée. [...]
La médecine, surtout, c'est le vrai satanisme, une révolte contre la maladie, le fléau mérité de Dieu.

JULES MICHELET, *La sorcière*

Texte 4

Tandis que la Princesse causait avec moi, faisaient précisément leur entrée le duc et la duchesse de Guermantes.

MARCEL PROUST, *À la recherche du temps perdu*

Texte 5

Merveilleuse était la forêt dans son étincellement d'argent.

JULIEN GRACQ, *Au Château d'Argol*, Éd. José Corti, 1938

11 Une discussion sur l'ordre de la phrase

Quelle est l'intention de Molière dans ce dialogue du *Bourgeois gentilhomme* où l'ordre des mots de la phrase est le sujet même de la discussion ?

M. Jourdain, un bourgeois aspirant à la noblesse, veut adresser un compliment à une marquise. Il demande conseil à son Maître de philosophie.

MONSIEUR JOURDAIN. — Non, non, non, je ne veux point tout cela ; je ne veux que ce que je vous ai dit : « Belle marquise, vos beaux yeux me font mourir d'amour. »

MAÎTRE DE PHILOSOPHIE. — Il faut bien étendre un peu la chose.

MONSIEUR JOURDAIN. — Non, vous dis-je, je ne veux que ces seules paroles-là dans le billet, mais tournées à la mode, bien arrrangées comme il faut. Je vous prie de me dire un peu, pour voir, les diverses manières dont on les peut mettre.

MAÎTRE DE PHILOSOPHIE. — On les peut mettre premièrement comme vous avez dit : « Belle marquise, vos beaux yeux me font mourir d'amour. » Ou bien : « D'amour mourir me font, belle marquise, vos beaux yeux. » Ou bien : « Vos yeux beaux d'amour me font, belle marquise, mourir. » Ou bien : « Mourir vos beaux yeux, belle marquise, d'amour me font. » Ou bien : « Me font vos yeux beaux mourir, belle marquise, d'amour. »

MONSIEUR JOURDAIN. — Mais, de toutes ces façons-là, laquelle est la meilleure ?

MAÎTRE DE PHILOSOPHIE. — Celle que vous avez dite : « Belle marquise, vos beaux yeux me font mourir d'amour. »

MONSIEUR JOURDAIN. — Cependant je n'ai point étudié, et j'ai fait cela tout du premier coup. Je vous remercie de tout mon cœur, et vous prie de venir demain de bonne heure.

MOLIÈRE, *Le Bourgeois gentilhomme*, II, 4

12 Le désordre de la phrase

a. Étudiez les altérations de l'ordre des termes et même de la syntaxe de la phrase dans cet extrait.
b. Quels sont les effets de cette « déconstruction » ?

Ferdinand, le héros du livre, soldat au cours de la guerre de 1914, rencontre un déserteur.

Exercices

— Moi, tu parles, si j'en ai profité ! qu'il ajoutait. Robinson que je me suis dit ! C'est mon nom Robinson !... Robinson Léon ! — C'est maintenant ou jamais qu'il faut que tu les mettes, que je me suis dit !... Pas vrai ? J'ai donc pris par le long d'un petit bois et puis là, figure-toi, que j'ai rencontré notre capitaine... Il était appuyé à un arbre, bien amoché le piston !... En train de crever qu'il était ... Il se tenait la culotte à deux mains, à cracher... Il saignait de partout en roulant des yeux... Y avait personne avec lui. Il avait son compte... « Maman ! maman ! » qu'il pleurnichait tout en crevant et en pissant du sang aussi...

CÉLINE, *Voyage au bout de la nuit*, Éd. Gallimard, 1932

3 Les modalités de la phrase

13 Les quatre modalités

Repérez les quatre modalités de phrases (déclarative, interrogative, exclamative, impérative).

CŒLIO. — J'ai un service à te demander.

OCTAVE. — Parle, Cœlio, mon cher enfant. Veux-tu de l'argent ? Je n'en ai plus. Veux-tu des conseils ? Je suis ivre. Veux-tu mon épée ? Voilà une batte d'Arlequin. Parle, parle, dispose de moi.

CŒLIO. — Combien de temps cela durera-t-il ? Huit jours hors de chez toi ! Tu te tueras, Octave.

ALFRED DE MUSSET, *Les Caprices de Marianne*, I, 1

14 Modalités de la phrase et types de texte

Dans les extraits suivants, montrez que les modalités de phrase employées conviennent au genre du texte.

Texte 1

Salade de macaroni au jambon

Achetez du macaroni coupé, faites-le cuire à l'eau bouillante salée. Versez-le dans une passoire et faites-le bien égoutter. Coupez le jambon en carrés...

La cuisine de Mapie, Éd. Tallandier, 1967

Texte 2

Le pape Urbain II

À l'automne de l'année 1095, le pape Urbain II est en Auvergne, à Clermont, aux lisières méridionales de l'aire d'influence capétienne. Depuis des mois, chassé de Rome, il parcourt en grande pompe, escorté de ses cardinaux, le Sud de la Gaule.

GEORGES DUBY, *Le Chevalier, la femme et le prêtre*, Éd. Hachette, 1981

Texte 3

Néfaste « food »

Cette civilisation du « Mac Do », qui va de pair, selon les sociologues, avec l'augmentation du nombre de personnes vivant seules et avec l'accroissement de la proportion des femmes qui travaillent, peut-elle avoir des conséquences sanitaires néfastes ? Va-t-on bientôt s'apercevoir que fast-food rime avec artériosclérose, cancer, obésité ou déficit en vitamines ?

LE MONDE, 4 octobre 1989

Texte 4

Psaume

Heureux l'homme qui ne marche pas selon le conseil des méchants, qui ne s'arrête pas sur la voie des pécheurs, et qui ne s'assied pas en compagnie des moqueurs, mais qui trouve plaisir dans la loi de l'Éternel, et qui la médite jour et nuit !

La Bible, *Psaume 1*

15 Les interrogations rhétoriques

Étudiez les interrogations dans cet extrait. S'agit-il de véritables questions ? Quelle est leur fonction ?

Le courtisan et le paysan

Trivelin, un courtisan, propose à Arlequin, un jeune paysan, des richesses en échange de sa bien-aimée Silvia, que le prince a fait enlever.

TRIVELIN. — [...] Ne seriez-vous pas sensible au plaisir d'avoir un bon équipage, un bon carrosse, sans parler de l'agrément d'être meublé superbement ?

ARLEQUIN. — Vous êtes un grand nigaud, mon ami, de faire entrer Silvia en comparaison avec des meubles, un carrosse et des chevaux qui le traînent ! Dites-moi, fait-on autre chose dans sa maison que s'asseoir, prendre ses repas et se coucher ? Eh bien ! avec un bon lit, une bonne table, une douzaine de chaises de paille, ne suis-je pas bien meublé ? N'ai-je pas toutes mes commodités ?

MARIVAUX, *La Double Inconstance*, I, 4

Exercices

16 Valeur stylistique de l'exclamation

Quelles émotions s'expriment à travers la modalité exclamative dans les extraits suivants ?

Texte 1

Solitude

Ah ! si j'avais pu faire partager à une autre les transports que j'éprouvais ! Ô Dieu ! si tu m'avais donné une femme selon mes désirs ; si, comme à notre premier père, tu m'eusses amené par la main une Ève tirée de moi-même... Beauté céleste ! je me serais prosterné devant toi. [...] Hélas ! j'étais né seul sur cette terre !

FRANÇOIS-RENÉ DE CHATEAUBRIAND, *René*

Texte 2

La carafe vide

J'allumai une bougie et j'allai vers la table où était posée ma carafe. Je la soulevai en la penchant sur mon verre ; rien ne coula. – Elle était vide ! Elle était vide complètement ! D'abord, je n'y compris rien ; puis tout à coup, je ressentis une émotion si terrible, que je dus m'asseoir, ou plutôt, que je tombai sur une chaise ! puis je me redressai d'un saut pour regarder autour de moi ! puis je me rassis éperdu d'étonnement et de peur, devant le cristal transparent ! Je le contemplais avec des yeux fixes, cherchant à deviner. Mes mains tremblaient ! On avait donc bu cette eau ? Qui ?

GUY DE MAUPASSANT, *Le Horla*

Bilan

1. a. Quelle est la fonction, dans la première phrase complexe, de la série de subordonnées introduites par « que » ? Quelle est la fonction des subordonnées introduites par « dès que » ?
b. Étudiez la valeur stylistique d'une telle phrase ; montrez qu'elle rassemble différents sentiments et moments d'une vie.
2. Recherchez des passages où l'ordre de la phrase est expressif.
3. Quelle est la valeur des interrogations utilisées dans ce passage ? S'agit-il d'interrogations rhétoriques ?
4. Repérez des phrases contenant les modalités exclamative et impérative et étudiez leur effet.

Octave, le héros-narrateur, vit une passion tourmentée pour une femme plus âgée dont il est à la fois amoureux et jaloux. Sa bien-aimée lui reproche ici la vie douloureuse qu'il lui a imposée.

– Faut-il donc le dire ? faut-il donc que vous le sachiez, que depuis six mois je ne me suis pas couchée un soir sans me répéter que tout était inutile et que vous ne guéririez jamais, que je ne me suis pas levée un matin sans me dire qu'il fallait essayer encore, que vous n'avez pas dit une parole que je ne sentisse que je devais vous quitter, et que vous ne m'avez pas fait une caresse que je ne sentisse que j'aimais mieux mourir, que jour par jour, minute par minute, toujours entre la crainte et l'espoir, j'ai mille fois tenté de vaincre ou mon amour ou ma douleur, que, dès que j'ouvrais mon cœur près de vous, vous jetiez un coup d'œil moqueur jusques au fond de mes entrailles, et que, dès que je le fermais, il me semblait y sentir un trésor que vous seul pouviez dépenser ? Vous raconterai-je ces faiblesses, et tous ces mystères qui semblent puérils à ceux qui ne les respectent pas ? que, lorsque vous me quittiez avec colère, je m'enfermais pour relire vos premières lettres ; qu'il y a une valse chérie que je n'ai jamais jouée en vain lorsque j'éprouvais trop vivement l'impatience de vous voir venir. Ah ! malheureuse, que toutes ces larmes ignorées, que toutes ces folies si douces aux faibles te coûteront cher ! Pleure, maintenant ; ce supplice même, cette douleur n'a servi de rien.

ALFRED DE MUSSET, *La Confession d'un enfant du siècle* (V, 5)

Lire et comprendre **un texte**

Lecture et analyse

« Tâchons d'entrer dans la mort... »

L'empereur Hadrien attend la mort et donne ses dernières directives.

Je me félicite que le mal m'ait laissé ma lucidité jusqu'au bout. [...] Mon mausolée, sur le faîte duquel on plante en ce moment les cyprès destinés à former en plein ciel une pyramide noire, sera terminé à peu près à temps pour le transfert des cendres encore chaudes. J'ai prié Antonin qu'il y fasse ensuite transporter Sabine ; j'ai négligé de lui faire décerner à sa mort les honneurs qui somme toute lui sont dus ; il ne serait pas mauvais que cet oubli fût réparé. Et je voudrais que les restes d'Aelius Cesar soient placés à mes côtés. [...]

Petite âme, âme tendre et flottante, compagne de mon corps, qui fut ton hôte, tu vas descendre dans ces lieux pâles, durs et nus, où tu devras renoncer aux jeux d'autrefois. Un instant encore, regardons ensemble les rives familières, les objets que sans doute nous ne reverrons plus... Tâchons d'entrer dans la mort les yeux ouverts...

MARGUERITE YOURCENAR, *Mémoires d'Hadrien*, Éd. Gallimard, 1974

Un homme entre passé et futur

▶ **Les temps.** Dans cet extrait de ses *Mémoires* qui concernent les derniers instants de sa vie, l'empereur Hadrien évoque, par **le présent de l'indicatif**, le moment où il s'exprime *(Je me félicite)*, par **les temps du passé** des faits plus anciens *(J'ai prié Antonin...)*, par **le futur** sa mort prochaine *(tu devras renoncer aux jeux d'autrefois)*. Il entend ainsi établir une continuité entre la vie et la mort, entre *autrefois*, *en ce moment* et ce mystérieux *ensuite* où ses cendres encore chaudes rejoindront son mausolée et ceux qu'il a aimés.

▶ **Les modes.** À l'heure du bilan, Hadrien exprime, grâce au **conditionnel** et au **subjonctif**, ses dernières volontés *(il ne serait pas mauvais que cet oubli fût réparé)*. C'est à **l'impératif** qu'il exhorte son âme à profiter du temps encore à vivre et à affronter la mort avec lucidité *(regardons ensemble... ; Tâchons d'entrer dans la mort...)*.

▶ **Un récit et un discours.** Dans ce texte, au récit d'événements présents ou passés se mêle le discours singulier d'un homme qui, à l'instant ultime, se parle à lui-même et se prépare ainsi à mourir.

POUR LA DISTINCTION ENTRE LE DISCOURS ET LE RÉCIT ➤ CHAPITRE 4

CHAPITRE 9 — Les modes et les temps

Leçon

1 L'emploi des modes

Le mode indique de quelle façon est envisagé le fait exprimé par le verbe (fait réel ou irréel, possible, souhaitable...)

L'indicatif

▶ Il présente un **fait dans sa réalité** et le situe à une **époque déterminée**.

> *L'asile de vieillards est à Marengo, à quatre-vingts kilomètres d'Alger. Je prendrai l'autobus à deux heures et j'arriverai dans l'après-midi.* CAMUS
> ➤ EXERCICE 1

▶ Le conditionnel, parfois analysé comme un mode, est plutôt un temps de l'indicatif qui a une **valeur de futur dans le passé**.

> *Il pensait que tout irait bien.* CAMUS

▶ Cependant, le conditionnel a aussi une **valeur modale** : il évoque alors ce qu'on imagine, ce qui peut arriver, des faits non confirmés, des souhaits dont on veut atténuer l'énoncé.

> *J'aurais été trop heureux de revenir.* PROUST
> ➤ EXERCICES 1, 4, 5

Le subjonctif

▶ Il permet d'**interpréter les faits**, dont il indique la possibilité, le caractère souhaité, douteux, etc. On le trouve en particulier dans les propositions subordonnées conjonctives (➤ CHAPITRE 8).

> *Mais croyez-vous qu'on soit libre à soixante-huit ans de ne pas avoir un air implacable ?* MAURIAC
> ➤ EXERCICE 1

L'impératif

▶ C'est le mode de l'ordre, du conseil, du désir.

> *Va, cours, vole et nous venge.* CORNEILLE
> ➤ EXERCICE 2

L'infinitif

▶ C'est un mode non personnel qui se prête à l'expression des idées générales et abstraites.

> *Partir, c'est mourir un peu.* PROVERBE
> ➤ EXERCICE 3

Le participe

▶ Le **gérondif** représente une circonstance de l'action exprimée par un verbe.

> *On s'accoutume à bien parler en lisant souvent ceux qui ont bien écrit.* VOLTAIRE

▶ Le **participe présent** (en - *ant*) ou **passé** qualifie un nom ou un pronom (à la manière d'un adjectif ou d'une subordonnée relative).

> *Le Renard ayant la queue coupée.* LA FONTAINE
> ➤ EXERCICE 3

2 La valeur des temps

Formes simples et composées du verbe

▶ Les **formes simples** du verbe traduisent l'**aspect inachevé** du fait alors que les **formes composées** le présentent sous son **aspect accompli**.

> *Elle reçoit une médaille* (inachevé).
> *Elle a reçu une médaille* (accompli).
> ➤ EXERCICE 6

Le présent

▶ Au centre du système verbal, il sépare le passé du futur. Grâce à cette position intermédiaire il peut exprimer :
– le futur proche ;

> *Je suis à vous dans la minute.* LABICHE

– le passé proche.

> *J'arrive à temps pour vous sauver.* LABICHE

▶ On peut aussi rapporter au présent des faits passés plus lointains, rapprochant ainsi le lecteur ou l'auditeur de l'événement : c'est le **présent historique** (ou présent de narration).

> *Napoléon attendait à la Malmaison l'instant de son départ de France. Je retourne à lui.* CHATEAUBRIAND

▶ Le présent caractérise également des **énoncés de portée générale** qui affirment le caractère durable, voire éternel, d'un fait.

> *Le plaisir est le bonheur des fous. Le bonheur est le plaisir des sages.* BARBEY D'AURÉVILLY
> ➤ EXERCICES 8 À 10

Leçon

L'imparfait et le passé simple

▶ En corrélation avec le passé simple, **l'imparfait** évoque les circonstances (décor, événements) qui entourent l'action rapportée (au passé simple). C'est **le temps par excellence de la description au passé**. Sa caractéristique est d'envisager les faits sans que leurs limites dans le temps soient bien définies.

Ils sentaient du précipice devant eux, sous eux, sur eux. Ce n'était plus une course, c'était une chute (= circonstances de l'événement principal à l'imparfait). *Brusquement, dans l'énorme tumulte du brouillard de neige, une rougeur apparut* (= événement principal au passé simple). HUGO

▶ Employé seul, l'imparfait indique qu'**un fait se répète**.

Elle allait à son magasin tous les jours à la même heure. MAUPASSANT

▶ Dans les subordonnées de condition (➤ Chapitre 8), il traduit l'**éventualité d'un fait**.

Si j'étais votre égale, nous verrions. MARIVAUX

➤ EXERCICES 5, 7, 8, 9

▶ **Le passé simple** rapporte un fait qui n'est pas envisagé dans sa durée, mais dans son **caractère ponctuel dans le passé**.

La marquise sortit à cinq heures.
À comparer avec l'imparfait :
La marquise sortait à cinq heures (= tous les jours).

▶ Il souligne également un **fait inhabituel**.

La nuit vint deux heures plus tôt. MAUPASSANT

➤ EXERCICES 6, 8, 9, 11

Le futur

▶ Il **évoque l'avenir**, parfois sur le mode de la certitude.

Je n'essaierai plus jamais de pêcher l'après-midi.
MAUPASSANT

▶ Dans un récit, il permet d'**anticiper** par rapport au moment où l'on est arrivé.

Victor Hugo fit un voyage en Espagne dont il se souviendra en écrivant Hernani *et* Ruy Blas.

▶ Enfin, il peut exprimer un **commandement**.

Tu ne tueras point. LA BIBLE

➤ EXERCICES 12, 13

Les autres temps

▶ Les temps composés (passé composé, plus-que-parfait, passé antérieur, futur antérieur) sont des **temps relatifs** : ils sont utilisés en relation avec des temps simples pour situer des actions (dans le passé ou le futur) par rapport à un moment donné.

Nous rentrions (= imparfait) *des champs quand le soleil s'était couché* (= plus-que-parfait).

Dans cette phrase, le plus-que-parfait permet de mentionner un événement du passé, antérieur à l'action principale rapportée à l'imparfait.

➤ EXERCICES 6, 9, 13

Les autres indices temporels

Dans l'étude de la temporalité d'un texte, on doit s'intéresser aussi à des indices tels que :
– les **adverbes de temps** *(puis, encore, ensuite, soudain…)* ;
– les groupes nominaux (ou propositions) **compléments circonstanciels de temps** (➤ CHAPITRE 8) ;
– le **sens de certains adjectifs** *(lent, rapide, matinal, éternel…)*.

L'essentiel

▶ **L'emploi des modes** est révélateur des nuances de la pensée de celui qui s'exprime : le conditionnel, par exemple, introduit la part de l'hypothèse, du désir, du rêve dans un discours ou un récit.

▶ Analyser les modes et les temps d'un texte permet d'en saisir la logique : ainsi, dans l'étude d'un récit, il est intéressant de repérer **le jeu des temps** de l'indicatif qui mettent en relief les événements principaux, établissent une chronologie ou des relations entre le passé, le présent, le futur.

▶ **D'autres indices temporels** peuvent être étudiés : notamment les adverbes et autres compléments circonstanciels de temps.

*Lire et comprendre **un texte***

Exercices

1. L'emploi des modes

1 La valeur des modes

Distinguez les modes et justifiez leur emploi dans le texte suivant.

Les adieux du vieillard

Au XVIIIe siècle, un vieux Tahitien qui a vu son île investie par les marins du navigateur Bougainville adresse le discours suivant à ses compatriotes le jour où les Européens repartent.

« Pleurez, malheureux Tahitiens ! pleurez ; mais que ce soit de l'arrivée, et non du départ de ces hommes ambitieux et méchants : un jour vous les connaîtrez mieux […] ; un jour vous servirez sous eux, aussi corrompus, aussi vils, aussi malheureux qu'eux. Mais je me console ; je touche à la fin de ma carrière ; et la calamité que je vous annonce, je ne la verrai point. Ô Tahitiens ! ô mes amis ! vous auriez un moyen d'échapper à un funeste avenir ; mais j'aimerais mieux mourir que de vous en donner le conseil. Qu'ils s'éloignent et qu'ils vivent. »

Denis Diderot, *Supplément au voyage de Bougainville*

2 Le subjonctif et l'impératif

Quelle est la valeur des modes subjonctif et impératif dans le texte suivant ?

Prière à Dieu

« Puissent tous les hommes se souvenir qu'ils sont frères ! Qu'ils aient en horreur la tyrannie exercée sur les âmes, comme ils ont en exécration le brigandage qui ravit par la force le fruit du travail et de l'industrie paisible ! Si les fléaux de la guerre sont inévitables, ne nous haïssons pas, ne nous déchirons pas les uns les autres dans le sein de la paix, et employons l'instant de notre existence à bénir également en mille langages divers, depuis Siam jusqu'à la Californie, ta bonté qui nous a donné cet instant. »

Voltaire, *Traité sur la tolérance*

3 L'infinitif et le participe passé

Étudiez les valeurs d'emploi de l'infinitif et du participe passé dans les extraits suivants. (Vous serez attentifs au genre du texte).

Texte 1

Soutenir la piété jusqu'à la superstition, c'est la détruire. (Pensée 181)
Deux excès : exclure la raison, n'admettre que la raison. (Pensée 183)

Blaise Pascal, *Pensées*

Texte 2

Se libérer de tout souci d'art et de forme. Retrouver le contact direct, sans intermédiaire, donc l'innocence. Oublier l'art ici, c'est s'oublier. Renoncer à soi non par la vertu. Au contraire, accepter son enfer. […]
Retrouver la grandeur des Grecs ou des grands Russes par cette innocence au 2e degré. Ne pas craindre. Ne rien craindre... Mais qui me viendra en aide !

Albert Camus, *Le premier homme (Notes préparatoires)*, Éd. Gallimard, 1994

Texte 3

Télégraphique

BUS BONDÉ STOP JNHOMME LONG COU CHAPEAU CERCLE TRESSÉ APOSTROPHE VOYAGEUR INCONNU STOP QUESTION DOIGTS PIEDS FROISSÉS STOP

Raymond Queneau, *Exercices de style*, Éd. Gallimard, 1947

Texte 4

Prélude à la Diane française

Pendant la seconde guerre mondiale, Aragon appelle ses contemporains à la conscience et à la révolte.

L'homme où est l'homme l'homme L'homme
Floué roué troué meurtri
Avec le mépris pour patrie
Marqué comme un bétail et comme
Un bétail à la boucherie […]

La rose de feu des martyrs
Et la grande pitié des camps
Le pire les meilleurs traquant
Ne rien sentir et consentir
Jusqu'à quand Français jusqu'à quand […]

Louis Aragon, *La Diane française*, © Louis Aragon, 1946

Exercices

4 Le conditionnel

Repérez les conditionnels et étudiez leur valeur.

Après l'échec d'une grève de mineurs, le héros de Germinal, Étienne Lantier, s'interroge sur l'avenir du mouvement ouvrier.

Darwin avait-il donc raison, le monde ne serait-il qu'une bataille, les forts mangeant les faibles, pour la beauté et la continuité de l'espèce ? Cette question le troublait, bien qu'il tranchât en homme content de sa science. [...] S'il fallait qu'une classe fût mangée, n'était-ce pas le peuple, vivace, neuf encore, qui mangerait la bourgeoisie épuisée de jouissance ? Du sang nouveau ferait la société nouvelle. Et, dans cette attente d'un envahissement des barbares, régénérant les vieilles nations caduques, reparaissait sa foi absolue en une révolution prochaine, la vraie, celle des travailleurs, dont l'incendie embraserait la fin du siècle de cette pourpre du soleil levant, qu'il regardait saigner au ciel.

ZOLA, *Germinal,* Partie VII, Chapitre 6

5 Le conditionnel et l'imparfait de l'indicatif

Justifiez l'emploi du conditionnel et de l'imparfait de l'indicatif.

Emma Bovary imagine un voyage avec son amant.

Au galop de quatre chevaux, elle était emportée depuis huit jours vers un pays nouveau, d'où ils ne reviendraient plus. Ils allaient, ils allaient, les bras enlacés, sans parler. [...] Et puis ils arrivaient un soir, dans un village de pêcheurs, où des filets bruns séchaient au vent, le long de la falaise et des cabanes. C'est là qu'ils s'arrêtaient pour vivre : ils habiteraient une maison basse à toit plat, ombragée d'un palmier, au fond d'un golfe, au bord de la mer. Ils se promèneraient en gondole, ils se balanceraient en hamac ; et leur existence serait facile et large comme leurs vêtements de soie, toute chaude et étoilée comme les nuits douces qu'ils contempleraient.

FLAUBERT, *Madame Bovary,* Partie II, Chapitre 12

2 L'emploi des temps

6 Formes simples et composées. Passé simple et imparfait

a. Étudiez l'opposition des formes simples et des formes composées du verbe.
b. Justifiez l'alternance du passé simple et de l'imparfait. Quel effet résulte de ce jeu des temps ?

Souvenir

J'étais le seul garçon dans cette ronde, où j'avais amené ma compagne toute jeune encore, Sylvie, une petite fille du hameau voisin, si vive, si fraîche, avec ses yeux noirs, son profil régulier et sa peau légèrement hâlée !... Je n'aimais qu'elle, je ne voyais qu'elle. - Jusque-là ! À peine avais-je remarqué, dans la ronde où nous dansions, une blonde, grande et belle, qu'on appelait Adrienne. Tout d'un coup, suivant les règles de la danse, Adrienne se trouva placée seule avec moi au milieu du cercle. Nos tailles étaient pareilles. On nous dit de nous embrasser, et la danse et le chœur tournaient plus vivement que jamais. En lui donnant ce baiser, je ne pus m'empêcher de lui presser la main. Les longs anneaux roulés de ses cheveux d'or effleuraient mes joues. De ce moment, un trouble inconnu s'empara de moi.

GÉRARD DE NERVAL, *Sylvie*

7 Présent et imparfait

a. Repérez les verbes au présent de l'indicatif et étudiez leur valeur.
b. Quel rôle jouent les imparfaits ?

La rencontre de Nadja

Le 4 octobre dernier, à la fin d'un de ces après-midi tout à fait désœuvrés et très mornes, comme j'ai le secret d'en passer, je me trouvais rue Lafayette [...]. Les bureaux, les ateliers commençaient à se vider, du haut en bas des maisons des portes se fermaient, des gens sur le trottoir se serraient la main, il commençait tout de même à y avoir plus de monde. J'observais sans le vouloir des visages, des comportements, des allures [...]. Tout à coup, alors qu'elle est peut-être à dix pas de moi, venant en sens inverse, je vois une jeune femme, très pauvrement vêtue, qui, elle aussi, me voit ou m'a vu. Elle va la tête haute contrairement à tous les autres passants. Si frêle qu'elle se pose à peine en marchant.

ANDRÉ BRETON, *Nadja*, Éd. Gallimard, 1928.

8 Les temps du récit

Quels sont les temps employés dans ces deux récits, qui appartiennent au même chapitre de l'*Histoire de la Révolution française* de Michelet ? Justifiez les choix de l'écrivain.

La fête de la Fédération

Texte 1

***La préparation du champ de Mars*[1]**
Ce travail véritablement immense, qui d'une plaine fit une vallée entre deux collines, fut accompli, qui le croirait, en une semaine ! Commencé précisément le 7 juillet, il finit le 14.
La chose fut menée d'un grand cœur, comme une bataille sacrée. L'autorité espérait, par sa lenteur calculée, entraver, empêcher la fête de l'union ; elle devenait impossible. Mais la France voulut et cela fut fait.

Texte 2

***Le 14 juillet 1790*[1]**
Mais silence ! le Roi arrive, il est assis, et l'Assemblée, et la Reine dans une tribune qui plane sur tout le reste.
La Fayette et son cheval blanc arrivent jusqu'au pied du trône ; le commandant met pied à terre et prend les ordres du Roi. À l'autel, parmi deux cents prêtres portant ceintures tricolores, monte d'une allure équivoque, d'un pied boiteux, Talleyrand, évêque d'Autun.

MICHELET, *Histoire de la Révolution française*

1. Titres créés par les auteurs.

9 La chronologie des actions. Le présent de narration

a. Quels sont les différents temps employés dans ce texte ?
b. Placez sur un axe chronologique les différentes actions évoquées dans ce récit par rapport au moment où s'exprime Célio.
c. Isolez un passage au présent de narration et expliquez son emploi.

Célio s'entretient avec le narrateur qu'il a quitté la veille en mauvais termes.

Mais écoutez : en vous quittant cette nuit, j'étais de fort mauvaise humeur contre vous. J'aurais causé encore deux heures avec plaisir, et vous me disiez d'aller me reposer, ce qui voulait dire que vous aviez assez de moi. Résolu à causer jusqu'au grand jour, n'importe avec qui, j'allai droit chez le vieux Boccaferri. Je sais qu'il ne dort jamais de manière, même quand il a bu, à ne pas s'éveiller tout d'un coup le plus honnêtement du monde et parfaitement lucide. Je vois de la lumière à sa fenêtre, je frappe, je le trouve debout causant avec sa fille. Ils accourent à moi, m'embrassent et me montrent une lettre qui était arrivée chez eux pendant la soirée et qu'ils venaient d'ouvrir en rentrant. Ce que contenait cette lettre, je ne puis vous le dire, vous le saurez plus tard ; c'est un secret important pour eux, et j'ai donné ma parole de n'en parler à qui que ce soit. Je les ai aidés à faire leurs paquets ; je me suis chargé d'arranger ici leurs affaires avec le théâtre ; j'ai causé des miennes avec Cécilia, pendant que le vieux allait chercher une voiture. Bref, il y a une heure que je les y ai vus monter et sortir de la ville.

GEORGE SAND, *Le Château des Désertes*

10 Les valeurs du présent

Étudiez les valeurs du présent ici. Comment Beckett suggère-t-il la fatalité d'un temps immobile ?

Hamm, aveugle et paralytique, vit reclus avec Clov qui lui tient lieu de domestique.

HAMM. — Prépare-moi, je vais me coucher.

CLOV. — Je viens de te lever.

HAMM. — Et après ?

CLOV. — Je ne peux pas te lever et te coucher toutes les cinq minutes, j'ai à faire.

(Un temps.)

HAMM. — Tu n'as jamais vu mes yeux ?

CLOV. — Non.

HAMM. — Tu n'as jamais eu la curiosité, pendant que je dormais, d'enlever mes lunettes et de regarder mes yeux ?

CLOV. — En soulevant les paupières ?
(Un temps.) Non.

HAMM. — Un jour je te les montrerai. *(Un temps.)* Il paraît qu'ils sont tout blancs. *(Un temps.)*
Quelle heure est-il ?

Exercices

CLOV. — La même que d'habitude.
HAMM. — Tu as regardé ?
CLOV. — Oui.
HAMM. — Et alors ?
CLOV. — Zéro.
HAMM. — Il faudrait qu'il pleuve.
CLOV. — Il ne pleuvra pas. [...]
HAMM. — Tu n'en as pas assez ?
CLOV. — Si ! *(Un temps.)* De quoi ?
HAMM. — De ce... de cette... chose.
CLOV. — Mais depuis toujours. *(Un temps.)* Toi non ?
HAMM, *morne*. — Alors il n'y a pas de raison pour que ça change.
CLOV. — Ça peut finir. *(Un temps.)* Toute la vie les mêmes questions, les mêmes réponses.

SAMUEL BECKETT, *Fin de partie*, Éd. de Minuit, 1957.

11 L'imparfait et le passé simple

Étudiez l'opposition de l'imparfait et du passé simple dans ce texte. Quelles étapes de l'action permettent-ils de distinguer ?

Jean Valjean, un ancien forçat, recueilli par l'évêque de Digne, se relève la nuit et se rend dans sa chambre pour le voler.

Son œil ne se détachait pas du vieillard. La seule chose qui se dégageât clairement de son attitude et de sa physionomie, c'était une étrange indécision. On eût dit qu'il hésitait entre les deux abîmes, celui où l'on se perd et celui où l'on se sauve. Il semblait prêt à briser ce crâne ou à baiser cette main.

Au bout de quelques instants, son bras gauche se leva lentement vers son front, et il ôta sa casquette, puis son bras retomba avec la même lenteur, et Jean Valjean rentra dans sa contemplation, sa casquette dans la main gauche, sa massue dans la main droite, ses cheveux hérissés sur sa tête farouche.

L'évêque continuait de dormir dans une paix profonde sous ce regard effrayant.

Un reflet de lune faisait confusément visible au-dessus de la cheminée le crucifix qui semblait leur ouvrir les bras à tous les deux, avec une bénédiction pour l'un et un pardon pour l'autre.

Tout à coup Jean Valjean remit sa casquette sur son front, puis marcha rapidement, le long du lit, sans regarder l'évêque, droit au placard qu'il entrevoyait près du chevet ; il leva le chandelier de fer comme pour forcer la serrure ; la clef y était ; il l'ouvrit ; la première chose qui lui apparut fut le panier d'argenterie ; il le prit, traversa la chambre à grands pas sans précaution et sans s'occuper du bruit, gagna la porte, rentra dans l'oratoire, ouvrit la fenêtre, saisit son bâton, enjamba l'appui du rez-de-chaussée, mit l'argenterie dans son sac, jeta le panier, franchit le jardin, sauta par-dessus le mur comme un tigre, et s'enfuit.

VICTOR HUGO, *Les Misérables*, Première partie, Ch.15.

12 Le temps raconté, le temps de l'écriture et le temps de la lecture

a. Étudiez la composition de ce texte
b. Quelles remarques pouvez-vous faire sur l'emploi du présent ?
c. Analysez le mélange du temps raconté, du temps de l'écriture et du temps de la lecture.

Chateaubriand dresse pour son lecteur un bilan de sa vie et de son œuvre.

Une idée me revient et me trouble : ma conscience n'est pas rassurée sur l'innocence de mes veilles ; je crains mon aveuglement et la complaisance de l'homme pour ses fautes. Ce que j'écris est-il bien selon la justice ? La morale et la charité sont-elles rigoureusement observées ? Ai-je eu le droit de parler des autres ? [...]
Vous m'avez vu naître ; vous avez vu mon enfance, l'idolâtrie de ma singulière création dans le château de Combourg, ma présentation à Versailles, mon assistance au premier spectacle de la Révolution. Dans le nouveau monde je rencontre Washington ; je m'enfonce dans les bois ; le naufrage me ramène sur les côtes de ma Bretagne. Arrivent mes souffrances comme soldat, ma misère comme émigré. Rentré en France, je deviens l'auteur du *Génie du Christianisme*. Dans une société changée, je compte et je perds des amis. Bonaparte m'arrête et se jette, avec le corps sanglant du duc d'Enghien, devant mes pas ; je l'arrête à mon tour, et je conduis le grand homme de son berceau, en Corse, à sa tombe, à Sainte-Hélène, je participe à la Restauration et je la vois finir. Ainsi la vie publique et privée m'a été connue.

FRANÇOIS-RENÉ DE CHATEAUBRIAND, *Mémoires d'outre-tombe*

Exercices

13 Une réflexion sur le temps

Montrez à travers quels changements des temps verbaux sont suggérés : a. le passage de l'instant d'une réminiscence au récit d'un passé lointain ; b. le glissement de ces souvenirs à une réflexion plus générale sur le temps.

En mangeant des madeleines, le narrateur éprouve soudain un plaisir délicieux dont il parvient, après beaucoup d'efforts, à percer le mystère.

Et tout d'un coup le souvenir m'est apparu. Ce goût, c'était celui du petit morceau de madeleine que le dimanche matin à Combray (parce que ce jour-là je ne sortais pas avant l'heure de la messe), quand j'allais lui dire bonjour dans sa chambre, ma tante Léonie m'offrait après l'avoir trempé dans son infusion de thé ou de tilleul. La vue de la petite madeleine ne m'avait rien rappelé avant que je n'y eusse goûté ; peut-être parce que, en ayant souvent aperçu depuis, sans en manger, sur les tablettes des pâtissiers, leur image avait quitté ces jours de Combray pour se lier à d'autres plus récents ; peut-être parce que, de ces souvenirs abandonnés si longtemps hors de la mémoire, rien ne survivait ; tout s'était désagrégé ; les formes – et celle aussi du petit coquillage de pâtisserie, si grassement sensuel sous son plissage sévère et dévot – s'étaient abolies, ou, ensommeillées, avaient perdu la force d'expansion qui leur eût permis de rejoindre la conscience. Mais, quand d'un passé ancien rien ne subsiste, après la mort des êtres, après la destruction des choses, seules, plus frêles mais plus vivaces, plus immatérielles, plus persistantes, plus fidèles, l'odeur et la saveur restent encore longtemps, comme des âmes, à se rappeler, à attendre, à espérer, sur la ruine de tout le reste, à porter sans fléchir, sur leur gouttelette presque impalpable, l'édifice immense du souvenir.

MARCEL PROUST, *Du côté de chez Swann*

Bilan

1. Distinguez les temps employés dans le récit, et ceux utilisés dans le discours du pigeon. Montrez que les temps, dans ce discours, s'organisent autour du présent de l'énonciation.
2. Indiquez la valeur du présent dans le vers : *L'absence est le plus grand des maux.*
3. Étudiez les différentes valeurs de l'imparfait dans le discours du pigeon.
4. Quels autres indices temporels sont présents dans le texte ? Quelle est leur valeur ?
5. Justifiez l'emploi des modes.

Les deux pigeons

Deux Pigeons s'aimaient d'amour tendre.
L'un d'eux s'ennuyant au logis
Fut assez fou pour entreprendre
Un voyage en lointain pays.
L'autre lui dit : Qu'allez-vous faire ?
Voulez-vous quitter votre frère ?
L'absence est le plus grand des maux :
Non pas pour vous, cruel. Au moins, que les travaux,
Les dangers, les soins du voyage,
Changent un peu votre courage.
Encore si la saison s'avançait davantage !
Attendez les zéphyrs. Qui vous presse ? Un corbeau
Tout à l'heure annonçait malheur à quelque oiseau.
Je ne songerai plus que rencontre funeste,
Que faucons, que réseaux. Hélas, dirai-je, il pleut :
Mon frère a-t-il tout ce qu'il veut,
Bon soupé, bon gîte, et le reste ?
Ce discours ébranla le cœur
De notre imprudent voyageur ;
Mais le désir de voir et l'humeur inquiète
L'emportèrent enfin.

LA FONTAINE, *Fables*, IX, 2

Lecture et analyse

La mort de la Brinvilliers

Madame de Sévigné écrit à sa fille pour lui relater l'exécution de la marquise de Brinvilliers accusée d'une série d'empoisonnements.

À Paris, ce vendredi 17e juillet 1676

Enfin c'en est fait, la Brinvilliers est en l'air. Son pauvre petit corps a été jeté, après l'exécution, dans un fort grand feu, et les cendres au vent, de sorte que nous la respirerons, et par la communication des petits esprits[1], il nous prendra quelque humeur empoisonnante dont nous serons tous étonnés. Elle fut jugée dès hier. Ce matin, on lui a lu son arrêt, qui était de faire amende honorable à Notre-Dame et d'avoir la tête coupée, son corps brûlé, les cendres au vent. On l'a présentée à la question[2], elle a dit qu'il n'en était pas besoin, et qu'elle dirait tout. En effet, jusqu'à cinq heures du soir elle a conté sa vie, encore plus épouvantable qu'on ne le pensait. Elle a empoisonné dix fois de suite son père (elle ne pouvait en venir à bout), ses frères et plusieurs autres. Et toujours l'amour et les confidences mêlés partout. Elle n'a rien dit contre Pennautier[3]. Après cette confession, on n'a pas laissé de lui donner la question dès le matin, ordinaire et extraordinaire ; elle n'en a pas dit davantage. Elle a demandé à parler à Monsieur le Procureur général ; elle a été une heure avec lui. On ne sait point encore le sujet de la conversation. À six heures on l'a menée, nue en chemise et la corde au cou, à Notre-Dame faire l'amende honorable. Et puis on l'a remise dans le même tombereau, où je l'ai vue, jetée à reculons sur de la paille, avec une cornette basse et sa chemise, un docteur[4] auprès d'elle, le bourreau de l'autre côté. En vérité, cela m'a fait frémir. Ceux qui ont vu l'exécution disent qu'elle a monté sur l'échafaud avec bien du courage. Pour moi, j'étais sur le pont Notre-Dame avec la bonne d'Escars ; jamais il ne s'est vu tant de monde, ni Paris si ému ni si attentif. Et demandez-moi ce qu'on a vu, car pour moi je n'ai vu qu'une cornette, mais enfin ce jour était consacré à cette tragédie. J'en saurai demain davantage, et cela vous reviendra.

MADAME DE SÉVIGNÉ, *Lettres*, 444

1. Allusion aux esprits animaux animant les corps d'après Descartes. 2. La torture. 3. Personnage impliqué dans l'affaire des poisons. 4. Un docteur en théologie.

Un témoignage subjectif

▶ **Une lettre.** Ce texte présente les caractères de l'énonciation propres à une lettre : le moment et le lieu de l'écriture sont précisés par l'en-tête (*À Paris, ce vendredi...*) ; les marques de la **première personne** du singulier (*je, moi*) renvoient à Madame de Sévigné à la fois comme narrateur et comme témoin des événements qu'elle rapporte ; les marques de la **deuxième personne** s'adressent à sa destinatrice (*cela vous reviendra*).

▶ **Un récit qui garde des traces de son énonciation : un témoignage.** Dans le récit de la mort de la Brinvilliers, s'opposent le **Elle** de la condamnée et le **on** anonyme de la justice (*On l'a présentée à la question*) et de la foule (*demandez-moi ce qu'on a vu*).
Par un **nous**, Madame de Sévigné confirme sa participation aux faits qu'elle raconte (*il nous prendra quelque humeur empoisonnante*).
Dans son récit apparaissent en effet de nombreux indices de sa présence et de ses sentiments : des **indications temporelles** (*ce matin, à six heures*) et **spatiales** (*j'étais sur le pont Notre-Dame*), des signes de pitié (*son pauvre petit corps*), d'étonnement (*Paris si ému*), d'horreur (*sa vie encore plus épouvantable*) et d'admiration (*avec bien du courage*) perceptibles à travers les **adjectifs et les adverbes**.

▶ **Les discours rapportés.** Tout en reconnaissant les limites de son témoignage (*je n'ai vu qu'une cornette*), l'écrivain l'enrichit par des discours rapportés au **style indirect** (*elle a dit qu'il n'en était pas besoin et qu'elle dirait tout*).
L'énonciation dans cette lettre donne à la relation des événements un tour personnel et vivant.

Leçon

1 Les marques de l'énonciation

La situation d'énonciation

▶ Tout énoncé prend son sens dans une situation de communication précise : la situation d'énonciation, dans laquelle un **locuteur** (ou émetteur du message) s'adresse à un **destinataire** (ou récepteur).

▶ Parfois l'énoncé garde les marques de cette situation. C'est le cas dans une lettre (➤ Texte p. 94). C'est le cas, plus généralement, des discours.

▶ Parfois, les marques de l'énonciation sont au contraire effacées (dans les récits à la 3e personne par exemple) ; le locuteur veut alors adopter une position de neutralité par rapport à l'énoncé.

▶ La **référence à la situation d'énonciation** se marque dans un énoncé par :
– les **indices de la personne** (du locuteur ou émetteur du message et du destinataire ou récepteur) ;
– les **indices de l'espace et du temps** (spatio-temporels) qui renvoient au moment et au lieu où se place la situation d'énonciation ;
– les **indices des sentiments et du jugement** de celui ou celle qui s'exprime.

Les indices personnels

▶ Les **pronoms personnels** *je (me, moi)* et *tu (te, toi)* de la **1re** et de la **2e personnes** du singulier, ainsi que *nous* et *vous* (1re et 2e personnes du pluriel) sont les **pronoms de la présence.**

▶ Les **pronoms** *il, elle (le, la, lui, ils, elles, les, eux, leur)* de la **troisième personne** (du singulier et du pluriel) sont parfois appelés **pronoms de l'absence** (puisqu'ils désignent des personnes absentes de la situation d'énonciation). Ils sont une marque des « récits à la troisième personne ». Ils ne font pas référence à la situation d'énonciation.

▶ Le **pronom** *on* peut avoir :
– une valeur d'indéfini ;

   On frappa à la porte (= quelqu'un).

– une valeur élargie (= tout le monde, par exemple dans les maximes, sentences et proverbes),

   On a toujours besoin d'un plus petit que soi (= tout le monde).

*Lire et comprendre **un texte***

Leçon

– une valeur de substitut (de *je*, *vous*, *nous* ou *ils*).

On arrive tout de suite (= nous arrivons).
On se tait (= taisez-vous).

▶ D'autres marques de la personne, comme les **adjectifs et pronoms possessifs** *(mon, le mien,* etc.*)* contribuent à définir la situation d'énonciation.

Les indices spatio-temporels

▶ Les indices spatio-temporels de l'énonciation ne prennent sens que par rapport à cette situation.

▶ Ce sont les **temps des verbes**, qui s'organisent dans le discours autour du présent de l'énonciation (➤ Chapitre 4).

▶ Ce sont également les **adverbes** et autres **compléments de lieu et de temps** *(ici, maintenant…)*, certains **adjectifs** *(actuel, ancien, prochain…)*, les **démonstratifs** *(ce matin, à cet endroit, celui-ci…)*.

Ici et *maintenant* ne peuvent se comprendre que par rapport à l'endroit et au moment où l'on parle.

➤ Exercices 1 à 5

Les marques des sentiments et du jugement du locuteur

▶ Le locuteur peut exprimer par des « **modalisateurs** » le degré de certitude ou d'incertitude, de vérité ou de fausseté qu'il accorde à l'énoncé. On étudiera :
– les **adverbes modalisateurs** *(certainement, absolument, vraisemblablement, peut-être, sans doute…)* ;
– les **verbes modalisateurs** *(être sûr, croire, s'imaginer, douter, ignorer…).*

▶ Le locuteur peut suggérer par des **termes affectifs** ou **évaluatifs** son impression ou son jugement. On recherchera les adjectifs affectifs *(son pauvre petit corps)* ou évaluatifs *(bon/mauvais, beau/laid…)*, les noms ou les verbes présentant une nuance **péjorative** ou **méliorative** (➤ Chapitre 7).

➤ Exercices 5 à 7

La présence et l'absence des marques de l'énonciation

▶ La présence des marques de l'énonciation permet de distinguer le discours du récit (➤ Chapitre 4). **Dans le discours**, en général, faits et opinions sont commentés par celui qui s'exprime. **Dans le récit** au contraire, le locuteur a tendance à s'effacer, laissant une certaine autonomie aux faits, qui sont racontés sans référence à la situation d'énonciation.

▶ Certaines marques de l'énonciation sont discrètes (presque invisibles) : dans un article de journal où n'apparaissent pas les indices de la personne du locuteur, on peut considérer le choix et la hiérarchie des informations, leur présentation typographique (taille des caractères d'un titre) comme des marques discrètes de l'énonciation (et de sa subjectivité).

▶ Dans certains énoncés, la subjectivité du locuteur est clairement affichée à travers les marques de l'énonciation.

La Lettre de Madame de Sévigné, p. 94

▶ Elle disparaît dans d'autres énoncés : textes scientifiques, proverbes, maximes et sentences.

Patience et longueur de temps
Font plus que force ni que rage.

Dans cette maxime, La Fontaine élimine toute marque de la situation d'énonciation pour donner une valeur absolue à son jugement.

➤ Exercices 2, 7

2 *Les discours* **rapportés**

Il existe trois manières de rapporter, dans un énoncé, des paroles, des écrits ou des pensées émis dans une autre situation d'énonciation.

Le style direct

Le style direct rapporte, généralement entre guillemets, **le discours tel qu'il a été prononcé ou conçu**, afin d'en conserver la vivacité et l'authenticité.

Il m'a dit : « Je viens demain. Personne ne pourra m'en empêcher ».

Le style indirect

Le style indirect rapporte le discours **sous la forme d'une proposition subordonnée,** introduite le plus souvent par un verbe de parole ou de pensée, ce qui permet de reformuler, de résumer, voire même de transformer les propos rapportés.

Il m'a dit qu'il viendrait le lendemain.

Le style indirect libre

▶ Les marques de la subordination sont absentes, mais on retrouve les marques de la personne, du temps (verbes et adverbes) caractéristiques du style indirect. On peut également observer certaines

Leçon

marques du langage parlé comme les tours exclamatifs ou interrogatifs.

Ses propos avaient été clairs. Il viendrait le lendemain et personne ne pourrait l'en empêcher !

▶ Le discours indirect libre marque une rupture moins nette que le discours direct par rapport au récit. Le narrateur a ainsi la possibilité de mêler sa « voix » à celle d'un personnage, au point qu'il est parfois difficile de déterminer « qui parle ». Le récit y gagne en légèreté, puisque la parole (ou la pensée) est subtilement intégrée à la relation des faits.

Avant qu'elle se mariât, elle avait cru avoir de l'amour, mais le bonheur qui aurait dû résulter de cet amour n'étant pas venu il fallait qu'elle se fût trompée, songeait-elle. FLAUBERT

➣ EXERCICES 8 À 11

☛ L'essentiel ☚

▶ Étudier l'énonciation dans un texte, c'est repérer et analyser les signes de la présence du locuteur dans l'énoncé. On s'intéressera aussi au destinataire de l'énoncé (celui ou celle à qui l'énoncé s'adresse). **Les marques de l'énonciation** (les indices personnels et spatio-temporels, les termes modalisateurs et évaluatifs) suggèrent donc la **subjectivité d'un discours**.

▶ Dans certains énoncés (proverbes, maximes, récits à la troisième personne), les marques de l'énonciation sont **discrètes ou absentes**. Il s'agit alors de dissimuler ou d'effacer les traces de la subjectivité pour donner au propos **davantage d'autonomie ou de généralité**.

▶ Un locuteur peut rapporter au **style direct, indirect ou indirect libre** des discours prononcés par d'autres afin d'illustrer, étayer ou réfuter une opinion (dans un texte argumentatif). Un romancier utilisera également les discours rapportés pour faire connaître les paroles ou les pensées de ses personnages.

Exercices

1. Les marques de l'énonciation

1 La situation d'énonciation

a. Définissez la situation d'énonciation dans chacun des textes suivants : recherchez les marques de l'énonciation, indiquez si le locuteur est explicitement présent ou non.
b. Dans le premier texte quels mots ou expressions désignent le destinataire du message ?

Texte 1

Épigraphe pour un livre condamné

Lecteur paisible et bucolique,
Sobre et naïf homme de bien,
Jette ce livre saturnien,
Orgiaque et mélancolique.

Si tu n'as fait ta rhétorique
Chez Satan, le rusé doyen,
Jette ! tu n'y comprendrais rien,
Ou tu me croirais hystérique.

Mais si, sans se laisser charmer,
Ton œil sait plonger dans les gouffres,
Lis-moi, pour apprendre à m'aimer ;

Âme curieuse qui souffres
Et vas cherchant ton paradis,
Plains-moi !... Sinon, je te maudis !

CHARLES BAUDELAIRE, *Les Fleurs du Mal*

Texte 2

L'automne de l'année 1803 fut un des plus beaux de la première période de ce siècle que nous nommons l'Empire. En Octobre, quelques pluies avaient rafraîchi les prés, les arbres étaient encore verts et feuillés au milieu du mois de novembre. [...] Un homme vêtu d'une veste de chasse en coutil vert, à boutons verts et d'une culotte de même étoffe, chaussé de souliers à semelles minces, et qui avait des guêtres de coutil montant jusqu'au genou, nettoyait une carabine avec le soin que mettent à cette occupation les chasseurs adroits, dans leurs moments de loisir.

BALZAC, *Une ténébreuse affaire*, Première Partie, Chapitre 1

2. Les indices personnels : « je » et « tu »

Vous analyserez l'emploi des pronoms de la première et de la deuxième personnes. Quelles significations peut-on dégager de leur alternance, leur disposition, leur présence ou leur absence ?

« Demain, dès l'aube... »

Demain, dès l'aube, à l'heure où blanchit la [campagne,
Je partirai. Vois-tu, je sais que tu m'attends.
J'irai par la forêt, j'irai par la montagne.
Je ne puis demeurer loin de toi plus longtemps.

Je marcherai les yeux fixés sur mes pensées,
Sans rien voir au-dehors, sans entendre aucun [bruit,
Seul, inconnu, le dos courbé, les mains croisées,
Triste, et le jour pour moi sera comme la nuit.

Je ne regarderai ni l'or du soir qui tombe,
Ni les voiles au loin descendant vers Harfleur,
Et quand j'arriverai, je mettrai sur ta tombe
Un bouquet de houx vert et de bruyère en fleur.

VICTOR HUGO, *Les Contemplations*, « Aujourd'hui »

3. Le pronom « on »

Analysez la valeur du pronom « on ».
a. Que représente-t-il ?
b. Pourquoi l'emploie-t-on ?

Texte 1

L'on est petit à la cour, et quelque vanité que l'on ait, l'on s'y trouve tel ; mais le mal est commun, et les grands même y sont petits.

LA BRUYÈRE, *Les Caractères*, « De la cour »

Texte 2

CÉLIMÈNE (*à Alceste*)

Allez, vous êtes fou dans vos transports jaloux,
Et ne méritez pas l'amour qu'on a pour vous.

MOLIÈRE, *Le Misanthrope*, IV, 3

Texte 3

LISETTE. — On dit que votre futur est un des plus honnêtes hommes du monde ; qu'il est bien fait, aimable, de bonne mine ; qu'on ne peut avoir plus d'esprit ; qu'on ne saurait être d'un meilleur caractère ; que voulez-vous de plus ? Peut-on se figurer de mariage plus doux, d'union plus délicieuse ? [...] Pardi ! tout en sera bon dans cet homme-là ; l'utile et l'agréable, tout s'y trouve.

SILVIA. — Oui, dans le portrait que tu en fais, et on dit qu'il y ressemble, mais c'est un « on dit », et je pourrais bien n'être pas de ce sentiment-là, moi.

MARIVAUX, *Le Jeu de l'amour et du hasard*, I, 1

4 Le jeu des pronoms

a. Étudiez l'emploi des pronoms de la présence *(je, vous)* et de l'absence *(ils, le)* dans ce texte. À quel jeu se livre Sganarelle ?
b. Quelle est la valeur du pronom *on* dans *on n'ose vous dire vos vérités* ?

DON JUAN. — Holà ! maître sot, vous savez que je vous ai dit que je n'aime pas les faiseurs de remontrances.

SGANARELLE. — Je ne parle pas aussi à vous, Dieu m'en garde ! Vous savez ce que vous faites, vous, et, si vous ne croyez rien, vous avez vos raisons, mais il y a de certains petits impertinents dans le monde qui sont libertins sans savoir pourquoi, qui font les esprits forts, parce qu'ils croient que cela leur sied bien ; et, si j'avais un maître comme cela, je lui dirais fort nettement, le regardant en face : « Osez-vous bien ainsi vous jouer au Ciel, et ne tremblez-vous point de vous moquer comme vous faites des choses les plus saintes ? C'est bien à vous, petit ver de terre, petit mirmidon[1] que vous êtes (je parle au maître que j'ai dit), c'est bien à vous à vouloir vous mêler de tourner en raillerie ce que tous les hommes révèrent. Pensez-vous que, pour être de qualité, pour avoir une perruque blonde et bien frisée, des plumes à votre chapeau, un habit bien doré, et des rubans couleur de feu (ce n'est pas à vous que je parle, c'est à l'autre), pensez-vous, dis-je, que vous en soyez plus habile homme, que tout vous soit permis, et qu'on n'ose vous dire vos vérités ? Apprenez de moi, qui suis votre valet, que le Ciel punit tôt ou tard les impies, qu'une méchante vie amène une méchante mort, et que...

DON JUAN. – Paix !

Molière, *Dom Juan*, I, 2

1. Nain, petit homme insignifiant.

5 Autobiographie et énonciation

a. Repérez les marques de l'énonciation dans ces extraits d'œuvres autobiographiques.
b. Étudiez l'emploi des pronoms personnels, des termes modalisateurs et évaluatifs. Dans le texte 1, quelle distinction peut-on faire entre le *je* et le *moi* ? Dans le second texte, à qui renvoient les pronoms *je* et *tu* ? À votre avis, pourquoi Aragon les juxtapose-t-il dans le dernier paragraphe ?

Texte 1

Je forme une entreprise qui n'eut jamais d'exemple et dont l'exécution n'aura point d'imitateur. Je veux montrer à mes semblables un homme dans toute la vérité de la nature ; et cet homme ce sera moi.

Moi seul. Je sens mon cœur et je connais les hommes. Je ne suis fait comme aucun de ceux que j'ai vus ; j'ose croire n'être fait comme aucun de ceux qui existent. Si je ne vaux pas mieux, au moins je suis autre. Si la nature a bien ou mal fait de briser le moule dans lequel elle m'a jeté, c'est ce dont on ne peut juger qu'après m'avoir lu.

JEAN-JACQUES ROUSSEAU, *Les Confessions*

Texte 2

Le récit se présente d'abord comme le journal écrit par un enfant. Mais le narrateur intervient pour s'expliquer et se moquer des mensonges du romancier.

Pauvre gosse dans le miroir. Tu ne me ressembles plus, pourtant tu me ressembles. C'est moi qui parle. Tu n'as plus ta voix d'enfant. Tu n'es plus qu'un souvenir d'homme, plus tard. Si c'était ton journal, il y aurait le prix de ta toupie, le sujet de composition française, les visites dans le salon Louis XVI et la petite boîte de dominos nains que tu y as chipée hier soir dans la vitrine de Vernis-Martin. Je me répète. Cinquante-cinq ans plus tard. Ça déforme les mots. Et quand je crois me regarder, je m'imagine. C'est plus fort que moi, je m'ordonne. Je rapproche des faits qui furent, mais séparés. Je crois me souvenir, je m'invente. Je n'invente pas cette histoire de Grand'mère, mais quand était-ce ? Ces bouts de mémoire, ça ne fait pas une photographie, mal cousus ensemble, mais un carnaval.

D'ailleurs, je ne m'appelais pas Pierre, c'était l'Abbé Pangaud (et non Prangaud) qui m'appelait Pierre, et pas Jacques. Tout cela c'est comme

Exercices

battre les cartes. Au bout du compte, le tricheur a gardé en dessous l'as de cœur, et celui qu'on appelle un romancier, constamment, fait sauter la coupe. Quel progrès y a-t-il à appeler École Notre-Dame l'École Saint-Louis ? Ah, c'est plus fort que moi, je joue avec M. l'Abbé à changer les patronymes ! Mais Guy s'appelait Guy, avant d'aller, à ce qu'on dit, dans un élevage d'Argentine, il faut croire que tu lui gardes trop de sentimentalité dans tes souvenirs pour lui changer son nom, à ce petit camelot du Roi.

Ce Guy-là aussi tu le cueilles dans un drôle d'arbre. Qui sait comment lui se voit maintenant, sa pèlerine... Et de toute façon, toi, je veux dire moi, tu je ne pensais pas Maman, à onze ans. Cela, c'est un mensonge concerté, de faire croire que tu jouais ainsi double jeu entre toi et les autres. Cela viendra plus tard. Pour l'instant tu superposes. Je... enfin, c'est posé, nous posons.

LOUIS ARAGON, *Le Mentir-vrai*, Éd. Gallimard, 1980

6 Modalisateurs et évaluatifs

a. Relevez les indices des sentiments et des jugements des auteurs dans ces deux récits de la prise de la Bastille.
b. Comparez le point de vue des deux écrivains.

Texte 1
Ce récit à la première personne rapporte un témoignage sur la prise de la Bastille.

Le 14 juillet, prise de la Bastille. J'assistai, comme spectateur, à cet assaut contre quelques invalides et un timide gouverneur : si l'on eût tenu les portes fermées, jamais le peuple ne fût entré dans la forteresse. Je vis tirer deux ou trois coups de canon, non par les invalides, mais par des gardes françaises, déjà montés sur les tours. De Launay[1], arraché de sa cachette, après avoir subi mille outrages, est assommé sur les marches de l'Hôtel de Ville ; le prévôt des marchands, Flesselles, a la tête cassée d'un coup de pistolet : c'est ce spectacle que des béats sans cœur trouvaient si beau. Au milieu de ces meurtres, on se livrait à des orgies, comme dans les troubles de Rome, sous Othon et Vitellius[2]. On promenait dans des fiacres *les vainqueurs de la Bastille*, ivrognes heureux, déclarés conquérants au cabaret, des prostituées et des *sans-culottes* commençaient à régner, et leur faisaient escorte. Les passants se découvraient, avec le respect de la peur, devant ces héros, dont quelques-uns moururent de fatigue au milieu de leur triomphe. Les clefs de la Bastille se multiplièrent, on en envoya à tous les niais d'importance dans les quatre parties du monde. Que de fois j'ai manqué ma fortune ! Si moi spectateur, je me fusse inscrit sur le registre des vainqueurs, j'aurais une pension aujourd'hui.

FRANÇOIS-RENÉ DE CHATEAUBRIAND, *Mémoires d'outre-tombe*

1. Le gouverneur de la Bastille. 2. Empereurs romains.

Texte 2
Ce récit est tiré d'une Histoire de la Révolution française.

Les vieillards qui ont eu le bonheur et le malheur de voir tout ce qui s'est fait dans ce demi-siècle unique, où les siècles semblent entassés, déclarent que tout ce qui suivit de grand, de national, sous la République et l'Empire, eut cependant un caractère partiel non unanime, que le seul 14 juillet fut le jour du peuple entier. Qu'il reste donc, ce grand jour, qu'il reste une des fêtes éternelles du genre humain, non seulement pour avoir été le premier de la délivrance, mais pour avoir été le plus haut dans la concorde !

Que se passa-t-il dans cette courte nuit, où personne ne dormit, pour qu'au matin tout dissentiment, toute incertitude disparaissant avec l'ombre, ils eussent les mêmes pensées ?

On sait ce qui se fit au Palais-Royal, à l'Hôtel de Ville ; mais ce qui se passa au foyer du peuple, c'est là ce qu'il faudrait savoir.

Là pourtant, on le devine assez par ce qui suivit, là chacun fit dans son cœur le jugement dernier du passé : chacun, avant de frapper, le condamna sans retour... L'histoire revint cette nuit-là, une longue histoire de souffrances, dans l'instinct vengeur du peuple. L'âme des pères qui, tant de siècles, souffrirent, moururent en silence, revint dans les fils et parla.

Hommes forts, hommes patients, jusque-là si pacifiques, qui deviez frapper en ce jour le grand coup de la Providence, la vue de vos familles, sans ressource autre que vous, n'amollit pas votre cœur. Loin de là, regardant une fois encore vos enfants endormis, ces enfants dont ce jour allait faire la destinée, votre pensée grandie embrassa les libres générations qui sortiraient de leur berceau, et sentit dans cette journée tout le combat de l'avenir !...

JULES MICHELET, *Histoire de la Révolution française*

Exercices

7 Des marques d'énonciation discrètes

a. À travers quels indices s'affirment les jugements du locuteur dans ces extraits ?
b. Comment chacun dissimule-t-il cependant les marques de sa personne ? Quel est l'effet recherché ?

Texte 1

L'on voit certains animaux farouches, des mâles et des femelles, répandus par la campagne, noirs, livides et tout brûlés du soleil, attachés à la terre qu'ils fouillent et qu'ils remuent avec une opiniâtreté invincible ; ils ont comme une voix articulée, et quand ils se lèvent sur leurs pieds, ils montrent une face humaine, et en effet ils sont des hommes. Ils se retirent la nuit dans des tanières, où ils vivent de pain noir, d'eau et de racines ; ils épargnent aux autres hommes la peine de semer, de labourer et de recueillir pour vivre, et méritent ainsi de ne pas manquer de ce pain qu'ils ont semé.

LA BRUYÈRE, « De l'homme », *Caractères*, 128

Texte 2

Justice, force

Il est juste que ce qui est juste soit suivi ; il est nécessaire que ce qui est le plus fort soit suivi.
La justice sans force est contredite, parce qu'il y a toujours des méchants. La force sans la justice est accusée. Il faut donc mettre ensemble la justice et la force, et pour cela faire que ce qui est juste soit fort ou que ce qui est fort soit juste.
La justice est sujette à dispute. La force est très reconnaissable et sans dispute. Aussi on n'a pu donner la force à la justice, parce que la force a contredit la justice et a dit qu'elle était injuste, et a dit que c'était elle qui était juste.
Et ainsi ne pouvant faire que ce qui est juste fût fort, on a fait que ce qui est fort fût juste.

BLAISE PASCAL, *Pensées*, 94

2 Les discours rapportés

8 Styles direct, indirect, indirect libre

Distinguez dans cet extrait les discours rapportés au style direct, au style indirect et au style indirect libre.

Mme Lefèvre et sa servante ont constaté dans leur jardin le vol d'une douzaine d'oignons.

Un fermier d'à côté leur offrit ce conseil : « Vous devriez avoir un chien ».
C'était vrai, cela ; elles devraient avoir un chien, quand ce ne serait que pour donner l'éveil. Pas un gros chien, Seigneur ! Que feraient-elles d'un gros chien ! Il les ruinerait en nourriture. Mais un petit chien (en Normandie, on prononce « quin »), un petit freluquet de quin qui jappe. [...]
L'épicier de Roleville en avait bien un, un tout petit ; mais il exigeait qu'on le lui payât deux francs, pour couvrir ses frais d'élevage. Mme Lefèvre déclara qu'elle voulait bien nourrir un « quin », mais qu'elle n'en achèterait pas.

GUY DE MAUPASSANT, *Contes de la bécasse*, « Pierrot »

9 Le discours indirect libre

Repérez les passages au style indirect libre. Pourquoi est-il parfois difficile de les reconnaître ? À qui peut-on attribuer les propos rapportés ? Pourquoi ce style a-t-il été préféré au style direct ?

Le héros du roman, Frédéric Moreau, vient d'apercevoir sur le pont d'un bateau une femme inconnue.

Comme elle gardait la même attitude, il fit plusieurs tours de droite et de gauche pour dissimuler sa manœuvre ; puis il se planta tout près de son ombrelle, posée contre le banc, et il affectait d'observer une chaloupe sur la rivière.
Jamais il n'avait vu cette splendeur de sa peau brune, la séduction de sa taille, ni cette finesse des doigts que la lumière traversait. Il considérait son panier à ouvrage avec ébahissement, comme une chose extraordinaire. Quels étaient son nom, sa demeure, sa vie, son passé ? Il souhaitait connaître les meubles de sa chambre, toutes les robes qu'elle avait portées, les gens qu'elle fréquentait ; et le désir de la possession physique même disparaissait

sous une envie plus profonde, dans une curiosité douloureuse qui n'avait pas de limites.

Une négresse, coiffée d'un foulard, se présenta, en tenant par la main une petite fille, déjà grande. L'enfant, dont les yeux roulaient des larmes, venait de s'éveiller. Elle la prit sur ses genoux. « Mademoiselle n'était pas sage, quoiqu'elle eût sept ans bientôt, sa mère ne l'aimerait plus ; on lui pardonnait trop ses caprices. » Et Frédéric se réjouissait d'entendre ces choses, comme s'il eût fait une découverte, une acquisition.

Il la supposait d'origine andalouse, créole peut-être ; elle avait ramené des îles cette négresse avec elle ?

Cependant, un long châle à bandes violettes était placé derrière son dos sur le cordage de cuivre. Elle avait dû bien des fois, au milieu de la mer, durant les soirs humides, en envelopper sa taille, s'en couvrir les pieds, dormir dedans ! Mais, entraîné par les franges, il glissait peu à peu, il allait tomber dans l'eau ; Frédéric fit un bond et le rattrapa.

GUSTAVE FLAUBERT, *L'éducation sentimentale*

10 Les discours rapportés, arme de la critique

Quelle position (confirmation/réfutation) adopte le locuteur à l'égard des discours qu'il rapporte ?

Rica à Usbek

Je trouvai, il y a quelques jours, dans une maison de campagne où j'étais allé, deux savants qui ont ici une grande célébrité. Leur caractère me parut admirable. La conversation du premier, bien appréciée, se réduisait à ceci : « Ce que j'ai dit est vrai, parce que je l'ai dit. » La conversation du second portait sur autre chose : « Ce que je n'ai pas dit n'est pas vrai, parce que je ne l'ai pas dit. »

J'aimais assez le premier : car qu'un homme soit opiniâtre, cela ne me fait absolument rien ; mais qu'il soit impertinent, cela me fait beaucoup. Le premier défend ses opinions ; c'est son bien. Le second attaque les opinions des autres, et c'est le bien de tout le monde. [...]

Ces gens-là veulent être admirés à force de déplaire. Ils cherchent à être supérieurs, et ils ne sont pas seulement égaux.

Hommes modestes, venez, que je vous embrasse : vous faites la douceur et le charme de la vie. Vous croyez que vous n'avez rien, et moi, je vous dis que vous avez tout. Vous pensez que vous n'humiliez personne, et vous humiliez tout le monde. Et, quand je vous compare dans mon idée avec ces hommes absolus que je vois partout, je les précipite de leur tribunal, et je les mets à vos pieds.

MONTESQUIEU, *Lettres persanes*, 144

11 Dialogue

a. Distinguez le *je* du narrateur et le *je* de l'enfant dans ce récit autobiographique.
b. Quelle est la fonction des discours rapportés ?

Le narrateur vient d'apprendre la mort de sa mère.

Marie Thomasset, de Vinay, vrai type de caractère dauphinois, appelée du diminutif *Marion*, passa la nuit assise à côté de mon matelas, pleurant à chaudes larmes et chargée apparemment de me contenir. J'étais beaucoup plus étonné que désespéré, je ne comprenais pas la mort, j'y croyais peu.
« Quoi ! disais-je à Marion, je ne la reverrai jamais ?
– Comment veux-tu la revoir, si on l'emportera au cimetière ?
– Et où est-il, le cimetière ?
– Rue des Mûriers, c'est celui de la paroisse Notre-Dame. »
Tout le dialogue de cette nuit m'est encore présent, et il ne tiendrait qu'à moi de le transcrire ici. Là véritablement a commencé ma vie morale, je devais avoir six ans et demi. Au reste ces dates sont faciles à vérifier par les actes de l'état civil.
Je m'endormis, le lendemain à mon réveil Marion me dit :
« Il faut aller embrasser ton père.
– Comment, ma petite maman est morte ! mais comment est-ce que je ne la reverrai plus ?
– Veux-tu bien te taire, ton père t'entend, il est là dans le lit de la grand'tante. »
J'allai avec répugnance dans la ruelle de ce lit qui était obscure parce que les rideaux étaient fermés. J'avais de l'éloignement pour mon père et de la répugnance à l'embrasser.
Un instant après arriva l'abbé Rey, un homme fort grand, très froid, mangé de petite vérole, l'air sans esprit et bon, parlant du nez, qui bientôt après fut grand vicaire. C'était un ami de la famille.
Le croira-t-on ? À cause de son état de prêtre j'avais de l'antipathie pour lui.
M. l'abbé Rey se plaça près de la fenêtre, mon

père se leva, passa sa robe de chambre, sortit de l'alcôve fermée par des rideaux de serge verte. Il y avait deux beaux rideaux de taffetas rose, brochés de blanc, qui le jour cachaient les autres.
L'abbé Rey embrassa mon père en silence, je trouvai mon père bien laid, il avait les yeux gonflés et les larmes le gagnaient à tous moments.

J'étais resté dans l'alcôve obscure et je voyais fort bien.
« Mon ami, ceci vient de Dieu », dit enfin l'abbé ; et ce mot, dit par un homme que je haïssais à un autre que je n'aimais guère, me fit réfléchir profondément.

STENDHAL, *Vie de Henri Brulard*

1. Relevez les marques personnelles du locuteur dans la situation d'énonciation. Quelle opinion soutient-il à propos de l'originalité ? À quelle autre proposition s'oppose-t-il ?
2. Par quels indices (termes modalisateurs et évaluatifs), l'auteur formule-t-il et nuance-t-il son point de vue ? Recherchez des passages où l'absence d'indices de l'énonciation confère au discours la portée d'une vérité générale.
3. Qui remplace les *vous* de la dernière phrase ?
4. Étudiez l'emploi du pronom *on* dans le texte.
5. Quelle est la fonction du discours rapporté qui ouvre cet extrait ? À quel style est-il rapporté ?

« Le premier qui compara la femme à une rose était un poète, le second était un imbécile. » Cette proposition, qu'on attribue à Nerval, formule exactement le mérite suprême qu'il est commun de consentir à l'originalité. Elle affirme sans nuance que l'invention fait le talent. Il suit que pour apprécier bien la valeur d'une œuvre d'art, il est nécessaire de la situer exactement dans la chronologie : précède-t-elle, on doit l'admirer ; et la mépriser si elle suit. C'est peut-être trop accorder à l'histoire. Je reconnais volontiers la gloire des novateurs, mais elle n'est pas la plus durable. Une invention vient. On l'améliore bientôt et on oublie le premier et balbutiant essai, qui demanda pourtant le plus d'ingéniosité. Rien n'échappe à cette loi plus rigoureuse qu'équitable : l'important n'est pas d'inaugurer, c'est d'exceller. De fait, il n'y a pas de certitude dans la nouveauté, sinon qu'elle est passagère. Aussi je ne vois que les talents médiocres pour fuir tout modèle et mettre leur effort à chercher l'inédit. Un génie a plus d'audace : il peint une millième *Descente de croix*, sculpte une autre Vénus et choisit pour la tragédie qu'il rêve d'écrire le sujet le plus souvent traité. L'écrivain sûr de lui ne redoute pas la banalité. Il provoque à la comparaison, précisément parce qu'il se sent ou se sait incomparable. Il excède peut-être ses forces, mais au moins il joue le grand jeu. Quant à vous, que vous sert de n'avoir imité personne, si l'on peut facilement vous imiter, et vous dépasser même dans la voie que vous avez ouverte ?

ROGER CAILLOIS, *Vocabulaire esthétique*, « Originalité », Éd. Gallimard

Lecture et analyse

L'albatros

Souvent, pour s'amuser, les hommes d'équipage
Prennent des albatros, vastes oiseaux des mers,
Qui suivent, indolents compagnons de voyage,
Le navire glissant sur les gouffres amers.

À peine les ont-ils déposés sur les planches,
Que ces rois de l'azur, maladroits et honteux,
Laissent piteusement leurs grandes ailes blanches
Comme des avirons traîner à côté d'eux.

Ce voyageur ailé, comme il est gauche et veule !
Lui, naguère si beau, qu'il est comique et laid !
L'un agace son bec avec un brûle-gueule,
L'autre mime, en boitant, l'infirme qui volait !

Le Poète est semblable au prince des nuées
Qui hante la tempête et se rit de l'archer ;
Exilé sur le sol au milieu des huées,
Ses ailes de géant l'empêchent de marcher.

Charles Baudelaire,
Les Fleurs du Mal,
« Spleen et Idéal ».

La parabole du Poète-Oiseau

▶ **Une double analogie.** Ce poème est fondé sur une double comparaison : l'albatros est personnifié tandis que le Poète est comparé à l'oiseau. Grâce à un réseau de **personnifications**, les trois premières strophes comparent l'albatros à un roi déchu *(rois de l'azur)*, à un *voyageur ailé* tombé du ciel. La quatrième strophe explicite le symbole en faisant du Poète, par une **comparaison** et une **métaphore** hyperboliques, un *prince des nuées* aux *ailes de géant*, exilé parmi les hommes. La vie de l'albatros apparaît donc comme une parabole (récit allégorique) qui définit l'existence du Poète.

▶ **Un univers soumis à de fortes tensions.** L'opposition entre le poète-oiseau et les hommes est traduite par une série d'**antithèses**, que renforce la place des mots dans le vers ou à la rime. Ainsi, la violence des *hommes d'équipage* s'oppose aux albatros, *indolents compagnons de voyage*. De même, les *nuées* forment avec le sol et les *huées* une forte antithèse. Les strophes 2 et 3 opposent systématiquement la vie du *voyageur ailé* dans son univers céleste et sa dégradation parmi les hommes : par exemple le **chiasme** des vers 6 et 7 met en contraste les *rois de l'azur* aux *grandes ailes blanches* et des termes péjoratifs *(maladroits et honteux, piteusement)*.

▶ **Les symboles d'une chute.** La chute (au sens physique et au sens moral) du poète-oiseau est suggérée par des images symboliques : perdant la liberté majestueuse dont il jouit quand il *hante la tempête* (**métonymie** du climat pour le lieu), il est désormais prisonnier des *planches* (**synecdoque** du pont du navire ou des tréteaux de théâtre sur lesquels il devient *comique et laid*). L'**anacoluthe** des deux derniers vers, en désarticulant la phrase, accentue le déchirement du Poète entre ses deux vies : celle de la Réalité et celle de l'Idéal.

CHAPITRE 11

Les figures de rhétorique

Leçon

La rhétorique est, au sens premier, « l'art de bien parler ». C'est, plus précisément, l'ensemble des moyens d'expression propres à persuader ou à émouvoir l'auditeur ou le lecteur. Parmi ces moyens, les figures de rhétorique sont les procédés qui consistent à illustrer, voiler ou renforcer une intention (démonstrative, poétique, etc.) par une analogie, une substitution de mots, une opposition, une amplification ou une atténuation.

1 Les figures par analogie

La comparaison

▶ Elle établit un rapprochement entre deux termes (le **comparé** et le **comparant**), à partir d'un élément qui leur est commun, et grâce à un outil grammatical (*comme, pareil à, tel que, ressembler à*).

> *Leurs grandes <u>ailes</u> blanches / <u>Comme</u> des <u>avirons</u>...*
>   Comparé   Terme de   Comparant
>   comparaison

▶ La comparaison a une double valeur :
– elle **explique** par une image ;

> Les *avirons* évoquent la raideur maladroite des ailes de l'albatros.

– et elle **met en relation** deux univers.

> Mise en relation de l'univers de l'oiseau et de celui du bateau.

La métaphore

▶ Elle établit une **assimilation** entre deux termes. Comparé et comparant sont rassemblés dans un même énoncé **sans terme de comparaison**.

> <u>Un gros serpent</u> de <u>fumée noire</u>. MAUPASSANT
>   Comparant   Comparé

▶ Comme la comparaison, la métaphore a une valeur **d'illustration**. La correspondance qu'elle établit entre deux objets, deux sensations, deux idées va jusqu'à l'identité.

> La métaphore du « serpent » précise la forme de la fumée. Mais, bien plus, la fumée devient serpent, ce qui lui donne une connotation inquiétante. La métaphore est une métamorphose.

▶ L'assimilation des termes va parfois jusqu'à la disparition totale du comparé.

> *L'entassement des glaciers allumés sous le soleil.* ZOLA
> C'est par cette image que Zola évoque l'amoncellement du linge blanc sous les lumières d'un grand magasin.

▶ Si la métaphore est développée par plusieurs termes (comme celle du poète-oiseau, dans « L'albatros »), on parle de **métaphore filée**.

▶ Les **clichés** sont des métaphores passées dans le langage courant.

> *Être à cheval sur les principes.*

L'allégorie

▶ Elle représente de façon imagée (par des éléments descriptifs ou narratifs) les divers aspects d'une idée, qu'elle rend moins abstraite.

> *L'Angleterre est un vaisseau. Notre île en a la forme : la proue tournée au Nord, elle est comme à l'ancre au milieu des mers, surveillant le continent.* VIGNY
> Dans cet extrait de *Chatterton*, la domination de l'Angleterre sur les mers est rendue sensible par l'allégorie du vaisseau.

La personnification

▶ Elle représente une chose ou une idée sous les traits d'une personne.

> *Des albatros, indolents compagnons de voyage.*
>   BAUDELAIRE
> La personnification de l'albatros favorise le rapprochement avec le poète.

➤ EXERCICES 1 À 6

2 Les figures par substitution

La métonymie

▶ Elle remplace un mot par un autre mot, qui entretient avec le premier un **rapport logique**. Elle désigne par exemple :
– un objet par sa matière ;

> Les cuivres pour les instruments en cuivre.

– un contenu par son contenant ;

> Boire un verre.

Lire et comprendre un texte

– le lieu pour la fonction qui y est attachée.

Il est candidat à l'Élysée.

▶ La métonymie est un procédé de **symbolisation** qui permet un **raccourci d'expression**.

*Je le dis, vous pouvez vous confier, madame,
À mon bras comme reine, à mon cœur comme femme !*
                                                                HUGO

La métonymie du *bras* pour la puissance et du *cœur* pour l'amour donne à l'expression des sentiments de Ruy Blas un caractère plus concret, plus frappant.

La synecdoque

▶ Proche de la métonymie, elle consiste à remplacer un mot par un autre mot lié au premier par une relation d'**inclusion** (la partie pour le tout ou le tout pour la partie).

Vous dites adieu à ces murs que vous allez quitter.
                                                                ALAIN

La synecdoque des *murs* pour l'ensemble de la demeure confère à celle-ci davantage d'intimité protectrice.

➤ EXERCICES 7 À 10

La périphrase

▶ Elle consiste à remplacer un mot par une expression de sens équivalent, qui évite une répétition ou donne une explication.

Le fils de Pélée désigne Achille dans les poèmes d'Homère.

➤ EXERCICE 11

L'antithèse

▶ Elle oppose très fortement deux termes ou deux ensembles de termes.

Un noble s'il vit chez lui dans sa province, il vit libre mais sans appui ; s'il vit à la cour, il est protégé mais il est esclave. LA BRUYÈRE

L'antithèse oppose vigoureusement la vie du noble en province et sa vie à la cour.

▶ Lorsque les termes d'une double antithèse *(sans appui/protégé ; libre/esclave)* sont disposés selon le schéma A B / non B non A, on parle de **chiasme**.

L'antiphrase

▶ Elle exprime une idée par son contraire dans une intention ironique.

Quel courage ! peut en fait dénoncer la lâcheté de quelqu'un.

Le paradoxe

▶ Il énonce une idée contraire à l'opinion commune afin de surprendre, de choquer, d'inviter à la réflexion.

Le pénible fardeau de n'avoir rien à faire. BOILEAU

Cette formule paradoxale permet de présenter un nouveau visage de l'oisiveté.

L'oxymore

▶ C'est la réunion surprenante dans une même expression de deux termes contradictoires.

Cette obscure clarté qui tombe des étoiles. CORNEILLE

Par cet oxymore, le poète réussit à mêler deux impressions que notre raison habituellement sépare.

➤ EXERCICES 12, 13

4 Les figures par amplification et atténuation

L'hyperbole

▶ Elle amplifie les termes d'un énoncé afin de mettre en valeur un objet ou une idée. Elle procède donc de l'**exagération** et de l'**emphase**. On la trouve souvent dans des textes épiques.

Dans des ruisseaux de sang Troie ardente plongée.
                                                                RACINE

L'image hyperbolique donne une dimension épique aux horreurs de la guerre.

L'anaphore

▶ Procédé d'**amplification rythmique**, elle consiste à répéter le(s) même(s) mot(s) en tête de phrases ou de vers successifs.

*Il n'y a pas d'amour qui ne soit à douleur
Il n'y a pas d'amour dont on ne soit meurtri
Il n'y a pas d'amour dont on ne soit flétri*
                                                                ARAGON

Leçon

L'anaphore amplifie dans ces vers le sentiment tragique de l'amour déchiré.

La gradation
▶ Elle ordonne les termes d'un énoncé selon une progression (en taille, en intensité).

Quelle chimère est-ce donc que l'homme ? Quelle nouveauté, quel monstre, quel chaos, quel sujet de contradictions, quel prodige ? PASCAL

L'anacoluthe
▶ Elle met en valeur un énoncé par une rupture de construction syntaxique.

Exilé sur le sol au milieu des huées,
Ses ailes de géant l'empêchent de marcher.
                                        BAUDELAIRE

En remplaçant le poète par *Ses ailes de géant*, l'anacoluthe souligne la dualité de sa condition *(exilé/géant)*.

La litote
▶ Elle dit le moins pour suggérer le plus.

Ce n'était pas un sot, non, non, et croyez m'en
Que le chien de Jean de Nivelle
                                        LA FONTAINE

Cette litote souligne les qualités du chien.

L'euphémisme
▶ Elle atténue l'expression d'une idée ou d'un sentiment, souvent pour en voiler le caractère déplaisant.

On dira ainsi *« rendre le dernier soupir »* pour éviter le verbe *mourir*.

➤ EXERCICES 14 À 16

L'essentiel

▶ **Les figures de rhétorique** sont des procédés qui donnent à un énoncé une force de persuasion ou un pouvoir poétique de suggestion. On peut donc les étudier aussi bien dans un texte argumentatif que dans un récit ou dans un discours lyrique.

▶ **Les figures par analogie** (métaphore, comparaison, allégorie, personnification) expliquent par l'image ou suggèrent les correspondances entre les différents domaines de la réalité.

▶ **Les figures par substitution** (métonymie, synecdoque, périphrase) permettent de représenter des réalités par des éléments symboliques.

▶ **Les figures par opposition** (antithèse, paradoxe, oxymore) soulignent des tensions ou mettent en cause la logique habituelle.

▶ **Les figures par amplification** (hyperbole, anaphore, gradation, anacoluthe) **ou atténuation** (litote, euphémisme) donnent plus d'ampleur ou de subtilité aux émotions et aux idées.

Lire et comprendre **un texte**

Exercices

1. Les figures par analogie

1 Repérage

Distinguez les comparaisons, les métaphores, les allégories et les personnifications en indiquant dans chaque cas les points communs entre comparé et comparant.

Texte 1

Un Lion, décrépit, goutteux, n'en pouvant plus,
Voulait que l'on trouvât remède à sa vieillesse :
Alléguer l'impossible aux Rois, c'est un abus.

JEAN DE LA FONTAINE, *Fables*

Texte 2

Un caractère moral s'attache aux scènes de l'automne : ces feuilles qui tombent comme nos ans, ces fleurs qui se fanent comme nos heures, ces nuages qui fuient comme nos illusions, cette lumière qui s'affaiblit comme notre intelligence, ce soleil qui se refroidit comme nos amours, ces fleuves qui se glacent comme notre vie, ont des rapports secrets avec nos destinées.

FRANÇOIS-RENÉ DE CHATEAUBRIAND, *Mémoires d'outre-tombe*

Texte 3

Homme libre toujours tu chériras la mer !
La mer est ton miroir ; tu contemples ton âme
Dans le déroulement infini de sa lame,
Et ton esprit n'est pas un gouffre moins amer.

CHARLES BAUDELAIRE, *Les Fleurs du Mal*, « L'homme et la Mer »

Texte 4

Dans le jeune homme, deux instincts se combattent comme chez les oiseaux : celui de vivre en bande et celui de s'isoler avec une oiselle.

FRANÇOIS MAURIAC, *Le Jeune homme*, Éd. Hachette, 1926

Texte 5

Ô Temps, suspends ton vol ! Et vous, heures [propices,
Suspendez votre cours !

ALPHONSE DE LAMARTINE, *Méditations poétiques*, « Le lac »

2 Les fonctions de l'analogie

a. Étudiez le rapprochement établi par Stendhal entre la métamorphose du rameau et le phénomène de « cristallisation » dans l'amour : quelles sont les analogies entre ces deux processus ?
b. La figure de l'analogie est-elle dans ce cas une comparaison ou une métaphore ? Quelles sont les fonctions de cette image dans le discours de Stendhal ?

On se plaît à orner de mille perfections une femme de l'amour de laquelle on est sûr ; on se détaille tout son bonheur avec une complaisance infinie. Cela se réduit à s'exagérer une propriété superbe, qui vient de nous tomber du ciel, que l'on ne connaît pas, et de la possession de laquelle on est assuré.
Laissez travailler la tête d'un amant pendant vingt-quatre heures, et voici ce que vous trouverez :
Aux mines de Salzbourg, on jette, dans les profondeurs abandonnées de la mine, un rameau d'arbre effeuillé par l'hiver ; deux ou trois mois après on le retire couvert de cristallisations brillantes : les plus petites branches, celles qui ne sont pas plus grosses que la patte d'une mésange, sont garnies d'une infinité de diamants, mobiles et éblouissants ; on ne peut plus reconnaître le rameau primitif.
Ce que j'appelle *cristallisation*, c'est l'opération de l'esprit, qui tire de tout ce qui se présente la découverte que l'objet aimé a de nouvelles perfections. [...]
Ce phénomène, que je me permets d'appeler la cristallisation, vient de la nature qui nous commande d'avoir du plaisir et qui nous envoie le sang au cerveau, du sentiment que les plaisirs augmentent avec les perfections de l'objet aimé, et de l'idée : elle est à moi.

STENDHAL, *De l'Amour*

3 La métaphore comme métamorphose

a. À travers quelles comparaisons et quelles métaphores Aragon suggère-t-il le pouvoir de fascination de la blondeur ?
b. En quoi peut-on dire que la métaphore dans ce texte opère des métamorphoses ?

Exercices

Le poète entrevoit des chevelures blondes dans un salon de coiffure pour dames.

Je me suis souvent arrêté au seuil de ces boutiques interdites aux hommes et j'ai vu se dérouler les cheveux dans leurs grottes. Serpents, serpents, vous me fascinez toujours. Dans le passage de l'Opéra, je contemplais ainsi un jour les anneaux lents et purs d'un python de blondeur. Et brusquement, pour la première fois de ma vie, j'étais saisi de cette idée que les hommes n'ont trouvé qu'un terme de comparaison à ce qui est blond : *comme les blés*, et l'on a cru tout dire. Les blés, malheureux, mais n'avez-vous jamais regardé les fougères ? J'ai mordu tout un an des cheveux de fougère. J'ai connu des cheveux de résine, des cheveux de topaze, des cheveux d'hystérie. Blond comme l'hystérie, blond comme le ciel, blond comme la fatigue, blond comme le baiser. Sur la palette des blondeurs, je mettrai l'élégance des automobiles, l'odeur des sainfoins, le silence des matinées, les perplexités de l'attente, les ravages des frôlements. Qu'il est blond le bruit de la pluie, qu'il est blond le chant des miroirs ! Du parfum des gants au cri de la chouette, des battements du cœur de l'assassin à la flamme-fleur des cytises, de la morsure à la chanson, que de blondeurs, que de paupières : blondeur des toits, blondeur des vents, blondeur des tables, ou des palmes, il y a des jours entiers de blondeur, des grands magasins de Blond, des galeries pour le désir, des arsenaux de poudre d'orangeade. Blond partout.

ARAGON, *Le Paysan de Paris*, Éd. Gallimard, 1926.

4 La métaphore filée

a. Quelle métaphore est filée dans ce texte ?
b. Quelles connotations physiques et morales se dégagent de cette métaphore ?

Le héros-narrateur retrouve la région où il a rencontré quelque temps auparavant une belle inconnue, qui a disparu sans qu'il sache son nom.

Là se découvre une vallée qui commence à Montbazon, finit à la Loire, et semble blondir sous les châteaux posés sur ces doubles collines ; une magnifique coupe d'émeraude au fond de laquelle l'Indre se roule par des mouvements de serpent. À cet aspect, je fus saisi d'un étonnement voluptueux que l'ennui des landes ou la fatigue du chemin avait préparé. « Si cette femme, la fleur de son sexe, habite un lieu dans le monde, ce lieu, le voici ! » À cette pensée je m'appuyai contre un noyer sous lequel, depuis ce jour, je me repose toutes les fois que je reviens dans ma chère vallée. Sous cet arbre confident de mes pensées, je m'interroge sur les changements que j'ai subis pendant le temps qui s'est écoulé depuis le dernier jour où j'en suis parti. Elle demeurait là, mon cœur ne me trompait point : le premier castel que je vis au penchant d'une lande était son habitation. Quand je m'assis sous mon noyer, le soleil de midi faisait pétiller les ardoises de son toit et les vitres de ses fenêtres. Sa robe de percale produisait le point blanc que je remarquai dans ses vignes sous un hallebergier. Elle était, comme vous le savez déjà, sans rien savoir encore, LE LYS DE CETTE VALLÉE où elle croissait pour le ciel, en la remplissant du parfum de ses vertus. L'amour infini, sans autre aliment qu'un objet à peine entrevu dont mon âme était remplie, je le trouvais exprimé par ce long ruban d'eau qui ruisselle au soleil entre deux rives vertes, par ces lignes de peupliers qui parent de leurs dentelles mobiles ce val d'amour, par les bois de chênes qui s'avancent entre les vignobles sur des coteaux que la rivière arrondit toujours différemment, et par ces horizons estompés qui fuient en se contrariant.

BALZAC, *Le Lys dans la vallée*.

5 La métaphore figée

Expliquez le sens des métaphores suivantes, qui sont passées dans le langage courant.

1. Un rat d'hôtel. 2. Une tête de turc. 3. Des doigts d'or. 4. Un coeur de pierre. 5. Un despote éclairé. 6. Un bouc émissaire.

6 La création de métaphores

Créez des métaphores sur le modèle du texte suivant sans nommer le comparé pour le faire deviner à vos lecteurs.

C'est une mère qui te berce, c'est un cuisinier qui sale ta soupe, c'est une armée de soldats qui te retient prisonnier, c'est une grosse bête qui se fâche, hurle et trépigne quand il fait du vent, c'est une peau de serpent aux mille écailles qui miroitent au soleil. Qu'est-ce que c'est ?
— C'est l'Océan, triompha Robinson.

MICHEL TOURNIER, *Vendredi ou la vie sauvage*, Éd. Gallimard, 1987.

Lire et comprendre un texte

Exercices

2 Les figures par substitution

7 Identification et valeur d'emploi

a. Distinguez métonymie, synecdoque et périphrase.
b. Étudiez leur valeur d'emploi.

Texte 1

La poupe en pleine mer s'éloigne de la rive.
OVIDE, Métamorphoses

Texte 2

Votre sexe n'est là que pour la dépendance ;
Du côté de la barbe est la toute-puissance.
MOLIÈRE, L'École des femmes, III, 2

Texte 3

Je l'ai vu cette nuit le malheureux Sévère,
La vengeance à la main.
PIERRE CORNEILLE, Polyeucte, I, 3

Texte 4

Un Mal qui répand la terreur,
Mal que le Ciel en sa fureur
Inventa pour punir les crimes de la terre,
La Peste (puisqu'il faut l'appeler par son nom),
Capable d'enrichir en un jour l'Achéron,
Faisait aux animaux la guerre.
JEAN DE LA FONTAINE, Fables

Texte 5

J'entrai avec ravissement dans le mois des tempêtes.
FRANÇOIS-RENÉ DE CHATEAUBRIAND, René

Texte 6

La guerre de 1870

Le sépulcre sur terre a parfois des tumultes,
Nous appelons cela hauts faits, exploits […]
Avoir tué son frère est le laurier qu'on a.
VICTOR HUGO, L'Année terrible

Texte 7

Sur une cadence se glisse
Un domino ne laissant voir
Qu'un malin regard en coulisse.
THÉOPHILE GAUTIER, Émaux et camées

Texte 8

Mais le concert recommença et Swann se dit qu'il ne pourrait s'en aller avant la fin de ce nouveau numéro du programme. […] Le violon était monté à des notes hautes où il restait comme pour une attente.
MARCEL PROUST, Du côté de chez Swann,
À la recherche du temps perdu

8 Le jeu des symboles

a. Relevez les métonymies et les synecdoques.
b. Étudiez leur pouvoir de suggestion.

La Jeune Tarentine

Pleurez, doux alcyons[1], ô vous, oiseaux sacrés,
Oiseaux chers à Thétis[2], doux alcyons, pleurez.
Elle a vécu, Myrto, la jeune Tarentine[3].
Un vaisseau la portait aux bords de Camarine[4].
Là l'hymen[5], les chansons, les flûtes, lentement
Devaient la reconduire au seuil de son amant.
Une clef vigilante a pour cette journée
Dans le cèdre[6] enfermé sa robe d'hyménée
Et l'or dont au festin ses bras seraient parés
Et pour ses blonds cheveux les parfums préparés.
Mais, seule sur la proue, invoquant les étoiles,
Le vent impétueux qui soufflait dans les voiles
L'enveloppe. Étonnée, et loin des matelots,
Elle crie, elle tombe, elle est au sein des flots.
Elle est au sein des flots, la jeune Tarentine.
Son beau corps a roulé sous la vague marine.
ANDRÉ CHÉNIER, Les Bucoliques

1. Oiseaux de mer. 2. Divinité marine (Néréide). 3. De Tarente, port de l'Italie méridionale. 4. Port de Sicile. 5. Le cortège de son mariage. 6. Coffret en bois de cèdre.

9 Métonymies du lieu

La presse utilise souvent la métonymie du lieu pour l'activité ou la responsabilité qui s'y exerce : *L'Élysée a confirmé la nouvelle.* À quelles activités ou autorités doit-on associer les lieux suivants ?

Le Vatican	Le Quai d'Orsay
Le Palais-Bourbon	Le Pentagone
Downing street	L'Hôtel Matignon
Le Kremlin	Wall street

Exercices

10 Symboles

Cherchez le sens des métonymies et synecdoques suivantes.

1. la robe 2. l'épée 3. le sabre 4. le goupillon 5. le barreau 6. le marbre (vocabulaire de l'imprimerie) 7. le laurier

11 Périphrases

Quels personnages historiques ou mythologiques se cachent sous les périphrases suivantes ?

La fille de l'écume
Le père de la fable
Le Malin
Le petit Caporal
Le maître de l'Olympe
Le fléau de Dieu
Le Vert-Galant
Le Petit père des peuples

3 Les figures par opposition

12 La distinction entre les figures par opposition

Distinguez les antithèses, antiphrases, chiasmes, paradoxes et oxymores.

Texte 1

Car enfin qu'est-ce que l'homme dans la nature ? Un néant à l'égard de l'infini, un tout à l'égard du néant, un milieu entre rien et tout.

PASCAL, *Pensées*

Texte 2

MONIME
Sans parents, sans amis, désolée et craintive,
Reine longtemps de nom, mais en effet captive,
Et veuve maintenant sans avoir eu d'époux,
Seigneur, de mes malheurs ce sont là les plus doux.

RACINE, *Mithridate*, I, 2

Texte 3

N'en attendez jamais qu'une paix sanguinaire.

JEAN RACINE, *Mithridate*, III, 1

Texte 4

Par un mensonge adroit, tirons la vérité.

JEAN RACINE, *Mithridate*, III, 4

Texte 5

ARLEQUIN, *à Lisette à laquelle il vient d'avouer qu'il est un valet et non le seigneur qu'elle comptait épouser.*
— De la joie, Madame ! Vous avez perdu votre rang, mais vous n'êtes pas à plaindre puisque Arlequin vous reste.

LISETTE. — Belle consolation ! Il n'y a que toi qui gagnes à cela.

ARLEQUIN. — Je n'y perds pas : avant notre connaissance, votre dot valait mieux que vous ; à présent vous valez mieux que votre dot.

MARIVAUX, *Le Jeu de l'amour et du hasard*, III, 9

Texte 6

Bonaparte

Jadis sa tyrannie paraissait liberté à notre servitude ; maintenant sa grandeur paraîtrait despotisme à notre petitesse. À l'époque actuelle tout est décrépit dans un jour ; qui vit trop meurt vivant.

FRANÇOIS-RENÉ DE CHATEAUBRIAND, *Mémoires d'outre-tombe*

Texte 7

La tradition et le progrès sont les deux grands ennemis du genre humain.

PAUL VALÉRY, *Variétés IV*

13 Un portrait paradoxal

Montrez que ce portrait de Balzac fait de l'écrivain un être contradictoire, en étudiant les oppositions lexicales.

Puéril et puissant, toujours envieux d'un bibelot, et jamais jaloux d'une gloire, sincère jusqu'à la modestie, vantard jusqu'à la hâblerie, confiant en lui-même et aux autres, très expansif, très bon et très fou, avec un sanctuaire de raison intérieure, où il rentrait pour tout dominer dans son œuvre, cynique dans la chasteté, ivre en buvant de l'eau, intempérant de travail et sobre d'autres passions, positif et romanesque avec un égal excès, crédule et sceptique, plein de contrastes et de mystères, tel était Balzac encore jeune, déjà inexplicable pour quiconque se fatiguait de la trop constante étude de lui-même à laquelle il condamnait ses amis, et qui ne paraissait pas encore à tous aussi intéressante qu'elle l'était réellement.

GEORGE SAND, *Histoire de ma vie*

4. Les figures par amplification et atténuation

14 Repérage

a. Distinguez les hyperboles, anaphores, gradations, anacoluthes, litotes et euphémismes.
b. Étudiez leur valeur d'emploi.

Texte 1

Le nez de Cléopâtre, s'il eût été plus court, toute la face de la terre aurait changé.

BLAISE PASCAL, *Pensées*

Texte 2

CHIMÈNE (*à Rodrigue*)
Va, je ne te hais point.

PIERRE CORNEILLE, *Le Cid*

Texte 3

Rome, l'unique objet de mon ressentiment !
Rome, à qui vient ton bras d'immoler mon amant !
Rome qui t'a vu naître et que ton coeur adore !
Rome enfin que je hais parce qu'elle t'honore !
Puissent tous ses voisins ensemble conjurés
Saper ses fondements encor mal assurés !

PIERRE CORNEILLE, *Horace*

Texte 4

Jusqu'au fond de nos coeurs, notre sang s'est glacé.

JEAN RACINE, *Phèdre*

Texte 4

L'époux d'une jeune beauté
Partait pour l'autre monde.

JEAN DE LA FONTAINE, *Fables*

Texte 5

Oui, je vais te tuer, monseigneur, vois-tu bien ?
Comme un infâme ! comme un lâche ! comme un
[chien !

VICTOR HUGO, *Ruy Blas*

15 Les procédés de l'amplification

Analysez les procédés de l'amplification (hyperboles, gradations).

La guerre, « croisade apocalyptique »

Bardamu, le héros du roman, se trouve avec son colonel au milieu d'une route pendant la guerre de 1914. La bataille fait rage.

Ces soldats inconnus nous rataient sans cesse, mais tout en nous entourant de mille morts, on s'en trouvait comme habillés. Je n'osais plus remuer.
Ce colonel, c'était donc un monstre ! À présent, j'en étais assuré, pire qu'un chien, il n'imaginait pas son trépas ! Je conçus en même temps qu'il devait y en avoir beaucoup des comme lui dans notre armée, et puis autant sans doute dans l'armée d'en face. Qui savait combien ? Un, deux, plusieurs millions peut-être en tout ? Dès lors ma frousse devint panique. Avec des êtres semblables, cette imbécillité infernale pouvait continuer indéfiniment... Pourquoi s'arrêteraient-ils ? Jamais je n'avais senti plus implacable la sentence des hommes et des choses.
Serai-je donc le seul lâche sur la terre ? pensais-je. Et avec quel effroi !... Perdu parmi deux millions de fous héroïques et déchaînés et armés jusqu'aux cheveux [...] cent, mille fois plus enragés que mille chiens et tellement plus vicieux ! Nous étions jolis ! Décidément je le concevais, je m'étais embarqué dans une croisade apocalyptique.

LOUIS-FERDINAND CÉLINE, *Voyage au bout de la nuit*
Éd. Gallimard, 1952

16 L'Ère de l'euphémisme ?

a. Quels euphémismes couramment employés aujourd'hui sont relevés dans le texte suivant ? L'explication donnée par l'auteur vous paraît-elle satisfaisante ?
b. Recherchez dans le langage actuel des hyperboles. (*Ex : Ce film est génial !*) Vivons-nous, selon vous, à l'ère de l'euphémisme ou à celle de l'exagération ?

Le langage se fait l'écho de la séduction. Finis les sourds, les aveugles, les culs-de-jatte, c'est l'âge des mal-entendants, des non-voyants, des handicapés ; les vieux sont devenus des personnes du troisième ou quatrième âge, les bonnes des employées de maison, les prolétaires des partenaires sociaux, les filles-mères des mères célibataires. Les cancres sont des enfants à problèmes ou des cas sociaux, l'avortement est une interruption volontaire de grossesse. Même les analysés sont des analysants. Le procès de personnalisation[1] aseptise le vocabulaire comme le cœur des villes, les centres commerciaux et la mort. Tout ce qui présente une connotation d'infériorité, de difformité, de passivité, d'agressivité doit disparaître au profit d'un langage diaphane, neutre et objectif, tel est le dernier stade des sociétés individualistes.

GILLES LIPOVETSKY, *L'ère du vide*, Éd. Gallimard, 1983

1. Le processus qui, selon l'auteur, fait de l'individu le centre de toutes les attentions dans le monde contemporain.

Bilan

1. Quelle comparaison implicite est développée dans ce texte à propos de la Cour ? Recherchez des métaphores et des périphrases qui contribuent à susciter une impression d'étrangeté.
2. À travers quelles antithèses, quels paradoxes, quelles hyperboles, quelles gradations sont suggérés la bizarrerie et l'excès qui caractérisent les mœurs des courtisans ?
3. Quelles figures de rhétorique traduisent l'ironie de l'observateur de la Cour ?

> L'on parle d'une région où les vieillards sont galants, polis et civils ; les jeunes gens au contraire, durs, féroces, sans mœurs ni politesse : ils se trouvent affranchis de la passion des femmes dans un âge où l'on commence ailleurs à la sentir ; ils préfèrent des repas, des viandes[1], et des amours ridicules. Celui-là chez eux est sobre et modéré, qui ne s'enivre que de vin : l'usage trop fréquent qu'ils en ont fait le leur a rendu insipide ; ils cherchent à réveiller leur goût déjà éteint par des eaux-de-vie, et par toutes les liqueurs les plus violentes ; il ne manque à leur débauche que de boire de l'eau-forte[2]. Les femmes du pays précipitent le déclin de leur beauté par des artifices qu'elles croient servir à les rendre belles : leur coutume est de peindre leurs lèvres, leurs joues, leurs sourcils et leurs épaules, qu'elles étalent avec leur gorge, leurs bras et leurs oreilles, comme si elles craignaient de cacher l'endroit par où elles pourraient plaire, ou de ne pas se montrer assez. Ceux qui habitent cette contrée ont une physionomie qui n'est pas nette, mais confuse, embarrassée dans une épaisseur de cheveux étrangers, qu'ils préfèrent aux naturels et dont ils font un long tissu pour couvrir leur tête : il descend à la moitié du corps, change les traits, et empêche qu'on ne connaisse les hommes à leur visage.
>
> LA BRUYÈRE, *Les Caractères*, « De la Cour »

1. Des mets. 2. Acide nitrique

Métrique, rythme et sonorités

Lecture et analyse

Texte 1

La laitière et le Pot au lait

Perre/tte sur sa tê//te ayant / un Pot au lait
   2   4   2   4

Bien posé/ sur un coussinet,
    3   5

Prétendait / arriver // sans encom/bre à la ville.
    3   3   3   3

Légè/re et court vêtue//elle allait/ à grands pas,
 2   4   3   3

Ayant mis / ce jour là //, pour ê/tre plus agile,
  3   3   2   4

Cotillon sim/ple, et souliers plats.
     4   4

LA FONTAINE, Fables, VIII, 9

Texte 2

Le nœud de vipères

Je connais mon cœur/, ce cœur/, ce nœud de vipères/: étouffé
      5   2   5
sous elles/, saturé de leur venin/, il continue de battre/au-dessous
  5   7   6
de ce grouillement/. Ce nœud de vipères/ qu'il est impossible de
     8   5   9
dénouer/, qu'il faudrait trancher/ d'un coup de couteau/, d'un coup de glaive.
        5   5   4

FRANÇOIS MAURIAC, Le nœud de vipères, Éd. Grasset, 1932

Le rythme d'une marche

▶ **Donner le tempo.** Dans cette introduction de la fable « La laitière et le Pot au lait », La Fontaine donne un mouvement à son récit en jouant sur différents mètres et différents rythmes.
L'alternance des alexandrins et des octosyllabes suggère le **rythme binaire** caractéristique de la marche, que l'on retrouve dans le tétramètre *Prétendait arriver...* (3/3/3/3).
Les **enjambements** assurent des effets de continuité rythmique (v. 1-3). Le léger déséquilibre entre les vers 5 et 6 (un alexandrin suivi par un octosyllabe) traduit l'agilité et peut-être l'instabilité de Perrette.

▶ **Créer des échos.** La disposition des sonorités renforce les effets du rythme, comme dans les deux premiers vers, où les **accents** portent sur les sons / é / et / è /. Par ailleurs, une **allitération** en / p / associe clairement les deux « personnages » de la fable, Perrette et son Pot au lait. Enfin, la légèreté et la simplicité de la Laitière sont suggérées par des adjectifs qui se répondent par le sens et par le son : *Légère, simple, agile, plats*. La **rime sémantique** à *grands pas / souliers plats*, renforcée par la **rime intérieure** *ce jour-là*, donne sa « couleur sonore » à la marche de Perrette.

Le rythme du cœur

▶ **Coups et battements.** Dans ce texte en prose, le rythme est d'abord celui du cœur, que le mouvement de la phrase rend sensible dans son battement continu par la **répétition des groupes syntaxiques et rythmiques** et parfois des mêmes mots *(ce nœud de vipères, d'un coup de couteau//d'un coup de glaive)*. À cette régularité s'opposent des **irrégularités rythmiques** qui traduisent la lutte entre le *cœur* et les *vipères* : rupture rythmique des deux premières mesures (5/2), rythme croissant des mesures suivantes (2/5/7/6/8).

▶ **Le jeu des sonorités.** Elles associent le cœur et le nœud de vipères. Elles atteignent une grande brutalité avec l'allitération des consonnes dentales et gutturales qui réunit les mots de la violence : *dénouer / trancher / coup / couteau / glaive*.

Leçon

L'écrivain crée à partir des mots mais aussi des rythmes et des sonorités. Cette attention portée au langage définit précisément la fonction poétique. La poésie ne se limite pas à l'« artisanat » du vers. Elle se mesure, dans un texte en vers (➤ TEXTE 1) ou en prose (➤ TEXTE 2), aux correspondances multiples qui se tissent entre le sens des mots, la structure des phrases, le rythme et les sons.

1 L'étude des vers : la métrique

La mesure des vers

▶ Pour mesurer un vers, il faut compter les syllabes.
C'était l'heure tranquille où les lions vont boire.
1 2   3 4 5   6   7 8 9 10 11 12   HUGO

▶ Le - e - muet se prononce s'il est suivi d'une consonne *(heure tranquille)*. Il ne se prononce pas s'il est devant une voyelle *(tranquill(e) où)*, ou en fin de vers *(boir(e))*.

▶ On parle de **diérèse** quand on prononce deux syllabes au lieu d'une *(li-on)*. La diérèse attire l'attention sur un mot important.

▶ On parle de **synérèse** quand on prononce une syllabe au lieu de deux *(duel au lieu de du-el)*.
➤ EXERCICE 1

Les différents mètres

▶ **L'alexandrin** (douze syllabes) comporte dans sa forme classique deux accents principaux sur la 6e et la 12e syllabes et deux **hémistiches** (moitiés de vers) séparés par une **césure** (coupe centrale). Ce vers long se prête à la conduite d'un récit (poésie narrative, épique), aux discours du théâtre mais aussi à la méditation poétique ou au lyrisme.

Seul le silence est grand // tout le reste est faiblesse.
1er hémistiche   césure   2e hémistiche   VIGNY

Lire et comprendre un texte

Leçon

▶ L'**octosyllabe** (8 syllabes) et le **décasyllabe** (10 syllabes) sont des mètres pairs souvent utilisés. Ils offrent une grande variété rythmique grâce à la mobilité de la coupe.

Entre deux bourgeois / d'une ville
S'émut jadis / un différend.
L'un était pau/vre, mais habile,
L'autre ri/che mais ignorant.
                                        LA FONTAINE

L'octosyllabe donne au récit un rythme alerte ; la place de la coupe renforce les oppositions entre les deux bourgeois.

▶ L'**heptasyllabe** (7 syllabes), et les **vers de 9 et 11 syllabes** doivent leur originalité à leur mètre impair, qui leur communique une plus grande légèreté.

De la musique avant toute chose
Et pour cela préfère l'impair
Plus vague et plus soluble dans l'air,
Sans rien en lui qui pèse ou qui pose.
                                        VERLAINE

▶ Les mètres courts comme l'**hexasyllabe** (vers de 6 syllabes) sont les vers des comptines et des jeux poétiques.

Reviens, oh ! qui t'empêche,
Toi, que le soir, longtemps,
J'attends !
                                        MUSSET

➤ EXERCICES 2, 3

La disposition des vers

▶ Changer de mètre permet différents effets :
– un effet de rupture (➤ les vers de Musset ci-dessus) ;
– un effet de variété (➤ l'alternance des alexandrins et des octosyllabes dans le Texte 1 p. 114) ;
– un effet d'amplification ;

Je suis en route
J'ai toujours été en route
Je suis en route avec la petite Jehanne de France
Le train fait un saut périlleux et retombe sur toutes
                                        [ses roues
                                        CENDRARS

– un effet de balancement ;

À te voir marcher en cadence
Belle d'abandon
On dirait un serpent qui danse
Au bout d'un bâton.
                                        BAUDELAIRE

▶ L'**alternance métrique** est le changement régulier de mètre. Quand l'inégalité des mètres est déterminée non par une règle, mais par la recherche du rythme le plus adapté à la création du poète, on parle en revanche de **vers libre** (➤ TEXTE 1). Souvent les poètes modernes ne ponctuent pas les vers libres, ce qui autorise toutes les modulations rythmiques.

➤ EXERCICES 4, 5

2 Le rythme du texte en vers

La mesure du rythme

▶ On place les **accents toniques** sur la dernière syllabe (ne comportant pas de - e -) d'un mot ou d'un groupe de mots formant une unité grammaticale.

Il se fit / dans Paris // un silen/ ce de neige.
   3   3   3   3   ARAGON

▶ On place les **coupes** immédiatement après la syllabe accentuée (*silen/ce*).

▶ On **compte les syllabes** dans chaque mesure.

Dans le vers d'Aragon = 3/3//3/3.

➤ EXERCICE 6

Les différents rythmes

L'interprétation du rythme consiste à repérer et à commenter des phénomènes de régularité ou d'irrégularité.

▶ **Le rythme binaire** : quand un vers (ou une moitié de vers) comporte deux mesures sensiblement égales.

Le vers d'Aragon (3/3//3/3) est un alexandrin parfaitement binaire (c'est un tétramètre) qui suggère par son rythme régulier le silence d'un jour de neige.

▶ **Le rythme ternaire** : quand le vers est composé de trois mesures.

Je marcherai / les yeux fixés / sur mes pensées.
                                        HUGO

Dans cet alexandrin ternaire (4/4/4), la césure est effacée : le rythme évoque la régularité de la marche et le caractère obsédant des pensées.

Leçon

▶ **Le rythme croissant** : quand les mesures du vers sont de plus en plus longues.

Oui, / je viens / dans son tem // ple adorer l'Éternel.
RACINE

Le rythme croissant (1/2/3//6) donne plus de solennité à cette profession de foi.

▶ **Le rythme accumulatif** : quand le vers est scandé par un grand nombre d'accents.

Le lait tom/be : adieu / veau, // va/che, cochon, /couvée.
LA FONTAINE

Le rythme brisé (3/2/1//1/3/2) traduit la chute du pot au lait et des rêves de la Laitière.

➤ EXERCICE 7

La phrase et le vers

La longueur de la phrase et la longueur du vers ne coïncident pas forcément.

▶ **L'enjambement** : la phrase ne s'arrête pas à la rime mais déborde jusqu'à la césure ou la fin du vers suivant, créant un effet de continuité rythmique et parfois d'amplification.

Mon amour est comme un fiévreux que seul apaise
Le poison qui nourrit son mal et dont il meurt
APOLLINAIRE

▶ **Le rejet** : un élément court de la phrase (un ou deux mots) est rejeté au vers suivant et est ainsi mis en relief par cette rupture rythmique.

Il est pris. — Oh ! quel nom sur ses lèvres muettes
Tressaille ? Quel regret implacable le mord ?
RIMBAUD

▶ **Le contre-rejet** : un élément court est mis en valeur en amorçant à la fin d'un vers la phrase qui se développe dans le vers suivant.

Souvenir, souvenir, que me veux-tu ? L'automne
Faisait voler la grive à travers l'air atone.
VERLAINE

➤ EXERCICE 8

3 Le rythme du texte en prose

L'étude du rythme dans un texte en prose (poème en prose, prose cadencée dans le roman ou le théâtre, etc.) peut suivre trois étapes.

▶ On compare la longueur des phrases successives afin d'observer des phénomènes de répétition, d'amplification ou de chute rythmique (➤ TEXTE 2 P. 114).

▶ À l'intérieur d'une phrase, on délimite les groupes syntaxiques et on distingue les rythmes binaire, ternaire, croissant, décroissant, accumulatif. On parle de **période** lorsqu'une phrase s'étend en mouvements harmonieux et variés : la période est une des marques de l'**éloquence oratoire** (➤ CHAPITRE 13).

▶ On met ces observations en relation avec le sens du texte.

Texte 2 p. 114 : le rythme croissant de la première phrase amplifie le combat entre le « je » *(mon cœur)* et les *vipères* (sa haine, les autres) qui tentent de l'étouffer.

➤ EXERCICE 9

4 L'étude des **sonorités**

▶ On appelle **phonèmes** les éléments sonores qui composent la langue.

Le mot *lourd* comporte trois phonèmes /l/, /u/ et /R/.

▶ L'écriture poétique crée des échos sonores entre les mots en particulier grâce aux **rimes**. On est ainsi conduit à étudier les **rapports de sens** entre ces mots « consonants ».

Les échos sonores et sémantiques

▶ **L'harmonie imitative** est un jeu poétique qui répète certains phonèmes pour suggérer un bruit particulier.

Il pleut tout simplement il pleut sans un pli sans
[une plaie
Sans gifles aux palais plaquant sans plomb de grêle
ARAGON

▶ Certains mots, les **onomatopées**, sont d'ailleurs formés à partir du bruit qu'ils dénomment.

Le tic-tac de la pendule.

▶ **L'allitération** est la répétition d'une même consonne ou de consonnes voisines (comme les dentales / t / et / d /).

Il est des parfums frais comme des chairs d'enfant.
BAUDELAIRE

L'allitération en / f / reprend au niveau sonore la correspondance sémantique entre les parfums, la fraîcheur et l'enfance.

▶ **L'assonance** est la répétition d'une même voyelle.

Je fais souv<u>en</u>t ce rêve ét<u>ran</u>ge et pénétr<u>an</u>t
                                                    VERLAINE

La répétition étonnante du rêve suggérée par *souvent* et par les adjectifs *étrange* et *pénétrant* est renforcée par l'assonance en / an / qui relie ces mots.

➤ EXERCICES 10, 11

Les rimes

▶ La rime constitue un cas particulier d'écho sonore. C'est une **homophonie** (identité de sons) entre les derniers phonèmes des vers. Certains poètes ont vu, dans le travail de la rime rare ou riche, une des noblesses de leur art.

▶ **La qualité de la rime** :
– rime pauvre : un seul phonème commun (= la voyelle accentuée) ;

mat<u>in</u>/chem<u>in</u>

– rime suffisante : deux phonèmes communs ;

br<u>ève</u>/s<u>ève</u>

– rime riche : trois phonèmes communs et plus.

par<u>ade</u>/estr<u>ade</u>

▶ **La disposition des rimes** : l'alternance des rimes féminines, terminées par un -e *(geste / céleste, aimée / année)* et masculines, non terminées par un -e *(brouillard / tard, cri / abri)*, est une règle de la versification classique.
On distingue :
– les rimes suivies (ou plates) = schéma aa bb ...

moi / pourquoi / flammes / âmes

– les rimes croisées = schéma abab

belle / travail / rebelle / émail

– les rimes embrassées = schéma abba ...

inconnue / vie / envie / venue

– la rime intérieure : un mot placé à l'intérieur d'un vers rime avec les mots placés à la fin du vers.

▶ **L'étude des rimes** : on parle de rime **sémantique** lorsque les mots à la rime sont associés par le sens et de rime **anti-sémantique** lorsqu'ils s'opposent.

➤ EXERCICE 12

☛ L'essentiel ☚

▶ Étudier **le rythme et les sonorités** dans un texte en vers et en prose, c'est aborder un aspect essentiel de la création poétique, qui s'efforce d'établir entre la musicalité et la signification des mots une relation qui n'existe pas dans le langage courant.

▶ **Les différents mètres** de la poésie versifiée, leur disposition, leurs rythmes contribuent à créer le tempo de cette musique qui accompagne et éclaire le sens. Il en est de même du rythme de la prose cadencée.

▶ Enfin l'**étude des phonèmes**, de leur répétition (les assonances, les allitérations, les rimes) et de leur modulation, confirme l'existence dans le texte poétique de réseaux sonores et sémantiques faits d'harmonies et de dissonances.

Exercices

1 L'étude des vers : la métrique

1 La mesure des vers

a. Comptez les syllabes des vers : soulignez les / e / prononcés, mettez entre parenthèses ceux qui s'élident, indiquez les liaisons et entourez les diérèses.
b. Quels sont les effets de ces diérèses ?

Texte 1
Son regard est pareil au regard des statues,
Et pour sa voix, lointaine, et calme, et grave, elle a
L'inflexion des voix chères qui se sont tues.
   PAUL VERLAINE, « Mon rêve familier », *Poèmes saturniens*

Texte 2
J'ai rêvé la nuit verte aux neiges éblouies,
Baiser montant aux yeux des mers avec lenteurs,
La circulation des sèves inouïes,
Et l'éveil jaune et bleu des phosphores chanteurs !
   ARTHUR RIMBAUD, « Le Bateau ivre », *Poésies*

Texte 3
Je suis fidèle comme un dogue
Au maître le lierre au tronc
   GUILLAUME APOLLINAIRE, *Alcools*

2 Les différents mètres

Mesurez les différents mètres ; analysez leur emploi.

Texte 1
Malgré envie,
Toute ma vie
Je l'aimerai
Et chanterai :
C'est la première,
C'est la dernière
Que j'ai servie et servirai.
   CLÉMANT MAROT, *Chansons*

Texte 2
Booz était bon maître et fidèle parent ;
Il était généreux, quoiqu'il fût économe ;
Les femmes regardaient Booz plus qu'un jeune
                                    [homme,
Car le jeune homme est beau, mais le vieillard est
                                    [grand.
   VICTOR HUGO, « Booz endormi », *La Légende des siècles*

Texte 3
Car nous voulons la Nuance encor,
Pas la couleur, rien que la nuance !
Oh ! la nuance seule fiance
Le rêve au rêve et la flûte au cor !
   PAUL VERLAINE, « Art poétique », *Jadis et naguère*

Texte 4
Je change ici de mètre pour dissiper en moi
                                    [l'amertume.
Les choses sont comme elles sont le détail n'est
                                    [pas l'important.
L'homme apprendra c'est sûr à faire à jamais
                                    [régner le beau temps.
   ARAGON, *Le roman inachevé* © L.Aragon, 1956,
   Éd. Gallimard

Texte 5
Salsifis du Bengale
ne se prive de rien
souffrant d'une fringale
il a mangé son chien
   ROBERT DESNOS, « Le parterre d'Hyacinthe »,
   Destinées arbitraires, Éd. Gallimard, 1975

3 L'emploi de l'alexandrin

a. Analysez et justifiez l'emploi de l'alexandrin dans les vers suivants.
b. Notez et commentez la place de la césure.

Texte 1
Dure condition de mon malheur extrême !
Si j'aime on me trahit ; je trahis si l'on m'aime.
   PIERRE CORNEILLE, *La Place Royale*, IV,8

Texte 2
La Reine d'Espagne donne l'ordre de partir en voyage à un serviteur qui veut rester près d'elle.

LA REINE
Vite !
DON GURITAN
   Un seul jour !
LA REINE
            Néant.
DON GURITAN
                  Car...
LA REINE
                     Faites à mon gré.

Exercices

DON GURITAN
Je...
LA REINE
   Non.
DON GURITAN
   Mais...
LA REINE
      Partez !
DON GURITAN
         Si...
LA REINE
            Je vous embrasserai !
VICTOR HUGO, *Ruy Blas*, II, 5

4 Le changement de mètre

a. Quels sont les différents mètres utilisés dans les vers suivants ?
b. Étudiez les effets du changement ou de l'alternance des mètres.

Texte 1
— Vois-tu ce moine triste,
Là, tout près de mon lit,
   Qui lit ?
Il dit : « Dieu vous assiste ! »
À quelque condamné
   Damné !
ALFRED DE MUSSET, « Un rêve », *Poésies*

Texte 2
La musique souvent me prend comme une mer !
   Vers ma pâle étoile,
Sous un plafond de brume ou dans un vaste éther,
   Je mets à la voile [...]
CHARLES BAUDELAIRE, « La musique », *Les Fleurs du Mal*

Texte 3
Si belles soyez-vous
avec vos yeux de lacs et de lacs et de flammes
avec vos yeux de piège à loup
avec vos yeux couleur de nuit de jour d'aube et de
            [marjolaine
ROBERT DESNOS, *Bagatelles*, Éd. Gallimard, 1975

5 Le vers libre

Analysez et justifiez le choix du vers libre : quels sont les effets produits par la longueur variée des vers, leur disposition, et les changements de rythme ?

Texte 1
Îles
Îles
Îles où l'on ne prendra jamais terre
Îles où l'on ne descendra jamais
Îles couvertes de végétations
Îles tapies comme des jaguars
Îles muettes
Îles immobiles
Îles inoubliables et sans nom
Je lance mes chaussures par-dessus bord car je
            [voudrais bien aller jusqu'à vous.
BLAISE CENDRARS, « Îles », *Feuilles de route*, Éd. Denoël, 1947

Texte 2
Départ
L'horizon s'incline
   Les jours sont plus longs
   Voyage
Un cœur saute dans une cage
   Un oiseau chante
   Il va mourir
Une autre porte va s'ouvrir
   Au fond du couloir
      Où s'allume
   Une étoile
Une femme brune
   La lanterne du train qui part.
PIERRE REVERDY, *Les Ardoises du toit*, Éd. Flammarion, 1969

2 Le rythme du texte en vers

6 La mesure du rythme

Placez les accents toniques puis les coupes et la césure. Enfin, mesurez le rythme.

Texte 1
Ô rage ! ô désespoir ! ô vieillesse ennemie !
N'ai-je donc tant vécu que pour cette infamie ?
Et ne suis-je blanchi dans les travaux guerriers
Que pour voir en un jour flétrir tant de lauriers ?
PIERRE CORNEILLE, *Le Cid*, I, 4

Exercices

Texte 2
Mon crédit, mon pouvoir, tout ce que je rêvais,
Tout ce que je faisais et tout ce que j'avais,
Charge, emplois, honneurs, tout en un instant
                           [s'écroule
Au milieu des éclats de rire de la foule !
Victor Hugo, Ruy Blas, I,1

Texte 3
Emporte-moi, wagon ! enlève-moi frégate !
Loin ! loin ! ici la boue est faite de nos pleurs !
Charles Baudelaire, « Mœsta et errabunda »,
Les Fleurs du Mal

7 Les différents rythmes

a. Mesurez le rythme et définissez-le (binaire, ternaire, croissant, accumulatif).
b. Analysez quel mouvement, quel sentiment ou quelle idée il met en valeur.

Texte 1
Toujours aimer, toujours souffrir, toujours mourir !
Pierre Corneille, Suréna, I,3

Texte 2
La révolution poétique
Elle crie, elle chante, elle enseigne, elle rit. […]
Elle est la prose, elle est le vers, elle est le drame.
Victor Hugo, Les Contemplations, I,7

Texte 3
Nais, grandis, rêve, souffre, aime, vis, vieillis,
                           [tombe.
L'explication sainte et calme est dans la tombe.
Victor Hugo, Les Contemplations, VI,17

Je partirai ! Steamer balançant ta mâture,
Lève l'ancre pour une exotique nature !
Stéphane Mallarmé, « Brise marine », Poésies

8 La phrase et le vers

Distinguez et étudiez dans les vers suivants les enjambements, rejets et contre-rejets.

Le dormeur du val
C'est un trou de verdure où chante une rivière
Accrochant follement aux herbes des haillons
D'argent ; où le soleil, de la montagne fière,
Luit : c'est un petit val qui mousse de rayons.

Un soldat jeune, bouche ouverte, tête nue,
Et la nuque baignant dans le frais cresson bleu,
Dort ; il est étendu dans l'herbe, sous la nue,
Pâle dans son lit vert où la lumière pleut.

Les pieds dans les glaïeuls, il dort. Souriant comme
Sourirait un enfant malade, il fait un somme :
Nature, berce-le chaudement : il a froid.

Les parfums ne font pas frissonner sa narine ;
Il dort dans le soleil, la main sur sa poitrine
Tranquille. Il a deux trous rouges au côté droit.

Octobre 1870
Arthur Rimbaud, « Le dormeur du val », Poésies

3 Le rythme du texte en prose

9 Un poème en prose

Étudiez le rythme suggestif de ce poème en prose (cadences binaires, ternaires, effets d'amplification).

Un Hémisphère dans une chevelure

Laisse-moi respirer longtemps, longtemps, l'odeur de tes cheveux, y plonger tout mon visage, comme un homme altéré dans l'eau d'une source, et les agiter avec ma main comme un mouchoir odorant, pour secouer des souvenirs dans l'air.
Si tu pouvais savoir tout ce que je vois ! tout ce que je sens ! tout ce que j'entends dans tes cheveux ! Mon âme voyage sur le parfum comme l'âme des autres hommes sur la musique.
Tes cheveux contiennent tout un rêve, plein de voilures et de mâtures ; ils contiennent de grandes mers dont les moussons me portent vers de charmants climats, où l'espace est plus bleu et plus profond, où l'atmosphère est parfumée par les fruits, par les feuilles et par la peau humaine.
Dans l'océan de ta chevelure, j'entrevois un port fourmillant de chants mélancoliques, d'hommes vigoureux de toutes nations et de navires de toutes formes découpant leurs architectures fines et compliquées sur un ciel immense où se prélasse l'éternelle chaleur.
Dans les caresses de ta chevelure, je retrouve les langueurs des longues heures passées sur un divan, dans la chambre d'un beau navire, bercées

par le roulis imperceptible du port, entre les pots de fleurs et les gargoulettes rafraîchissantes.
Dans l'ardent foyer de ta chevelure, je respire l'odeur du tabac mêlée à l'opium et au sucre ; dans la nuit de ta chevelure, je vois resplendir l'infini de l'azur tropical ; sur les rivages duvetés de ta chevelure, je m'enivre des odeurs combinées du goudron, du musc et de l'huile de coco.
Laisse-moi mordre longtemps tes tresses lourdes et noires. Quand je mordille tes cheveux élastiques et rebelles, il me semble que je mange des souvenirs.

CHARLES BAUDELAIRE, « Un Hémisphère dans une chevelure », *Le Spleen de Paris*

4 L'étude des sonorités

10 Allitérations et assonances

Relevez les assonances et les allitérations et précisez le rapport de sens entre les mots qui se font écho. Quand peut-on parler d'harmonie imitative ?

Texte 1

Ma douce jouvence est passée,
Ma première force est cassée,
J'ai la dent noire, et le chef blanc,
Mes nerfs sont dissous, et mes veines
Tant j'ai le corps froid, ne sont pleines
Que d'une eau rousse, en lieu de sang.

PIERRE DE RONSARD, « Poèmes de l'adieu », *Odes*

Texte 2

J'écoute, à demi transporté,
Le bruit des ailes du Silence,
Qui vole dans l'obscurité...

SAINT-AMANT, *Le Contemplateur*

Texte 3

Tout m'afflige et me nuit et conspire à me nuire.

JEAN RACINE, *Phèdre*

Texte 4

Un frais parfum sortait des touffes d'asphodèle ;
Les souffles de la nuit flottaient sur Galgala.

VICTOR HUGO, « Booz endormi », *La Légende des siècles*

Texte 5

Les houles en roulant les images des cieux
Mêlaient d'une façon solennelle et mystique
Les tout-puissants accords de leur riche musique
Aux couleurs du couchant reflétés par mes yeux.

CHARLES BAUDELAIRE, *Les Fleurs du Mal*

Texte 6

Dans les déchirures du ciel, les locomotives en furie
S'enfuient
Et dans les trous
Les roues vertigineuses les bouches les voix
Et les chiens du malheur qui aboient à nos trousses

BLAISE CENDRARS, *Prose du Transsibérien*, Éd. Denoël, 1947

11 La couleur des voyelles

Étudiez le jeu d'associations entre les images et les phonèmes dans ce très célèbre sonnet.

Voyelles

A noir, E blanc, U vert, O bleu : voyelles,
Je dirai quelque jour vos naissances latentes :
A, noir corset velu des mouches éclatantes
Qui bombinent autour des puanteurs cruelles,

Golfes d'ombre ; E, candeurs des vapeurs
  [et des tentes,
Lances des glaciers fiers, rois blancs, frissons
  [d'ombelles ;
I, pourpres, sang craché, rire des lèvres belles
Dans la colère ou les ivresses pénitentes ;

U, cycles, vibrements divins des mers virides,
Paix des pâtis semés d'animaux, paix des rides
Que l'alchimie imprime aux grands fronts studieux ;

Ô, suprême Clairon plein des stridueurs étranges,
Silences traversés des Mondes et des Anges :
– Ô l'Oméga, rayon violet de Ses Yeux !

ARTHUR RIMBAUD, *Poésies*

Exercices

12 Les rimes

Étudiez la qualité et la disposition des rimes puis analysez le rapport de sens entre les mots à la rime.

> Comme on voit sur la branche, au mois de mai,
> [la rose,
> En sa belle jeunesse, en sa première fleur,
> Rendre le ciel jaloux de sa vive couleur,
> Quand l'aube, de ses pleurs, au point du jour
> [l'arrose ;
>
> La grâce dans sa feuille et l'Amour se repose,
> Embaumant les jardins et les arbres d'odeur ;
> Mais, battue ou de pluie ou d'excessive ardeur,
> Languissante, elle meurt, feuille à feuille déclose :
>
> Ainsi, en ta première et jeune nouveauté,
> Quand la terre et le ciel honoraient ta beauté,
> La Parque t'a tuée, et cendre tu reposes.
>
> Pour obsèques reçois mes larmes et mes pleurs,
> Ce vase plein de lait, ce panier plein de fleurs,
> Afin que, vif et mort, ton corps ne soit que roses.
>
> PIERRE DE RONSARD, *Amours de Marie*, II, 4

Bilan

1. Mesurez ces vers et analysez les effets produits par l'alternance des mètres, leur choix, l'organisation des strophes, le refrain.
2. Étudiez le rythme du texte et son pouvoir de suggestion.
3. Étudiez la valeur expressive des sonorités et des rimes.

L'invitation au voyage

> Mon enfant, ma sœur,
> Songe à la douceur
> D'aller là-bas vivre ensemble !
> Aimer à loisir,
> Aimer et mourir
> Au pays qui te ressemble !
> Les soleils mouillés
> De ces ciels brouillés
> Pour mon esprit ont les charmes
> Si mystérieux
> De tes traîtres yeux
> Brillant à travers leurs larmes.
>
> Là, tout n'est qu'ordre et beauté,
> Luxe, calme et volupté.
>
> Des meubles luisants,
> Polis par les ans,
> Décoreraient notre chambre ;
> Les plus rares fleurs
> Mêlant leurs odeurs
> Aux vagues senteurs de l'ambre,
> Les riches plafonds,
> Les miroirs profonds,
> La splendeur orientale,
> Tout y parlerait
> À l'âme en secret
> Sa douce langue natale.
>
> Là, tout n'est qu'ordre et beauté,
> Luxe, calme et volupté.
>
> Vois sur ces canaux
> Dormir ces vaisseaux
> Dont l'humeur est vagabonde ;
> C'est pour assouvir
> Ton moindre désir
> Qu'ils viennent du bout du monde.
> — Les soleils couchants
> Revêtent les champs,
> Les canaux, la ville entière,
> D'hyacinthe et d'or ;
> Le monde s'endort
> Dans une chaude lumière.
>
> Là, tout n'est qu'ordre et beauté,
> Luxe, calme et volupté.
>
> CHARLES BAUDELAIRE, « L'invitation au voyage »,
> *Les Fleurs du Mal*

CHAPITRE 13 — Les tonalités

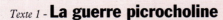

Lecture et analyse

Texte 1 - La guerre picrocholine

Les soldats du roi Picrochole se livrent au pillage d'un château; le géant Gargantua survient...

Ceux qui étaient dedans le château amusés à la pille[1], entendant le bruit, coururent aux tours et forteresses, et lui tirèrent plus de neuf mille vingt et cinq coups de faulconneaux[2] et arquebuses, visant tous à sa tête, et si menu tiraient contre lui qu'il s'écria : « Ponocrates, mon ami, ces mouches ici m'aveuglent; bâillez-moi[3] quelque rameau de ces saules pour les chasser », pensant des plombées et pierres d'artillerie que fussent mouches bovines. Ponocrates l'avisa que n'étaient autres mouches que les coups d'artillerie que l'on tirait du château. Alors choqua de son grand arbre contre le château, et à grands coups abattit et tours et forteresses, et ruina tout par terre.

FRANÇOIS RABELAIS, *Gargantua*, Chapitre 36

1. Au pillage. 2. Pièces d'artillerie légères. 3. Donnez-moi.

Texte 2 - « Si je mourais là-bas... »

Si je mourais là-bas sur le front de l'armée
Tu pleurerais un jour ô Lou ma bien-aimée
Et puis mon souvenir s'éteindrait comme meurt
Un obus éclatant sur le front de l'armée
Un bel obus semblable aux mimosas en fleur

GUILLAUME APOLLINAIRE, *Poèmes à Lou (XII)*

Texte 1 - Un récit épique et comique

▶ **Les éléments épiques.** La guerre prend, par la seule présence du géant Gargantua, une dimension épique. La multitude des projectiles qu'il reçoit, la terrible efficacité de ses armes sont amplifiées par des **hyperboles** *(neuf mille vingt et cinq coups ; ruina tout par terre)* et des **gradations** *(choqua / abattit / ruina)*. Cependant on ne peut prendre cette épopée au sérieux.

▶ **Les effets comiques.** Ils naissent de la disproportion entre l'action précipitée des hommes et le calme royal de Gargantua. Aux uns des armes nombreuses mais inutiles, au géant un seul arbre destructeur. La précision extrême du nombre de coups d'artillerie *(plus de neuf mille vingt et cinq)* est caricaturale. De plus, la méprise du héros transforme ces projectiles, par un procédé du **comique de l'absurde**, en *mouches bovines*. Dans cette **parodie** de l'épique, c'est la guerre elle-même qui devient dérisoire.

Texte 2 - Des vers lyriques et pathétiques

▶ **Les marques du lyrisme.** Apollinaire écrivit ce poème à sa bien-aimée avant de monter au front en 1915. Le lyrisme apparaît dans les marques de la première personne *(Si je mourais..., mon souvenir)*, dans l'apostrophe *(ô Lou ma bien-aimée)*, dans le rythme continu des vers, qui, par le jeu de l'enjambement et de la répétition, permet **l'effusion des sentiments**.

▶ **Le pathétique.** Il se signale discrètement par l'évocation de la **mort** et des **pleurs**, par l'allusion *au front de l'armée* et par le chiasme que forment les mots à la rime *(bien-aimée/meurt/armée/fleur)*.

Leçon

1 Les différentes tonalités

Une tonalité donne à un texte sa « personnalité » sa « couleur » et vise une émotion particulière chez le destinataire : terreur ou pitié, admiration ou exaltation, amusement ou moquerie...

Le pathétique et le tragique

▶ Le **pathétique** (du grec *pathos* : la passion) cherche à émouvoir le lecteur ou le spectateur par des situations ou des discours marqués par la passion, la souffrance, la difficulté de vivre.

▶ Le spectacle et le lexique des émotions (douleur, terreur, pitié), les rythmes brisés, les interjections sont des signes du pathétique.

▶ Le **tragique** est le sentiment de l'homme qui prend conscience de forces (divines, politiques, sociales, morales) qui le dominent et le plus souvent l'écrasent, malgré la résistance qu'il leur oppose. C'est la conscience du condamné qui va au supplice.

▶ Le discours tragique est caractérisé par le lexique de la fatalité et du désespoir, l'évocation d'un espace, d'une action et d'un temps limités (par la mort, le plus souvent).

Le dramatique

▶ La tonalité dramatique (du grec *drama* : action) caractérise une **action tendue**, des événements violents qui se succèdent sans laisser au lecteur ou au spectateur le temps de reprendre haleine.

▶ La multiplication des actions, les coups de théâtre, les affrontements incertains, un rythme fait de tension et d'accélération marquent la **dramatisation** d'un récit ou d'une scène de théâtre (➤ Chapitre 20).

➤ Exercices 1, 2

L'épique

▶ L'épique vient du grec *épos* : **parole célébrant** les **exploits** d'un héros, comme Achille dans *l'Iliade* d'Homère.

▶ Il est créé par l'**amplification** des êtres et des choses grâce à l'hyperbole, la gradation, les superlatifs, les rythmes croissants ou accumulatifs, et l'intervention du surnaturel.

▶ Il tend à la **simplification** : un récit épique s'organise autour de **symboles** (ou d'épisodes symboliques) qui représentent les valeurs collectives d'une société.

La bravoure guerrière dans une bataille.

➤ Exercice 3

Le lyrisme

▶ Le lyrisme est à l'origine le chant que le poète accompagne de sa lyre. Le lyrisme est l'**expression poétique des sentiments personnels**.

▶ Ses indices sont les marques de la première personne, le langage des sensations et des sentiments (➤ Texte 2, p. 124), les échos que ce langage rencontre chez les autres ou dans la nature, le rythme et les sonorités des vers et de la prose.

➤ Exercice 4

Le comique

▶ **La caricature** : elle grossit les êtres, les objets, les situations en révélant leurs aspects comiques. Elle contribue au comique de caractère du théâtre en soulignant les traits saillants d'un personnage.

▶ **La parodie** : c'est l'imitation comique d'un discours ou des attitudes physiques d'une personne. La parodie de l'épique, de l'héroïque est le **burlesque**.

▶ **L'absurde** : il révèle le caractère étrange ou incompréhensible de faits ou de personnages (notamment dans le quotidien). Il joue sur le décalage entre les événements et leur interprétation en défiant la logique. Il caractérise le comique de situation du théâtre contemporain (Ionesco, Beckett).

▶ **Le comique verbal** : il joue sur les mots, leurs sonorités, leurs ambiguïtés (calembour, déformations de la prononciation, etc.).

▶ **L'humour** : il donne une dimension comique à un sujet sérieux en dévoilant ses aspects surprenants.

▶ **L'ironie** : elle est une forme de dérision qui laisse entendre le contraire de ce qu'elle dit (antiphrase) et fait tenir des propos exagérés, absurdes et ridicules à ceux qu'elle veut dénoncer (➤ Chapitre 18).

➤ Exercice 5

Le polémique, le didactique et l'oratoire

▶ La tonalité **polémique** caractérise un débat où l'échange d'arguments prend un **tour critique** et même **agressif**. La discussion porte souvent sur des mots diversement interprétés.

Lire et comprendre un texte

Leçon

▶ La tonalité **didactique** définit le discours du maître qui veut **instruire** et elle recourt à des lexiques spécialisés, aux tournures de l'ordre ou du conseil, à une composition logique.

▶ La tonalité **oratoire** distingue le discours de l'orateur (le prédicateur, l'avocat, l'homme politique) qui veut **frapper** et **entraîner son public** par des phrases au rythme éloquent (les périodes), des maximes, des apostrophes, des images (métaphores, hyperboles), et des interrogations oratoires.

➢ Exercice 6

2 Le mélange des tonalités

La doctrine classique de l'unité de tons

▶ La doctrine classique fixée par les « arts poétiques » du XVIIᵉ siècle, en visant l'unité du discours, proscrit le mélange des tonalités et établit une **hiérarchie des genres et des tons** dominée par l'épopée, la tragédie ou l'éloquence religieuse.

▶ Cependant les œuvres littéraires de cette époque associent souvent à une tonalité **majeure** (tragique, comique...) des tonalités **mineures**.

Dans les grandes comédies de Molière, le comique rencontre le sérieux du pathétique ou du didactique.

Le mélange des tonalités

▶ L'écriture littéraire, depuis le romantisme (première moitié du XIXᵉ siècle), n'hésite pas à mélanger les tonalités, parce qu'elle recherche des effets de contraste ou veut embrasser la totalité du réel.

Le théâtre contemporain associe de manière inédite le tragique et le comique de l'absurde.

➢ Exercices 7, 8

▶ **Les tonalités** ont pour but de toucher la sensibilité du spectateur ou du lecteur.

▶ Elles s'inscrivent dans **différentes échelles** : du discours personnel (lyrisme) à l'épique, du dramatique qui illustre la liberté de l'action au tragique qui la nie, du sérieux (didactique, polémique, oratoire) et des larmes (pathétique) au comique.

▶ Si la doctrine classique conseille l'**unité de ton** dans un discours, le **mélange des tonalités** est bien souvent la règle : il permet plus de variété dans les effets et est ainsi plus proche de la vie.

Exercices

1 Les différentes tonalités

1 La distinction entre les tonalités

Quelles sont les différentes tonalités représentées par les textes suivants ?

Texte 1

La ballade des pendus

Frères humains qui après nous vivez
N'ayez les cuers contre nous endurcis,
Car, se pitié de nous pouvres avez,
Dieu en aura plus tost de vous merciz ;
Vous nous voyez cy attachez cinq, six :
Quant de la chair, que trop avons nourrie,
Elle est piéça[1] dévorée et pourrie,
Et nous, les os, devenons cendre et pouldre.
De nostre mal personne ne s'en rie :
Mais priez Dieu que tous nous vueille absoudre !

FRANÇOIS VILLON, Épitaphe, *La ballade des pendus*

1. Depuis longtemps.

Texte 2

Quand vous serez grinds
Mes zinfints
Et que vous aurez une petite amie anglaise
Vous pourrez murmurer
À son oreille dénaturée
Ce vers, le plus beau de la langue française
Et qui vient tout droit du gallo-romain :
« Le geai gélatineux geignait dans le jasmin. »
Admirez comme
Voyelles et consonnes sont étroitement liées
Les zunes zappuyant les zuns de leurs zailes.
Admirez aussi, mes zinfints,
Ces gé à vif,
Ces gé sans fin,
Tous ces gé zingénus qui sonnent comme un glas :
Le geai géla... « Blaise ! Trois heures de retenue.
Motif :
Tape le rythme avec son soulier froid
Sur la tête nue de son voisin.
Me copierez cent fois :
Le geai gélatineux geignait dans le jasmin. »

RENÉ DE OBALDIA, *Innocentines*, Éd. Grasset, 1969

Texte 3

J'entrai avec ravissement dans le mois des tempêtes. Tantôt j'aurais voulu être un de ces guerriers errant au milieu des vents, des nuages et des fantômes ; tantôt j'enviais jusqu'au sort du pâtre que je voyais réchauffer ses mains à l'humble feu de broussailles qu'il avait allumé au coin d'un bois. J'écoutais ses chants mélancoliques, qui me rappelaient que dans tout pays le chant naturel de l'homme est triste, lors même qu'il exprime le bonheur. Notre cœur est un instrument incomplet, une lyre où il manque des cordes, et où nous sommes forcés de rendre les accents de la joie sur le ton consacré aux soupirs.

FRANÇOIS-RENÉ DE CHATEAUBRIAND, *René*

2 Le dramatique, le pathétique, le tragique

a. Quels éléments du texte prononcé, quels gestes accomplis contribuent à la tension dramatique de cette scène ?
b. Quelles émotions propres au pathétique peut ressentir le spectateur de cette scène ? À travers quels procédés de la poésie et du théâtre naissent ces émotions ?
c. En quoi le discours de Ruy Blas est-il un discours tragique ?

Ruy Blas vient d'avouer à la Reine d'Espagne qui en avait fait son favori qu'il n'est pas Don César, grand d'Espagne, mais un simple valet.

RUY BLAS, *toujours à genoux.*
Ayez pitié de moi, mon Dieu ! mon cœur se
[rompt !

LA REINE
Que voulez-vous ?

RUY BLAS, *joignant les mains.*
        Que vous me pardonniez,
[madame !

LA REINE
Jamais.

RUY BLAS
    Jamais !
Il se lève et marche lentement vers la table.
        Bien sûr ?

LA REINE
        Non, jamais !

Exercices

RUY BLAS
Il prend la fiole posée sur la table, la porte à ses lèvres et la vide d'un trait.

                    Triste flamme,
Éteins-toi !

LA REINE, *se levant et courant à lui.*
        Que fait-il ?

RUY BLAS, *posant la fiole.*
               Rien. Mes maux sont finis.
Rien. Vous me maudissez, et moi je vous bénis.
Voilà tout.

LA REINE, *éperdue.*
         Don César !

RUY BLAS
            Quand je pense, pauvre ange,
Que vous m'avez aimé !

LA REINE
              Quel est ce philtre étrange ?
Qu'avez-vous fait ? Dis-moi ! réponds-moi !
                    [parle-moi !
César ! je te pardonne et t'aime, et je te crois !

RUY BLAS
Je m'appelle Ruy Blas.

LA REINE, *l'entourant de ses bras.*
           Ruy Blas, je vous pardonne !
Mais qu'avez-vous fait là ? Parle, je te l'ordonne !
Ce n'est pas du poison, cette affreuse liqueur ?
Dis ?

RUY BLAS
    Si ! c'est du poison. Mais j'ai la joie au cœur.
Tenant la reine embrassée et levant les yeux au ciel.
Permettez, ô mon Dieu, justice souveraine,
Que ce pauvre laquais bénisse cette reine,
Car elle a consolé mon cœur crucifié,
Vivant, par son amour, mourant, par sa pitié !

LA REINE
Du poison ! Dieu ! c'est moi qui l'ai tué !
                     [— Je t'aime !
Si j'avais pardonné ?...

RUY BLAS, *défaillant.*
           J'aurais agi de même.
Sa voix s'éteint. La reine le soutient dans ses bras.
Je ne pouvais plus vivre. Adieu !
Montrant la porte.
                     Fuyez d'ici !
— Tout restera secret. — Je meurs.
Il tombe.

LA REINE, *se jetant sur son corps.*
              Ruy Blas !

RUY BLAS, *qui allait mourir, se réveille à son nom prononcé par la reine.*
                Merci !

VICTOR HUGO, *Ruy Blas*, V, 4

3 L'épique

À travers quels procédés (images, rythmes, symboles...) la « vision rouge de la révolution » prend-elle une dimension épique ?

Des bourgeois cachés dans une grange regardent passer l'émeute de mineurs en grève.

C'était la vision rouge de la révolution qui les emporterait tous, fatalement, par une soirée sanglante de cette fin de siècle. Oui, un soir, le peuple lâché, débridé, galoperait ainsi sur les chemins ; et il ruissellerait du sang des bourgeois, il promènerait des têtes, il sèmerait l'or des coffres éventrés. Les femmes hurleraient, les hommes auraient ces mâchoires de loups, ouvertes pour mordre. Oui, ce seraient les mêmes guenilles, le même tonnerre de gros sabots, la même cohue effroyable, de peau sale, d'haleine empestée, balayant le vieux monde, sous leur poussée débordante de barbares. Des incendies flamberaient, on ne laisserait pas debout une pierre des villes, on retournerait à la vie sauvage dans les bois, après la grande ripaille, où les pauvres, en une nuit, videraient les caves des riches. Il n'y aurait plus rien, plus un sou des fortunes, plus un titre des situations acquises, jusqu'au jour où une nouvelle terre repousserait peut-être. Oui, c'étaient ces choses qui passaient sur la route, comme une force de la nature, et ils en recevaient le vent terrible au visage. Un grand cri s'éleva, domina *la Marseillaise* : « Du pain ! du pain ! du pain ! »

ÉMILE ZOLA, *Germinal*, V, 5

4 Le lyrisme

a. Quelles émotions, quels sentiments sont suggérés par ces vers ?
b. Étudiez les marques du lyrisme (indices personnels, modalités de la phrase, lexique de l'affectivité, rythme et sonorités).

Les Pas

Tes pas, enfants de mon silence,
Saintement, lentement placés,
Vers le lit de ma vigilance
Procèdent muets et glacés.

Personne pure, ombre divine,
Qu'ils sont doux, tes pas retenus !
Dieux !... tous les dons que je devine
Viennent à moi sur ces pieds nus !

Si, de tes lèvres avancées,
Tu prépares pour l'apaiser,
À l'habitant de mes pensées
La nourriture d'un baiser,

Ne hâte pas cet acte tendre,
Douceur d'être et de n'être pas,
Car j'ai vécu de vous attendre,
Et mon cœur n'était que vos pas.

VALÉRY, « Les Pas », *Charmes*, Éd. Gallimard, 1922

5 Le comique

a. Analysez les procédés comiques en distinguant le comique verbal, l'absurde, la parodie, la caricature.
b. En quoi Molière fait-il preuve d'ironie ?

MONSIEUR DIAFOIRUS
Nous allons, Monsieur, prendre congé de vous.

ARGAN
Je vous prie, Monsieur, de me dire un peu comment je suis.

MONSIEUR DIAFOIRUS, *lui tâte le pouls.*
Allons, Thomas, prenez l'autre bras de Monsieur, pour voir si vous saurez porter un bon jugement de son pouls. *Quid dicis*[1] ?

THOMAS DIAFOIRUS
Dico[2] que le pouls de Monsieur est le pouls d'un homme qui ne se porte point bien.

MONSIEUR DIAFOIRUS
Bon.

THOMAS DIAFOIRUS
Qu'il est duriuscule[3], pour ne pas dire dur.

MONSIEUR DIAFOIRUS
Fort bien.

THOMAS DIAFOIRUS
Repoussant[4] !

MONSIEUR DIAFOIRUS
Bene[5].

THOMAS DIAFOIRUS
Et même un peu caprisant[6].

MONSIEUR DIAFOIRUS
Optime[7].

THOMAS DIAFOIRUS
Ce qui marque une intempérie[8] dans le *parenchyme splénique*[9], c'est-à-dire la rate.

MONSIEUR DIAFOIRUS
Fort bien.

ARGAN
Non : Monsieur Purgon[10] dit que c'est mon foie qui est malade.

MONSIEUR DIAFOIRUS
Eh ! oui : qui dit *parenchyme*, dit l'un et l'autre, à cause de l'étroite sympathie qu'ils ont ensemble, par le moyen du *vas breve du pylore*[11], et souvent des *méats cholidoques*[12]. Il vous ordonne sans doute de manger force rôti ?

ARGAN
Non, rien que du bouilli.

MONSIEUR DIAFOIRUS
Eh ! oui : rôti, bouilli, même chose. Il vous ordonne fort prudemment, et vous ne pouvez être en de meilleures mains.

ARGAN
Monsieur, combien est-ce qu'il faut mettre de grains de sel dans un œuf ?

MONSIEUR DIAFOIRUS
Six, huit, dix, par les nombres pairs ; comme dans les médicaments, par les nombres impairs.

ARGAN
Jusqu'au revoir, Monsieur.

MOLIÈRE, *Le Malade imaginaire*, II, 6

1. Qu'en dis-tu ? 2. Je dis. 3. Un peu dur. 4. Le pouls repousse le doigt qui le tâte. 5. Bien. 6. Irrégulier. 7. Très bien. 8. Un manque de mesure. 9. L'organe où afflue le sang comme les poumons ou la rate. 10. Le médecin habituel d'Argan. 11. Il fait communiquer l'estomac et le duodénum. 12. Ils conduisent la bile dans le duodénum.

6 Le didactique, le polémique, l'oratoire

a. Quel enseignement le Neveu de Rameau veut-il donner à son fils ? Quels passages du texte et quels procédés appartiennent au genre didactique ?
b. Dans quelle phrase le Neveu se livre-t-il à un début de polémique ?

Exercices

c. Quelles sont les marques de l'éloquence oratoire dans son discours ? En quoi la pantomime évoquée par le Neveu contribue-t-elle à son éloquence ?

> De l'or, de l'or. L'or est tout ; et le reste, sans or, n'est rien. Aussi, au lieu de lui[1] farcir la tête de belles maximes qu'il faudrait qu'il oubliât, sous peine de n'être qu'un gueux ; lorsque je possède un louis, ce qui ne m'arrive pas souvent, je me plante devant lui. Je tire le louis de ma poche. Je le lui montre avec admiration. J'élève les yeux au ciel. Je baise le louis devant lui. Et pour lui faire entendre mieux encore l'importance de la pièce sacrée, je lui bégaye de la voix ; je lui désigne du doigt tout ce qu'on en peut acquérir, un beau fourreau[2], un beau toquet[3], un bon biscuit. Ensuite je mets le louis dans ma poche. Je me promène avec fierté ; je relève la basque de ma veste ; je frappe de la main sur mon gousset ; et c'est ainsi que je lui fais concevoir que c'est du louis qui est là, que naît l'assurance qu'il me voit [...]
> Je veux que mon fils soit heureux ; ou ce qui revient au même honoré, riche et puissant. Je connais un peu les voies les plus faciles d'arriver à ce but ; et je les lui enseignerai de bonne heure. Si vous me blâmez, vous autres sages, la multitude et le succès m'absoudront. Il aura de l'or ; c'est moi qui vous le dis. S'il en a beaucoup, rien ne lui manquera, pas même votre estime et votre respect.
>
> DENIS DIDEROT, *Le Neveu de Rameau*

1. Le fils du Neveu. 2. Un vêtement. 3. Un chapeau.

2 Le mélange des tonalités

7 Les effets du mélange des tons

a. Quelles tonalités se mêlent dans ce poème ?
b. Quels sont les effets de ce mélange ?

Ma Bohème
(Fantaisie)

> Je m'en allais, les poings dans mes poches crevées ;
> Mon paletot aussi devenait idéal ;
> J'allais sous le ciel, Muse ! et j'étais ton féal[1] ;
> Oh ! là ! là ! que d'amours splendides j'ai rêvées !
>
> Mon unique culotte avait un large trou.
> — Petit-Poucet rêveur, j'égrenais dans ma course
> Des rimes. Mon auberge était à la Grande-Ourse.
> — Mes étoiles au ciel avaient un doux frou-frou.
>
> Et je les écoutais, assis au bord des routes,
> Ces bons soirs de septembre où je sentais des [gouttes
> De rosée à mon front, comme un vin de vigueur ;
>
> Où, rimant au milieu des ombres fantastiques,
> Comme des lyres, je tirais les élastiques
> De mes souliers blessés, un pied près de mon cœur !
>
> ARTHUR RIMBAUD, « Ma Bohême », *Poésies*

1. Ton serviteur loyal (vocabulaire de la poésie courtoise).

8 Comique ou tragique ?

a. Quelles tonalités pouvez-vous distinguer ?
b. Quelles sont les intentions et les effets de ce délire verbal ? Ce monologue est-il comique ou tragique ?

Lucky est l'esclave de Pozzo qui le tient en laisse et lui donne des ordres divers. Il lui demande de penser...

> LUCKY *(débit monotone).* — Étant donné l'existence telle qu'elle jaillit des récents travaux publics de Poinçon et Wattmann d'un Dieu personnel quaquaquaqua à barbe blanche quaqua hors du temps de l'étendue qui du haut de sa divine apathie sa divine athambie sa divine aphasie nous aime bien à quelques exceptions près on ne sait pourquoi mais ça viendra et souffre à l'instar de la divine Miranda avec ceux qui sont on ne sait pourquoi mais on a le temps dans le tourment dans les feux dont les feux les flammes pour peu que ça dure encore un peu et qui peut en douter mettront à la fin le feu aux poutres assavoir porteront l'enfer aux nues si bleues par moments encore aujourd'hui et calmes si calmes d'un calme qui pour être intermittent n'en est pas moins le bienvenu mais n'anticipons pas et attendu d'autre part qu'à la suite des recherches inachevées n'anticipons pas des recherches inachevées mais néanmoins couronnées par l'Acacacacadémie d'Anthropopopométrie de Berne-en-Bresse de Testu et Conard il est établi [...] que l'homme enfin bref que l'homme en bref enfin malgré les progrès de l'alimentation et de l'élimination des déchets est en train de maigrir [...]
>
> SAMUEL BECKETT, *En attendant Godot*, Éd. de Minuit, 1953

Exercices

1. Distinguez les tonalités employées dans ce poème et les procédés qui les caractérisent.
2. Vous montrerez que ces différentes tonalités concourent à la vigueur d'une dénonciation.

Un enfant est tué, le 4 décembre 1851, lors du coup d'État de Louis-Napoléon Bonaparte. Victor Hugo qui a assisté à la veillée funèbre, raconte.

Souvenir de la nuit de 4

L'enfant avait reçu deux balles dans la tête.
Le logis était propre, humble, paisible, honnête ;
On voyait un rameau bénit sur un portrait.
Une vieille grand-mère était là qui pleurait.
Nous le déshabillions en silence. Sa bouche,
Pâle, s'ouvrait ; la mort noyait son œil farouche ;
Ses bras pendants semblaient demander des appuis.
Il avait dans sa poche une toupie en buis.
On pouvait mettre un doigt dans le trou de ses plaies.
Avez-vous vu saigner la mûre dans les haies ?
Son crâne était ouvert comme un bois qui se fend.
L'aïeule regarda déshabiller l'enfant,
Disant : — Comme il est blanc ! approchez donc
[la lampe.
Dieu ! ses pauvres cheveux sont collés sur sa
[tempe ! —
Et quand ce fut fini, le prit sur ses genoux.
La nuit était lugubre ; on entendait des coups
De fusil dans la rue où l'on en tuait d'autres.
— Il faut ensevelir l'enfant, dirent les nôtres.
Et l'on prit un drap blanc dans l'armoire en noyer.
L'aïeule cependant l'approchait du foyer,
Comme pour réchauffer ses membres déjà roides.
Hélas ! ce que la mort touche des ses mains froides
Ne se réchauffe plus aux foyers d'ici-bas !
Elle pencha la tête et lui tira ses bas,
Et dans ses vieilles mains prit les pieds du cadavre.
— Est-ce que ce n'est pas une chose qui navre !
Cria-t-elle ; monsieur, il n'avait pas huit ans !
Ses maîtres, il allait en classe, étaient contents.
Monsieur, quand il fallait que je fisse une lettre,

C'est lui qui l'écrivait. Est-ce qu'on va se mettre
À tuer les enfants maintenant ? Ah ! mon Dieu !
On est donc des brigands ? Je vous demande un peu,
Il jouait ce matin, là, devant la fenêtre !
Dire qu'ils m'ont tué ce pauvre petit être !
Il passait dans la rue, ils ont tiré dessus.
Monsieur, il était bon et doux comme un Jésus.
Moi je suis vieille, il est tout simple que je parte ;
Cela n'aurait rien fait à monsieur Bonaparte
De me tuer au lieu de tuer mon enfant ! —
Elle s'interrompit, les sanglots l'étouffant,
Puis elle dit, et tous pleuraient près de l'aïeule :
— Que vais-je devenir à présent toute seule ?
Expliquez-moi cela, vous autres, aujourd'hui.
Hélas ! je n'avais plus de sa mère que lui.
Pourquoi l'a-t-on tué ? je veux qu'on me l'explique.
L'enfant n'a pas crié Vive la République ! —
Nous nous taisions, debout et graves, chapeau bas,
Tremblant devant ce deuil qu'on ne console pas.

Vous ne compreniez point, mère, la politique.
Monsieur Napoléon, c'est son nom authentique,
Est pauvre, et même prince ; il aime les palais ;
Il lui convient d'avoir des chevaux, des valets,
De l'argent pour son jeu, sa table, son alcôve,
Ses chasses ; par la même occasion, il sauve
La famille, l'église et la société ;
Il veut avoir Saint-Cloud plein de roses l'été,
Où viendront l'adorer les préfets et les maires ;
C'est pour cela qu'il faut que les vieilles
[grand'mères,
De leurs pauvres doigts gris que fait trembler
[le temps,
Cousent dans le linceul des enfants de sept ans.

Victor Hugo, Châtiments, II, 3

La narration et la description

Lecture et analyse

Entrée d'un élégant

M. de Bargeton épia comme une chatte soupçonneuse les moindres mouvements de Lucien qui troublait son repos. Chacun d'eux avait peur de l'autre.

« Aurait-il conçu des soupçons sur mes assiduités ? pensa Lucien, car il paraît m'être bien hostile ! »

En ce moment, heureusement pour Lucien fort embarrassé de soutenir les regards inquiets avec lesquels M. de Bargeton l'examinait allant et venant, le vieux domestique, qui avait mis une livrée, annonça du Châtelet. Le baron entra fort aisément, salua son ami Bargeton, et fit à Lucien une petite inclination de tête qui était alors à la mode, mais que le poète trouva financièrement impertinente. Sixte du Châtelet portait un pantalon d'une blancheur éblouissante, à sous-pieds intérieurs qui le maintenaient dans ses plis. Il avait des souliers fins et des bas de fil écossais. Sur son gilet blanc flottait le ruban noir de son lorgnon. Enfin son habit noir se recommandait par une coupe et une forme parisiennes. C'était bien le bellâtre que ses antécédents annonçaient ; mais l'âge l'avait déjà doté d'un petit ventre rond assez difficile à contenir dans les bornes de l'élégance. Il teignait ses cheveux et ses favoris blanchis par les souffrances de son voyage, ce qui lui donnait un air dur. Son teint autrefois très délicat avait pris la couleur cuivrée des gens qui reviennent des Indes.

BALZAC, *Illusions perdues*, 1re Partie

Du récit au portrait

▶ **Les marques de la narration.** La première partie du texte est une narration (l. 1 à 9). Les actions des personnages sont rapportées au **passé simple** : *épia, annonça, salua, trouva...* La précision temporelle *en ce moment*, la progression de *annonça* à *entra*, sont les jalons qui marquent le **déroulement de l'action et sa durée**.

▶ **Un portrait.** La deuxième partie du texte est une **description**, plus précisément un portrait (l. 9 à 18), centré sur le personnage de M. du Châtelet. Les notations sur son apparence physique sont rapportées à l'**imparfait** (*portait, flottait, se teignait*) ou au **plus-que-parfait** (*l'avait doté, avait pris*). La narration est interrompue ; le personnage semble immobilisé. Ce portrait renseigne le lecteur sur la situation sociale du personnage, sur le caractère que suppose cette stricte élégance, et laisse deviner la supériorité du baron sur les autres invités.

▶ **L'importance du point de vue.** Le narrateur choisit des angles, des perspectives, des **points de vue variés** pour raconter et décrire. Dans le récit, l'accent est mis d'abord sur le point de vue de M. de Bargeton, puis on partage le point de vue de Lucien (*pensa Lucien ; heureusement pour Lucien fort embarrassé*). Dans le portrait, du Châtelet est décrit au moment où il est censé faire son entrée dans le salon : on peut penser que la description correspond au regard que les autres personnages portent sur lui. Pourtant, le narrateur ajoute, au sujet du baron, des informations que les invités ne peuvent pas connaître : *que ses antécédents annonçaient, blanchis par les souffrances de son voyage, autrefois très délicat*. Ces différents angles de vue assurent la **dynamique** du texte en multipliant les perspectives.

Leçon

1. *La* **narration**

Une narration (du verbe *narrer* = raconter) rend compte du déroulement d'une action ; elle le fait par l'intermédiaire d'un narrateur.

Un déroulement

▶ Un récit inscrit les faits qu'il rapporte dans une **temporalité** (il y a un début, un milieu, une fin). Cette temporalité se révèle par la présence d'indicateurs de temps : adverbes *(puis, soudain...)*, marques chronologiques *(trois jours plus tard...)*. La variation des temps verbaux assure la **progression** et la **mise en perspective** des faits les uns par rapport aux autres. Les changements de lieu peuvent aussi souligner une évolution dans le temps.

▶ Puisqu'elle reconstitue généralement une suite d'événements, une narration comprend souvent de nombreux **verbes d'action**.

▶ Une narration peut rapporter les faits en même temps (ou presque) qu'ils se déroulent. Cet effet de **simultanéité** existe par exemple dans le journal intime ou le reportage d'actualité.

▶ Une narration peut aussi être faite après (même longtemps après) les faits. Ce mode de narration **rétrospectif** est le plus fréquent.

➢ Exercices 1, 2

Un narrateur

▶ Il y a narration lorsque des faits sont rapportés par la voix d'un narrateur.

▶ On ne confondra pas l'auteur et le narrateur : l'auteur est l'écrivain qui signe le livre ; le **narrateur** est celui qui **raconte l'histoire**.

Dans *La vie devant soi*, Momo, un jeune garçon, raconte ses aventures ; c'est le narrateur. L'auteur, lui, est Romain Gary ; il a soixante et un ans quand il écrit ce livre sous le nom d'Émile Ajar.

▶ Pour tout ce qui touche à la narration, à son organisation, à son énonciation, il convient de se référer toujours au narrateur.

▶ Selon le mode de narration adopté, la présence du narrateur dans le récit est plus ou moins perceptible :

– **le récit** est conduit à la **première personne** par un « je » qui raconte : le narrateur est clairement identifiable.

*Du temps que j'étais écolier,
J'e restais un soir à veiller
Dans notre salle solitaire.*

Musset

– **le récit** n'est pas à la première personne mais à **la troisième** ; toutefois le narrateur signale sa **présence**. Il interpelle parfois le lecteur, il formule des jugements subjectifs. Les marques de l'énonciation apparaissent : les pronoms *je, vous*, les modalisateurs *sans doute, certainement* (➢ Chapitre 10).

Se battre, c'est-à-dire désobéir à la loi, c'est-à-dire risquer sa tête, c'est-à-dire se faire d'un seul coup l'ennemi d'un ministre plus puissant que le roi lui-même : voilà ce qu'entrevit le jeune homme, et disons-le, à sa louange, il n'hésita point une seconde.

Alexandre Dumas

– **le narrateur** semble **absent** : le lecteur a l'impression que l'histoire se construit « toute seule » au cours de sa lecture, sans intermédiaire. Les indices de l'énonciation sont absents. C'est le cas de nombreux récits à la troisième personne.

➢ Exercice 3

La composition du récit

▶ Une narration présente les faits qu'elle rapporte dans un ordre particulier, qui n'est pas toujours chronologique. Le **jeu sur la chronologie** permet de hiérarchiser les faits, d'en mettre certains en valeur et donne son rythme à la narration.

▶ Un récit est rarement composé d'une narration seule. On peut trouver associée au narratif une partie **descriptive** qui introduit une pause et permet de représenter l'espace et les personnages.

▶ Parfois une analyse ou un **commentaire** généralisant vient interrompre le cours de la narration. Sa fonction peut être explicative, ou émotive, ou ironique. Ces pauses créent parfois un effet de retardement nécessaire au suspens.

▶ Enfin, un récit comporte souvent des **paroles rapportées**, au style direct, indirect ou indirect libre (➢ Chapitre 10).

➢ Exercices 4, 5

Lire et comprendre **un texte**

2 La description

Des éléments perçus dans l'espace

▶ Alors que la narration inscrit des faits dans la durée, la description consiste à représenter ce qui se situe dans l'espace. Une description indique au lecteur les propriétés, les caractères d'une scène, d'un objet, d'un lieu, d'un personnage. Dans ce dernier cas, la description est appelée **portrait**.

▶ Liée à l'espace, la description comporte de nombreux d'éléments **d'ordre visuel** : volumes, formes, couleurs, et pour le portrait, aspect physique, vêtement. Elle met en jeu des perceptions, des sensations. Souvent, des métaphores ou des comparaisons aident à la représentation.

➤ Exercice 6

Une organisation

▶ La description peut aller du plan général au détail comme si elle suivait le regard d'un observateur, ou, au contraire, élargir le champ à partir d'un point précis. La localisation des éléments décrits conduit à utiliser dans la description de nombreux repères spatiaux : *à droite, en face, plus loin*.

▶ Le plus souvent une séquence descriptive intègre des passages **narratifs**.

> *Un jour, sur ses longs pieds, allait je ne sais où,*
> *Le héron au long bec emmanché d'un long cou.*
> *Il côtoyait une rivière.*
>
> La Fontaine

▶ La description peut s'accompagner de jugements ou de réflexions. C'est le cas par exemple du **portrait psychologique** qui s'organise parfois comme un récit (comportement du personnage, retour sur son passé) mais fait aussi l'objet d'une analyse.

➤ Exercice 7

Les fonctions de la description

▶ **Une fonction ornementale** : la description peut se présenter comme un tableau, considéré pour son seul **intérêt esthétique**. Elle forme un fragment autonome que l'on pourrait facilement retrancher. Dans le roman, ce cas est rare depuis le XIXᵉ siècle, où l'on cherche à insérer de façon vraisemblable la description dans le cours du récit.

▶ **Une fonction documentaire et explicative** :
– la description informe le lecteur sur les lieux et les personnages, sur le cadre où se situe une action. Elle permet d'ancrer ce qui est raconté dans une **époque**, dans un **milieu**, dans un **espace** précis.
– en utilisant le seul domaine de l'apparence et du matériel, elle a aussi la capacité de faire comprendre la **psychologie** d'un personnage, les raisons d'une **intrigue**, d'une **situation**.

> Les descriptions de lieux dans les romans de Balzac consistent à mettre en place dès le début les éléments nécessaires chargés d'expliquer l'histoire qui va se dérouler.

▶ **Une fonction métaphorique et symbolique** :
– la description peut aussi être interprétée, au-delà de ce qu'elle représente, comme l'image d'une **autre réalité** ;

> *Un soir je la trouvai religieusement pensive devant un coucher de soleil qui rougissait si voluptueusement les cimes en laissant voir la vallée comme un lit, qu'il était impossible de ne pas écouter la voix de cet éternel Cantique des Cantiques, par lequel la nature convie ses créatures à l'amour.*
>
> Balzac

> La nature décrite ici est considérée comme une métaphore de l'amour.

– le rôle symbolique de la description apparaît aussi lorsqu'un cas particulier est utilisé comme équivalent d'un cas général.

> Au-delà de l'individu qu'il décrit, un portrait de La Bruyère renvoie à une catégorie sociale tout entière ou à un type humain.

➤ Exercices 8, 9

3 Le jeu sur le point de vue

Devant une narration à la troisième personne, comme devant une description, il importe de savoir **quelle position occupe le narrateur** par rapport à ce qu'il raconte ou à ce qu'il décrit. « Modes de vision » ou « points de vue » désignent cette perspective, cet angle, selon lequel est conduit le récit. On parle aussi de « focalisation ».

Leçon

Le point de vue (ou focalisation) externe

▶ Les événements, les lieux, les personnages sont vus de l'**extérieur**. La subjectivité est absente. Les faits sont « enregistrés » de façon neutre et objective. Le lecteur ne dispose que de ces éléments.

Et la lourde machine se mit en route.
Elle descendit la rue Grand-Pont, traversa la place des Arts, le quai Napoléon, le pont Neuf et s'arrêta court devant la statue de Pierre Corneille.
— Continuez ! fit une voix qui sortait de l'intérieur.
La voiture repartit, et, se laissant, dès le carrefour La Fayette, emporter par la descente, elle entra au grand galop dans la gare du chemin de fer.

FLAUBERT

Le point de vue (ou focalisation) interne

▶ Le récit et la description passent par le regard et la conscience d'un personnage. Le lecteur partage ses perceptions, ses émotions, ses pensées. Ce point de vue lui permet de comprendre le personnage « **de l'intérieur** », et favorise le phénomène d'**identification**.

Fabrice s'aperçut que de cette grande hauteur, son regard plongeait sur les jardins, et même sur la cour intérieure du château de son père. Il l'avait oublié. L'idée de ce père arrivant aux bornes de la vie changeait tous ses sentiments.

STENDHAL

Le point de vue omniscient (ou focalisation zéro)

Ce point de vue ou focalisation zéro correspond à une **absence de focalisation**.

▶ La perception est **illimitée**. Le narrateur sait tout, il voit tout, il révèle le passé et l'avenir de ses personnages, leurs pensées. Le lecteur partage ce savoir. Ce point de vue lui donne l'impression de maîtriser toutes les données du récit.

Ce prince était galant, bien fait et amoureux ; quoique sa passion pour Diane de Poitiers, duchesse de Valentinois, eût commencé il y avait plus de vingt ans, elle n'en était pas moins violente, et il n'en donnait pas des témoignages moins éclatants.

MME DE LA FAYETTE

▶ En général, ces différents points de vue **alternent**. Dans un roman où le point de vue omniscient domine, une scène peut être racontée selon un point de vue externe (apparition d'un personnage inconnu, début de chapitre plaçant le lecteur au milieu d'une action déjà commencée). Le point de vue interne lui-même peut glisser d'un personnage à un autre.

Le jeu des regards dans une scène de rencontre peut être rendu par cette alternance.

➤ EXERCICES 10 À 14

☞ L'essentiel ☜

▶ Une **narration** présente une action qui se développe dans le **temps**. Un narrateur prend en charge la narration en manifestant sa présence de façon plus ou moins sensible. La structure de la narration dépend de l'**ordre** de présentation des faits, de la **longueur** du récit par rapport aux événements racontés, de la présence d'éléments descriptifs ou de paroles rapportées.

▶ Une **description** représente des éléments tels qu'on les perçoit dans l'**espace**. Elle s'organise par plans successifs selon des choix variés. Elle se fond parfois dans la narration. Une description est rarement un simple motif décoratif ; elle a aussi pour rôle de situer, faire comprendre, transmettre une idée.

▶ Le **point de vue** est la perspective ou l'optique suivant laquelle le récit et la description sont présentés : soit les faits sont montrés de l'**extérieur**, sans interprétation ; soit ils sont perçus à travers le regard et la subjectivité d'un **personnage** ; soit ils sont accompagnés de tout le savoir du **narrateur**. Les variations de points de vue permettent de diversifier les approches du lecteur et de renouveler son intérêt.

*Lire et comprendre **un texte***

Exercices

1 La narration

1 Une scène d'action

a. Relevez les verbes qui expriment à chaque fois une circonstance nouvelle de l'action.
b. Relevez les marques de temps.
c. Relevez les indications de lieu.
d. À partir de là, retrouvez les caractères principaux d'une narration.

> Il arriva à Verrières un dimanche matin. Il entra chez l'armurier du pays, qui l'accabla de compliments sur sa récente fortune. C'était la nouvelle du pays.
> Julien eut beaucoup de peine à lui faire comprendre qu'il voulait une paire de pistolets. L'armurier sur sa demande chargea les pistolets.
> Les *trois coups* sonnaient ; c'est un signal bien connu dans les villages de France, et qui, après les diverses sonneries de la matinée, annonce le commencement immédiat de la messe.
> Julien entra dans l'église neuve de Verrières. Toutes les fenêtres hautes de l'édifice étaient voilées avec des rideaux cramoisis. Julien se trouva à quelques pas derrière le banc de madame de Rênal. Il lui sembla qu'elle priait avec ferveur. La vue de cette femme qui l'avait tant aimé fit trembler le bras de Julien d'une telle façon qu'il ne put d'abord exécuter son dessein. Je ne le puis se disait-il à lui-même ; physiquement, je ne le puis.
> En ce moment, le jeune clerc qui servait la messe sonna pour *l'élévation*. Madame de Rênal baissa la tête qui un instant se trouva presque entièrement caché par les plis de son châle. Julien ne la reconnaissait plus aussi bien ; il tira sur elle un coup de pistolet et la manqua ; il tira un second coup, elle tomba.
>
> STENDHAL, *Le Rouge et le Noir*, Chapitre XXXV

2 Le choix de la narration

Comparez les deux modes de narration employés dans les extraits suivants.
a. Observez les temps grammaticaux et les indices temporels. Quand l'histoire est-elle racontée par rapport aux faits rapportés ?
b. Quels effets ces choix narratifs produisent-ils sur le lecteur ?

Texte 1

> Donc, il y a eu un an l'automne dernier, je fus pris tout à coup de malaises bizarres et inexplicables. Ce fut d'abord une sorte d'inquiétude nerveuse qui me tenait en éveil des nuits entières, une telle surexcitation que le moindre bruit me faisait tressaillir. Mon humeur s'aigrit. J'avais des colères subites inexplicables. J'appelai un médecin qui m'ordonna du bromure de potassium et des douches.
>
> MAUPASSANT, *Le Horla*, Première version

Texte 2

> *16 mai* — Je suis malade, décidément ! Je me portais si bien le mois dernier ! J'ai la fièvre, une fièvre atroce, ou plutôt un énervement fiévreux, qui rend mon âme aussi souffrante que mon corps. J'ai sans cesse cette sensation affreuse d'un danger menaçant, cette appréhension d'un malheur qui vient ou de la mort qui approche, ce pressentiment qui est sans doute l'atteinte d'un mal encore inconnu, germant dans le sang et dans la chair.
>
> *18 mai* — Je viens d'aller consulter mon médecin, car je ne pouvais plus dormir. Il m'a trouvé le pouls rapide, l'œil dilaté, les nerfs vibrants, mais sans aucun symptôme alarmant. Je dois me soumettre aux douches et boire du bromure de potassium.
>
> MAUPASSANT, *Le Horla*, Seconde version

3 Identifier le narrateur

Relevez les indices par lesquels le narrateur révèle sa présence dans ce récit.

> Certaine fille, un peu trop fière,
> Prétendait trouver un mari
> Jeune, bien fait et beau, d'agréable manière ;
> Point froid et point jaloux ; notez ces deux points-ci.
> Cette fille voulait aussi
> Qu'il eût du bien, de la naissance,
> De l'esprit, enfin tout. Mais qui peut tout avoir ?
>
> LA FONTAINE, *Fables*, Livre VII, Fable 5

Lire et comprendre **un texte**

Exercices

4 La chronologie

Ce récit suit-il l'ordre chronologique des événements ? Placez sur l'axe du temps les faits dans l'ordre où ils se sont déroulés et indiquez les passages du texte qui leur correspondent.

VANNES. — Deux hommes dont le bateau de plaisance avait chaviré ont pu être récupérés par les sauveteurs après avoir dérivé trois heures à bord de leur canot de survie, durant la nuit de mercredi à jeudi, au large de La Rochelle (Charente-Maritime). Peu après 3 h, les deux occupants du voilier « Vérily », immatriculé au Havre, avaient envoyé un appel de détresse. Une vedette de pilotage et une vedette des douanes, ainsi qu'un zodiac des pompiers ont découvert une heure plus tard le voilier échoué, sans personne à bord, près du phare du Chauveau, au sud est de l'île de Ré. Mais les sauveteurs ont alors aperçu une nouvelle fusée de détresse, et découvert dans leur radeau de survie les deux hommes, qui ont pu être hélitreuillés et déposés, sains et saufs, à l'hôpital de La Rochelle.

Le Maine libre, Vendredi 12 août 1994

5 Les composantes du récit

Distinguez les éléments qui composent ce récit : la narration proprement dite, les paroles rapportées, le commentaire du narrateur, la description. Quels sont les effets produits par cette variété ?

Le lendemain, à l'aube, la mère entendit quelqu'un traverser sa chambre en courant. Elle eut comme un pressentiment :
— Jan, c'est toi ?
Jan ne répond pas ; il est déjà dans l'escalier. Vite, vite la mère se lève :
— Jan, où vas-tu ?
Il monte au grenier, elle monte derrière lui :
— Mon fils, au nom du ciel !
Il ferme la porte et tire le verrou.
— Jan, mon Janet, réponds-moi que vas-tu faire ?
À tâtons, de ses vieilles mains qui tremblent, elle cherche le loquet. Une fenêtre qui s'ouvre, le bruit d'un corps sur les dalles de la cour, et c'est tout...
Il s'était dit, le pauvre enfant : « Je l'aime trop. Je m'en vais... » Ah ! misérables cœurs que nous sommes ! C'est un peu fort pourtant que le mépris ne puisse pas tuer l'amour !...

Ce matin-là, les gens du village se demandèrent qui pouvait crier ainsi, là-bas, du côté du mas d'Estève.
C'était, dans la cour, devant la table de pierre couverte de rosée et de sang, la mère toute nue qui se lamentait, avec son enfant mort sur ses bras.

ALPHONSE DAUDET, *Lettres de mon moulin*, L'Arlésienne

2 La description

6 Un tableau

Relevez dans cet extrait tous les éléments visuels qui composent la description : évocation des couleurs, des formes, des mouvements.

Sans bruit, sur le miroir des lacs profonds et calmes
Le cygne chasse l'onde avec ses larges palmes
Et glisse. Le duvet de ses flancs est pareil
À des neiges d'Avril qui croulent au soleil.
Mais ferme, et d'un blanc mat, vibrant sous [le zéphire,
Sa grande aile l'entraîne ainsi qu'un lent navire.
Il dresse son beau col au-dessus des roseaux,
Le plonge, le promène allongé sur les eaux,
Le courbe gracieux comme un profil d'acanthe,
Et cache son bec noir dans sa gorge éclatante.
Tantôt le long des pins, séjour d'ombre et de paix,
Il serpente et, laissant les herbages épais
Traîner derrière lui comme une chevelure,
Il va, d'une tardive et languissante allure.

SULLY-PRUDHOMME, *Les solitudes*, « Le cygne »

7 L'organisation du portrait

a. Observez chaque paragraphe. À quel sujet chacun est-il particulièrement consacré ?
b. À partir de ces observations, dégagez le plan du portrait.

Cosette était maigre et blême ; elle avait près de huit ans, on lui en eût donné à peine six. Ses grands yeux enfoncés dans une sorte d'ombre profonde étaient presque éteints à force d'avoir pleuré. Les coins de sa bouche avaient cette courbe de l'angoisse habituelle, qu'on observe chez les condamnés et chez les malades désespérés. Ses mains étaient, comme sa mère l'avait deviné, «perdues d'engelures». Le feu qui l'éclairait en ce moment faisait saillir les angles de ses os et rendait sa maigreur affreusement visible. Comme elle grelottait toujours, elle avait pris l'habitude de serrer ses deux genoux l'un contre l'autre.

Tout son vêtement n'était qu'un haillon qui eût fait pitié l'été et qui faisait horreur l'hiver. Elle n'avait sur elle que de la toile trouée ; pas un chiffon de laine. On voyait sa peau çà et là, et l'on y distinguait partout des taches bleues ou noires qui indiquaient les endroits où la Thénardier l'avait touchée. Ses jambes nues étaient rouges et grêles. Le creux de ses clavicules était à faire pleurer.

Toute la personne de cette enfant, son allure, son attitude, le son de sa voix, ses intervalles entre un mot et l'autre, son regard, son silence, son moindre geste, exprimaient et traduisaient une seule idée : la crainte.

Victor Hugo, *Les Misérables*, 2ᵉ Partie, III, 8

8 Fonction de la description

a. Relevez les champs lexicaux dominants dans le début de cet extrait (jusqu'à *pleine de malice*).
b. À partir de là, un autre champ lexical apparaît. Lequel ?
c. Qu'en déduisez-vous sur la fonction donnée ici à la description ?

Au physique, Grandet était un homme de cinq pieds, trapu, carré, ayant des mollets de douze pouces de circonférence, des rotules noueuses et de larges épaules ; son visage était rond, tanné, marqué de petite vérole ; son menton était droit, ses lèvres n'offraient aucune sinuosité, et ses dents étaient blanches ; ses yeux avaient l'expression calme et dévoratrice que le peuple accorde au basilic ; son front, plein de rides transversales, ne manquait pas de protubérances significatives ; ses cheveux jaunâtres et grisonnants étaient blanc et or, disaient quelques jeunes gens qui ne connaissaient pas la gravité d'une plaisanterie faite sur M. Grandet. Son nez, gros par le bout, supportait une loupe veinée que le vulgaire disait, non sans raison, pleine de malice. Cette figure annonçait une finesse dangereuse, une probité sans chaleur, l'égoïsme d'un homme habitué à concentrer ses sentiments dans la jouissance de l'avarice et sur le seul être qui lui fût réellement de quelque chose, sa fille Eugénie, sa seule héritière. Attitude, manières, démarche, tout en lui, d'ailleurs, attestait cette croyance en soi que donne l'habitude d'avoir toujours réussi dans ses entreprises.

Balzac, *Eugénie Grandet*

9 Un rôle symbolique

Analysez les éléments qui composent cette description en montrant :
a. qu'elle situe professionnellement le personnage ;
b. qu'on peut l'interpréter comme la représentation symbolique d'un type social et d'un caractère.

Le cabinet du docteur Dinteville : une table d'examen, un bureau métallique, presque nu, avec seulement un téléphone, une lampe articulée, un bloc d'ordonnances, un stylo d'acier mat dans la rainure d'un encrier de marbre ; un petit divan tendu de cuir jaune, surmonté d'une grande reproduction de Vasarely, deux plantes grasses de chaque côté de la fenêtre, surgissant, proliférantes et larges, de deux cache-pots de raphia tressé ; un meuble à étagères dont la plaque supérieure supporte quelques instruments, un stéthoscope, un distributeur de coton en métal chromé, une petite bouteille d'alcool à quatre-vingt-dix degrés ; et sur tout le mur de droite des panneaux de métal brillant dissimulant divers appareillages médicaux et les placards où le médecin range ses instruments, ses dossiers et ses produits pharmaceutiques.

Georges Pérec, *La vie mode d'emploi*, Éd. Hachette 1978

Exercices

3 Le jeu sur le point de vue

10 Le point de vue interne

Relevez dans ce texte les éléments qui indiquent que le récit est conduit du point de vue du personnage.

Texte 1

Elle descendit au salon. Il était sombre derrière ses volets fermés et elle fut quelque temps avant d'y rien distinguer ; puis, son regard s'habituant à l'obscurité, elle reconnut peu à peu les hautes tapisseries où se promenaient des oiseaux. Deux fauteuils étaient restés devant la cheminée comme si on venait de les quitter ; et l'odeur même de la pièce, une odeur qu'elle avait toujours gardée, comme les êtres ont la leur, une odeur vague, bien reconnaissable cependant, douce senteur indécise des vieux appartements, pénétrait Jeanne, l'enveloppait de souvenirs, grisait sa mémoire.

GUY DE MAUPASSANT, *Une vie*, Chapitre XIV

11 Un point de vue limité

a. Relevez tous les éléments qui créent un effet de découverte progressive.
b. Observez les déterminants (adjectifs, pronoms, articles). Que disent-ils sur le savoir de l'observateur ?
c. Selon quel point de vue le récit est-il conduit ?

Il pouvait être cinq heures après minuit. Le batelier vit venir dans l'obscurité, par le chemin qui est à gauche de l'église, deux hommes qui allaient à pied, de ça, de là, comme inquiets ; après quoi il en parut deux autres, et enfin trois ; en tout sept. Un seul était à cheval. Il faisait nuit assez noire. Dans toutes les maisons qui regardent le Tibre, il n'y avait plus qu'une seule fenêtre éclairée. Les sept hommes s'approchèrent du bord de l'eau. Celui qui était monté tourna la croupe de son cheval du côté du Tibre, et alors le batelier vit distinctement sur cette croupe des jambes qui pendaient d'un côté, une tête et des bras de l'autre — le cadavre d'un homme.

VICTOR HUGO, *Lucrèce Borgia*, Acte I, Scène 1

12 Les différents modes de focalisation

Distinguez le mode de focalisation adopté dans les extraits suivants. Justifiez votre choix par des analyses précises.

Texte 1

En 1809, Mme Descoings, qui ne disait point son âge, avait soixante-cinq ans. Nommée dans son temps la belle épicière, elle était une de ces femmes si rares que le temps respecte, et devait à une excellente constitution le privilège de garder une beauté qui néanmoins ne soutenait pas un examen sérieux.

BALZAC, *La Rabouilleuse*

Texte 2

— Veux-tu lire ce qu'il y a d'écrit au-dessus de ta partition ? demanda la dame.
— Moderato cantabile, dit l'enfant.
La dame ponctua cette réponse d'un coup de crayon sur le clavier. L'enfant resta immobile, la tête tournée vers sa partition.
— Et qu'est-ce que ça veut dire, moderato cantabile ?
— Je sais pas.
Une femme, assise à trois mètres de là, soupira.

MARGUERITE DURAS, *Moderato cantabile*,
Éd. de Minuit, 1958

Texte 3

Le matin du 16 avril, le docteur Bernard Rieux sortit de son cabinet et buta sur un rat mort, au milieu du palier. Sur le moment, il écarta la bête et descendit l'escalier. Mais, arrivé dans la rue, la pensée lui vint que ce rat n'était pas à sa place et il retourna sur ses pas pour avertir le concierge.

ALBERT CAMUS, *La Peste*,
Éd. Gallimard, 1947

Lire et comprendre **un texte**

Exercices

13 L'entrelacement des points de vue

a. Distinguez les passages qui adoptent un mode de focalisation interne. Suivant le point de vue de quel personnage la scène est-elle successivement perçue ?
b. Un passage paraît adopter à la fois le point de vue omniscient du narrateur et le point de vue interne d'un personnage. Lequel ? Pourquoi peut-on douter ?
c. Quel est l'effet produit par cette alternance de points de vue ? En quoi est-elle particulièrement adaptée à la scène racontée ?

> Duroy aperçut soudain, à quelques centaines de mètres, deux vieilles gens qui s'en venaient, et il sauta de la voiture, en criant : « Les voilà. Je les reconnais. »
> C'étaient deux paysans, l'homme et la femme, qui marchaient d'un pas irrégulier, en se balançant et se heurtant parfois de l'épaule. L'homme était petit, trapu, rouge et un peu ventru, vigoureux malgré son âge ; la femme, grande, sèche, voûtée, triste, la vraie femme de peine des champs, qui a travaillé dès l'enfance et qui n'a jamais ri, tandis que le mari blaguait en buvant avec les pratiques.
> Madeleine aussi était descendue de voiture et elle regardait venir ces deux pauvres êtres avec un serrement de cœur, une tristesse qu'elle n'avait point prévue. Ils ne reconnaissaient point leur fils, ce beau monsieur, et ils n'auraient jamais deviné leur bru dans cette belle dame en robe claire.
> Ils allaient, sans parler et vite, au-devant de l'enfant attendu, sans regarder ces personnes de la ville que suivait une voiture.
>
> GUY DE MAUPASSANT, *Bel-Ami*

14 Le jeu des regards

a. Suivant le point de vue de quel personnage la scène est-elle successivement perçue ? Distinguez les passages et justifiez votre réponse.
b. Quel est l'effet produit par ce changement de point de vue ? Comment cet échange concourt-il à la construction des personnages et de la scène ?

> Avec la vivacité et la grâce qui lui étaient naturelles quand elle était loin des regards des hommes, madame de Rênal sortait par la porte-fenêtre du salon qui donnait sur le jardin, quand elle aperçut près de la porte d'entrée la figure d'un jeune paysan presque encore enfant, extrêmement pâle et qui venait de pleurer. Il était en chemise bien blanche, et avait sous le bras une veste fort propre en ratine[1] violette.
> Le teint de ce petit paysan était si blanc, ses yeux si doux, que l'esprit un peu romanesque de madame de Rênal eut d'abord l'idée que ce pouvait être une jeune fille déguisée, qui venait demander quelque grâce à M. le maire. Elle eut pitié de cette pauvre créature, arrêtée à la porte d'entrée, et qui, évidemment, n'osait pas lever la main jusqu'à la sonnette. Madame de Rênal s'approcha, distraite un instant de l'amer chagrin que lui donnait l'arrivée du précepteur. Julien, tourné vers la porte, ne la voyait pas s'avancer. Il tressaillit quand une voix douce dit tout près de son oreille :
> — Que voulez-vous ici, mon enfant ?
> Julien se tourna vivement, et, frappé du regard si rempli de grâce de madame de Rênal, il oublia une partie de sa timidité. Bientôt, étonné de sa beauté, il oublia tout, même ce qu'il venait faire. Madame de Rênal avait répété sa question.
> — Je viens pour être précepteur, madame, lui dit-il enfin, tout honteux de ses larmes qu'il essuyait de son mieux.
> Madame de Rênal resta interdite, ils étaient fort près l'un de l'autre à se regarder.
>
> STENDHAL, *Le Rouge et le Noir*, Chapitre 6

1. Il s'agit d'un tissu de lainage épais.

Exercices

Bilan

1. Relevez une phrase où le narrateur manifeste sa présence dans le texte.
2. À partir d'indices précis, distinguez les éléments narratifs et les éléments descriptifs. Indiquez les passages où narration et description se superposent.
3. Selon quel « point de vue » le récit est-il mené ? Justifiez précisément votre réponse. Quels sont les passages qui échappent à ce mode de vision ? Expliquez.

> D'Artagnan arrivait par Nanteuil-le-Haudouin et Crécy. De loin il aperçut le château de Louis d'Orléans, lequel, devenu domaine de la couronne, était gardé par un vieux concierge. C'était un de ces manoirs merveilleux du moyen âge, aux murailles épaisses de vingt pieds, aux tours hautes de cent.
> D'Artagnan longea ses murailles, mesura ses tours des yeux, et descendit dans la vallée. De loin il dominait le château de Porthos, situé sur les rives d'un vaste étang et attenant à une magnifique forêt. C'est le même que nous avons déjà eu l'honneur de décrire à nos lecteurs ; nous nous contenterons donc de l'indiquer. La première chose qu'aperçut d'Artagnan après les beaux arbres, après le soleil de mai dorant les coteaux verts, après les longues futaies de bois empanachées qui s'étendent vers Compiègne, ce fut une grande boîte roulante, poussée par deux laquais et traînée par deux autres. Dans cette boîte il y avait une énorme chose verte et or qui arpentait, traînée et poussée, les allées riantes du parc. Cette chose, de loin, était indétaillable et ne signifiait absolument rien ; de plus près, c'était un tonneau affublé de drap vert galonné ; de plus près encore, c'était un homme ou plutôt un poussah[1] dont l'extrémité inférieure, se répandant dans la boîte, en remplissait le contenu ; de plus près encore, cet homme c'était Mousqueton.
>
> ALEXANDRE DUMAS, *Le vicomte de Bragelonne*, Tome I, Chapitre XVIII

1. Figurine d'Extrême-Orient représentant un personnage trapu, assis, les jambes croisées.

Lecture et analyse

Texte 1

Les industries photographiques

L'importance de la photographie dans la vie contemporaine a donné lieu à un développement spectaculaire des industries photographiques, productrices, d'une part, de surfaces sensibles, d'appareils et d'équipements, utilisatrices, d'autre part, de ces produits. [...]

Nombreuses sont les industries qui contribuent directement ou indirectement à la production des industries photographiques. Ce sont d'abord celles qui fournissent les matières premières : triacétate, polyesters et d'autres composés chimiques pour la fabrication des supports, os et peaux pour préparer la gélatine, argent, acide nitrique, colorants, coupleurs et autres produits pour la préparation des couches ; enfin les industries élaborant le matériel et les machines de fabrication des surfaces sensibles. [...]

Le plus grand secteur des industries utilisatrices est celui du façonnage des films et épreuves d'amateurs ; il faut inclure ici, sous leur aspect photographique, les studios et laboratoires cinématographiques et les services radiographiques hospitaliers, devenus à présent pratiquement des utilisateurs industriels, ainsi que l'édition illustrée.

P. Kowaliski, « Photographie », *Encyclopædia Universalis*, 1978

Texte 2

La photographie et l'art

Je suis convaincu que les progrès mal appliqués de la photographie ont beaucoup contribué, comme d'ailleurs tous les progrès purement matériels, à l'appauvrissement du génie artistique français, déjà si rare. La Fatuité moderne aura beau rugir, éructer tous les borborygmes[1] de sa ronde personnalité, vomir tous les sophismes indigestes dont une philosophie récente[2] l'a bourrée à gueule-que-veux-tu, cela tombe sous le sens que l'industrie, faisant irruption dans l'art, en devient la plus mortelle ennemie, et que la confusion des fonctions empêche qu'aucune soit bien remplie. La poésie et le progrès sont deux ambitieux qui se haïssent d'une haine instinctive, et, quand ils se rencontrent dans le même chemin, il faut que l'un des deux serve l'autre. S'il est permis à la photographie de suppléer l'art dans quelques-unes de ses fonctions, elle l'aura bientôt supplanté ou corrompu tout à fait, grâce à l'alliance naturelle qu'elle trouvera dans la sottise de la multitude. Il faut donc qu'elle rentre dans son véritable devoir, qui est d'être la servante des sciences et des arts, mais la très humble servante, comme l'imprimerie et la sténographie, qui n'ont ni créé ni suppléé la littérature.

Charles Baudelaire, « Curiosités esthétiques », *Salon de 1859*

1. Produire tous les bruits d'estomac. 2. La croyance au progrès de la philosophie positiviste.

Texte 1

Une information claire

▶ **La présentation de l'information.** Le thème de ce texte informatif – *les industries photographiques* – est présenté dans la première phrase ; il est immédiatement articulé en deux **sous-thèmes,** mis en valeur par l'italique : les *industries productrices* et les *industries utilisatrices.* Ces deux sous-thèmes sont développés en deux **paragraphes.**

▶ **Lexique et énonciation.** Le vocabulaire du texte est précis et **spécialisé** (vocabulaires de la chimie, de la technique photographique, des activités industrielles). Les **indices de l'énonciation** sont quasiment **absents.** On relève seulement quelques indicateurs spatio-temporels *(il faut conclure ici, à présent)* qui signalent que les informations sont incontestables dans l'état actuel de l'industrie photographique.

Texte 2

Une argumentation vigoureuse

▶ **L'énoncé de la thèse.** L'idée directrice de Baudelaire est que les progrès de la photographie, loin d'en faire un art, ont appauvri le *génie artistique français.*

▶ **Les arguments.** Cette thèse, énoncée dans la première phrase, est ensuite précisée et justifiée par une série de cinq arguments.

▶ **Les marques de l'énonciation.** Elles donnent toute *sa vigueur* à l'argumentation. Le « je » du locuteur apparaît dès la première phrase : *Je suis convaincu.* Les indices du jugement sont nombreux : les termes modalisateurs marquent la certitude *(cela tombe sous le sens que... ; il faut donc que...),* les termes évaluatifs appliqués à la photographie ou à la foule de ses admirateurs sont péjoratifs *(progrès mal appliqués, mortelle ennemie, sottise de la multitude).* Le ton devient même polémique lorsque Baudelaire récuse les *sophismes indigestes* de la *Fatuité moderne* et de sa croyance au progrès.

Leçon

1 *Le texte* **informatif**

Les caractères du texte informatif

▶ Un texte informatif a pour objectif de **communiquer des connaissances** sur un thème donné.
Ces informations, au niveau le plus élémentaire, sont des faits *(un développement spectaculaire des industries photographiques).*

▶ À un niveau supérieur, le texte informatif devient **explicatif** : il donne des éléments de compréhension *(les supports chimiques de la photographie)* qui permettent de mieux cerner le thème.

▶ Le texte informatif contient donc souvent des lexiques **spécialisés,** des définitions mises en valeur par la typographie (italique, gras, souligné), des liens de causalité introduisant une explication *(en effet, voici pourquoi),* des comparaisons à valeur explicative.

▶ Le **locuteur** ne signale généralement pas sa présence ou son jugement, à la différence du locuteur du texte argumentatif.

➢ EXERCICES 1, 2

La présentation des informations

Elle dépend de la nature du texte (article de presse, ouvrage scientifique ou encyclopédie, roman...).

▶ **Dans la presse** : le texte informatif répond à des interrogations élémentaires (qui ? quoi ? quand ? où ? comment ? pourquoi ?). Il intègre souvent un récit qui peut lui-même accueillir des explications et des commentaires.

▶ **Dans un ouvrage scientifique, une encyclopédie, un manuel scolaire** : l'information est donnée et classée en différentes rubriques, selon les aspects du thème considéré.
La hiérarchie des informations est mise en évidence par la disposition en paragraphes, par des titres, par un système de numérotation...

▶ **Dans un roman** : le texte informatif prend le relais du récit de fiction pour éclairer l'intrigue, pour la rendre plus vraisemblable ou pour des raisons « pédagogiques ».

➢ EXERCICES 3 À 6

Lire et comprendre **un texte**

Leçon

L'information et l'argumentation

De l'information à l'argumentation

▶ Dès lors que, dans un texte informatif, apparaît un jugement sur le thème développé, on glisse de l'information à l'argumentation.

▶ À l'inverse, une argumentation est le plus souvent fondée sur une information, une documentation (➤ Chapitre 17).

▶ Il est parfois difficile de discerner l'informatif de l'argumentatif quand l'opinion du locuteur est présentée comme un fait et quand les marques de l'énonciation sont discrètes ou absentes.

➤ Exercices 2, 7

2 Le texte **argumentatif**

Les caractères du texte argumentatif

▶ En réponse à une question implicite ou explicite – la **problématique** – *(La photographie est-elle un art ?)*, le texte argumentatif présente une **thèse** – ou idée directrice – *(La photographie n'est pas un art)* qu'il s'efforce de justifier à l'aide d'**arguments** (c'est-à-dire de preuves). Les arguments s'enchaînent dans un **raisonnement** (➤ Chapitre 16) et sont illustrés par des exemples (➤ Chapitre 17).

▶ Le désir de prouver sa thèse conduit souvent le locuteur à critiquer et à réfuter une thèse opposée *(Ceux qui font de la photographie un art ont tort)*. Le texte argumentatif prend alors parfois une tonalité polémique (➤ Chapitre 13).

➤ Exercices 8, 9, 11

Les marques de l'énonciation

▶ Elles nous renseignent le plus souvent sur **l'engagement du locuteur** pour ou contre la thèse présentée par le texte.

▶ Le locuteur peut marquer sa présence, et impliquer le destinataire qu'il veut convaincre, par des indices personnels.

<u>Vous</u> admettrez <u>comme moi</u> que la photographie n'est pas un art.

▶ Il peut nuancer son jugement ou l'affirmer catégoriquement par des modalisateurs ou par des termes évaluatifs (➤ Chapitre 10).

La photographie n'est <u>peut-être pas tout à fait</u> un art. Elle <u>n</u>'est <u>qu</u>'une reproduction <u>servile</u> de la réalité.

▶ Il peut volontairement s'effacer pour faire apparaître son opinion comme universelle.

La photographie ne répond pas aux critères qui définissent un art.

➤ Exercice 10

☞ L'essentiel ☜

▶ Texte informatif et texte argumentatif **se distinguent par leur intention** ; le premier entend donner des connaissances sur un thème, le second veut prouver une thèse par des arguments.

▶ **Le texte informatif** présente des faits et donne souvent les moyens de les comprendre (texte explicatif) par un vocabulaire précis, une organisation claire, sans que le locuteur se manifeste.

▶ En revanche, dans **le texte argumentatif**, le locuteur s'affirme le plus souvent en énonçant une opinion, un jugement dont on peut repérer les indices à travers les marques de l'énonciation. Il développe ses arguments en les fondant sur des informations : c'est pourquoi la frontière entre l'informatif et l'argumentatif peut s'effacer.

Exercices

1. Le texte informatif

1. Information et explication

a. Quelle information sur les *Œuvres* de Rimbaud est donnée dans ce texte ?
b. Quelles explications s'ajoutent à cette information ?
c. Pourquoi le mot « hypertexte » est-il entre guillemets ? Quelle est la fonction des mots qui le suivent : *de n'importe quel point d'un livre...* ?
d. Qui est représenté par *on* ? Quelle est la fonction de ce pronom dans le cadre d'un texte informatif ?

> La pochette est plate. Elle ne pèse presque rien. Les *Œuvres complètes* de Rimbaud sont pourtant bien là, dans un petit carré de plastique. Il suffit d'insérer cette disquette dans l'ordinateur adéquat pour avoir, à l'écran, les *Illuminations* ou *Une saison en enfer*. On peut alors copier automatiquement un passage, l'insérer dans un texte en cours de rédaction. On peut surtout choisir un mot, et voir s'afficher la liste des poèmes où il figure. Mieux : en « appuyant » sur n'importe quel terme, on fait apparaître toutes les autres phrases de l'œuvre où il se trouve également. Première approche de ce qu'on appelle, dans le nouveau jargon, l'« hypertexte » : de n'importe quel point d'un livre, la totalité de son contenu est, en permanence, accessible et interrogeable. Il n'y a plus de distance entre le début et la fin, quelle que soit la taille de l'ouvrage. L'accès à un passage, où qu'il se trouve, est possible instantanément, sans manipulation de pages.
>
> ROGER-POL DROIT, « Des livres sans papier »
> *Le Monde* du 23 décembre 1994

2. Information et commentaire

a. Quelle est la part de l'information et du commentaire dans cet article consacré à la Grande Bibliothèque de France à Paris ?
b. Quelle est la tonalité de ce commentaire ?
c. À travers quels indices le locuteur signale-t-il sa présence ?

> Ce que l'on découvre d'abord, quai de Tolbiac, c'est, entre les quatre tours en forme de livres entrebâillés, le terre-plein de bois tropical descendant en gradins vers la Seine. Cet espace, grand comme la Concorde sera, c'est promis, ouvert à tous. La brochure remise aux visiteurs assure que l'endroit offrira un « contact physique direct et naturel entre l'institution sacrée et l'homme de la rue ». Un contact, vraiment ?
> On imagine déjà ce que le badaud risque d'en faire, de cette esplanade : un solarium digne de l'ancienne piscine Deligny, le jour ; et, à la fraîche, un second Beaubourg, avec cracheurs de feu, saxos rauques, tam-tam inextinguibles et, qui sait ? dealers en mal de clients ou tueurs fous. Des exclus en tous genres venant battre, comme une marée d'équinoxe, les môles du savoir le plus huppé : le choc serait embarrassant, pour les bâtisseurs qui ont rêvé de « contact » harmonieux avec la rue, et la tâche du service d'ordre serait rude.
> La brochure entend rassurer les deux mille chercheurs patentés. Le sous-sol qui leur sera réservé favorisera, « tel un cloître », la « méditation » et les « retrouvailles avec soi » (sic). La « mer d'arbres » du jardin intérieur les aidera à songer, comme souvent quand on tourne des pages mornes, au coût du papier en abattage de feuillus. En tout cas, la cacophonie du monde ne devrait pas les déranger. À moins que des acrobates ou des désespérés se laissent choir, à travers les garde-fous du solarium, dans la futaie privative ! Les hauts lieux culturels, c'est connu depuis 68, attirent sur leur parvis le public qui en est banni, et portent aux gestes bizarres, à la contestation spectaculaire.
>
> BERTRAND POIROT-DELPECH, « Contact physique »
> *Le Monde* du 12 octobre 1994

3. Information et fiction

a. Montrez que, dans cet extrait, le récit de fiction et les explications de type scientifique sont imbriqués.
b. Quels lexiques spécialisés sont utilisés ?
c. Quelle est la fonction de ces informations ?

Un paysage au centre de la terre

> Après une marche d'un mille, apparut la lisière d'une forêt immense, mais non plus un de ces bois de champignons qui avoisinaient Port-Graüben. C'était la végétation de l'époque tertiaire dans toute sa magnificence. De grands palmiers, d'espèces aujourd'hui disparues, de superbes

palmacites¹, des pins, des ifs, des cyprès, des thuyas, représentaient la famille des conifères, et se reliaient entre eux par un réseau de lianes inextricables. Un tapis de mousses et d'hépatiques² revêtaient moelleusement le sol. Quelques ruisseaux murmuraient sous ces ombrages, peu dignes de ce nom, puisqu'ils ne produisaient pas d'ombre. Sur leurs bords croissaient des fougères arborescentes semblables à celles des serres chaudes du globe habité. Seulement, la couleur manquait à ces arbres, à ces arbustes, à ces plantes. Les feuilles étaient dépourvues de leur verdeur, et les fleurs elles-mêmes, si nombreuses à cette époque tertiaire qui les vit naître, alors sans couleurs et sans parfums, semblaient faites d'un papier décoloré sous l'action de l'atmosphère.

Mon oncle Lidenbrock s'aventura sous ces gigantesques taillis. Je le suivis, non sans une certaine appréhension. Puisque la nature avait fait là les frais d'une alimentation végétale, pourquoi les redoutables mammifères ne s'y rencontreraient-ils pas ? J'apercevais dans ces larges clairières que laissaient les arbres abattus et rongés par le temps, des légumineuses, des acérines³, des rubiacées, et mille arbrisseaux comestibles, chers aux ruminants de toutes les périodes. Puis apparaissaient, confondus et entremêlés, les arbres des contrées si différentes de la surface du globe, le chêne croissant près du palmier, l'eucalyptus australien s'appuyant au sapin de la Norvège, le bouleau du Nord confondant ses branches avec les branches du Kauris⁴ zélandais. C'était à confondre la raison des classificateurs les plus ingénieux de la botanique terrestre. Soudain, je m'arrêtai. De la main, je retins mon oncle.

JULES VERNE, *Voyage au centre de la terre*, Chapitre 39

1. Plantes de la famille des palmiers. 2. Lichen. 3. Plante apparentée à l'érable. 4. Conifère d'Océanie.

4. L'organisation de l'information

a. Dégagez le plan de ce texte informatif et donnez un titre à chaque partie.

b. Quelles informations pourriez-vous tirer de ce texte pour mener une argumentation sur le thème : « L'écrivain doit-il s'engager ? »

C'est l'histoire qui, au XIXᵉ siècle, va faire du peuple un objet littéraire : les émeutes succèdent aux révolutions et, en profondeur, la France rurale devient la France des villes. Dans ce grand bouleversement, les écrivains découvrent, avec intérêt et parfois inquiétude, les « classes laborieuses ».

La condition ouvrière et son cortège de misères, de dégradations physiques et morales, donne naissance à une abondante littérature qui dresse le sombre bilan des premières décennies de la Révolution industrielle, et c'est dans ce contexte que s'élabore une pensée socialiste humanitaire.

Si l'image du prolétariat urbain et industriel s'impose de plus en plus comme le symbole des temps modernes, l'univers paysan n'est pas pour autant oublié. Idéalisé dans les « romans champêtres » de G. Sand, le peuple des campagnes peut apparaître comme le témoin d'un monde dont les rythmes naturels et ancestraux sont appelés à s'effacer.

La question du peuple, pour les écrivains du « siècle des Révolutions », est aussi politique : quel rôle doit jouer le peuple dans le devenir historique ?

Le drame romantique lui offre sa scène : *Ruy Blas*¹ est le représentant de cette classe « qui a l'avenir et qui n'a pas le présent ». Dans le présent, en effet, le peuple demeure souvent le spectateur impuissant d'une histoire qui remplace un tyran par un autre. Gavroche² meurt le nez dans le ruisseau au pied d'une barricade.

« Le peuple dans la littérature du XIXᵉ siècle »
Itinéraires littéraires XIXᵉ siècle, Éd. Hatier.

1. Drame de V. Hugo. 2. Personnage des *Misérables* de V. Hugo.

5. La hiérarchie des informations

Voici les sommaires de différents articles tirés d'une encyclopédie.

a. Selon quelle logique sont classées les différentes informations ?

b. Quelle rubrique pourriez-vous ajouter à l'article « Parlement » ?

Parlement

1. Formation et organisation du parlement
- Le système représentatif
- Organisation des assemblées parlementaires

2. Fonction du parlement
- Élaboration de la loi
- Contrôle de l'activité gouvernementale
- L'information

Exercices

3. Éclipse du parlement
- Les causes
- Les effets
- Les remèdes

Péché originel

1. Les sources bibliques et la théologie chrétienne
- Le récit de la Genèse et Saint Paul
- Saint Irénée
- Saint Augustin
- Saint Thomas d'Aquin et Luther
- Le Concile de Trente

2. Exploitations philosophiques
- Kant
- Hegel
- Paul Ricœur

3. Signification actuelle de la doctrine

Orfèvrerie

1. Les matériaux
2. Les techniques et l'outillage
3. L'orfèvrerie dans l'art et la société

Encyclopaedia Universalis, 1978

6 De l'information au plan

Vous devez faire un exposé sur la place de la femme dans la littérature du XVIIIe siècle. Voici les éléments d'un plan dont parties et sous-parties vous sont données en désordre.
a. Choisissez les titres qui vont constituer les grandes entrées de votre exposé et trouvez l'ordre de présentation le plus adapté.
b. Complétez ce plan général avec les sous-parties (3 sous-parties par partie).

- La femme dans la vie sociale et intellectuelle
- La création littéraire des femmes
- Le genre épistolaire
- Les ouvrages pédagogiques
- Les animatrices des salons
- Femmes de sciences et femmes de lettres
- L'image de la femme dans la littérature
- Des personnages de différentes conditions sociales
- Des personnages en quête de reconnaissance sociale
- Les mémoires et les romans
- Des personnages qui affirment leur droit au bonheur
- Le public féminin et la littérature : le succès du roman

7 De l'information à l'argumentation

a. Comment passe-t-on dans ce texte de l'information à l'argumentation ?
b. Quelle thèse est soutenue par le locuteur ?
c. À travers quels indices s'affirment son jugement ?

On a calculé que les informations télévisées les plus complètes ne constituaient qu'une fraction très faible du journal imprimé le plus ramassé. Le monde est présent à la télévision parce qu'on le voit – et c'est un immense avantage. Mais il est présent dans le journal par sa diversité et dans son foisonnement. De la politique à la culture, du sport au fait divers, ce sont toutes les passions, toutes les souffrances, toutes les espérances des hommes qui défilent dans le journal. L'écran donne un effet de choc. Le journal reste le meilleur résumé de ce qui se passe chaque jour dans un monde unifié dont les horizons lointains nous sont devenus aussi proches que le coin où nous vivions. Tragique, comique, émouvant, inattendu, le journal est le feuilleton quotidien de la comédie humaine à travers le monde entier.

L'avantage incomparable du journal, c'est qu'il reste sous la main. Ce que vous apercevez sur l'écran disparaît aussitôt. Le coup porté, l'image s'évanouit. Ce qui est imprimé demeure à votre disposition. Vous pouvez consulter le journal, le lâcher, le reprendre, en conserver ce qui vous intéresse.

JEAN D'ORMESSON, *La fureur de lire la presse*
17 octobre 1992

Exercices

2 Le texte argumentatif

8 L'affirmation de la thèse

a. Résumez en une phrase la thèse du texte suivant.
b. Dans quelles phrases du texte est-elle formulée ?
c. À quelle question implicite donne-t-elle une réponse ?
d. Quel est le premier argument présenté pour soutenir cette thèse ?
e. Quelle est la fonction du premier paragraphe ?

> Nombreux sont ceux pour qui l'art n'est qu'un jeu, supérieur, certes, mais un jeu, un amusement ; nombreux sont ceux qui ne le révèrent que par conformisme et avec un secret mépris pour son « inutilité ». Certains ne sont pas loin de le considérer comme un luxe.
> Pourtant l'art est une fonction essentielle de l'homme, indispensable à l'individu comme aux sociétés et qui s'est imposé à eux comme un besoin dès les origines préhistoriques. L'art et l'homme sont indissociables. Pas d'art sans homme, mais peut-être également pas d'homme sans art. Par lui, l'homme s'exprime plus complètement, donc se comprend et se réalise mieux. Par lui, le monde devient plus intelligible et accessible, plus familier. Il est le moyen d'un perpétuel échange avec ce qui nous entoure, une sorte de respiration de l'âme assez analogue à celle, physique, dont ne peut se passer notre corps. L'être isolé ou la civilisation qui n'accèdent pas à l'art, sont menacés d'une secrète asphyxie spirituelle, d'un trouble moral.
>
> RENÉ HUYGHE, *Sens et destin de l'art*, Éd. Flammarion, 1967.

9 Thèse et arguments

a. Quelle thèse est présentée dans cet texte ? Dans quelle partie du texte apparaît-elle ?
b. Quels arguments sont avancés pour la justifier ?
c. Trouvez des exemples de poèmes pour illustrer ces arguments.

> Il est un point où le poétique et le politique se confondent, c'est le projet de démocratie et les grands principes d'action qui immédiatement en découlent.
> Écrire la poésie, c'est vouloir se défaire de l'autorité des systèmes de représentations, n'est-ce pas ? C'est donc délivrer la figure d'autrui des interprétations que ces systèmes nous font projeter sur elle, c'est rendre à autrui le droit d'exister devant nous de par ce qu'il est pour lui-même, et la liberté et l'égalité devant donc naître comme d'elles-mêmes à cet horizon qu'est la poésie, où s'effacent, si la recherche est réellement conduite, tous ces préjugés que sont les racismes, les discriminations culturelles, les croyances qui font que des langues se croient de l'absolu. La poésie est la propédeutique[1] de la démocratie.
>
> YVES BONNEFOY, *Le Monde* du 7 juin 1994.

1. L'enseignement préparatoire.

10 Énonciation et argumentation

a. Relevez dans ces textes les indices personnels de l'énonciation.
b. La rareté de ces indices dans le second texte rend-elle l'affirmation de la thèse de l'auteur moins forte ? À travers quels termes évaluatifs s'énonce son jugement sur la télévision ?

Texte 1

> L'ère audiovisuelle est mortelle pour l'utopie. Le monde du réel comme diktat. Terrible pour ceux qui ont de l'imagination, pour les prophètes, les artistes, les militants. Pour la première fois, le présent est divinisé. Devant l'audiovisuel, j'ai envie de redevenir iconoclaste. Qu'est-ce que l'idolâtrie ? Une représentation de la divinité adorée comme la divinité elle-même. Qu'est-ce que l'idolâtrie audiovisuelle ? La représentation de la réalité perçue comme réalité. Brisons les idoles ! Brisons nos postes ! J'aime l'image. Mais je veux que toute image se présente comme « image de » et non comme « la chose elle-même ». Devant une « image de », je reste libre de penser à d'autres images, d'en faire d'autres. Mais devant la réalité, je n'ai rien à dire. Je ne peux que me taire.
>
> RÉGIS DEBRAY, « Grandeur et décadence de l'image », *Télérama* du 4 novembre 1992.

Texte 2

> La Télévision, ce chef-d'œuvre du progrès, est un principe de régression vers le bas, vers l'archaïsme ; elle simplifie et durcit jusqu'à la caricature les pires traits de ce que Montesquieu

nommait « l'esprit général » d'un peuple, elle l'attache à ces masques, qu'elle colle à son visage. Chaque pays d'Europe est ainsi contracté et réduit à un petit nombre de personnages-modèles qui ressortissent à son folklore le plus dégradé, chacun se rétracte sur un Café du Commerce local, communiquant avec une Maison Tellier de village, dans une étonnante claustrophobie tiède et malodorante qui dément toute prétention de la Télévision à favoriser « la compréhension entre les peuples ». Passons sur l'extraordinaire appauvrissement du regard, qui s'accoutume à percevoir le réel à travers le filtre de ces images de pauvre matière et de couleurs criardes, tremblotantes et cadrées au petit bonheur, étrangères à toute saveur et à toute harmonie.

MARC FUMAROLI, *L'État culturel*, Éd. de Fallois, 1991.

11 La recherche d'arguments

a. Formulez la thèse opposée à celle présentée par Marc Fumaroli dans le texte de l'exercice 10.
b. Trouvez trois arguments pour la soutenir.

Bilan

1. Distinguez dans ce texte la part de l'information historique, de l'explication et de l'argumentation.
2. Formulez en une phrase la thèse de l'auteur à propos du port de la cravate à son époque.
3. À travers quels arguments en fait-il l'éloge ?
4. Relevez les indices de l'énonciation dans le dernier paragraphe. En quoi contribuent-ils à la force de persuasion du discours ?
5. Pour répondre aux arguments de Balzac, présentez trois arguments opposés au port de la cravate.

> Sous l'Ancien Régime, chaque classe de la société avait son costume : on reconnaissait à l'habit le seigneur, le bourgeois, l'artisan. Alors, la cravate (si l'on peut donner ce nom au col de mousseline et au morceau de dentelle dont nos pères enveloppaient leur cou) n'était rien qu'un vêtement nécessaire, d'étoffe plus ou moins riche, mais sans considération, comme sans importance personnelle. Enfin les Français devinrent tous égaux dans leurs droits, et aussi dans leur toilette, et la différence dans l'étoffe ou la coupe des habits ne distingua plus les conditions. Comment alors se reconnaître au milieu de cette uniformité ? Par quel signe extérieur distinguer le rang de chaque individu ? Dès lors était réservée à la cravate une destinée nouvelle : de ce jour, elle est née à la vie publique, elle a acquis une importance sociale ; car elle fut appelée à rétablir les nuances entièrement effacées dans la toilette, elle devint le critérium auquel on reconnaîtrait l'homme comme il faut et l'homme sans éducation.
>
> [...] Tant vaut l'homme, tant vaut la cravate. Et, à vrai dire, la cravate, c'est l'homme ; c'est par elle que l'homme se révèle et se manifeste.
>
> [...]
>
> Car la cravate ne vit que d'originalité et de naïveté ; l'imitation, l'assujettissement aux règles la décolorent, la glacent, la tuent. Ce n'est ni par étude ni par travail qu'on arrive à bien ; c'est spontanément, c'est d'instinct, d'inspiration que se met la cravate. Une cravate bien mise, c'est un de ces traits de génie qui se sentent, s'admirent, mais ne s'analysent ni ne s'enseignent. Aussi, j'ose le dire avec toute la force de la conviction, la cravate est romantique dans son essence ; du jour où elle subira des règles générales, des principes fixes, elle aura cessé d'exister.

BALZAC, *Physiologie de la toilette*.

Lecture et analyse

La crise des certitudes

C'est ici que les choses s'obscurcissent. Votre situation, je vous le dis, sans joie et sans ménagements, est bien plus difficile que ne fut la nôtre. Votre destin personnel, d'une part ; le destin de la culture, d'autre part, sont aujourd'hui des énigmes plus obscures qu'ils ne le furent jamais.

Les études, jadis, conduisaient assez régulièrement à des carrières où la plupart arrivaient à s'établir. Entreprendre ses études, c'était, en quelque sorte, prendre un train qui menait quelque part (sauf accident). On faisait des classes ; on passait, quitte à s'y reprendre, ses examens ou ses concours. On devenait notaire, médecin, artilleur, avocat ou fonctionnaire, et les perspectives offraient à qui prenait quelqu'une de ces voies, déjà bien tracées et jalonnées, un sort à peu près sûr. Les diplômes, en ce temps-là, représentaient une manière de valeur-or. On pouvait compter sur le milieu social, dont les changements étaient lents, et s'effectuaient, d'ailleurs, dans un sens assez facile à pressentir. Il était possible, alors, de perdre un peu de temps aux dépens des études : ce n'était point toujours du temps perdu pour l'esprit, car l'esprit se nourrit de tout, et même de loisir, pourvu qu'il ait cet appétit où je vois sa vertu principale.

Hélas ! Jamais l'avenir ne fut si difficile à imaginer. À peine le traitons-nous en esquisse, les traits se brouillent, les idées s'opposent aux idées, et nous nous perdons dans le désordre caractéristique du monde moderne. Vous savez assez que les savants, les plus subtils, ne peuvent rien en dire qu'ils ne se sentent aussitôt tentés de se rétracter ; qu'il n'est de philosophe, ni de politique, ni d'économiste qui puisse se flatter d'assigner à ce chaos un terme dans la durée, et un état final dans l'ordre et la stabilité. Cette phase critique est l'effet composé de l'activité de l'esprit humain : nous avons, en effet, en quelques dizaines d'années, créé et bouleversé tant de choses aux dépens du passé, – en le réfutant, en le désorganisant, en refaisant les idées, les méthodes, les institutions, – que le présent nous apparaît comme une conjoncture sans précédent et sans exemple, un conflit sans issue entre *des choses qui ne savent pas mourir et des choses qui ne peuvent pas vivre*. C'est pourquoi il m'arrive parfois de dire sous forme de paradoxe : que la tradition et le progrès sont les deux grands ennemis du genre humain.

PAUL VALÉRY, « Discours au collège de Sète » 1935, *Variétés IV*, Éd. Gallimard

Leçon

Un discours structuré

▶ L'implication du locuteur et des destinataires.

Ce discours prononcé devant les élèves d'un collège veut mettre à jour le *désordre caractéristique du monde moderne*. Valéry ne se contente pas **d'argumenter** ; il s'efforce de **persuader** en impliquant constamment son auditoire *(Votre situation, je vous le dis...)* et en rappelant sans cesse sa présence *(il m'arrive parfois de dire)*.

▶ La composition de l'argumentation.

Elle est simple et rigoureuse. Le premier paragraphe sert **d'introduction** et précise la thèse : l'avenir est fait d'incertitudes. Le **développement** est structuré par une opposition entre *jadis*, une époque où les destinées étaient clairement tracées (2e §), et l'époque actuelle, qui a renversé toutes les certitudes (3e §). La conclusion se présente dans la dernière phrase du troisième paragraphe *sous forme de paradoxe*.

▶ Les liens logiques.

Ce sont essentiellement des **relations d'opposition** entre le passé et le présent, marquées par le temps des verbes (2e § : imparfait / 3e § : présent) et les adverbes *(aujourd'hui / jadis)*. L'explication du désordre contemporain (3e §) met à jour des **relations de causalité** explicitées par des subordonnées de conséquence *(nous avons ... créé et bouleversé tant de choses du passé ... que le présent nous apparaît comme une conjoncture sans précédent)* et par des connecteurs logiques *(en effet, c'est pourquoi)*.

1 *Les objectifs et* **les méthodes**

Convaincre et persuader

▶ L'objectif principal d'une argumentation est de convaincre par le développement raisonné d'une **idée directrice**, la **thèse**. Celle-ci sera soutenue par des **arguments** eux-mêmes appuyés et illustrés par des **exemples** (➤ CHAPITRES 15 ET 17).

▶ Mais certains procédés de l'argumentation ont aussi pour but de persuader en agissant sur la **sensibilité** autant que sur la raison du destinataire :

– les **indices de l'énonciation**, qui permettent au locuteur d'impliquer le destinataire, d'affirmer ou de nuancer son point de vue (➤ CHAPITRE 10) ;

– les **figures de rhétorique** qui donnent de l'éloquence au discours (➤ CHAPITRE 11) ;

– le **rythme et les sonorités** qui rendent la phrase plus expressive (➤ CHAPITRE 12) ;

– les **tonalités** variées (ironique, polémique, didactique, oratoire...) (➤ CHAPITRE 13) ;

– les **anecdotes** ou les citations qui illustrent le propos (➤ CHAPITRE 17) ;

– les **sous-entendus** qui créent une complicité avec le destinataire (➤ CHAPITRE 18).

➤ EXERCICES 1 À 3

Raisonner et discuter

▶ L'argumentation, si elle utilise ces moyens grammaticaux et rhétoriques, est avant tout une **démonstration** fondée sur un raisonnement logique.

▶ Le **raisonnement inductif** part de faits particuliers, d'observations, pour aboutir à une conclusion de portée générale.

Autrefois, on entreprenait des études de notaire et on devenait notaire (= fait particulier) *donc les perspectives d'avenir étaient bien tracées* (= conclusion générale).

▶ Le **raisonnement déductif** part d'une hypothèse ou d'une idée générale pour déduire une proposition particulière.

Le bouleversement des traditions est tel (= idée générale) *que l'école a beaucoup changé* (= proposition particulière).

Lire et comprendre **un texte**

Leçon

▶ Le **syllogisme** est un raisonnement déductif qui tire une conclusion de deux propositions (ou prémisses) présentées comme vraies.

La culture est en crise (Proposition 1). *Or l'école transmet la culture* (Proposition 2). *Donc l'école est en crise* (Conclusion).

▶ Le **raisonnement concessif** : le locuteur semble admettre un fait ou un argument qui s'oppose à sa thèse mais maintient finalement son point de vue.

Certes, dans le passé, on pouvait connaître quelques accidents dans ses études (= concession) *mais on arrivait généralement à leur terme* (= reprise de l'affirmation).

▶ Le **raisonnement critique** : le locuteur critique ou réfute la thèse opposée à la sienne.

Un raisonnement critique pourrait contester la thèse de Valéry (➤ TEXTE P. 150) en lui reprochant de ne pas accepter les nouveautés du monde moderne.

▶ Le **raisonnement par l'absurde** imagine les conséquences absurdes d'une proposition pour la réfuter.

Si l'humanité avait refusé tout progrès, nous marcherions encore à quatre pattes.

➤ EXERCICES 4 À 8

2 La **composition**

Elle dépend de la nature du raisonnement adopté. Voici trois parcours démonstratifs classiques.

Le plan dialectique (ou critique)

▶ Pour démontrer une thèse, il présente :
1. les **arguments favorables** à cette thèse ;
2. les **arguments défavorables** (qu'il réfute en totalité ou en partie) ;
3. une conclusion qui reprend la thèse (en la nuançant éventuellement) = **synthèse**.

▶ L'ordre des parties 1 et 2 est parfois inversé. La partie 3 présente un bilan ou un élargissement qui peut constituer une transition vers une autre étape de la réflexion.

1. On ne peut parler de progrès alors que l'avenir est complètement incertain (= thèse).
2. Certains parlent de progrès, mais ils sont incapables de mettre un terme au désordre du monde moderne (= antithèse et réfutation).

3. Le progrès est donc une illusion dangereuse (= reprise et élargissement de la thèse).

Le plan analytique

▶ Il permet l'analyse d'un problème ou d'un phénomène en présentant :
1. les **données du problème**, les formes du phénomène ;
2. les **causes** ;
3. les **solutions**, les remèdes.

1. Le désordre du monde moderne (= description).
2. Les causes de ce désordre (= analyse).
3. Vers un nouvel ordre (= propositions).

Le plan comparatif

▶ Il propose une **comparaison** (entre deux époques, deux systèmes politiques, deux livres...), en abordant successivement les deux termes de la comparaison avant d'envisager un éventuel bilan.

C'est le plan suivi dans le texte de Valéry :
1. Les certitudes du passé.
2. Les incertitudes du présent.

▶ Il peut également décliner plusieurs points de confrontation en reprenant à chaque fois les termes de la comparaison.

1. Les études hier et aujourd'hui.
2. Les perspectives de carrière hier et aujourd'hui.
3. Le rythme des changements hier et aujourd'hui.

➤ EXERCICES 9 À 11

3 Les relations **logiques**

Des relations implicites ou explicites

▶ Les relations logiques sont parfois implicites. C'est alors au lecteur de les déceler à travers certains indices :
– la **ponctuation** (les deux points peuvent introduire un exemple, les parenthèses intégrer un détail supplémentaire, le point d'interrogation annoncer une explication) ;
– la **juxtaposition** de deux arguments qui forment une suite logique ;
– la composition du texte en **paragraphes** ;
– le **jeu des temps** verbaux (➤ TEXTE P. 150).

Leçon

▶ Dans d'autres cas, les relations entre les différents points du raisonnement sont explicités par des **connecteurs logiques** : adverbes, conjonctions de coordination ou de subordination.

Il était possible <u>alors</u> de perdre un peu de temps aux dépens des études <u>car</u> l'esprit se nourrit de tout <u>et même</u> de loisir, <u>pourvu qu'</u>il ait cet appétit où je vois sa vertu principale.

Alors : adverbe de temps.
Car : conjonction de coordination introduisant une cause.
Et même : conjonction de coordination + adverbe marquant la gradation.
Pourvu que : conjonction de subordination marquant la condition.

➢ EXERCICE 12

Tableau des relations et des connecteurs logiques

Relation logique	Connecteurs logiques	Fonction
Addition ou gradation	*et, de plus, en outre, par ailleurs, surtout, d'abord, ensuite, enfin, d'une part, d'autre part, non seulement, mais encore...*	Permet d'ajouter un argument ou un exemple nouveau aux précédents
Parallèle ou comparaison	*de même, de la même manière, ainsi que, comme...*	Permet d'établir un rapprochement entre deux faits
Concession	*malgré, sans doute, en dépit de, bien que, quoique...*	Permet de constater des faits ou des arguments opposés à sa thèse tout en maintenant son opinion
Opposition	*mais, au contraire, cependant, pourtant, en revanche, tandis que, alors que, néanmoins, toutefois, or...*	Permet d'opposer deux faits ou deux arguments souvent pour mettre en valeur l'un d'entre eux
Cause	*car, en effet, étant donné, parce que, puisque, en raison de, sous prétexte que, dans la mesure où*	Permet d'exposer l'origine, la raison d'un fait
Conséquence	*donc, c'est pourquoi, par suite, de là, d'où, dès lors, de sorte que, si bien que, par conséquent*	Permet d'énoncer le résultat, l'aboutissement d'un fait ou d'une idée

☞ L'essentiel ☜

▶ Une argumentation met en oeuvre différentes **stratégies pour convaincre** : elle s'efforce d'obtenir l'adhésion du destinataire par des moyens grammaticaux, rhétoriques et par un raisonnement.

▶ Quelle que soit **la logique** de ce raisonnement (inductive ou déductive), une argumentation s'affirme souvent contre un point de vue adverse qu'elle peut partiellement reconnaître (concession) ou catégoriquement réfuter.

▶ **Le parcours argumentatif** choisi détermine la composition du discours (selon une démarche dialectique, analytique ou comparative).

▶ Les relations logiques sont parfois implicites dans le texte argumentatif. Cependant l'ordre du discours apparaît le plus souvent dans la disposition des paragraphes et grâce à la présence de **connecteurs logiques**.

Exercices

1 Les objectifs et les méthodes

1 Thèse et argumentation

a. Dégagez la thèse.
b. Distinguez les arguments et les exemples.

Essayons d'abord de comprendre pourquoi l'enfant éprouve le besoin de gaspiller. Première raison : tout simplement parce qu'il est un enfant ; c'est-à-dire curieux de tout, ayant besoin de multiplier essais et expériences pour savoir « comment c'est fait » ; parce que, comme tous les enfants, il est étourdi ; parce qu'il se laisse entraîner par ses impulsions.

Autre raison : l'exemple de l'adulte. On connaît les remarques amères de l'éboueur : « Si vous saviez ce que je trouve dans les poubelles ! » Les gens jettent à la poubelle ce qui les encombre ou ne leur plaît plus, et qui pourrait cependant encore servir.

E. GRIGNY, *La vie*, 1978

2 Rhétorique de l'argumentation

a. Par quels arguments V. Hugo dénonce-t-il le travail des enfants ?
b. Par quels procédés (énonciation, images, rythmes, tonalité) rend-il son argumentation persuasive ?

Travail mauvais qui prend l'âge tendre en sa serre,
Qui produit la richesse en créant la misère,
Qui se sert d'un enfant ainsi que d'un outil !
Progrès dont on se demande : « Où va-t-il ?
[que veut-il ? »
Qui brise la jeunesse en fleur ! qui donne,
[en somme,
Une âme à la machine et la retire à l'homme !
Que ce travail, haï des mères, soit maudit !
Maudit comme le vice où l'on s'abâtardit,
Maudit comme l'opprobre et comme le
[blasphème !
Ô Dieu ! qu'il soit maudit au nom du travail
[même,
Au nom du vrai travail, saint, fécond, généreux,
Qui fait le peuple libre et qui rend l'homme
[heureux !

VICTOR HUGO, « Melancholia », *Les Contemplations*, III, 2

3 Conviction et séduction

Montrez comment se mêlent dans l'argumentation de Vautrin en faveur de l'ambition les arguments pour convaincre et les formules de la séduction.

Je ne blâme pas vos vouloirs. Avoir de l'ambition, mon petit cœur, ce n'est pas donné à tout le monde. Demandez aux femmes quels hommes elles recherchent, les ambitieux. Les ambitieux ont les reins plus forts, le sang plus riche en fer, le cœur plus chaud que ceux des autres hommes. Et la femme se trouve si heureuse et si belle aux heures où elle est forte, qu'elle préfère à tous les hommes celui dont la force est énorme, fût-elle en danger d'être brisée par lui.

HONORÉ DE BALZAC, *Le Père Goriot*

4 Les raisonnements inductif et déductif

a. Distinguez les raisonnements inductif et déductif.
b. Trouvez un contre-argument pour répondre à Bergson.

Texte 1

Il n'y a pas de comique en dehors de ce qui est proprement humain. Un paysage pourra être beau, gracieux, sublime, insignifiant ou laid ; il ne sera jamais risible. On rira d'un animal, mais parce qu'on aura surpris chez lui une attitude d'homme ou une expression humaine. On rira d'un chapeau ; mais ce qu'on raille alors, ce n'est pas le morceau de feutre ou de paille, c'est la forme que des hommes lui ont donnée, c'est le caprice humain dont il a pris le moule.

HENRI BERGSON, *Le rire*, Éd. PUF, 1940

Texte 2

Regardez les gens courir affairés, dans les rues. Ils ne regardent ni à droite, ni à gauche, l'air préoccupé, les yeux fixés à terre, comme des chiens. Ils foncent tout droit, mais toujours sans regarder devant eux, car ils font le trajet, connu à l'avance, machinalement. Dans toutes les grandes villes du monde, c'est pareil. L'homme moderne, universel, c'est l'homme pressé, il n'a pas le temps, il est prisonnier de la nécessité, il ne comprend pas qu'une chose puisse ne pas être utile ; il ne comprend pas non plus que, dans le fond, c'est l'utile qui peut être un poids inutile, accablant.

EUGÈNE IONESCO, *Notes et contre-notes*, Éd. Gallimard 1962

Lire et comprendre **un texte**

Exercices

5 Le raisonnement concessif

La concession dans ces extraits introduit-elle une nuance ou permet-elle une affirmation renforcée ?

Texte 1

Chaque génération, sans doute, se croit vouée à refaire le monde. La mienne sait pourtant qu'elle ne le refera pas. Mais sa tâche est peut-être plus grande. Elle consiste à empêcher que le monde ne se défasse.

ALBERT CAMUS, *Essais*, Éd. Gallimard

Texte 2

Le jeu n'est pas seulement distraction individuelle. Peut-être même l'est-il beaucoup plus rarement qu'on ne pense. Certes, il existe nombre de jeux, notamment des jeux d'adresse, où se manifeste une habileté toute personnelle et où il ne saurait surprendre qu'on jouât seul. Mais les jeux d'adresse apparaissent vite comme des jeux de compétition dans l'adresse.

ROGER CAILLOIS, *Les jeux et les hommes*, Éd. Gallimard, 1978

Texte 3

Quelque bienfaisantes que soient certaines des applications de la science pour diminuer la peine et la souffrance des hommes, le rythme accéléré auquel elles se développent et leur introduction dans une société humaine insuffisamment préparée à les recevoir ou trop lente à s'y adapter nous semblent aujourd'hui n'être pas sans danger.

PAUL LANGEVIN, Préface de *l'Évolution humaine*

6 Le raisonnement critique

a. Quelle thèse est soutenue par Don Juan ?
b. Dégagez les deux grandes étapes de son argumentation ; expliquez le sens de ce parcours argumentatif.
c. Étudiez la fonction des pronoms *on* et *nous* et leur valeur d'emploi.

DON JUAN

Quoi ? tu veux qu'on se lie à demeurer au premier objet qui nous prend, qu'on renonce au monde pour lui, et qu'on n'ait plus d'yeux pour personne ? La belle chose de vouloir se piquer d'un faux honneur d'être fidèle, de s'ensevelir pour toujours dans une passion, et d'être mort dès sa jeunesse à toutes les autres beautés qui nous peuvent frapper les yeux ! Non, non : la constance n'est bonne que pour des ridicules ; toutes les belles ont droit de nous charmer, et l'avantage d'être rencontrée la première ne doit point dérober aux autres les justes prétentions qu'elles ont toutes sur nos cœurs. Pour moi, la beauté me ravit partout où je la trouve, et je cède facilement à cette douce violence dont elle nous entraîne. J'ai beau être engagé, l'amour que j'ai pour une belle n'engage point mon âme à faire injustice aux autres ; je conserve des yeux pour voir le mérite de toutes, et rends à chacune les hommages et les tributs où la nature nous oblige. Quoi qu'il en soit, je ne puis refuser mon cœur à tout ce que je vois d'aimable ; et dès qu'un beau visage me le demande, si j'en avais dix mille, je les donnerais tous. Les inclinations naissantes, après tout, ont des charmes inexplicables, et tout le plaisir de l'amour est dans le changement.

MOLIÈRE, *Dom Juan*, I, 2

7 Le raisonnement par l'absurde

a. Recherchez dans cet extrait un raisonnement par l'absurde.
b. Quelle est sa fonction et quel est son effet ?
c. Résumez en une phrase la thèse réfutée par Voltaire et en une phrase sa propre thèse.

Voltaire critique les idées de Rousseau sur la solitude de l'homme dans l'état de nature.

Quelques mauvais plaisants ont abusé de leur esprit jusqu'au point de hasarder le paradoxe étonnant que l'homme est originairement fait pour vivre seul comme un loup-cervier, et que c'est la société qui a dépravé la nature. Autant vaudrait-il dire que, dans la mer, les harengs sont originairement faits pour nager isolés, et que c'est par un excès de corruption qu'ils passent en troupe de la mer Glaciale sur nos côtes ; qu'anciennement les grues volaient en l'air chacune à part, et que par une violation du droit naturel elles ont pris le parti de voyager en compagnie.
Chaque animal a son instinct ; et l'instinct de l'homme, fortifié par la raison, le porte à la société comme au manger et au boire. Loin que le besoin de la société ait dégradé l'homme, c'est l'éloignement de la société qui le dégrade.

VOLTAIRE, article « Homme », *Dictionnaire philosophique*

8 Des raisonnements absurdes

a. Étudiez les aberrations logiques qui s'accumulent dans ce dialogue.
b. Dans quelle intention ? Avec quels effets ?

Le logicien, *au Vieux Monsieur.*
Voici donc un syllogisme exemplaire. Le chat a quatre pattes. Isidore et Fricot ont chacun quatre pattes. Donc Isidore et Fricot sont chats.

Le vieux monsieur, *au Logicien.*
Mon chien aussi a quatre pattes.

Le logicien, *au Vieux Monsieur.*
Alors, c'est un chat.

Bérenger, *à Jean.*
Moi, j'ai à peine la force de vivre. Je n'en ai plus envie peut-être.

Le vieux monsieur, *au Logicien après avoir longuement réfléchi.*
Donc, logiquement, mon chien serait un chat.

Le logicien, *au Vieux Monsieur.*
Logiquement, oui. Mais le contraire est aussi vrai.

Bérenger, *à Jean.*
La solitude me pèse. La société aussi.

Jean, *à Bérenger.*
Vous vous contredisez. Est-ce la solitude qui pèse, ou est-ce la multitude ? Vous vous prenez pour un penseur et vous n'avez aucune logique.

Le vieux monsieur, *au Logicien.*
C'est très beau, la logique.

Le logicien, *au Vieux Monsieur.*
À condition de ne pas en abuser.

Ionesco, *Rhinocéros*, Éd. Gallimard, 1959.

2 La composition

9 Les types de plan

a. Quel est le type de plan suivi dans ce texte ?
b. Résumez en une phrase le contenu de chaque paragraphe ; relevez sous forme de notes leurs argument.

Le monde actuel est complexe, changeant. L'idée du législateur semble être qu'il faut donc faire à ces complexités et à ces changements la plus grande place possible, afin d'y habituer les jeunes en leur enseignant les données : les données sociales, en premier lieu, évidemment, et aussi les données politiques, techniques en bref, l'actualité. Cela leur plaira plus, les intéressera plus, dans la mesure où l'enseignement rejoindra la presse, la télévision, les débats de la table familiale ou du groupe syndical. Ils ne seront pas désorientés, parce qu'ils seront immédiatement insérés, jetés dans le bain.

Je voudrais plaider, de toute mon âme, pour une démarche exactement inverse. Je crois que la force de tout enseignement par rapport aux « événements qui font l'histoire du monde » est d'imposer aux esprits un détour. Si l'on veut s'orienter convenablement, dans une promenade au cours de laquelle on doit retrouver son chemin, il faut prendre, en pensée, du recul. Il faut se retourner, voir d'où vient le chemin que l'on est en train de parcourir et où sont les repères, recourir à une carte, sur laquelle le paysage confus, masqué de buissons et d'arbres, d'ombres et de creux, se ramène à un tracé schématique, couvrant un horizon bien plus étendu et qui soudain rend compte du paysage. Il en va de même dans les choses de l'esprit.

Complexe, notre société ? Ô combien ! Mais dans ce cas, pour l'appréhender, pour la comprendre, pour en comprendre les problèmes et les tendances, il faut précisément faire le détour et apprendre à connaître d'autres sociétés plus simples.

Jacqueline de Romilly, *L'enseignement en détresse*, Éd. Gallimard, 1985.

10 De l'introduction au plan

a. Quel plan est annoncé par cette introduction ?
b. Pourrait-on en imaginer un autre sur le thème de la crise de la lecture ?
c. Partagez-vous le pessimisme du constat énoncé dans la première phrase du texte ? (Présentez votre réponse de manière argumentée).

Les adolescents d'aujourd'hui ne lisent guère et peut-être ne savent plus lire. Les enquêtes et les sondages, les observations des enseignants et des bibliothécaires apportent sur ce point des témoignages convergents. Mais l'extension même de la crise, ses *symptômes* et ses causes demeurent trop souvent mal connus. La lecture des adolescents, dans ses formes et dans ses objets, nous échappe. Quant à leur « non-lecture », elle est interprétée tantôt comme l'effet d'une lassitude passagère (née de quelle saturation ?), tantôt comme le signe d'une aversion définitive à l'égard de la civilisation de l'imprimé. Quelle place occupe donc l'objet-livre dans la vie des adolescents ? Comment est-il perçu par eux […] ?

B. Brécout, *Bulletin du livre* n° 373

11 Le choix du plan

Quel type de plan conviendrait le mieux pour traiter les questions suivantes ?

1. Pensez-vous que la violence dans les stades constitue un prolongement direct des maladies sociales dont nous souffrons ?

2. Est-ce en résistant à la culture mondiale ou en y participant que nous parviendrons le mieux à sauvegarder la vie culturelle française ?

3. Pensez-vous que certains bons romans nous renseignent de façon plus juste que le fait (ou que l'aurait fait) la presse ?

3 Les relations logiques

12 Des relations implicites ou explicites

a. Quelles relations logiques entre les idées y a-t-il dans chacun des extraits suivants ?
b. Ces relations sont-elles explicites ? Si c'est le cas, soulignez le connecteur logique qui les exprime.

1. La propagande est, certes, un moyen de dominer le monde absurde et incohérent, de donner un but avec la possibilité de l'atteindre ; mais ce n'est pas le seul et le plus riche. Il en est un autre, l'éducation, qui n'est pas viol des esprits, appel à l'instinct mais documentation et formation des intelligences et des cœurs, appel à la raison, à la réflexion, à la maîtrise.

R. Clausse, *Le Journal de l'actualité*, 1967

2. Pour ma part, je pense que s'il y a une grande cause aujourd'hui, c'est la défense des intellectuels. Parce que s'il n'y a plus d'intellectuels, il n'y aura plus de défenseurs des grandes causes.

P. Bourdieu, *Le Nouvel Observateur*
du 12 au 18 septembre 1986

3. Sons et images triomphent, encourageant chez le citoyen l'enregistrement passif, l'atrophie[1] des codes de la lecture, devenus inutiles. Ainsi se répand, chez ceux dont le milieu familial n'est pas vigilant, l'illettrisme, premier pas vers la marginalisation scolaire, culturelle et vers la détresse sociale.

I. Ramonet, *Le Monde diplomatique*, mai 1988

1. Dépérissement.

4. Le patrimoine n'est pas seulement un bon objet d'investissements économiques dans une conjoncture de crise. Il pourrait bien être aussi le lieu d'investissements affectifs en période de mutations sociales et culturelles rapides et plus ou moins douloureuses.

M. Berthod, *Revue des monuments historiques*,
n°107, 1980

5. Nomade ou sédentaire : je crois qu'une grande partie de l'histoire du monde tient à elle seule dans ces deux mots. Comme si, telles ces étoiles doubles, ces systèmes astraux comportant deux soleils gravitant l'un autour de l'autre, ils étaient voués tour à tour à s'opposer ou à se compléter.

J. Lacarrière, *Chemin faisant*

6. Je conviendrai sans peine que la paix publique est un grand bien ; mais je ne veux pas oublier cependant que c'est à travers le bon ordre que tous les peuples sont arrivés à la tyrannie. Il ne s'ensuit pas assurément que les peuples doivent mépriser la paix publique ; mais il ne faut pas qu'elle leur suffise.

A. De Tocqueville, *De la démocratie en Amérique*

13 Causes et conséquences

En y replaçant les phrases suivantes que nous vous donnons dans le désordre, complétez le tableau que nous vous proposons afin de représenter l'enchaînement logique des idées (les flèches symbolisent une relation de cause à conséquence).

Phrases à ordonner :
a. La durée du travail a diminué, grâce à l'apparition de machines remplaçant l'homme.
b. L'écrivain peut contribuer à l'émergence d'une culture de masse.
c. Il faut remplir le vide que représente le temps libre.

Exercices

d. L'écrivain a de nouvelles possibilités pour faire connaître son œuvre à de plus larges cercles de lecteurs.
e. De nouveaux moyens de diffusion puissants sont apparus.
f. La durée des loisirs est beaucoup plus longue qu'auparavant.
g. La publicité donnée à un livre peut être aujourd'hui considérable.

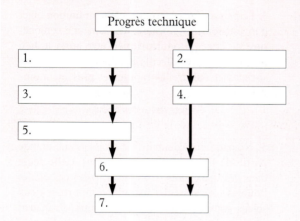

14 Les connecteurs logiques

Complétez le texte suivant en rétablissant les connecteurs logiques que nous y avons supprimés et dont voici la liste (dans le désordre) : *en effet, mais, donc, d'un côté, or, dès lors, toutefois.*

Que deviendront nos rapports sociaux dans le cadre d'une civilisation des médias et de l'informatique ?
… les techniques nouvelles de communication permettent une extension et une ramification extraordinaires des relations culturelles et une information planétaire. … l'écran qui permet ces progrès supprime le caractère immédiat des relations humaines. … l'image qu'il transmet ne peut remplacer l'expérience concrète et la pensée critique et risque d'engendrer, pour un public non averti, une confusion entre réalité et fiction. L'invasion irrésistible de l'image peut … faire perdre au spectateur son autonomie intellectuelle. … ce danger est potentiel dans la mesure où la pratique quotidienne des échanges sociaux sera de plus en plus médiatisée aux dépens des formes traditionnelles et plus directes de la communication. … il conviendra d'imaginer une socialité plus conviviale pour éviter la montée des égoïsmes. … pour cela, les nouvelles générations devront être informées des risques encourus pour préserver le respect des différences au-delà de tous les écrans.

15 La ponctuation

a. Quel rôle joue la ponctuation dans la mise en relation logique des idées ?
b. De quelles relations s'agit-il ?
c. Quels connecteurs logiques pourraient les traduire ?

L'opinion semble dégager les hommes de tous les devoirs envers une femme à laquelle un esprit supérieur serait reconnu ; on peut être ingrat, perfide, méchant envers elle sans que l'opinion se charge de la venger. N'est-elle pas une femme extraordinaire ? Tout est dit alors ; on l'abandonne à ses propres forces, on la laisse se débattre avec la douleur. L'intérêt qu'inspire une femme, la puissance qui garantit un homme, tout lui manque souvent à la fois : elle promène sa singulière existence, comme les Parias de l'Inde, entre toutes les classes dont elle ne peut être, toutes les classes qui la considèrent comme devant exister par elle seule : objet de la curiosité, peut-être de l'envie, et ne méritant en effet que la pitié.

MME DE STAËL, *De la littérature*, II, 4

Exercices

Bilan

1. Dégagez les principales étapes de l'argumentation de ce texte. Quel type de plan est adopté ?
2. Quels procédés (indices personnels, modalisateurs, images, emploi de la majuscule et de l'italique, rythme des phrases) sont utilisés pour persuader ?
3. Quel type de raisonnement est utilisé dans le deuxième paragraphe ? Dans quel but ?
4. Quelles relations logiques traduit la ponctuation entre les trois propositions de la phrase : *La poésie ne peut pas sous peine de mort ... elle n'a qu'Elle-même* ? Quels connecteurs logiques pourraient les exprimer ?
5. Quel lien logique est assuré par *ainsi* dans le dernier paragraphe ?

La poésie, pour peu qu'on veuille descendre en soi-même, interroger son âme, rappeler ses souvenirs d'enthousiasme, n'a pas d'autre but qu'elle-même ; elle ne peut pas en avoir d'autre, et aucun poème ne sera si grand, si noble, si véritablement digne du nom de poème, que celui qui aura été écrit uniquement pour le plaisir d'écrire un poème.

Je ne veux pas dire que la poésie n'ennoblisse pas les mœurs, – qu'on me comprenne bien –, que son résultat final ne soit pas d'élever l'homme au-dessus du niveau des intérêts vulgaires ; ce serait évidemment une absurdité. Je dis que, si le poète a poursuivi un but moral, il a diminué sa force poétique ; et il n'est pas imprudent de parier que son œuvre sera mauvaise. La poésie ne peut pas, sous peine de mort ou de défaillance, s'assimiler à la science ou à la morale ; elle n'a pas la Vérité pour objet, elle n'a qu'Elle-même. Les modes de démonstration de vérité sont autres et sont ailleurs. [...]

C'est cet admirable, cet immortel instinct du Beau qui nous fait considérer la terre et ses spectacles comme un aperçu, comme une correspondance du Ciel. La soif insatiable de tout ce qui est au-delà, et que révèle la vie, est la preuve la plus vivante de notre immortalité. C'est à la fois par la poésie et *à travers* la poésie, par et *à travers* la musique, que l'âme entrevoit les splendeurs situées derrière le tombeau ; et quand un poème exquis amène les larmes au bord des yeux, ces larmes ne sont pas la preuve d'un excès de jouissance, elles sont bien plutôt le témoignage d'une mélancolie irritée, d'une postulation des nerfs, d'une nature exilée dans l'imparfait et qui voudrait s'emparer immédiatement, sur cette terre même, d'un paradis révélé. Ainsi, le principe de la poésie est strictement et simplement l'aspiration humaine vers une beauté supérieure.

Charles Baudelaire,
Notes nouvelles sur Edgar Allan Poe, IV

CHAPITRE 17 — Les exemples et les citations

Lecture et analyse

Un romancier exemplaire

(A) Eh bien ! en revenant au roman, nous voyons également que le romancier est fait d'un observateur et d'un expérimentateur. L'observateur chez lui donne les faits tels qu'il les a observés, pose le point de départ, établit le terrain solide sur lequel vont marcher les personnages et se développer les phénomènes. Puis, l'expérimentateur paraît et institue l'expérience, je veux dire fait mouvoir les personnages dans une histoire particulière, pour y montrer que la succession des faits y sera telle que l'exige le déterminisme des phénomènes mis à l'étude. C'est presque toujours ici une expérience « pour voir », comme l'appelle Claude Bernard. Le romancier part à la recherche d'une vérité. (B) Je prendrai comme exemple la figure du baron Hulot, dans *La Cousine Bette*, de Balzac. Le fait général observé par Balzac est le ravage que le tempérament amoureux d'un homme amène chez lui, dans sa famille et dans la société. Dès qu'il a eu choisi son sujet, il est parti des faits observés, puis il a institué son expérience en soumettant Hulot à une série d'épreuves, en le faisant passer par certains milieux, pour montrer le fonctionnement du mécanisme de sa passion. Il est donc évident qu'il n'y a pas seulement là observation, mais qu'il y a aussi expérimentation, puisque Balzac ne s'en tient pas strictement en photographe aux faits recueillis par lui, puisqu'il intervient d'une façon directe pour placer son personnage dans des conditions dont il reste le maître [...] (C) En somme, toute l'opération consiste à prendre les faits dans la nature, puis à étudier le mécanisme des faits, en agissant sur eux par les modifications des circonstances et des milieux, sans jamais s'écarter des lois de la nature. Au bout, il y a la connaissance de l'homme, la connaissance scientifique, dans son action individuelle et sociale.

ÉMILE ZOLA, *Le roman expérimental*

La connaissance par l'expérience

▶ **De l'idée à l'exemple.** Zola définit le romancier naturaliste comme un observateur (de la société et de la psychologie humaines) mais aussi comme un expérimentateur qui, à la manière d'un savant, vérifie une loi générale en faisant une expérience. Cette conception exposée au début du texte (A) resterait théorique et abstraite si elle n'était **illustrée et expliquée par un exemple** : voilà pourquoi Zola recourt à celui du roman de Balzac, *La Cousine Bette* (B).

▶ **De l'exemple à la leçon.** À partir de cet exemple, Zola tire une conclusion (C) : *En somme, toute l'opération consiste* ... Celle-ci confirme en la résumant la définition du travail du romancier et son but : *la connaissance de l'homme, la connaissance scientifique, dans son action individuelle et sociale.* L'**exemple** de *La Cousine Bette* est donc à la fois **illustratif** (il concrétise une définition générale) et **argumentatif** (il donne lieu à une conclusion d'ensemble).

▶ **Une citation pour confirmer.** La citation de Claude Bernard, matérialisée par des guillemets *« pour voir »* et une proposition incise *(comme l'appelle Claude Bernard)*, sert à confirmer le propos de Zola par la référence à une **autorité** scientifique indiscutable. Claude Bernard est en effet un des grands théoriciens, au XIXe siècle, de la médecine expérimentale. La mention de son nom, comme l'exemple de Balzac (une *autorité* dans le domaine littéraire), donne plus de poids au rapprochement entre le roman et l'activité scientifique.

Leçon

1 Les **exemples**

L'illustration et l'argumentation

▶ **L'exemple illustratif** : suivant une idée ou une définition dans un texte argumentatif (➤ CHAPITRES 15 ET 16), il l'éclaire, la concrétise, la précise.

Texte p. 160 Étape A : énoncé de la définition.
Étape B : illustration par l'exemple.
C'est aussi le rôle de l'image ou du dessin par rapport aux informations d'un journal.

▶ **L'exemple argumentatif** : il présente un cas concret, une situation particulière mais représentative d'un ensemble, ce qui permet d'en tirer un enseignement général, un argument ou une conclusion.

Texte p. 160 Étape B : exemple de *La Cousine Bette*, représentatif de la démarche du roman expérimental ➝ Étape C : Conclusion.
➤ EXERCICE 1

Les types d'exemples

▶ **L'exemple personnel** a l'avantage d'offrir un témoignage direct mais on ne peut en déduire aucune loi générale.

▶ **L'anecdote** introduit dans l'argumentation une impression de vie et parfois une note d'humour.
➤ EXERCICE 2

▶ **L'image, la comparaison** éclairent une idée difficile à comprendre en la représentant visuellement.

▶ **La fable, le mythe** rendent plus concrète une idée grâce à un récit (➤ ALLÉGORIE P. 105).
➤ EXERCICES 3

▶ **L'exemple historique** permet un rapprochement avec le passé et il a l'avantage d'être un fait avéré et déjà analysé.
➤ EXERCICE 4

▶ **Les statistiques**, les chiffres, les données économiques : à condition d'être vérifiés, ils donnent un fondement scientifique au discours argumentatif (en sociologie, en politique, dans la presse ...).
➤ EXERCICE 5

▶ **L'exemple littéraire**, et plus généralement **artistique** : la référence à un livre, une pièce de théâtre, un film, un tableau, donne un support concret à un argument et permet de le développer. En effet, la complexité de ces œuvres offre beaucoup de possibilités d'exploitation.

Développement de l'exemple de *La Cousine Bette* dans le texte de Zola.
➤ EXERCICE 6

La présentation et l'exploitation de l'exemple

Deux types de présentation sont possibles.

▶ L'exemple **suit** l'énoncé de l'idée ; il est introduit par des formules telles que : *par exemple, ainsi, comme dans le cas de, tel que, on peut citer (mentionner, évoquer), comme en témoigne...*

▶ L'exemple **précède** l'énoncé de l'idée ; plus il est développé, plus l'enseignement que l'on peut en tirer est riche.

▶ Les deux types de présentation peuvent être **combinés** dans un **paragraphe argumentatif** : après avoir approfondi l'étude de l'exemple, on tire une conclusion qui sert de transition avec le paragraphe et l'argument suivant, comme dans le texte de Zola p. 160.
➤ EXERCICE 7

2 Les **citations**

Le rôle des citations

▶ Les citations sont des cas particuliers de **discours rapportés** : le locuteur d'un texte argumentatif introduit le discours d'un autre locuteur pour confirmer ou nuancer son propos (➤ CHAPITRE 10).
➤ EXERCICE 8

▶ **L'argument d'autorité** : la citation d'un auteur reconnu (écrivain, philosophe, savant...) permet de donner plus de crédibilité à son discours.

La citation de C. Bernard dans le texte de Zola.

▶ La citation peut donner aussi **plus de précision**, de force **à l'expression** : on cite volontiers une maxime (une vérité de portée générale condensée en une phrase habilement construite) pour convaincre ou conclure.

Pour défendre la liberté de la presse, on peut citer le mot de Beaumarchais : *Il n'y a que les petits hommes qui redoutent les petits écrits.* (*Le Mariage de Figaro*)

*Lire et comprendre **un texte***

Leçon

▶ La **confrontation des points de vue** : la citation d'un ou plusieurs auteurs permet de s'opposer à eux ou de les confronter avant de dégager un point de vue personnel.

➢ Exercice 9

Les modes de citation

▶ Le mode de citation **direct** : il présente les propos prononcés ou les écrits entre guillemets et en les attribuant clairement à leur auteur. La phrase de Candide dans le conte de Voltaire : *Il faut cultiver notre jardin*, est la conclusion de tout un parcours initiatique qu'on peut retracer rapidement pour éclairer le sens de la formule.

▶ Le mode de citation **indirect** : il rapporte le discours au style indirect, ce qui permet de le résumer et de ne citer entre guillemets que les parties les plus importantes. On doit veiller dans ce cas à ne pas déformer la pensée de l'auteur qu'on cite.

➢ Exercice 8

L'essentiel

▶ **L'exemple illustratif** rend plus vivant, plus concret, plus clair un argument, mais il ne constitue pas une preuve.

▶ **L'exemple argumentatif**, lui, présente une situation typique, généralisable, dont on peut déduire un argument.

▶ Quel que soit le type d'exemple (anecdote personnelle, comparaison, exemple historique ou littéraire...) une **exploitation précise et développée** est toujours préférable à une présentation allusive.

▶ Il en est de même pour **les citations** qui donnent autorité et efficacité au discours argumentatif, sur le mode de la confirmation ou de la confrontation des idées, à condition d'être rapportées précisément et honnêtement.

Exercices

1. Les exemples

1 Illustration et argumentation

a. Distinguez exemples illustratifs et argumentatifs.
b. Indiquez dans chaque cas la thèse ou l'argument en question.

Texte 1

Aujourd'hui où les îles polynésiennes noyées de béton sont transformées en porte-avions pesamment ancrés au fond des mers du Sud, où l'Asie tout entière prend le visage d'une zone maladive, où les bidonvilles rongent l'Afrique, où l'aviation commerciale et militaire flétrit la candeur de la forêt américaine ou mélanésienne avant même d'en pouvoir détruire la virginité, comment la prétendue évasion du voyage pourrait-elle réussir autre chose que nous confronter aux formes les plus malheureuses de notre existence historique ? [...] On risquait jadis sa vie dans les Indes ou aux Amériques pour rapporter des biens qui nous paraissent aujourd'hui dérisoires : bois de braise (d'où Brésil), teinture rouge, ou poivre dont, au temps d'Henri IV, on avait à ce point la folie que la cour en mettait dans des bonbonnières des grains à croquer. Ces secousses visuelles ou olfactives, cette joyeuse chaleur pour les yeux, cette brûlure exquise pour la langue ajoutaient un nouveau registre au clavier sensoriel d'une civilisation qui ne s'était pas doutée de sa fadeur.

CLAUDE LÉVI-STRAUSS, *Tristes tropiques*, Éd. Plon, 1955

Texte 2

Le bilan d'une amitié, c'est presque toujours des livres que nous n'eussions pas été capables d'aimer seuls, une musique inconnue de nous, une philosophie. Chacun apporte à l'autre ses richesses. Faites cette expérience : évoquez les visages de votre jeunesse, interrogez chaque amitié : aucune qui ne représente une acquisition. Celui-là m'a prêté *Les Frères Karamazov*[1] ; cet autre a déchiffré pour moi la *Sonatine* de Ravel ; avec celui-ci, je fus à une exposition de Cézanne, et mes yeux s'ouvrirent comme ceux de l'aveugle-né.

FRANÇOIS MAURIAC, *Le jeune homme*, Éd. Hachette, 1926

1. Célèbre roman de Dostoïevski

2 L'anecdote personnelle

Quelles qualités et quels défauts de l'anecdote personnelle sont soulignés dans cet extrait ?

Un professeur loufoque présente à son élève une leçon de phonétique.

Une mauvaise prononciation peut vous jouer des tours. À ce propos, permettez-moi, entre parenthèses, de vous faire part d'un souvenir personnel. *(Légère détente, le Professeur se laisse un instant aller à ses souvenirs ; sa figure s'attendrit ; il se reprendra vite.)* J'étais tout jeune, encore presque un enfant. Je faisais mon service militaire. J'avais, au régiment, un camarade, vicomte, qui avait un défaut de prononciation assez grave : il ne pouvait pas prononcer la lettre *f*. Au lieu de *f*, il disait *f*. Ainsi, au lieu de : fontaine, je ne boirai pas de ton eau, il disait : fontaine, je ne boirai pas de ton eau. Il prononçait fille au lieu de fille, Firmin au lieu de Firmin, fayot au lieu de fayot, fichez-moi la paix au lieu de fichez-moi la paix, fatras au lieu de fatras [...]. Seulement il avait la chance de pouvoir si bien cacher son défaut, grâce à des chapeaux, que l'on ne s'en apercevait pas.

EUGÈNE IONESCO, *La Leçon*, Éd. Gallimard, 1951

3 Le mythe

Le mythe grec d'Icare, le fils de Dédale, nous rapporte qu'il s'était élevé dans les cieux grâce aux ailes qu'il s'était confectionnées mais qu'il fut précipité dans la mer, la chaleur du soleil ayant fait fondre la cire qui collaient les plumes de ces ailes. Quelles idées générales peut-on dégager de ce mythe ?

4 L'exemple historique

Quels exemples historiques pourraient illustrer les idées suivantes ?

1. L'influence d'un grand homme sur le cours de l'histoire est limitée.
2. Les écrivains doivent souvent lutter contre les pouvoirs établis...
3. ... mais ils sont parfois les favoris des princes.

Exercices

5 Les chiffres

a. Quelle est, ici, la fonction des données quantitatives (pourcentages, chiffres) ?
b. Quelle idée illustrent-elles ?

> C'est un fait que depuis la dernière guerre mondiale la langue française n'a cessé de connaître dans les pays les plus développés un recul accéléré. Alors qu'avant la première guerre mondiale le français était lu et parlé dans une grande partie du monde et qu'entre les deux guerres mondiales il en était encore ainsi pour près de la moitié, sinon plus, des élites intellectuelles, non seulement en Europe, mais également dans tout le bassin méditerranéen et en Amérique latine, on constate aujourd'hui que de 10 à 15 % au plus des nouvelles générations dans des pays comme l'Allemagne, l'Autriche, la Suède, la Norvège, et même l'Italie, lisent et parlent le français. L'anglais est devenu pour les élites la langue universelle, le seul support pour la transmission de la pensée scientifique dans le monde. [...]
> Aux Nations unies, le français et l'anglais sont les deux seules langues de travail, parallèlement aux quatre autres langues officielles que sont l'arabe, le chinois, l'espagnol et le russe ; mais une évolution inexorable, résultant de multiples causes, tend à réduire de plus en plus le rôle effectif du français. En fait, 90 % de la documentation préparée par les secrétariats des organisations internationales sont actuellement rédigés en anglais.
>
> MAURICE ALLAIS, *Le Monde* du 12 juillet 1989

6 L'exemple littéraire

a. Quels personnages de roman ou de théâtre pourraient illustrer les thèmes suivants ?

   1. l'enfance 2. la condition féminine 3. la passion amoureuse 4. l'ambition 5. le mythe du « bon sauvage »

b. Quelles œuvres littéraires (ou cinématographiques) pourraient illustrer les problématiques suivantes ?

   1. l'éducation 2. la fuite du temps 3. la création artistique 4. la guerre 5. la condition ouvrière

c. Quels écrivains pourrait-on citer pour illustrer ces différents genres de littérature ?

   1. le roman courtois 2. le drame romantique 3. la littérature engagée 4. l'autobiographie 5. la poésie contemporaine

7 La présentation de l'exemple

a. Choisissez un exemple littéraire pour présenter l'idée suivante : « Les découvertes scientifiques et techniques échappent parfois à leurs créateurs ».
b. Développez cette idée en un paragraphe en la faisant suivre de l'exemple (exemple illustratif).
c. Commencez par présenter l'exemple afin d'en dégager l'idée (exemple argumentatif).

2 Les citations

8 Fonctions de la citation

a. Quelle est la thèse du locuteur ?
b. La citation, dans les extraits suivants, est-elle utilisée pour soutenir la thèse du locuteur ou pour réfuter celle de l'auteur cité ?
c. Le mode de citation est-il direct ou indirect ?

Texte 1

> Entre l'art théâtral et l'art cinématographique la différence est d'essence[1]. Léon Daudet[2] disait un jour : « Je me demande si l'art dramatique n'est pas actuellement, vis-à-vis du cinéma, dans la situation inférieure et menacée du cheval vis-à-vis de l'automobile. » La boutade est ingénieuse ; le mot « inférieur », toutefois, limite sa portée. Le cheval est dans une situation inférieure vis-à-vis de l'automobile si l'on oublie qu'il est cheval pour considérer seulement les services qu'il peut rendre comme moyen de transport. Mais le cavalier n'oublie pas que le cheval est cheval : à l'heure de sa promenade au Bois[3], lorsqu'il l'enfourche, il ne le juge dans une situation ni inférieure, ni supérieure à l'automobile : il n'y a plus même de comparaison possible.
>
> HENRI GOUHIER, *L'Essence du théâtre*. Éd. Plon, 1943
>
> 1. Essentielle. 2. Journaliste et écrivain (1867-1942). 3. Le Bois de Boulogne à Paris.

Texte 2

> Antonin Artaud, une fois n'est pas coutume, a clairement distingué entre deux espèces de nationalisme, fondées sur ces deux aspects de la nation, tout en exprimant un jugement de préférence pour l'une d'entre elles. « Il y a le nationalisme

Exercices

culturel où s'affirme la qualité spécifique d'une nation et des œuvres de cette nation et qui les distingue ; et il y a le nationalisme qu'on peut appeler civique et qui, dans sa forme égoïste, se résout en chauvinisme et se traduit par des luttes douanières et des guerres économiques quand ce n'est pas la guerre totale » (*Messages révolutionnaires*, p. 106). Les nationalismes qui se fondent sur chacun de ces aspects de la nation sont non seulement différents mais, à certains égards au moins, opposés. Le nationalisme culturel, c'est-à-dire l'attachement à sa culture, est une voie qui conduit vers l'universel – en approfondissant la spécificité du particulier dans lequel on vit. Le nationalisme civique tel que l'évoque Artaud, est un choix préférentiel pour son pays contre les autres pays – un choix, donc, antiuniversaliste.

TZVETAN TODOROV, *Nous et les autres*, Éd. du Seuil, 1989

9 Citations célèbres

Expliquez l'idée contenue dans ces phrases célèbres.

Vingt fois sur le métier, remettez votre ouvrage.
BOILEAU, *Art poétique*

Le Moi est haïssable. PASCAL, *Pensées*

Le cœur a ses raisons que la raison ne connaît point. PASCAL, *Pensées*

Selon que vous serez puissant ou misérable,
Les jugements de cour vous rendront blanc ou noir.
LA FONTAINE, *Fables*

Il faut cultiver notre jardin.
VOLTAIRE, *Candide*

Sans la liberté de blâmer, il n'est point d'éloge flatteur.
BEAUMARCHAIS, *Le Mariage de Figaro*

Bilan

1. Quelle est la thèse soutenue ? Faites un relevé schématique des arguments. Lesquels illustrent le propos ? Lesquels ont valeur d'arguments ?
2. Que révèle le pourcentage présenté dans le troisième paragraphe ?
3. Plusieurs passages sont entre guillemets : s'agit-il de citations ? Quelle est leur fonction dans l'argumentation ?
4. Par quels arguments et par quels exemples pourriez-vous réfuter la thèse suivante : « Le tourisme est facteur de paix et d'échange, moyen de compréhension entre les peuples » ?

L'élan du tourisme mondial est né dans les années 60. Le tiers monde pauvre a pensé qu'il y avait une occasion à saisir ; vendre ses paysages, ses climats ensoleillés, ses plages de sable fin, ses cultures exotiques.. Il voulait recueillir des devises pour stimuler sa machine économique. Mais, comme l'écrivait le sociologue Morris Fox, « Le tourisme est comme le feu. Il peut faire bouillir votre marmite ou incendier votre maison. » Ce propos souligne bien le dilemme. Personne ne peut dire aujourd'hui que la marmite bout bien, comme il serait exagéré d'affirmer que la maison est en feu.

Gros avions à réaction, vacances programmées, étirées, agences de voyages à tous les coins de rues, jamais le monde, même lointain, n'a été aussi accessible. Jamais on n'a autant voyagé, mais jamais aussi les égoïsmes nationaux, les malentendus et les hostilités entre les peuples différents n'ont été aussi présents et aussi cruciaux. Au début des années 70, le slogan « le tourisme facteur de paix et d'échanges, moyen de compréhension entre les peuples » était repris en chœur par tous, de l'UNESCO à la Conférence des Nations Unies pour le commerce et le développement, en passant par la Banque mondiale.

Malheureusement, la rencontre fut manquée, abîmée. 80 % des touristes dans le monde sont originaires des pays industrialisés. C'est un « échange » à sens unique, et le touriste, bien malgré lui, est loin d'être un personnage innocent.

EZZEDINE MESTIRI, *Le Monde* du 20 septembre 1985

L'implicite

Lecture et analyse

« Il n'y a rien à répondre à cela »

On discute de la publication du livre Le dernier jour d'un condamné *dans lequel Victor Hugo dénonce la peine de mort.*

LE CHEVALIER. — Cependant un poète qui veut supprimer la peine de mort, vous conviendrez que c'est odieux. Ah! ah! dans l'ancien régime, quelqu'un qui se serait permis de publier un roman contre la torture!... — Mais depuis la prise de la Bastille on peut tout écrire. Les livres font un mal affreux.

LE GROS MONSIEUR. — Affreux. — On était tranquille, on ne pensait à rien. Il se coupait bien de temps en temps en France une tête par-ci par-là, deux tout au plus par semaine. Tout cela sans bruit, sans scandale. Ils ne disaient rien. Personne n'y songeait. Pas du tout, voilà un livre... — un livre qui vous donne un mal de tête horrible!

LE MONSIEUR MAIGRE. — Le moyen qu'un juré condamne après l'avoir lu!

ERGASTE. — Cela trouble les consciences.

MADAME DE BLINVAL. — Ah! les livres! les livres! Qui eût dit cela d'un roman?

LE POÈTE. — Il est certain que les livres sont bien souvent un poison subversif de l'ordre social.

LE MONSIEUR MAIGRE. — Sans compter la langue, que messieurs les romantiques révolutionnent aussi.

LE POÈTE. — Distinguons, monsieur; il y a romantiques et romantiques.

LE MONSIEUR MAIGRE. — Le mauvais goût, le mauvais goût.

ERGASTE. — Vous avez raison. Le mauvais goût.

LE MONSIEUR MAIGRE. — Il n'y a rien à répondre à cela.

VICTOR HUGO, *Une comédie à propos d'une tragédie*

Ce que l'on dit et ce qui est dit

▶ **Les présupposés.** Les personnages expriment leur indignation dans des répliques qui traduisent, sans l'exprimer explicitement, leur goût en matière de littérature et de politique. Ce sens peut être dégagé des **présupposés** contenus dans leurs propos. La phrase : *Un poète qui veut supprimer la peine de mort, vous conviendrez que c'est odieux* présuppose qu'un vrai poète, lui, n'a pas à intervenir dans le débat politique et social de son temps. *Qui eût dit cela d'un roman?* présuppose qu'un bon roman, lui, ne trouble pas les consciences, se contente de distraire et de faire rêver.

▶ **Le message implicite.** S'insurgeant contre la littérature moderne engagée, les personnages trahissent aussi leur attachement au passé et leur refus d'évoluer. C'est le sens qui se dégage de l'**implicite** dans leur discours. En s'indignant : *Mais depuis la prise de la Bastille, on peut tout écrire*, le chevalier condamne implicitement la liberté d'expression et exprime son regret de la censure de l'Ancien Régime.

▶ **Le message ironique.** Le texte réclame également un **autre niveau de lecture**. L'auteur, en faisant parler ainsi ses personnages, établit une **complicité avec le lecteur** pour l'amener à les juger ridicules. Ce lien implicite est créé par l'ironie. De la phrase : *On était tranquille, on ne pensait à rien*, se dégage alors un sens différent du sens littéral : Victor Hugo dénonce indirectement la bonne conscience des partisans de la peine de mort.

Leçon

1 La présupposition

Définition

▶ On appelle présupposition ce qui est **supposé préalablement** et qui est inclus dans un énoncé sans être exprimé explicitement.

L'inspecteur mit son manteau : cette phrase présuppose qu'il ne l'avait pas auparavant.
Et il sortit : cette phrase présuppose qu'il se trouvait jusque-là à l'intérieur.
Je commence à comprendre : cette phrase donne une information explicite. Mais elle contient aussi le présupposé : *jusqu'alors, je ne comprenais pas*.

▶ Comme on le voit, l'information présupposée doit être reconnue comme **évidente** par le récepteur de l'énoncé. C'est la condition qui rend le message acceptable.

➢ Exercice 1

Les jugements présupposés

▶ Appliquée aux opinions et aux jugements, la présupposition peut faire passer comme allant de soi une idée qui n'a plus alors à être mise en question.

Le désintérêt des jeunes pour la lecture peut s'expliquer par l'influence grandissante de la télévision.
Cette phrase conduit à s'interroger : 1. sur l'influence de la télévision ; 2. sur les autres causes de la désaffection des jeunes à l'égard de la lecture. Mais elle ne semble pas mettre en doute que ce désintérêt existe, qu'il soit total et qu'il soit le fait de tous les jeunes.

Qu'est-ce qui fait selon vous le succès, l'influence et la durée d'une œuvre littéraire ?
Cette question oblige à admettre que l'œuvre littéraire se définit par son succès, par son influence et par sa durée.

▶ Les **sujets d'examen** (➢ Chapitres 25 et 30) contiennent généralement ce type de **présupposés**. Il faut en tirer parti avec soin. Et, pour cela, les distinguer :
– certains doivent être **admis à priori**. Ce n'est pas sur eux que porte la question posée. Les discuter, c'est risquer le « hors sujet » ;
– d'autres présentent une « **pseudo-évidence** » mais celle-ci mérite d'être mise en cause pour ouvrir des perspectives à la réflexion et élargir la problématique.

➢ Exercice 2

Présupposition et polémique

▶ Parce qu'**elle dit plus que ce qu'elle exprime**, la présupposition est un procédé efficace dans les textes **polémiques** où il s'agit de combattre les idées d'un adversaire et de présenter comme un acquis la justesse de ses propres opinions.

Pour défendre le drame romantique contre les attaques de la critique, Victor Hugo écrit :
Le romantisme [...] est le libéralisme en littérature. Cette vérité est déjà comprise à peu près de tous les bons esprits, et le nombre en est grand (Préface d'*Hernani*).
Cette dernière phrase présuppose les idées suivantes :
1. ce que j'énonce est une vérité ;
2. ne pas l'admettre, c'est être un « petit esprit » (différent des *bons esprits* qui ont reconnu cette vérité) ;
3. c'est être minoritaire (puisque à peu près tous l'ont admise, et ils sont nombreux) ;
4. c'est être rétrograde (puisque la plupart l'ont *déjà* comprise).
Ici, ce sont les présupposés contenus dans chaque mot qui ajoutent une charge critique à chaque élément de la phrase.

➢ Exercice 3

2 L'implicite

Définition

▶ On appelle implicite ce que le locuteur, plus ou moins consciemment, **sous-entend**, **insinue** ou laisse à l'auditeur ou au lecteur le soin de deviner.

Hélas ! se disait Mathilde, c'était à la cour de Henri III que l'on trouvait des hommes grands par le caractère comme par la naissance. Stendhal.
Dans cette phrase, le personnage sous-entend une comparaison entre le passé et le présent qui lui permet de condamner implicitement son époque, où elle ne voit que des lâches et des parvenus.

➢ Exercices 4, 5

Leçon

Les jugements implicites

▶ L'usage de l'implicite se révèle particulièrement efficace dans l'**allusion**, qui consiste à **suggérer**, à faire naître une image ou une idée dans l'esprit du lecteur, sans l'exprimer directement.

> Montesquieu fait dire à un voyageur à propos de Louis XIV : *Il est magnifique, surtout dans ses bâtiments (Lettres Persanes)* ; il fait une allusion implicite aux énormes dépenses qui ont financé la construction de Versailles et épuisé le Trésor.

▶ L'implicite permet d'éveiller l'**intérêt** et la **curiosité** sans lourdeur démonstrative. C'est le procédé favori des styles légers, vifs, spirituels.

▶ En outre, l'implicite est une arme et une **défense contre la censure**. Il laisse entendre une idée sans prendre la responsabilité de l'avoir dite. Il dit à la fois trop et trop peu : trop peu pour qu'on sanctionne le propos ; trop pour qu'on puisse ignorer l'intention.

➢ Exercices 6, 7

La complicité avec le lecteur

▶ L'implicite étant non formulé, il réclame du lecteur une **intuition** qui lui permette de deviner les sous-entendus et de percer à jour les objectifs de l'auteur. Cet accès au sens caché ne peut être assuré que par la complicité d'une **culture** commune, la **connaissance** d'un arrière-plan historique, social, culturel.

> Flaubert donne la définition suivante : *Ouvrier : Toujours honnête quand il ne fait pas d'émeutes.*
> Pour ne pas se tromper sur cette phrase, le lecteur doit partager avec Flaubert la méfiance à l'égard des lieux communs et de la bêtise, et reconnaître dans ces mots une « idée reçue » chère à l'esprit bourgeois, que l'auteur ridiculise ici.

▶ Cette entente à demi-mot est particulièrement nécessaire pour saisir les jeux de la **parodie**, où l'on imite un style en adoptant ses défauts et en les dénonçant du même coup.

➢ Exercices 8, 9

Le cas de l'ironie

▶ L'ironie étant une manière de se moquer en disant le contraire de ce que l'on veut faire comprendre, elle met en œuvre **toutes les ressources de l'implicite** : le sous-entendu, la fausse naïveté, l'exagération, ou l'antiphrase... (➢ Chapitre 11).

▶ Pour fonctionner efficacement, elle a besoin aussi d'une complicité totale entre les interlocuteurs. En effet, si le locuteur dit le contraire de ce qu'il pense, celui qui reçoit le message doit savoir qu'il faut comprendre le contraire de ce qui est dit.

> Voltaire décrit ainsi deux armées en guerre : *Rien n'était si beau, si leste, si brillant, si bien ordonné que les deux armées. (Candide)*
> D'après le contexte, et ce que l'on peut savoir de Voltaire, les termes élogieux doivent être compris comme une critique implicite de la guerre ; l'auteur emploie, en l'exagérant, le vocabulaire des partisans de la guerre et, en introduisant un décalage entre l'horrible réalité et le lexique utilisé, il amène le lecteur à s'interroger.

▶ Mais pour que l'implicite soit perçu, il faut que le lecteur partage avec l'auteur une sorte de « **code** » **commun**. Si cette connivence n'existe pas, l'ironie ne « passe » pas, et il y a contresens sur les propos.

➢ Exercice 10

L'essentiel

▶ Dans la communication établie par le langage, l'acte d'énonciation fournit des indications à divers niveaux. Il y a, d'une part, ce que l'énoncé dit explicitement, et, d'autre part, ce qui est présent dans l'énoncé sans être formulé et qui est cependant perçu comme une évidence : c'est ce qu'on appelle **la présupposition**.

▶ Ce que l'on suggère en comptant sur la complicité du lecteur pour le deviner constitue **l'implicite** d'un texte. Les sous-entendus (allusions, insinuations) font partie de ce contenu implicite à découvrir « entre les lignes ».

▶ L'existence de ces niveaux de sens superposés oblige à une attitude vigilante et fait appel à des **compétences de lecture** qui dépassent la simple compréhension littérale. Lorsque l'implicite est associé à **l'ironie**, la lecture « au second degré » et la complicité entre les interlocuteurs sont essentielles à la bonne interprétation du message.

Lire et comprendre **un texte**

Exercices

1 La présupposition

1 Les informations présupposées
Quels présupposés ces phrases contiennent-elles ?

1. Je ne fume plus.
2. Le cinéma français nous donne aujourd'hui un bon film.
3. Mon frère est revenu de voyage.
4. Il a cessé de travailler.
5. À 60 ans, Paul fait encore du vélo.
6. Cécile s'est réveillée.

2 Les jugements présupposés
a. Quels sont les présupposés de ces sujets ?
b. Quels sont ceux qui méritent d'être discutés ?
c. Lesquels doit-on admettre sans les discuter ?

1. Pensez-vous, comme l'auteur, que nous sommes « dépassés par le miracle de nos propres inventions » ?
2. Aimez-vous la poésie ? Que recherchez-vous lorsque vous lisez des poèmes ?
3. Avez-vous éprouvé cette envie de résister à l'uniformisation des consommations et des modes de vie que nous impose le monde actuel ?
4. Pensez-vous avec l'auteur qu'aujourd'hui « le monde manque d'audace » ?
5. Le banal et le quotidien le plus insignifiant peuvent-ils, selon vous, constituer la matière d'une œuvre durable ?

3 Présupposition et polémique
Dégagez le sens présupposé contenu dans ces phrases. Faites apparaître l'intention critique.

1. Il y a tout de même des notaires honnêtes.

2. Quand on regarde Canal Plus, au moins on n'est pas devant la télé ! (Publicité)

3. *Et ayant plus d'idées, ils eurent plus de souffrances.*
FLAUBERT, *Bouvard et Pécuchet*, Chapitre 1

4. *Voici le seul portrait d'homme, peint exactement d'après nature et dans toute sa vérité […]*
ROUSSEAU, *Avertissement aux Confessions*

2 L'implicite

4 Une critique implicite
a. Quels défauts Dorine dénonce-t-elle implicitement chez Tartuffe en décrivant son comportement ?
b. Quelle tonalité l'implicite ajoute-t-il à la critique ?

ORGON
Et Tartuffe ?

DORINE
        Tartuffe ? Il se porte à merveille.
Gros et gras, le teint frais, et la bouche vermeille.
[…]
        Il soupa, lui tout seul, devant elle.
Et fort dévotement il mangea deux perdrix,
Avec une moitié de gigot en hachis.
[…]
        Pressé d'un sommeil agréable,
Il passa dans sa chambre au sortir de la table,
Et dans son lit bien chaud il se mit tout soudain,
Où sans trouble il dormit jusques au lendemain.

MOLIÈRE, *Tartuffe*, Acte I, Scène 4

5 Un jugement implicite
a. Quelles attitudes, associées au verbe *comprendre*, sont évoquées implicitement ici ?
b. Proposez des synonymes ou des équivalents : « comprendre, c'est… ».
c. Comment Antigone juge-t-elle ces attitudes ?

ANTIGONE
Comprendre… Vous n'avez que ce mot-là dans la bouche, tous, depuis que je suis toute petite. Il fallait comprendre qu'on ne peut pas toucher à l'eau, à la belle eau fuyante et froide parce que cela mouille les dalles, à la terre parce que cela tache les robes. Il fallait comprendre qu'on ne doit pas manger tout à la fois, donner tout ce qu'on a dans ses poches au mendiant qu'on rencontre, courir, courir dans le vent jusqu'à ce qu'on tombe par terre et boire quand on a chaud et se baigner quand il est trop tôt ou trop tard, mais pas juste quand on en a envie ! Comprendre. Toujours comprendre.

JEAN ANOUILH, *Antigone*, Éd. de la Table Ronde, 1947

Exercices

6 Le rôle de l'implicite

a. À quelles pratiques est-il fait allusion indirectement dans ces phrases ?
b. Par quels moyens cet implicite est-il suggéré ?
c. Quel est l'effet obtenu ?

> Quand ils approchèrent de la salle du trône, Cacambo demanda à un grand officier comment il fallait s'y prendre pour saluer Sa Majesté : si on se jetait à genoux ou ventre à terre ; si on mettait les mains sur la tête ou sur le derrière ; si on léchait la poussière de la salle ; en un mot, quelle était la cérémonie.
>
> VOLTAIRE, *Candide*, Chapitre 18

7 Une condamnation implicite

a. Quelles dénonciations se glissent derrière l'éloge de la société décrite dans ce passage ?
b. Dégagez les allusions au pouvoir de l'Église au XVIIIe siècle.

> Candide eut la curiosité de voir des prêtres ; il fit demander où ils étaient. Le bon vieillard sourit. « Mes amis, dit-il, nous sommes tous prêtres ; le roi et tous les chefs de famille chantent des cantiques d'actions de grâces solennellement tous les matins, et cinq ou six mille musiciens les accompagnent. — Quoi ! Vous n'avez point de moines qui enseignent, qui disputent, qui gouvernent, qui cabalent, et qui font brûler les gens qui ne sont pas de leur avis ? »
>
> VOLTAIRE, *Candide*, Chapitre 18

8 La complicité avec le lecteur

À quoi est-il fait allusion dans cette scène ? Relevez les indices de complicité avec le lecteur qui mettent sur la voie d'une telle interprétation.

> Un jour, Cunégonde, en se promenant auprès du Château, dans le petit bois qu'on appelait parc, vit entre des broussailles le docteur Pangloss[1] qui donnait une leçon de physique expérimentale à la femme de chambre de sa mère, petite brune très jolie et très docile. Comme mademoiselle Cunégonde avait beaucoup de disposition pour les sciences, elle observa, sans souffler, les expériences réitérées dont elle fut témoin ; elle vit clairement la raison suffisante[2] du docteur, les effets et les causes, et s'en retourna tout agitée, toute pensive, toute remplie du désir d'être savante, songeant qu'elle pourrait bien être la raison suffisante du jeune Candide, qui pouvait aussi être la sienne.
>
> VOLTAIRE, *Candide*, Chapitre 1

1. Pseudo savant et philosophe, précepteur au château.
2. Terme de philosophie : la chaîne logique des causes et des effets.

9 Un code commun

Quelle conception de la poésie le lecteur doit-il partager avec l'auteur pour bien comprendre ce dialogue ? Cette conception est-elle la même que celle de M. Beckford ?

> M. BECKFORD. — [...] Ah ! c'est vous qui êtes Thomas Chatterton ? Vous vous êtes amusé à faire des vers, mon petit ami ; c'est bon pour une fois, mais il ne faut pas continuer. Il n'y a personne qui n'ait eu cette fantaisie. Hé ! hé ! j'ai fait comme vous dans mon printemps, et jamais Littleton, Swift et Wilkes[1] n'ont écrit pour les belles dames des vers plus galants et plus badins que les miens.
>
> CHATTERTON. — Je n'en doute pas, milord.
>
> M. BECKFORD. — Mais je ne donnais aux Muses que le temps perdu. Je savais bien ce qu'en dit Ben Johnson[1] : que la plus belle Muse du monde ne peut suffire à nourrir son homme, et qu'il faut avoir ces demoiselles-là pour maîtresses, mais jamais pour femmes.
>
> *(Lauderdale, Kingston et les lords rient.)*
>
> LAUDERDALE. — Bravo, milord ! c'est bien vrai !
>
> LE QUAKER, *à part*. — Il veut le tuer à petit feu.
>
> CHATTERTON. — Rien de plus vrai, je le vois aujourd'hui, milord.
>
> M. BECKFORD. — Votre histoire est celle de mille jeunes gens ; vous n'avez rien pu faire que vos maudits vers, et à quoi sont-ils bons, je vous prie ? Je vous parle en père, moi... à quoi sont-ils bons ? — Un bon Anglais doit être utile au pays.
>
> ALFRED DE VIGNY, *Chatterton*, Acte III, Scène 6

1. Écrivains anglais.

10 L'ironie

Quel jugement Baudelaire livre-t-il sur son époque à travers cette défense de l'habit ? Analysez les procédés ironiques en étudiant le décalage entre l'éloge apparent et la critique implicite.

Exercices

Et cependant, n'a-t-il pas sa beauté et son charme indigène, cet habit[1] tant victimé ? N'est-il pas l'habit nécessaire de notre époque, souffrante et portant jusque sur ses épaules noires et maigres le symbole d'un deuil perpétuel ? Remarquez bien que l'habit noir et la redingote ont non seulement leur beauté politique, qui est l'expression de l'égalité universelle, mais encore leur beauté poétique, qui est l'expression de l'âme publique ; — une immense défilade de croque-morts, croque-morts politiques, croque-morts amoureux, croque-morts bourgeois. Nous célébrons tous quelque enterrement.

CHARLES BAUDELAIRE, *Curiosités esthétiques*, Salon de 1846, XVII

1. Costume d'homme, pantalon noir, veste noire courte par devant, à pans par derrière. La redingote, noire également, se portait par-dessus.

Bilan

1. Sur quel présupposé la première phrase du texte repose-t-elle ?
2. Analysez la relation établie implicitement entre le physique et le moral dans les lignes 7 et 8 *(Ceux dont il s'agit... les plaindre)*.
3. Quelle valeur est attribuée implicitement à la couleur noire, ligne 10 *(une âme ... tout noir)*.
4. À quelles conclusions les derniers arguments (l. 14-20) sont-ils censés conduire implicitement ? Ne peut-on pas tirer d'autres conclusions de ces arguments ?
5. Ce texte est-il un éloge de l'esclavage ou une condamnation de l'esclavage ? Interrogez-vous sur le système d'énonciation posé (l. 1-2). Doit-on attribuer les arguments exposés : 1. à l'auteur Montesquieu ? 2. à celui qui dit « je » (l. 1) ?
6. Quels indices peuvent faire penser qu'il s'agit d'un texte ironique ? (emploi faussé des outils logiques, décalage entre la cause et l'effet).
7. Quel contresens pourrait-on commettre sur l'intention de l'auteur ? À quelles conditions ce contresens peut-il être évité ?

> Si j'avais à soutenir le droit que nous avons eu de rendre les nègres esclaves, voici ce que je dirais :
>
> Les peuples d'Europe ayant exterminé ceux de l'Amérique, ils ont dû mettre en esclavage ceux de l'Afrique, pour s'en servir à défricher tant de terres.
>
> Le sucre serait trop cher, si l'on ne faisait travailler la plante qui le produit par des esclaves.
>
> Ceux dont il s'agit sont noirs depuis les pieds jusqu'à la tête ; et ils ont le nez si écrasé qu'il est presque impossible de les plaindre.
>
> On ne peut se mettre dans l'idée que Dieu, qui est un être très sage, ait mis une âme, surtout une âme bonne, dans un corps tout noir. [...]
>
> Une preuve que les nègres n'ont pas le sens commun, c'est qu'ils font plus de cas d'un collier de verre que de l'or, qui, chez les nations policées[1], est d'une si grande conséquence[2].
>
> Il est impossible que nous supposions que ces gens-là soient des hommes ; parce que, si nous les supposions des hommes, on commencerait à croire que nous ne sommes pas nous-mêmes chrétiens.
>
> De petits esprits exagèrent trop l'injustice que l'on fait aux Africains. Car, si elle était telle qu'ils le disent, ne serait-il pas venu dans la tête des princes d'Europe, qui font entre eux tant de conventions inutiles, d'en faire une générale en faveur de la miséricorde et de la pitié ?

MONTESQUIEU, *De l'Esprit des Lois*, Livre XV, Ch. V

1. Civilisées. 2. Importance.

Lire et comprendre **un texte**

CHAPITRE 19 — Le roman

Lecture et analyse

Mort d'un personnage, naissance d'un héros

Cependant, au moment où le corps fut placé dans le corbillard, deux voitures armoriées, mais vides, celle du comte de Restaud et celle du baron de Nucingen, se présentèrent et suivirent le convoi jusqu'au Père Lachaise. À six heures, le corps du Père Goriot fut descendu dans sa fosse, autour de laquelle étaient les gens de ses filles, qui disparurent avec le clergé aussitôt que fut dite la courte prière due au bonhomme pour l'argent de l'étudiant. [...]

Le jour tombait, un humide crépuscule agaçait les nerfs, [Rastignac] regarda la tombe et y ensevelit sa dernière larme de jeune homme, cette larme arrachée par les saintes émotions d'un cœur pur, une de ces larmes qui, de la terre où elles tombent, rejaillissent jusque dans les cieux. Il se croisa les bras, contempla les nuages, et le voyant ainsi, Christophe[1] le quitta.

Rastignac, resté seul, fit quelques pas vers le haut du cimetière et vit Paris tortueusement couché le long des deux rives de la Seine, où commençaient à briller les lumières. Ses yeux s'attachèrent presque avidement entre la colonne de la place Vendôme et le dôme des Invalides, là où vivait ce beau monde dans lequel il avait voulu pénétrer. Il lança sur cette ruche bourdonnant un regard qui semblait par avance en pomper le miel, et dit ces mots grandioses : « À nous deux maintenant ! »

Et pour premier acte du défi qu'il portait à la Société, Rastignac alla dîner chez Mme de Nucingen.

BALZAC, *Le Père Goriot*

1. Domestique dans la pension où logeaient Rastignac et le Père Goriot.

La dimension romanesque

▶ **Des éléments constitutifs.** Une narration *(le corps du Père Goriot fut descendu dans sa fosse)* et une description *(Paris tortueusement couché)* : elles font exister, pour le lecteur, une réalité à travers le texte. **Des personnages**, nommés et situés dans leurs relations les uns avec les autres : Rastignac, le Père Goriot, ses filles absentes (elles ont envoyé leur voiture et leurs « gens »), les autres personnages présents (le clergé, Christophe). **Une intrigue**, qui parvient à son dénouement : le Père Goriot est mort dans l'indifférence de ses proches. Seul Rastignac le pleure. **Une temporalité,** marquée par des indications de temps *(à six heures)* ; des actions *(au moment où le corps ... ; aussitôt que fut dite)* ; une suite de modifications *(le jour tombait ; où commençaient à briller ...).*

▶ **Un univers signifiant.** Tous les éléments propres à l'univers romanesque s'organisent ici pour donner sens à cette fin de roman. **Un espace symbolique** : le cimetière du Père Lachaise s'oppose au quartier situé entre la place Vendôme et les Invalides, lieu de la réussite et de l'ambition. **Une double intrigue** : l'une s'achève : on enterre le malheureux Père Goriot. L'autre s'amorce : l'ambitieux Rastignac semble vouloir prendre une revanche en lançant un défi à la société. **Un passé et un avenir extérieurs au texte** : la destinée du Père Goriot jusqu'à sa tombe au Père Lachaise ; l'avenir ouvert de Rastignac après ses dernières paroles. **Une narration,** qui met en valeur le personnage de Rastignac à travers le **point de vue interne** *(il regarda, et vit, il lança, et dit)* et fait de lui le véritable héros de ce roman.

Leçon

1 Qu'est-ce qu'un roman ?

Définition

▶ Un roman est une œuvre narrative en prose. C'est un **récit d'imagination** : il est différent en cela des biographies, des récits documentaires...

▶ Par rapport à d'autres fictions narratives, le roman se distingue par sa **longueur** (on peut ainsi l'opposer à la nouvelle) et par sa **vraisemblance** (il se différencie sur ce point du conte).

▶ Le genre romanesque est caractérisé par sa **diversité**, sa capacité à aborder tous les sujets. Il comprend par exemple les romans d'amour, les romans policiers, les romans historiques, les romans autobiographiques, les romans d'aventures...

Les questions liées au genre romanesque

Depuis le XVIIIe siècle, où il devient un genre reconnu, le roman a fait l'objet de plusieurs débats.

▶ **La question de la morale** : au XVIIIe siècle encore, le roman était jugé futile, immoral, invraisemblable. Étant de lecture « facile », libre dans ses inventions, il passait pour provoquer une évasion dangereuse et donner de mauvaises idées. Dans leurs préfaces, les écrivains ont été amenés à légitimer leur œuvre romanesque en garantissant sa vérité, son sérieux et l'enseignement moral qu'on pouvait en retirer.

▶ **Le problème du réalisme** : au XIXe siècle, Balzac a pour ambition d'étudier la société de son temps avec l'exactitude d'un savant. Le « **naturalisme** » de Zola va plus loin en faisant du roman le lieu d'expérimentation du déterminisme social. Mais les rapports du roman avec le réel sont **ambigus**. Réalité et fiction peuvent-elles se concilier ? Les ambitions réalistes ne se heurtent-elles pas aux choix du romancier et aux exigences de l'œuvre d'art ?

▶ **La contestation** : après la deuxième guerre mondiale, plusieurs écrivains mettent en question le roman « traditionnel ». Le **Nouveau Roman** bouleverse l'intrigue et la chronologie, fait disparaître le personnage, innove dans le domaine de la narration. Depuis lors, on assiste à un renouvellement des thèmes et des formes romanesques. Aujourd'hui le roman est multiple.

➤ Exercices 1 à 3

2 Analyser un roman

Lire un roman de façon approfondie implique d'être attentif à ses éléments constitutifs afin d'en dégager le sens.

L'intrigue

▶ Un roman est constitué d'actions qui s'organisent en une **intrigue**. Cette intrigue est composée de **séquences**, c'est-à-dire de passages qui forment une unité sur le plan du temps, des lieux, de l'action et des personnages.

> Dans un roman de Simenon, la « séquence » de l'interrogatoire dans le bureau du commissaire Maigret.

▶ On a pu constater qu'une intrigue romanesque possédait une **structure-type**, commune à tous les récits. Elle peut être représentée par ce schéma :

État initial → Complication (ou force perturbatrice)

Dynamique

Résultat (ou force équilibrante) → État final

Ou plus simplement :

État initial → Transformation → État final

▶ Ce modèle, à l'origine de toute invention narrative, peut être plus ou moins modifié ; certaines étapes peuvent être difficiles à reconnaître, ou leur ordre changé. Mais retrouver et analyser ce schéma permet d'enrichir l'étude du roman. On s'intéressera surtout aux **variantes** de cette structure fondamentale.

➤ Exercice 4

Les personnages

▶ De tout ce qui compose un roman, c'est sans doute l'élément qui retient le plus l'attention du lecteur : l'**identification** au héros, la sympathie ou l'antipathie à l'égard de certains personnages font partie de tout acte de lecture.

▶ Pour une étude du personnage de roman, on distinguera d'abord les personnages **secondaires** des personnages **principaux**. Si le personnage principal se signale par une destinée remarquable (heureuse ou malheureuse), on peut le qualifier de **héros**.

Lire et comprendre **un texte**

Leçon

▶ Le personnage de roman mérite d'être étudié sur plusieurs plans :
– **son être** : son identité, son apparence physique, sa psychologie (➤ CHAPITRE 14) ;
– **sa fonction** : le rôle qu'il joue dans le roman.

▶ Les fonctions des personnages romanesques sont déterminés par l'action qu'ils exercent dans l'intrigue. Voici les quatre fonctions principales :
– **Sujet** : c'est la fonction du héros de l'histoire.
– **Objet** : c'est celui (ou ce) que le héros cherche à atteindre.

> L'aristocratie et les personnages qui l'incarnent sont les buts que Rastignac fixe à son ambition dans *Le Père Goriot* de Balzac.

– **Adjuvant** : c'est celui qui aide le héros à réaliser son désir.

> François Seurel permet au Grand Meaulnes de retrouver celle qu'il aime dans le roman d'Alain-Fournier.

– **Opposant** : c'est celui qui fait obstacle au projet du héros.

> L'inspecteur Javert dans *Les Misérables* joue ce rôle en retardant la réhabilitation de Jean Valjean.

▶ Cette classification connaît de nombreuses **variantes** et se retrouve de façon plus ou moins atténuée ou détournée selon les récits (le rôle d'adjuvant peut être tenu par un simple objet : un indice décisif dans un roman policier, par exemple).

➤ EXERCICE 5

L'espace

▶ Un roman peut présenter un espace ouvert et des lieux diversifiés.

> *Le tour du monde en quatre-vingts jours* de Jules Verne.

Ou bien un espace restreint et un lieu unique.

> *La salle de bain* de Jean-Philippe Toussaint.

▶ L'espace donne sens au roman. On cherchera à définir la **fonction** des différents lieux dans le roman en établissant par exemple un réseau d'oppositions.

> Dans *Au bonheur des Dames* de Zola, les petites boutiques sombres s'opposent au grand magasin flamboyant situé de l'autre côté de la rue.

▶ On dégagera la portée **symbolique** de certains lieux.

> Dans *La Peste* de Camus, la mer est symbole de pureté, d'espoir, de renaissance.
> Dans *Les Misérables*, la fuite de Jean Valjean à travers les égouts de Paris figure symboliquement les inextricables difficultés de son existence.

▶ On évaluera également **le degré de précision** accordé à la description de l'espace.

Le temps

▶ Un roman peut s'inscrire de façon très précise dans une époque, comme presque tous les romans historiques ; ou bien accorder au contexte historique une place secondaire (c'est le cas, par exemple, de certains romans psychologiques).

▶ Étudier le temps dans un roman conduit à évaluer **la durée des événements** rapportés. Cette durée peut être brève ou au contraire étendue.

> *La nuit des temps* de René Barjavel se déroule de – 900 000 ans jusqu'à une période située dans un futur proche…

▶ Une narration ne rapporte pas toujours les faits dans leur déroulement chronologique. **L'ordre de succession** des événements peut s'interrompre pour laisser place à un « **retour en arrière** ».

> Dans certains romans policiers, on commence par la fin, puis on remonte la chaîne des événements qui ont conduit à ce dénouement.

▶ Lorsqu'une période de temps n'est pas racontée, on dit qu'il y a une **ellipse** dans le récit. L'ellipse met en valeur le fait qui la suit en attirant l'attention du lecteur.

> *Telle était la situation générale de la pension bourgeoise à la fin du mois de novembre 1819. Quelques jours plus tard, Eugène de Rastignac, après être allé au bal de Mme de Beauséant, rentra vers deux heures dans la nuit.* BALZAC

▶ La temporalité dans le roman dépend également de la **vitesse du récit**. Il est important de mettre en relation la durée de la fiction et la longueur de la narration. Une longue période peut être racontée en quelques mots. Au contraire, une rencontre de quelques minutes peut donner lieu à une narration de plusieurs pages. Ces variations suggèrent une **hiérarchie** dans les faits et donnent au roman son rythme propre.

Leçon

▶ Le **rythme** du récit dépend enfin du mode adopté pour raconter :
– soit plusieurs événements diffus et dispersés dans le temps sont envisagés et rassemblés dans la narration. On a un **résumé**.
– soit une action ponctuelle est rapportée comme si elle se déroulait « en temps réel ». On a alors une **scène**. Dans le roman, **résumé et scène alternent** en général.

➢ Exercices 6, 7

Qui raconte ?

▶ Répondre à cette question amène à s'interroger sur le narrateur et sa présence dans le récit (➢ Chapitre 14). Rappelons qu'il existe **deux modes de narration** :
– soit le narrateur fait **connaître sa présence** : il s'adresse au lecteur en faisant référence à l'histoire qu'il raconte.

> C'est ainsi qu'on arriva à cette nuit que j'ai appelée la nuit du scandale. Je vais enfin pouvoir en parler. Jean Giono

– soit le narrateur laisse **ignorer sa présence**. L'histoire, racontée à la troisième personne, semble « s'écrire toute seule », sans qu'on puisse identifier nettement la présence d'un narrateur. La plupart des romans **réalistes** du XIXe siècle suivent ce mode narratif.

▶ Le mode adopté conditionne l'écriture du roman et la conduite du récit agit sur le lien qui s'établit **entre le narrateur et le lecteur**. Ce choix narratif est déterminant dans les premières lignes d'un roman, l'**incipit**. C'est à travers une manière de raconter particulière que le lecteur prend d'abord contact avec ce qu'il lit.

▶ L'étude de la narration sur l'ensemble d'une œuvre intégrale amène parfois à distinguer **plusieurs voix narratives**. Le changement de narrateur est le procédé sur lequel repose le **roman par lettres**, par exemple. On peut trouver aussi à l'intérieur d'un roman des « **récits emboîtés** » pris en charge par d'autres narrateurs que le narrateur principal.

➢ Exercice 8

L'essentiel

▶ **Un roman** est une œuvre d'imagination en prose, assez longue, présentant des faits, des êtres et des lieux, donnés le plus souvent comme réels. D'abord considéré comme mineur, le roman s'est affirmé comme un genre littéraire à part entière : il a gagné la faveur du public et a fait l'objet de recherches esthétiques, de débats et d'expérimentations qui prouvent sa vitalité.

▶ L'univers romanesque se construit à partir d'éléments significatifs :
– l'**action** ou l'intrigue romanesque, conduisant d'un état initial à un état final ;
– une **durée** plus ou moins longue, rythmée par les différentes vitesses du récit ; un **espace** qui sert de repère et joue souvent un rôle symbolique ;
– les **personnages**, qui entretiennent les uns avec les autres un système de relations définis par la fonction qu'ils exercent dans l'intrigue ;
– le **mode de narration**, qui présente et organise ce qui est raconté de façon particulière et détermine les modalités de la lecture.

Lire et comprendre **un texte**

Exercices

1 Qu'est-ce qu'un roman ?

1 Le roman et le réel

Observez ces sous-titres ou extraits de préfaces de romans du XVIIIe siècle. Par quels moyens les auteurs tentent-ils de faire croire à la réalité de leur récit ? Recensez les procédés utilisés.

1. Voltaire, *L'Ingénu* : Histoire véritable tirée des manuscrits du P. Quesnel.

2. Rousseau, *Julie ou la nouvelle Héloïse* : Lettres de deux amants habitants d'une petite ville au pied des Alpes.

3. Montesquieu, *Lettres Persanes* (Introduction) : Les Persans qui écrivent ici étaient logés avec moi ; nous passions notre vie ensemble. Comme ils me regardaient comme un homme d'un autre monde, ils ne me cachaient rien. En effet, des gens transplantés de si loin ne pouvaient plus avoir de secrets. Ils me communiquaient la plupart de leurs lettres ; je les copiai.

4. Marivaux, *La vie de Marianne* (Avertissement) : Comme on pourrait soupçonner cette histoire-ci d'avoir été faite exprès pour amuser le public, je crois devoir avertir que je la tiens moi-même d'un ami qui l'a réellement trouvée, comme il le dit ci-après, et que je n'y ai point d'autre part que d'en avoir retouché quelques endroits trop confus et trop négligés.

2 Le rôle du roman

Dans ces extraits de préfaces, de quelle façon les auteurs définissent-ils le rôle du roman et celui du romancier ? Résumez chaque extrait en quelques phrases.

Texte 1

Il ne reste donc que l'exemple qui puisse servir de règle à quantité de personnes dans l'exercice de la vertu. C'est précisément pour cette sorte de lecteurs que des ouvrages tels que celui-ci peuvent être d'une extrême utilité, du moins lorsqu'ils sont écrits par une personne d'honneur et de bon sens. Chaque fait qu'on y rapporte est un degré de lumière, une instruction qui supplée à l'expérience ; chaque aventure est un modèle, d'après lequel on peut se former ; il n'y manque que d'être ajusté aux circonstances où l'on se trouve. L'ouvrage entier est un traité de morale, réduit agréablement en exercice.

ABBÉ PRÉVOST, Avis de l'auteur des *Mémoires d'un homme de qualité* (Manon Lescaut)

Texte 2

La Société française allait être l'historien, je ne devais être que le secrétaire. En dressant l'inventaire des vices et des vertus, en rassemblant les principaux faits des passions, en peignant les caractères, en choisissant les événements principaux de la Société, en composant des types par la réunion des traits de plusieurs caractères homogènes, peut-être pouvais-je arriver à écrire l'histoire oubliée par tant d'historiens, celle des mœurs.

BALZAC, Avant-propos, *La Comédie humaine*

Texte 3

Tant qu'il existera, par le fait des lois et des mœurs, une damnation sociale créant artificiellement, en pleine civilisation, des enfers, et compliquant d'une fatalité humaine la destinée qui est divine ; tant que les trois problèmes du siècle, la dégradation de l'homme par le prolétariat, la déchéance de la femme par la faim, l'atrophie de l'enfant par la nuit, ne seront pas résolus ; tant que, dans de certaines régions, l'asphyxie sociale sera possible ; en d'autres termes, et à un point de vue plus étendu encore, tant qu'il y aura sur la terre ignorance et misère, des livres de la nature de celui-ci pourront ne pas être inutiles.

Hauteville-House, 1er janvier 1862.

VICTOR HUGO, *Les Misérables*

3 La question du réalisme

Formulez brièvement la thèse énoncée par Maupassant. Où est-elle exprimée dans le texte ? Dégagez les trois arguments sur lesquels s'appuie la démonstration et résumez-les.

Le réaliste, s'il est un artiste, cherchera, non pas à nous montrer la photographie banale de la vie, mais à nous en donner la vision plus complète, plus saisissante, plus probante que la réalité même.

Raconter tout serait impossible, car il faudrait

Lire et comprendre un texte

Exercices

alors un volume au moins par journée, pour énumérer les multitudes d'incidents insignifiants qui emplissent notre existence.

Un choix s'impose donc, ce qui est une première atteinte à la théorie de toute la vérité.

La vie, en outre, est composée des choses les plus différentes, les plus imprévues, les plus contraires, les plus disparates ; elle est brutale, sans suite, sans chaîne, pleine de catastrophes inexplicables, illogiques et contradictoires qui doivent être classées au chapitre *faits divers*.

Voilà pourquoi l'artiste, ayant choisi son thème, ne prendra dans cette vie encombrée de hasards et de futilités que les détails caractéristiques utiles à son sujet, et il rejettera tout le reste, tout l'à-côté.

Un exemple entre mille :

Le nombre des gens qui meurent chaque jour par accident est considérable sur la terre. Mais pouvons-nous faire tomber une tuile sur la tête d'un personnage principal, ou le jeter sous les roues d'une voiture, au milieu d'un récit, sous prétexte qu'il faut faire la part de l'accident ?

La vie encore laisse tout au même plan, précipite les faits ou les traîne indéfiniment. L'art, au contraire, consiste à user de précautions et de préparations, à ménager des transitions savantes et dissimulées, à mettre en pleine lumière, par la seule adresse de la composition, les événements essentiels et à donner à tous les autres le degré de relief qui leur convient, suivant leur importance, pour produire la sensation profonde de la vérité spéciale qu'on veut montrer.

Faire vrai consiste donc à donner l'illusion complète du vrai, suivant la logique ordinaire des faits, et non à les transcrire servilement dans le pêle-mêle de leur succession.

GUY DE MAUPASSANT, Préface de *Pierre et Jean*

2 Analyser un roman

4 L'intrigue

Lisez ce résumé de *L'Assommoir* de Zola.
a. Dégagez l'état initial et l'état final de l'intrigue.
b. Quelles sont les différentes forces perturbatrices qui interviennent successivement dans l'intrigue ?
c. Quelles sont les différentes forces équilibrantes ?

Gervaise vit avec Lantier et leurs deux enfants dans un misérable hôtel d'un quartier populaire. Lantier abandonne vite la jeune femme, emportant tout ce qui reste de leurs maigres économies. Courageuse, elle travaille comme blanchisseuse. Elle épouse un ouvrier zingueur, Coupeau. À force de travail, le couple atteint une certaine aisance. Gervaise a une fille, Nana. Mais Coupeau tombe d'un toit où il travaille et se casse une jambe. Pour lui éviter l'hôpital, Gervaise le soigne chez elle, dépense les économies du ménage. Il devient paresseux et se met à boire.

Gervaise, cependant, grâce à son voisin le forgeron Goujet qui est amoureux d'elle, peut réaliser son rêve : acheter une blanchisserie, qui est très vite prospère. Mais Coupeau boit de plus en plus. Lantier revient et finit par s'installer chez le couple. Les deux hommes vivent du travail de la jeune femme qui se laisse aller à la gourmandise et à la paresse. Sa déchéance morale s'accompagne d'une terrible déchéance physique. Elle se met à boire à son tour. Elle doit abandonner sa belle boutique pour aller habiter parmi les pauvres d'une grande maison ouvrière. Coupeau meurt à l'hôpital dans une crise de *delirium tremens*. Gervaise, réduite à dormir dans une niche sous un escalier, est trouvée morte de faim et de misère.

D'après *Dictionnaire des œuvres*, Laffont et Bompiani

5 Les personnages

Lisez ce résumé de *Michel Strogoff* de Jules Verne. À partir de là, procédez à une classification des personnages : qui détient la fonction de « sujet » ? d'« objet » ?, d'« adjuvant » ?, d'« opposant » ?

Michel Strogoff est un capitaine des courriers du tsar chargé de porter, pour le service du tsar, un important message à la lointaine ville d'Irkoutsk, en Sibérie orientale, dont la garnison est menacée par une révolte des hordes tartares, déchaînées par un certain Ivan Ogareff, ancien officier impérial qui veut se venger d'avoir été dégradé. Les extraordinaires péripéties que connaît Strogoff au cours de son aventureux voyage à travers les immenses régions sibériennes et dans sa lutte contre Ogareff sont l'occasion de pages violemment dramatiques. Le héros, tombé aux mains d'Ivan, et condamné à être aveuglé, subit le cruel supplice. Aidé de la jeune Nadia, il s'enfuit et réussit à démasquer

Exercices

Ogareff qui s'était fait passer pour lui. Ayant recouvré la vue, Strogoff parvient à exécuter sa mission grâce à son courage indomptable.

D'après *Dictionnaire des œuvres*, Laffont et Bompiani

6 La temporalité dans le roman

Observez ce tableau de la première partie du roman d'Alain-Fournier, *Le Grand Meaulnes*.
a. Le roman rapporte-t-il les faits dans l'ordre chronologique de leur déroulement ?
b. Comparez point par point la durée de l'action et la longueur du récit. Que constatez-vous ? À quel événement est consacré le plus grand nombre de pages ? Qu'en déduisez-vous ?

Pages et longueur du récit	Dates et durée de l'action	Faits
p. 5 à 21 : 17	Dimanche, nov. 189(1)	Arrivée de Meaulnes chez les Seurel à Sainte-Agathe.
p. 22 à 31 : 10	Environ 8 jours avant Noël le 18 décembre 189(1)	Évasion de Meaulnes.
p. 32 à 37 : 6	3 jours après	Meaulnes revient à Sainte-Agathe.
p. 38 à 44 : 7	Vers le 15 février 189(2)	Meaulnes raconte son aventure à François.
		Récit de Meaulnes
p. 45 à 57 : 13	1er jour : 18 décembre 189(1)	Meaulnes s'égare : il dort dans une bergerie.
p. 58 à 76 : 19	2e jour : 19 décembre	Il découvre le Domaine mystérieux et participe à la Fête.
p. 77 à 97 : 21	3e jour : 20 décembre	Il rencontre Yvonne de Galais. Le soir, il quitte le Domaine.
	4e jour au matin : 21 décembre	Il est déposé sur la route de Sainte-Agathe.
= 93 pages	= 3 mois	

7 Le temps et l'espace

Par quels moyens le passage du temps est-il rendu dans ces descriptions tirées du même roman ? Observez les temps grammaticaux, les indicateurs temporels, les éléments du portrait, de la description.

Texte 1

Gaubert, c'est un petit homme tout en moustache. Du temps où il y avait ici de la vie, je veux dire quand le village était habité à plein, du temps des forêts, du temps des olivaies, du temps de la terre, il était charron. Il faisait des charrettes, il cerclait les roues, il ferrait les mulets. Il avait alors de la belle moustache en poils noirs ; il avait aussi des muscles précis et durs comme du bambou et trop forts pour son petit corps, et qui le lançaient à travers la forge, de-ci, de-là, de-ci, de-là, toujours en mouvement, à sauts de rat.

Texte 2

Maintenant, Gaubert, c'est un petit homme tout en moustache. Les muscles l'on mangé. Ils n'ont laissé que l'os, la peau de tambour. Mais il a trop travaillé, et plus avec son cœur qu'avec ses bras ; ça fait maintenant comme une folie.
Sa forge est au sommet du village. C'est une forge froide et morte. La cheminée s'est battue avec le vent et il y a des débris de plâtre et de briques dans le foyer. Les rats ont mangé le cuir du soufflet. C'est là qu'il habite, lui, Gaubert. Il a fait son lit à côté du fer qui restait à forger et qu'il n'a pas forgé. C'est allongé, glacé dans l'ombre, sous la poussière, et il s'allonge à côté, le soir.

Jean Giono, *Regain*, Éd. Grasset, 1930

8 Différents modes de narration

a. Définissez la particularité des modes de narration (place du narrateur, marques de l'énonciation et jeu des pronoms, modes et temps grammaticaux).
b. Sachant que ces extraits sont les incipits des romans, déterminez dans quelle mesure ils apportent une information au lecteur et analysez leur originalité.

Texte 1

Comment s'étaient-ils rencontrés ? Par hasard, comme tout le monde. Comment s'appelaient-ils ? Que vous importe ? D'où venaient-ils ? Du lieu le plus prochain. Où allaient-ils ? Est-ce que l'on sait où l'on va ? Que disaient-ils ? Le maître ne disait rien ; et Jacques disait que son capitaine disait que tout ce qui nous arrive de bien et de mal ici-bas était écrit là-haut.

Denis Diderot, *Jacques le Fataliste*

Texte 2

Tu seras étonnée de découvrir cette lettre dans mon coffre, sur un paquet de titres. Il eût mieux valu peut-être la confier au notaire qui te l'aurait remise après ma mort, ou bien la ranger dans le tiroir de mon bureau, — le premier que les enfants forceront avant que j'aie commencé d'être froid.

François Mauriac, *Le nœud de vipères*, Éd. Grasset, 1933

Exercices

Texte 3

Vous avez mis le pied gauche sur la rainure de cuivre, et de votre épaule droite vous essayez en vain de pousser un peu le panneau coulissant.

MICHEL BUTOR, *La Modification*, Éd. de Minuit, 1957

Texte 4

L'œil, d'abord, glisserait sur la moquette grise d'un long corridor, haut et étroit. Les murs seraient des placards de bois clair, dont les ferrures de cuivre luiraient.

GEORGES PÉREC, *Les choses*, Éd. Julliard, 1965

Bilan

Voici deux faits divers qui ont inspiré *Le rouge et le noir* (Stendhal) et *Madame Bovary* (Flaubert). Comment les écrivains les ont-ils transformés en romans ?
Examinez :
1. Le développement et les modifications apportés à l'intrigue initiale.
2. Les différences entre les personnages réels et les personnages du roman ; l'adjonction de nouveaux personnages : quel est leur rôle ?
3. Le traitement de l'espace et du temps : le cadre spatio-temporel, la durée de l'histoire, le rôle des lieux.
4. Le mode de narration adopté dans le roman (journal intime ? roman à la première personne ? à la troisième personne ?) ; définissez sa particularité et appréciez son efficacité.

Fait divers 1

Antoine Berthet, fils d'artisans pauvres, de constitution fragile, manifeste du goût pour les études et se destine à l'état ecclésiastique. Protégé par le curé de Brangues, il entre au petit séminaire de Grenoble. M. Michoud lui confie l'éducation de ses enfants mais, peut-être à cause d'une intrigue avec Mme Michoud, le jeune homme est congédié au bout d'un an. Rejeté du grand séminaire, Berthet se croit persécuté et accable Mme Michoud de lettres de reproche. Placé comme précepteur chez M. de Cordon, il est à nouveau congédié, peut-être pour une nouvelle intrigue. Désespéré, rendant Mme Michoud responsable de son malheur, il tire sur elle dans l'église de Brangues. Condamné, il est guillotiné à l'âge de vingt-cinq ans.

Fait divers 2

Ses amis auraient suggéré à Flaubert d'écrire l'histoire de « Delaunay » (en réalité Delamare) un officier de santé établi dans la région de Rouen.

« Marié en premières noces à une femme plus âgée que lui qu'il avait crue riche, il devint veuf et épousa une jeune fille sans fortune qui avait reçu quelque instruction dans un pensionnat de Rouen. C'était une petite femme sans beauté, dont les cheveux d'un jaune terne encadraient un visage piollé de taches de rousseur. »
Elle se mit à mener grand train, à courir d'aventure en aventure, et l'histoire se termina fort mal.
« Accablée de dettes, poursuivie par ses créanciers, battue par ses amants, pour lesquels elle volait son mari, elle fut prise d'un accès de désespoir et s'empoisonna. Elle laissait derrière elle une petite fille, que Delaunay résolut d'élever de son mieux ; mais le pauvre homme, ruiné, épuisant ses ressources sans parvenir à payer les dettes de sa femme, montré du doigt, dégoûté de la vie à son tour, fabriqua lui-même du cyanure de potassium et alla rejoindre celle dont la perte l'avait laissé inconsolable. »

CITÉ PAR CLAUDINE GOTHO-MERSCH, Introduction à *Madame Bovary*, Éd. Garnier, 1971

Lecture et analyse

« Qui frappe ainsi chez moi ? »

La comtesse Almaviva reçoit dans sa chambre son filleul Chérubin qui vient lui faire ses adieux avant d'aller rejoindre son régiment. Le jeune homme ne sait comment avouer l'amour qu'il éprouve pour sa belle marraine.

SCÈNE IX (*Chérubin, à genoux, la Comtesse, assise.*) [...]
CHÉRUBIN. — Je suis si malheureux !
LA COMTESSE, *émue*. — Il pleure à présent ! C'est ce vilain Figaro avec son pronostic[1] !
CHÉRUBIN, *exalté*. — Ah ! je voudrais toucher au terme qu'il m'a prédit ! sûr de mourir à l'instant, peut-être ma bouche oserait...
LA COMTESSE, *l'interrompt, et lui essuie les yeux avec un mouchoir*. — Taisez-vous, taisez-vous, Enfant. Il n'y a pas un brin de raison dans tout ce que vous dites. (*On frappe à la porte, elle élève la voix.*) Qui frappe ainsi chez moi ?

SCÈNE X (*Chérubin, la Comtesse, le Comte, en dehors.*)
LE COMTE, *en dehors*. — Pourquoi donc enfermée ?
LA COMTESSE, *troublée, se lève*. — C'est mon époux ! grands Dieux !... (*À Chérubin qui s'est levé aussi.*) Vous sans manteau, le col et les bras nus ! seul avec moi ! cet air de désordre, un billet reçu, sa jalousie !...
LE COMTE, *en dehors*. — Vous n'ouvrez pas ?
LA COMTESSE. — C'est que... je suis seule.
LE COMTE, *en dehors*. — Seule ! Avec qui parlez-vous donc ?
LA COMTESSE, *cherchant*. — ... Avec vous sans doute.
CHÉRUBIN, *à part*. — Après les scènes d'hier et de ce matin, il me tuerait sur la place ![2] (*Il court vers le cabinet de toilette, y entre, et tire la porte sur lui.*)

BEAUMARCHAIS, *Le Mariage de Figaro*, Acte II, Scènes IX et X.

1. Figaro a prédit, par plaisanterie, que Chérubin mourrait à la guerre. 2. Au premier acte, le Comte s'est fâché contre Chérubin qu'il a trouvé dans la chambre de Suzanne, la femme de chambre de la Comtesse.

Un coup de théâtre

▶ **Une scène riche en émotions.** La scène IX, intime et sentimentale, réunit la Comtesse et Chérubin. L'émotion transparaît d'abord dans leurs **répliques** (lexique de l'affectivité, modalités exclamatives, impératifs). Elle est également suggérée par l'interruption de la Comtesse, les **didascalies** (*émue, exalté*) et la mention des gestes tendres de la Comtesse (*[Elle] lui essuie les yeux...*).

▶ **La surprise.** L'harmonie est soudain brisée par les coups frappés à la porte par le Comte. Ce **coup de théâtre** est amplifié par tous les moyens de l'écriture dramatique : le dialogue est perturbé par cette situation imprévue (phrases nominales et hésitations chez la Comtesse, questions brutales du Comte, aparté de Chérubin) ; les voix, les gestes, la fuite de Chérubin traduisent un trouble extrême.

▶ **Un espace divisé.** L'espace théâtral est divisé de manière à révéler la tension entre les personnages. À un lieu visible (la chambre) s'oppose un lieu invisible (*en dehors*) où le Comte est relégué, ce qui autorise deux dialogues : celui entre la Comtesse et son mari et celui qu'elle poursuit avec Chérubin.

Leçon

1 *Le texte et* **la scène**

Le texte de théâtre

▶ Le texte d'une pièce de théâtre comporte deux parties distinctes : les **discours** que les acteurs doivent prononcer et les **didascalies**, c'est-à-dire l'ensemble des indications concernant les décors, l'époque, les costumes, les objets, les gestes et les intonations du personnage, les éclairages, l'illustration sonore.

Texte p. 180 : Indications en italique.

▶ Le discours théâtral se présente le plus souvent sous la forme d'un dialogue où les personnages (et les acteurs qui les incarnent) échangent des **répliques**. Le ton, les gestes, les silences prennent souvent une importance aussi essentielle que les paroles.

▶ Une **tirade** est une longue réplique destinée à informer, émouvoir ou convaincre.

▶ La tirade qu'un personnage, seul en scène, s'adresse à lui-même (ou adresse au public) est un **monologue**. Le monologue permet au personnage de faire le point sur sa situation. Il sert aussi à exprimer son trouble : il est parfois l'indice d'une difficulté à communiquer.

Les Stances de Rodrigue dans Le Cid.

▶ Les **apartés** sont des répliques que le personnage dit à part soi et que seul le public est censé entendre.

➤ Exercices 1 à 3

L'action et les situations

▶ L'**action** au théâtre est l'ensemble des événements et des actes qui conduisent à la réalisation d'un ou plusieurs objectifs.

▶ Sur l'action principale, généralement menée par le héros de la pièce, peuvent se greffer des actions secondaires.

Dans *Le Mariage de Figaro* de Beaumarchais, l'action de Chérubin (qui veut conquérir le cœur de sa marraine) est secondaire par rapport à l'action de Figaro, qui veut se marier.

▶ Le **nœud dramatique** est la manifestation d'un conflit entre les forces qui participent (ou s'opposent) à l'action principale.

Le nœud dramatique dans *Le Mariage de Figaro* oppose Figaro et le Comte.

▶ L'**intrigue** est l'ensemble des péripéties (des incidents) ou des combinaisons imaginées par les personnages, qui font avancer l'action ou la retardent.

La fuite de Chérubin dans le cabinet de toilette de la Comtesse est une péripétie qui transforme l'intrigue en véritable imbroglio (situation confuse).

▶ La **situation** est l'état des relations entre les personnages à un moment donné de l'action.

▶ La **dramatisation**, c'est-à-dire la tension des situations (➤ Chapitre 13), est souvent recherchée au théâtre. Elle se manifeste dans des coups de théâtre (brusques renversements de situation), dans les silences, les gestes, les interruptions, les apartés.

Texte p. 180 : Le coup de théâtre de l'arrivée du Comte.

➤ Exercice 2

▶ Un **quiproquo** est une situation qui résulte d'une méprise (qui porte par exemple sur l'identité d'un personnage).

➤ Exercice 4

Les étapes de l'action

▶ L'**exposition** d'une pièce de théâtre (généralement les premières scènes) présente les principaux personnages et leurs relations, ainsi que les faits qui ont préparé l'action.

➤ Exercice 1

▶ Le **dénouement** (dans les dernières scènes) marque l'achèvement et la résolution de l'action.

➤ Exercice 3

▶ L'action au théâtre est généralement découpée en actes (ou en tableaux) et en scènes, les transitions entre les scènes étant marquées par l'entrée ou la sortie d'un personnage.

Les personnages

▶ L'importance d'un personnage dans l'action peut être mesurée de deux façons : par la part qu'il prend à la résolution de l'action et par sa présence en scène, qu'on peut étudier acte par acte.

Dans l'Acte II du *Mariage de Figaro*, la Comtesse (présente dans 24 scènes sur 26) et sa femme de chambre Suzanne (18 scènes) ont une part essentielle dans l'action face au Comte (9 scènes).

Lire et comprendre **un texte**

Leçon

▶ On distingue le **sujet** de l'action (le personnage principal, le héros), l'**objet** (la personne, la position sociale...) que le héros veut conquérir, les **opposants** et les **adjuvants** (ceux qui résistent aux héros ou l'assistent dans son action). ➢ CHAPITRE 19.

Sujet : *Figaro* - Objet : *Suzanne* - Adjuvant : *La Comtesse* - Opposant : *Le Comte*

▶ Il existe des personnages traditionnels, qui se sont plus ou moins transformés au cours des siècles.

Le valet, le roi, l'amoureux.

▶ Enfin, des relations complexes se nouent entre le personnage et le **public** selon ce que chacun sait de l'action. Le spectateur prend ainsi plaisir à la méprise d'un personnage qui ignore des faits que lui connaît.

➢ EXERCICE 6

Le temps au théâtre

▶ Le temps de la **représentation** (la durée réelle du spectacle : deux ou trois heures généralement) doit être distingué du temps de l'**histoire** vécue par les personnages. Cette histoire commence avant le début de la pièce : elle peut être évoquée par des récits dans l'exposition.

▶ La durée de la représentation est généralement moins longue que celle de l'histoire représentée : pour réduire cet écart et donner l'impression aux spectateurs qu'ils assistent à la vie même des personnages, une convention du théâtre classique (au XVIIe et XVIIIe siècles) fixe à vingt-quatre heures la durée de l'action représentée (**unité de temps**). Cette action, très concentrée dans le temps, se déroule dans un décor unique (**unité de lieu**) et évite les actions secondaires (**unité d'action**).

Les tragédies de Racine respectent la règle des unités.

▶ Au XIXe siècle, les unités du théâtre classique sont rejetées par les Romantiques : l'action peut s'étendre sur plusieurs mois, voire plusieurs années pour offrir une vision plus complète de l'histoire représentée.

Dans *Ruy Blas*, le drame historique de Victor Hugo, l'action se déroule entre mai (Acte I) et décembre 1698 (Acte V).

➢ EXERCICE 5

L'espace scénique

▶ L'espace scénique, son décor, les déplacements des personnages qui le traversent, la communication qui s'établit avec la salle de spectacle sont des éléments essentiels du théâtre.

Texte p. 180 : La porte qui sépare La Comtesse du Comte symbolise la difficulté de leur relation.

▶ Le lieu où se déroule l'action est souvent déterminant : il peut être ouvert ou fermé, simple ou combinant plusieurs espaces, visible ou invisible.

Texte p. 180 : L'opposition entre la chambre de la Comtesse, lieu fermé et visible pour le spectateur, et le lieu invisible où se tient le Comte qui veut entrer et voir.

▶ Les costumes et les objets ont aussi une **valeur symbolique** : ils renseignent sur le statut social des personnages ou ils participent à leurs relations.

Un ruban de la Comtesse dérobé par Chérubin apparaît dans plusieurs scènes du *Mariage de Figaro* comme un symbole de l'amour.

➢ EXERCICE 6

2 *Les genres* du théâtre

La tragédie

▶ La tragédie met en scène, dans la tradition classique, des personnages **nobles** (rois, princes, seigneurs) prouvant leur héroïsme dans un combat contre la **fatalité** (le pouvoir des dieux ou des hommes). Placés devant des choix difficiles (le dilemme tragique), ces personnages ne peuvent généralement éviter un dénouement marqué par la violence, le sacrifice et la mort.

La mort violente de Pyrrhus et la folie d'Oreste dans la tragédie de Racine, *Andromaque* (1667).

▶ Pour le philosophe grec Aristote (IVe siècle av. J.-C.), le spectacle tragique doit permettre au public de se libérer de ses passions (par la « **catharsis** » : purification) à la vue d'une action inspirant la terreur et la pitié. (Pour les tonalités pathétique et tragique ➢ CHAPITRE 13).

▶ Spectacle de la passion et du pouvoir, la tragédie classique française est un des grands genres du XVIIe siècle. Écrite généralement en **alexandrins**, dans un style élevé (le style « **sublime** »), elle présente une action en cinq actes, dont le dernier marque le plus souvent la « **catastrophe** » tragique, quand les tensions accumulées au cours des actes précédents se libèrent avec violence.

➢ EXERCICE 7

Leçon

La comédie

▶ La comédie, contrairement à la tragédie, offre le spectacle de la **vie ordinaire**. Son action se développe en un, trois ou cinq actes. Son dénouement est généralement heureux puisque ses héros (nobles ou roturiers) réussissent à résoudre les conflits apparus dans leur existence : conflits entre parents et enfants, maîtres et valets, maris et femmes...

▶ Le style de la comédie (➤ CHAPITRE 13) est varié : parfois élevé dans la grande comédie à intention morale du XVIIe siècle (Molière, *Le Misanthrope*, 1668), il est souvent familier notamment dans la **farce**, un genre apprécié à toutes les époques (*Ubu roi* d'Alfred Jarry, 1896) et dans le **vaudeville** (un genre populaire aux XIXe et XXe siècles).

▶ La comédie a pour première intention le rire. Elle vise souvent par la force du comique la **satire** des travers humains ou des abus sociaux.

    L'hypocrisie de la fausse dévotion dans *Le Tartuffe* de Molière (1664).

➤ EXERCICE 8

Le drame

▶ À la recherche d'une forme théâtrale ouverte à la totalité de l'expérience humaine, les Romantiques veulent faire du drame la **synthèse** de la comédie et de la tragédie.

▶ Le **drame romantique**, défini en particulier par V. Hugo, dans la Préface de *Cromwell* (1827), joue sur l'opposition du sérieux et du comique, du sublime et du grotesque, de la destinée individuelle et de l'histoire. Il refuse les conventions du théâtre classique en proposant au spectateur de vastes tableaux pittoresques, un foisonnement d'actions dans une durée étendue.

    Hernani de V. Hugo (1830) ou *Lorenzaccio* de Musset (1834).

➤ EXERCICE 9

Le théâtre contemporain

▶ Les auteurs dramatiques du XXe siècle ont profondément renouvelé les formes traditionnelles du théâtre en bouleversant les frontières entre les genres. La reprise de thèmes ou de personnages tragiques donne ainsi lieu à des **parodies**.

    E. Ionesco, *Le Roi se meurt* (1962).

▶ Un **théâtre d'idées** se nourrit des légendes antiques ou de l'histoire contemporaine pour affirmer un engagement.

    J.-P. Sartre dans *Les Mouches* (1943), à travers la légende grecque des Atrides, définit sa conception de la liberté.

▶ Le **théâtre de l'absurde** propose une interrogation sur la condition humaine et le langage. Il place ses personnages dans des situations désespérées où s'affirme un pessimisme radical (S. Beckett, *Fin de Partie*, 1957) ou met en cause la prétendue logique de notre monde à travers des dialogues délirants (E. Ionesco, *Rhinocéros*, 1960).

➤ EXERCICE 10

L'essentiel

▶ La particularité du texte de théâtre est qu'il est écrit pour être dit, joué, mis en scène. On doit donc tenir compte de **l'écriture** proprement dite et de tout ce qui relève de **la représentation théâtrale** : l'interprétation d'un personnage par un comédien, l'utilisation du temps et de l'espace par le metteur en scène.

▶ Étudier **la composition dramatique** d'une pièce consiste à analyser des situations dans le cadre d'une action plus ou moins compliquée par différentes intrigues.

▶ À l'origine, spectacle de la grandeur, de la terreur et de la pitié, **la tragédie** a traversé les siècles jusqu'à notre époque où elle est le spectacle de l'homme seul face à l'absurdité de son destin.

▶ **La comédie**, au-delà d'un simple divertissement, permet la critique par le rire en faisant monter sur la scène l'humanité commune.

▶ **Le drame** veut dépasser les conventions de la tragédie et de la comédie pour offrir un spectacle total de l'existence humaine.

Lire et comprendre **un texte**

Exercices

1. Le texte et la scène

1. Une scène d'exposition

a. Que nous apprend cette scène d'exposition sur le nœud dramatique de la pièce ?
b. Que révèlent sur leurs relations les entrées et les sorties des personnages ?
c. Quelles informations significatives nous donnent les didascalies ? Quelle valeur symbolique ont le lieu choisi et le « livre de messe » de Marianne ?

Acte premier, scène 1

(Une rue devant la maison de Claudio.)

MARIANNE *(sortant de chez elle un livre de messe à la main)*.

CIUTA *(l'aborde)*. — Ma belle dame, puis-je vous dire un mot ?

MARIANNE. — Que me voulez-vous ?

CIUTA. — Un jeune homme de cette ville est éperdument amoureux de vous ; depuis un mois entier il cherche vainement l'occasion de vous l'apprendre. Son nom est Cœlio ; il est d'une noble famille et d'une figure distinguée.

MARIANNE. — En voilà assez. Dites à celui qui vous envoie qu'il perd son temps et sa peine, et que s'il a l'audace de me faire entendre une seconde fois un pareil langage, j'en instruirai mon mari.

(Elle sort.)

CŒLIO *(entrant)*. — Eh bien ! Ciuta, qu'a-t-elle dit ?

CIUTA. — Plus dévote et plus orgueilleuse que jamais. Elle instruira son mari, dit-elle, si on la poursuit plus longtemps.

CŒLIO. — Ah ! Malheureux que je suis, je n'ai plus qu'à mourir. Ah ! la plus cruelle de toutes les femmes ! Et que me conseilles-tu, Ciuta ? quelle ressource puis-je encore trouver ?

CIUTA. — Je vous conseille d'abord de sortir d'ici, car voici son mari qui la suit.

(Ils sortent.)

ALFRED DE MUSSET, *Les Caprices de Marianne*, I, 1

2. Le dialogue de théâtre

a. Quel est le sujet principal de ce dialogue ?
b. Quel conflit et quelles différences souligne-t-il entre les deux interlocuteurs ?
c. Étudiez avec précision les enchaînements entre les répliques : comment participent-ils à la dispute ?

PHILINTE
Je suis donc bien coupable, Alceste, à votre [compte ?

ALCESTE
Allez, vous devriez mourir de pure honte ;
Une telle action ne saurait s'excuser,
Et tout homme d'honneur s'en doit scandaliser.
Je vous vois accabler un homme de caresses,
Et témoigner pour lui les dernières tendresses ;
De protestations, d'offres et de serments,
Vous chargez la fureur de vos embrassements ;
Et quand je vous demande après quel est cet [homme,
Votre chaleur pour lui tombe en vous séparant,
Et vous me le traitez, à moi, d'indifférent.
Morbleu ! c'est une chose indigne, lâche, infâme,
De s'abaisser ainsi jusqu'à trahir son âme ;
Et si, par un malheur, j'en avais fait autant,
Je m'irais, de regret, pendre tout à l'instant.

PHILINTE
Je ne vois pas, pour moi, que le cas soit pendable,
Et je vous supplierai d'avoir pour agréable
Que je me fasse un peu grâce sur votre arrêt,
Et ne me pende pas pour cela, s'il vous plaît.

ALCESTE
Que la plaisanterie est de mauvaise grâce !

PHILINTE
Mais, sérieusement, que voulez-vous qu'on fasse ?

ALCESTE
Je veux qu'on soit sincère, et qu'en homme [d'honneur,
On ne lâche aucun mot qui ne parte du cœur.

PHILINTE
Lorsqu'un homme vous vient embrasser avec joie,
Il faut bien le payer de la même monnoie,
Répondre, comme on peut, à ses empressements,
Et rendre offre pour offre, et serments pour [serments.

ALCESTE
Non, je ne puis souffrir cette lâche méthode
Qu'affectent la plupart de vos gens à la mode ;

Exercices

Et je ne hais rien tant que les contorsions
De tous ces grands faiseurs de protestations,
Ces affables donneurs d'embrassades frivoles,
Ces obligeants diseurs d'inutiles paroles,
Qui de civilités avec tous font combat,
Et traitent du même air l'honnête homme et le fat.

MOLIÈRE, *Le Misanthrope*, I,1

3 Le monologue

a. Étudiez la composition de ce monologue : quels sont ses deux moments principaux ?
b. En quoi peut-on parler d'un dialogue du personnage avec lui-même ? Qu'ajoutent les didascalies au texte prononcé ?
c. Quelle signification donne ce monologue au dénouement de la pièce ?

> Bérenger est le dernier homme dans une ville dont tous les habitants se sont transformés en rhinocéros. Cerné par leurs barrissements, il prononce les derniers mots de la pièce.

Oh, comme je voudrais être comme eux. Je n'ai pas de corne, hélas ! Que c'est laid, un front plat. Il m'en faudrait une ou deux, pour rehausser mes traits tombants. Ça viendra peut-être, et je n'aurai plus honte, je pourrai aller tous les retrouver. Mais ça ne pousse pas ! *(Il regarde les paumes de ses mains.)* Mes mains sont moites. Deviendront-elles rugueuses ? *(Il enlève son veston, défait sa chemise, contemple sa poitrine dans la glace.)* J'ai la peau flasque. Ah, ce corps trop blanc, et poilu ! Comme je voudrais avoir une peau dure et cette magnifique couleur d'un vert sombre, une nudité décente, sans poils, comme la leur ! *(Il écoute les barrissements.)* Leurs chants ont du charme, un peu âpre, mais un charme certain ! Si je pouvais faire comme eux. *(Il essaie de les imiter.)* Ahh, Ahh, Brr ! Non, ça n'est pas ça, que c'est faible, comme cela manque de vigueur ! Je n'arrive pas à barrir. Je hurle seulement. Ahh, Ahh, Brr ! Les hurlements ne sont pas des barrissements. Comme j'ai mauvaise conscience, j'aurais dû les suivre à temps. Trop tard maintenant ! Hélas, je suis un monstre, je suis un monstre. Hélas, jamais je ne deviendrai rhinocéros, jamais, jamais ! Je ne peux plus changer. Je voudrais bien, je voudrais tellement, mais je ne peux pas. Je ne peux plus me voir. J'ai trop honte ! *(Il tourne le dos à la glace.)* Comme je suis laid ! Malheur à celui qui veut conserver son originalité ! *(Il a un brusque sursaut.)* Eh bien tant pis ! Je me défendrai contre tout le monde ! Ma carabine, ma carabine ! *(Il se retourne face au mur du fond où sont fixés les têtes des rhinocéros, tout en criant :)* Contre tout le monde, je me défendrai contre tout le monde, je me défendrai ! Je suis le dernier homme, je le resterai jusqu'au bout ! Je ne capitule pas !
Rideau.

EUGÈNE IONESCO, *Rhinocéros*, Acte III, Éd. Gallimard, 1960

4 L'analyse de l'action

Réalisez une fiche sur la pièce de théâtre que vous étudiez en utilisant la grille de lecture suivante.

1. L'action principale
Objectif du (ou des) héros : ...
Opposants : ...
Adjuvants : ...
Définition du nœud dramatique : ... :
Étapes principales de l'action (acte par acte, de l'exposition au dénouement) : ...
Caractère du dénouement (tragique, heureux, incertain ...) : ...

2. Les personnages principaux
Présence en scène des personnages principaux (acte par acte et scène par scène) : ...

3. Le temps et l'espace
Durée approximative de chaque acte (ou tableau) : ...
Temps séparant chaque acte : ...
Lieu de l'action (pour chaque acte) et caractère du décor : ...
Objets symboliques : ...

5 La règle des unités

Voici deux textes consacrés à la règle des unités au théâtre.
a. Quelle valeur Racine accorde-t-il à la règle des unités ? Comment souhaite-t-il l'utiliser ?
b. Quelles critiques Hugo adresse-t-il à la règle des unités ? En quoi se distingue-t-il de Racine dans la définition de l'unité d'action ?

> *Texte 1*
>
> Il n'y a que le vraisemblable qui touche dans la tragédie, et quelle vraisemblance y a-t-il qu'il arrive en un jour une multitude de choses qui pourraient à peine arriver en plusieurs semaines ?

Exercices

Il y en a qui pensent que cette simplicité est une marque de peu d'invention. Ils ne songent pas qu'au contraire toute l'invention consiste à faire quelque chose de rien, et que tout ce grand nombre d'incidents a toujours été le refuge des poètes qui ne sentaient dans leur génie ni assez d'abondance ni assez de force pour attacher durant cinq actes leurs spectateurs par une action simple, soutenue de la violence des passions, de la beauté des sentiments et de l'élégance de l'expression.

Jean Racine, Préface de *Bérénice* (1671)

Texte 2

Croiser l'unité de temps à l'unité de lieu comme les barreaux d'une cage, et y faire pédantesquement entrer, de par Aristote[1], tous ces faits, tous ces peuples, toutes ces figures que la providence déroule à si grandes masses dans la réalité ! c'est mutiler hommes et choses, c'est faire grimacer l'histoire. Disons mieux : tout cela mourra dans l'opération ; et c'est ainsi que les mutilateurs dogmatiques arrivent à leur résultat ordinaire : ce qui était vivant dans la chronique est mort dans la tragédie. Voilà pourquoi, bien souvent, la cage des unités ne renferme qu'un squelette […].

Il suffirait enfin, pour démontrer l'absurdité de la règle des deux unités, d'une dernière raison, prise dans les entrailles de l'art. C'est l'existence de la troisième unité, l'unité d'action, la seule admise de tous parce qu'elle résulte d'un fait : l'œil ni l'esprit humain ne sauraient saisir plus d'un ensemble à la fois. Celle-là est aussi nécessaire que les deux autres sont inutiles. C'est elle qui marque le point de vue du drame ; or, par cela même, elle exclut les deux autres. Il ne peut pas plus y avoir trois unités dans le drame que trois horizons dans un tableau. Du reste, gardons-nous de confondre l'unité avec la simplicité d'action. L'unité d'ensemble ne répudie[2] en aucune façon les actions secondaires sur lesquelles doit s'appuyer l'action principale. Il faut seulement que ces parties, savamment subordonnées au tout, gravitent sans cesse vers l'action centrale et se groupent autour d'elle aux différents étages ou plutôt sur les divers plans du drame. L'unité d'ensemble est la loi de perspective du théâtre.

Victor Hugo, Préface de *Cromwell* (1827)

1. Aristote fut le premier à fixer les règles de la tragédie.
2. N'exclut en rien.

6 L'utilisation de l'espace

a. Par quelle mise en scène, c'est-à-dire à travers quelle utilisation de l'espace, Toinette réussit-elle à prendre Béline au piège ? En quoi peut-on parler de coup de théâtre ?

b. Dans la scène XII, comparez les différents points de vue sur l'action en fonction de la situation et des informations dont disposent les personnages et le public : le point de vue de Toinette, le point de vue de Béline, le point de vue d'Argan, le point de vue de Béralde et le point de vue du spectateur.

Toinette, la servante d'Argan, veut le convaincre que sa seconde femme ne l'aime pas et ne s'intéresse qu'à son argent.

SCÈNE XI
Toinette, Argan, Béralde
[…]

TOINETTE. — Madame s'en va revenir. Mettez-vous tout étendu dans cette chaise, et contrefaites le mort. Vous verrez la douleur où elle sera, quand je lui dirai la nouvelle.

ARGAN. — Je le veux bien.

TOINETTE. — Oui ; mais ne la laissez pas longtemps dans le désespoir, car elle en pourrait bien mourir.

ARGAN. — Laisse-moi faire.

TOINETTE, *à Béralde*. — Cachez-vous, vous, dans ce coin-là.

ARGAN. — N'y a-t-il point quelque danger à contrefaire le mort ?

TOINETTE. — Non, non : quel danger y aurait-il ? Étendez-vous là seulement. *(Bas.)* Il y aura plaisir à confondre votre frère. Voici Madame. Tenez-vous bien.

SCÈNE XII
Béline, Toinette, Argan, Béralde
[…]

TOINETTE, *s'écrie*. — Ah, mon Dieu ! Ah, malheur ! Quel étrange accident !

BÉLINE. — Qu'est-ce, Toinette ?

TOINETTE. — Ah, Madame !

BÉLINE. — Qu'y a-t-il ?

TOINETTE. — Votre mari est mort.

BÉLINE. — Mon mari est mort ?

Exercices

TOINETTE. — Hélas ! oui. Le pauvre défunt est trépassé.

BÉLINE. — Assurément ?

TOINETTE. — Assurément. Personne ne sait encore cet accident-là, et je me suis trouvée ici toute seule. Il vient de passer entre mes bras. Tenez, le voilà tout de son long dans cette chaise.

BÉLINE. — Le Ciel en soit loué ! Me voilà délivrée d'un grand fardeau. Que tu es sotte, Toinette, de t'affliger de cette mort !

TOINETTE. — Je pensais, Madame, qu'il fallût pleurer.

BÉLINE. — Va, va, cela n'en vaut pas la peine. Quelle perte est-ce que la sienne ? Et de quoi servait-il sur la terre ? Un homme incommode à tout le monde, malpropre, dégoûtant, sans cesse un lavement ou une médecine dans le ventre, mouchant, toussant, crachant toujours, sans esprit, ennuyeux, de mauvaise humeur, fatiguant sans cesse les gens, et grondant jour et nuit servantes et valets.

TOINETTE. — Voilà une belle oraison funèbre.

BÉLINE. — Il faut, Toinette, que tu m'aides à exécuter mon dessein, et tu peux croire qu'en me servant ta récompense est sûre. Puisque, par un bonheur, personne n'est encore averti de la chose, portons-le dans son lit, et tenons cette mort cachée, jusqu'à ce que j'aie fait mon affaire. Il y a des papiers, il y a de l'argent dont je veux me saisir, et il n'est pas juste que j'aie passé sans fruit auprès de lui mes plus belles années. Viens, Toinette, prenons auparavant toutes ses clefs.

ARGAN, *se levant brusquement*. — Doucement.

BÉLINE, *surprise et épouvantée*. — Ahy !

ARGAN. — Oui, Madame ma femme, c'est ainsi que vous m'aimez ?

TOINETTE. — Ah, ah ! le défunt n'est pas mort.

ARGAN, *à Béline, qui sort*. — Je suis bien aise de voir votre amitié, et d'avoir entendu le beau panégyrique que vous avez fait de moi. Voilà un avis au lecteur qui me rendra sage à l'avenir, et qui m'empêchera de faire bien des choses.

BÉRALDE, *sortant de l'endroit où il était caché*. — Hé bien ! mon frère, vous le voyez.

MOLIÈRE, *Le Malade imaginaire*, Acte III, scènes XII et XIII

2 Les genres au théâtre

7 La tragédie

a. Étudiez la composition de cette tirade.
b. Comment s'exprime le sentiment tragique du personnage et son combat contre la fatalité de sa passion ?
c. En quoi peut-on parler de spectacle de la violence ?

Phèdre, la reine d'Athènes, avoue à sa confidente son amour impossible pour son beau-fils Hippolyte.

PHÈDRE
Mon mal vient de plus loin. À peine au fils d'Egée[1]
Sous les lois de l'hymen[2] je m'étais engagée,
Mon repos, mon bonheur semblait être affermi ;
Athènes me montra mon superbe ennemi[3].
Je le vis, je rougis, je pâlis à sa vue ;
Un trouble s'éleva dans mon âme éperdue ;
Mes yeux ne voyaient plus, je ne pouvais parler ;
Je sentis tout mon corps et transir et brûler ;
Je reconnus Vénus et ses feux redoutables,
D'un sang qu'elle poursuit tourments inévitables[4].
Par des vœux assidus je crus les détourner ;
Je lui bâtis un temple, et pris soin de l'orner ;
De victimes moi-même à toute heure entourée,
Je cherchais dans leurs flancs ma raison égarée.
D'un incurable amour remèdes impuissants !
En vain sur les autels ma main brûlait l'encens :
Quand ma bouche implorait le nom de la déesse,
J'adorais Hippolyte ; et, le voyant sans cesse,
Même au pied des autels que je faisais fumer,
J'offrais tout à ce dieu que je n'osais nommer.
Je l'évitais partout. Ô comble de misère !
Mes yeux le retrouvaient dans les traits de son père.
Contre moi-même enfin j'osai me révolter :
J'excitai mon courage à le persécuter.
Pour bannir l'ennemi dont j'étais idolâtre,
J'affectai les chagrins d'une injuste marâtre ;
Je pressai son exil, et mes cris éternels
L'arrachèrent du sein et des bras paternels.
Je respirais, Œnone ; et, depuis son absence,
Mes jours moins agités coulaient dans l'innocence.
Soumise à mon époux, et cachant mes ennuis,
De son fatal hymen je cultivais les fruits[5].
Vaines précautions ! Cruelle destinée !
Par mon époux lui-même à Trézène amenée,

Lire et comprendre un texte

J'ai revu l'ennemi que j'avais éloigné :
Ma blessure trop vive aussitôt a saigné.
Ce n'est plus une ardeur dans mes veines cachée :
C'est Vénus toute entière à sa proie attachée.

JEAN RACINE, *Phèdre*, I,3

1. Thésée, le roi d'Athènes. 2. Du mariage. 3. Il s'agit d'Hippolyte. 4. Vénus poursuit de sa vengeance la famille de Phèdre. 5. J'élevais les enfants de Thésée.

8 La comédie

a. Étudiez les différents procédés comiques dans le texte du *Malade imaginaire* (➤ EXERCICE 6) et en particulier ceux de l'ironie.
b. Quelle est l'intention morale de ces scènes ?

9 Un héros romantique

a. Quelle contradiction y a-t-il dans le métier de comédien selon Kean ?
b. Dans quelle mesure cette contradiction illustre-t-elle celle du sublime et du grotesque que les Romantiques veulent accueillir dans leurs drames ?
c. Comment s'expriment la passion et le sentiment de la fatalité chez le héros ?

> Kean, un célèbre acteur anglais, décrit à une de ses admiratrices les grandeurs et les misères du métier de comédien.

KEAN. — Oui, je suis roi, c'est vrai... trois fois par semaine à peu près, roi avec un sceptre de bois doré, des diamants de strass¹ et une couronne de carton ; j'ai un royaume de trente-cinq pieds carrés, et une royauté qu'un bon petit coup de sifflet fait évanouir. Oh ! oui, oui, je suis un roi bien respecté, bien puissant, et surtout bien heureux, allez !

ANNA. — Ainsi, lorsque tout le monde vous applaudit, vous envie, vous admire...

KEAN. — Eh bien, parfois, je blasphème, je maudis, je jalouse le sort du portefaix courbé sous son fardeau, du laboureur suant sur sa charrue, et du marin couché sur le pont du vaisseau.

ANNA. — Et si une femme, jeune, riche, et qui vous aimât, venait vous dire : « Kean, ma fortune, mon amour sont à vous... sortez de cet enfer qui vous brûle... de cette existence qui vous dévore ...quittez le théâtre... »

KEAN. — Moi ! moi ! quitter le théâtre... moi ! Oh ! vous ne savez donc pas ce que c'est que cette robe de Nessus² qu'on ne peut arracher de dessus ses épaules qu'en déchirant sa propre chair ? Moi, quitter le théâtre, renoncer à ses émotions, à ses éblouissements, à ses douleurs ! moi, céder la place à Kemble et à Macready, pour qu'on m'oublie au bout d'un an, au bout de six mois, peut-être ! Mais rappelez-vous donc que l'acteur ne laisse rien après lui, qu'il ne vit que pendant sa vie, que sa mémoire s'en va avec la génération à laquelle il appartient, et qu'il tombe du jour dans la nuit... du trône dans le néant... Non ! non ! lorsqu'on a mis le pied une fois dans cette fatale carrière, il faut la parcourir jusqu'au bout... épuiser ses joies et ses douleurs, vider sa coupe et son calice, boire son miel et sa lie... Il faut finir comme on a commencé, mourir comme on a vécu... mourir comme est mort Molière³, au bruit des applaudissements, des sifflets et des bravos !... Mais, lorsqu'il est encore temps de ne pas prendre cette route, lorsqu'on n'a pas franchi la barrière... il n'y faut pas entrer... croyez-moi, miss, sur mon honneur, croyez-moi !

ALEXANDRE DUMAS, *Kean*, II,4

1. Matière artificielle imitant les pierres précieuses. 2. C'est la tunique empoisonnée qui tua Hercule. 3. Molière a ressenti les premières atteintes de la mort en jouant *Le Malade imaginaire*.

10 Le théâtre de l'absurde

a. Dans quelle mesure le dénouement de *Rhinocéros* (➤ EXERCICE 3) répond à la définition d'un théâtre de l'absurde ?
b. La tonalité de ce texte est-elle comique ou tragique ?
c. Peut-on parler d'un théâtre écrit au service d'un engagement ?

Exercices

1. Que nous apprennent les didascalies ?
2. Quels indices suggèrent la difficulté de communiquer entre les personnages ?
3. Comment l'espace de la scène est-il utilisé ?
4. Quelle valeur symbolique prennent les objets ?
5. Définissez la tonalité de ce passage. En quoi le quiproquo final donne-t-il aux discours et à la situation des personnages une dimension absurde ?

Hamm est aveugle et paralytique. Il demande à Clov, son fils adoptif et son domestique de lui dire ce qu'il voit au-dehors de la chambre où ils vivent enfermés.

CLOV. — Qu'est-ce que j'ai fait de cet escabeau ? *(Il le cherche des yeux.)* Tu n'as pas vu cet escabeau ? *(Il cherche, le voit.)* Ah tout de même ! *(Il va vers la fenêtre à gauche.)* Des fois je me demande si j'ai toute ma tête. Puis ça passe, je redeviens lucide. *(Il monte sur l'escabeau, regarde par la fenêtre.)* Putain ! Elle est sous l'eau ! *(Il regarde.)* Comment ça se fait ? *(Il avance la tête, la main en visière.)* Il n'a pourtant pas plu. *(Il essuie la vitre, regarde. Un temps. Il se frappe le front.)* Que je suis bête ! Je me suis trompé de côté ! *(Il descend de l'escabeau, fait quelques pas vers la fenêtre à droite.)* Sous l'eau ! *(Il retourne prendre l'escabeau.)* Que je suis bête ! *(Il traîne l'escabeau vers la fenêtre à droite.)* Des fois je me demande si j'ai tous mes esprits. Puis ça passe, je redeviens intelligent. *(Il installe l'escabeau sour la fenêtre à droite, monte dessus, regarde par la fenêtre. Il se tourne vers Hamm.)* Y a-t-il des secteurs qui t'intéressent particulièrement ? *(Un temps.)* Ou rien que le tout ?

HAMM *(faiblement)*. — Tout.

CLOV. — L'effet général ? *(Un temps. Il se retourne vers la fenêtre.)* Voyons ça. *(Il regarde.)*

HAMM. — Clov !

CLOV *(absorbé)*. — Mmm.

HAMM. — Tu sais une chose ?

CLOV *(de même)*. — Mmm.

HAMM. — Je n'ai jamais été là. *(Un temps.)* Clov !

CLOV *(se tournant vers Hamm, exaspéré)*. Qu'est-ce que c'est ?

HAMM. — Je n'ai jamais été là.

CLOV. — Tu as eu de la veine.

(Il se retourne vers la fenêtre.)

HAMM. — Absent, toujours. Tout s'est fait sans moi. Je ne sais pas ce qui s'est passé. *(Un temps.)* Tu sais ce qui s'est passé, toi ? *(Un temps.)* Clov !

CLOV *(se tournant vers Hamm, exaspéré)*. — Tu veux que je regarde cette ordure, oui ou non ?

HAMM. — Réponds d'abord.

CLOV. — Quoi ?

HAMM. — Tu sais ce qui s'est passé ?

CLOV. — Où ? Quand ?

HAMM *(avec violence)*. — Quand ? Ce qui s'est passé ! Tu ne comprends pas ? Qu'est-ce qui s'est passé ?

CLOV. — Qu'est-ce que ça peut foutre ?

(Il se retourne vers la fenêtre.)

HAMM. — Moi je ne sais pas.

SAMUEL BECKETT, *Fin de partie*, Éd. de Minuit, 1957

La poésie

Lecture et analyse

« Je me plains à mes vers... »

Je ne veux point fouiller au sein de la nature,
Je ne veux point chercher l'esprit de l'univers,
Je ne veux point sonder les abîmes couverts[1],
Ni dessiner du ciel la belle architecture.

Je ne peins mes tableaux de si riche peinture,
Et si hauts arguments[2] ne recherche à mes vers,
Mais suivant de ce lieu les accidents[3] divers
Soit de bien, soit de mal, j'écris à l'aventure.

Je me plains à mes vers, si j'ai quelque regret,
Je me ris avec eux, je leur dis mon secret,
Comme étant de mon cœur les plus sûrs secrétaires.

Aussi ne veux-je tant les peigner et friser,
Et de plus braves noms ne les veux déguiser,
Que de papiers journaux, ou bien de commentaires.

JOACHIM DU BELLAY, *Les Regrets*, I

1. Profonds. 2. Sujets d'une œuvre littéraire. 3. Événements.

L'inspiration du poète

▶ **Un sonnet régulier.**
Ce poème, composé en **alexandrins**, est formé de deux **quatrains** aux rimes embrassées (abba abba) et de deux **tercets** aux rimes suivies puis embrassées (ccdeed). Il s'agit donc d'un sonnet dans le goût de la Renaissance. Sa disposition met en valeur le projet de Du Bellay : il rejette dans les deux quatrains les sources traditionnelles d'inspiration de la poésie et affirme, dans les deux tercets, une nouvelle conception de l'inspiration poétique. Les vers 7 et 8 *(Mais suivant ... à l'aventure)* assurent la transition entre ces deux mouvements.

▶ **Un nouvel « art poétique ».**
À la première place du recueil des *Regrets*, ce poème en annonce la **tonalité lyrique** par l'anaphore du *Je* et l'expression des sentiments. Il fait même de cette relation intime entre l'auteur et son œuvre l'essentiel de son art poétique. Il refuse les grands sujets de la tradition : la recherche des secrets de l'univers par laquelle la poésie rejoindrait une quête philosophique ou religieuse. À cette poésie savante, il oppose une **écriture simple** *(papiers journaux)*, **personnelle** *(je leur dis mon secret)*, **élégiaque** *(Je me plains à mes vers)* qui donne son titre au recueil et fait du poème le confident des émotions de l'écrivain.

Leçon

1. Les formes **poétiques**

L'association entre poésie et écriture en vers s'explique par une longue tradition qui, de l'antiquité à nos jours, fait des règles de la métrique un ensemble d'exigences donnant sa dignité au métier du poète. Les différents vers, réguliers ou libres, sont étudiés au chapitre 12. Leur composition s'inscrit fréquemment dans des formes fixes.

Les formes fixes

▶ La **strophe** est un ensemble de vers offrant une organisation particulière des rimes (➤ Chapitre 12) et formant souvent une unité pour le sens. La structure de la strophe met en valeur la syntaxe de la phrase.

> Dans le sonnet de Du Bellay, p. 190, chaque quatrain est formée d'une seule phrase.

▶ Les principales strophes.

Nom	Nombre de vers
le distique	2
le tercet	3
le quatrain	4
le quintil	5
le sizain	6
le septain	7
le huitain	8
le dizain	10

➤ Exercice 1

▶ Certains poèmes à forme fixe sont apparus au Moyen Âge (le rondeau, la ballade) ou à la Renaissance (le sonnet, importé d'Italie au XVIe siècle).

▶ Le **rondeau** est caractérisé à la fin de ses strophes (2 ou 3 strophes généralement) par la reprise en refrain du premier hémistiche du premier vers. Cette répétition d'un **vers très court** renforce son rythme dansant, prisé par les poètes du Moyen Âge (François Villon), de la Renaissance (Clément Marot) et du XIXe siècle (Alfred de Musset).

➤ Exercice 2

▶ La **ballade** se compose de trois strophes « carrées » (même nombre de vers que de syllabes par vers) avec un refrain pour dernier vers. Elles sont suivies d'une strophe – plus courte de moitié – appelée « envoi ». La ballade, genre très apprécié du XIVe au XVIe siècles, a été remise à l'honneur et renouvelée au XIXe siècle (Hugo, *Odes et ballades*, 1828).

➤ Exercice 3

▶ Le **sonnet** comporte **deux quatrains** et un sizain souvent divisé en **deux tercets**. Le schéma habituel des rimes est le suivant : abba/abba/ ccdeed (ou ccdede) mais il a pu être assoupli, notamment au XIXe siècle. En dépit de ses contraintes formelles, le sonnet se prête aux **effets les plus variés** : opposition des quatrains et des tercets (voir le sonnet de Du Bellay, p. 190) ou des 13 premiers vers et du dernier...

➤ Exercices 4, 5

Les vers et la prose

▶ L'écriture poétique ne peut être cependant réduite à la versification. Si on la définit comme un travail sur les mots, sur leur réalité sonore, leur répétition, leur rythme, leur sens, on peut trouver de la poésie dans la prose.

▶ Le **poème en prose** est apparu au XIXe siècle. Il est libéré de la mécanique du vers, des contraintes de la rime, et se présente souvent sous la forme de courts paragraphes appelés **versets**. La phrase y gagne en liberté, ce qui permet de nouvelles harmonies du rythme et des sons.

> Or je hantais la ville de vos songes et j'arrêtais sur les marchés déserts ce pur commerce de mon âme, parmi vous
> invisible et fréquente ainsi qu'un feu d'épines en plein vent.
> Saint-John Perse

➤ Exercice 6

▶ Sa disposition dans la page et les grandes marges blanches dans lesquelles, selon Paul Éluard, le lecteur peut rêver, définissent visuellement le poème, en vers ou en prose, comme un dessin formé de mots.

> Les *Calligrammes* de Guillaume Apollinaire.

➤ Exercice 7

2. La création **poétique**

Différentes fonctions ont été attribuées à la poésie. Elles sont souvent définies par les « arts poétiques » ou les textes « liminaires » qui ouvrent les livres ou les recueils de poèmes.

> Le premier sonnet des *Regrets*, p. 190.

Leçon

La célébration

▶ Commémoration des hauts faits d'un héros (**épopée**), célébration de la nature, de la beauté, des dieux (**hymnes, odes**), exaltation de l'être aimé (**lyrisme**), le poème prend souvent, par sa musicalité et le jeu de répétitions qui lui est propre, le caractère d'un chant.

> *Le Cantique des Cantiques*, dans la Bible, chant d'amour et chant sacré.

▶ La poésie aurait ainsi pour mission essentielle, comme les mythes, de garder une trace d'événements primordiaux. Elle se tourne vers les origines du monde, vers l'histoire des hommes, ou vers un passé plus personnel : celui du poète.

> L'oeuvre poétique de V. Hugo rassemble ces différentes fonctions en mêlant l'événement public (*Les Châtiments*, 1853) et l'événement privé (*Les Contemplations*, 1856), l'histoire et le mythe (*La Légende des Siècles*, 1859).

➤ Exercices 8, 9

L'exploration

▶ Pour **recréer** le monde (« poésie » vient du grec *poiein* : faire, créer), la poésie veut redonner leur pouvoir aux sensations premières en les éveillant par ses images.

> *Dans la poésie, comme dans la nature, Les parfums, les couleurs et les sons se répondent* (Baudelaire).

▶ L'exploration poétique se veut en effet **connaissance** de l'homme et du monde par l'imagination ou le rêve, *acte magique* (Sartre) qui entend percer le secret des choses. Celui-ci sera alors révélé par les signes du langage.

> *Et j'ai vu quelquefois ce que l'homme a cru voir !*
> RIMBAUD

▶ Cette connaissance peut faire l'objet d'un **enseignement** (poésie savante, philosophique, didactique comme dans **la fable**). Le poète se veut penseur, se déclare prophète, se nomme *voyant* et interpelle les hommes.

> *Et c'est assez pour le poète d'être la mauvaise conscience de son temps.*
> SAINT-JOHN PERSE

▶ Si certains définissent le poète par cet engagement, d'autres ne lui voient qu'un parti : celui des mots.

➤ Exercices 8, 9

L'invention

▶ Qu'il se rêve inspiré par les dieux, par la muse ou par sa propre expérience intérieure, le poète est un **artisan du langage**. Le lieu central de sa création est l'univers des mots. Le poème révèle leur polysémie, la richesse de leurs connotations (➤ CHAPITRES 6 ET 7), leur qualité musicale et crée entre eux, par leur disposition, leur accentuation rythmique, de multiples échos de sens et de sons (➤ CHAPITRE 12).

> *Ce qu'un mot ne sait pas, un autre le révèle.*
> HUGO

▶ La poésie est donc souvent un **jeu sur le langage**... qui suit des règles (celle de la métrique, de la syntaxe, de la rhétorique) pour mieux s'en libérer. Dans la poésie moderne, l'emploi du vers libre, de la prose, l'absence de ponctuation sont des signes de cette liberté.

> Mallarmé souhaitait ainsi *donner un sens plus pur aux mots de la tribu*, c'est-à-dire un sens nouveau qui brise les conventions de l'usage pour retrouver une parole essentielle.

➤ Exercices 10 à 12

☞ L'essentiel ☜

▶ La poésie, travail sur le langage, a pour matériaux traditionnels, sans cesse renouvelés, le vers, la strophe et des **formes fixes** comme le sonnet.

▶ L'apparition du **poème en prose** a cependant effacé la frontière entre prose et poésie.

▶ La création d'un poème répond à différentes intentions : la **célébration** par le chant de l'histoire des hommes ou d'une vie singulière, l'**exploration** par la sensation et l'imagination d'un monde intérieur ou extérieur, l'**invention** d'un verbe nouveau, plus évocateur par son rythme et sa musique.

Lire et comprendre **un texte**

Exercices

1 Les formes poétiques

1 La strophe et la syntaxe

a. Quelles strophes sont utilisées dans ces extraits ?
b. Forment-elles des unités pour le sens ?
c. Dans le cas contraire, comment s'opère la transition entre les strophes ?

Texte 1

Plus me plaît le séjour qu'ont bâti mes aïeux
Que des palais romains le front audacieux ;
Plus que le marbre dur me plaît l'ardoise fine,
Plus mon Loire gaulois que le Tibre latin,
Plus mon petit Liré que le mont Palatin,
Et plus que l'air marin la douceur angevine.

JOACHIM DU BELLAY, *Les Regrets*

Texte 2

Race d'Abel, dors, bois et mange ;
Dieu te sourit complaisamment.

Race de Caïn, dans la fange
Rampe et meurs misérablement.

CHARLES BAUDELAIRE, « Abel et Caïn », *Les Fleurs du Mal*

Texte 3

Ce soir mon cœur fait chanter
Des anges qui se souviennent,
Une voix presque mienne
par trop de silence tentée

Monte et se décide
à ne plus revenir ;
tendre et intrépide,
à quoi va-t-elle s'unir ?

RAINER MARIA RILKE, *Vergers*, Éd. Gallimard, 1926

2 Le rondeau

a. Étudiez la composition de ce poème en montrant que chaque strophe marque une nouvelle étape de l'amour de Marot.
b. Quelle est la fonction du refrain ?

De sa grande amie

Dedans Paris, ville jolie,
Un jour, passant mélancolie,
Je pris alliance nouvelle
À la plus gaie damoiselle
Qui soit d'ici en Italie.

D'honnêteté elle est saisie[1],
Et crois, selon ma fantaisie,
Qu'il n'en est guère de plus belle
Dedans Paris.

Je ne la vous nommerai mie[2],
Sinon que c'est ma grande amie ;
Car l'alliance se fit telle
Par un doux baiser que j'eus d'elle,
Sans penser aucune infamie,
Dedans Paris.

CLÉMENT MAROT, *Rondeaux*, XV

1. Elle est tout à fait honnête. 2. Pas.

3 La ballade

a. Quel est le thème de cette ballade ? Quelle est la fonction de l'envoi ? Pour quelle raison Paul Verlaine recourt-il à la forme médiévale de la ballade ?
b. Étudiez le système de rimes et les relations de sens entre les mots en *-esse*. Quels sentiments permettent-ils de suggérer ?

Ballade
À propos de deux ormeaux qu'il avait

Mon jardin fut doux et léger
Tant qu'il fut mon humble richesse :
Mi-potager et mi-verger,
Avec quelque fleur qui se dresse
Couleur d'amour et d'allégresse,
Et des oiseaux sur des rameaux,
Et du gazon pour la paresse.
Mais rien ne valut mes ormeaux.

De ma claire salle à manger
Où du vin fit quelque prouesse,
Je les voyais tous deux bouger
Doucement au vent qui les presse
L'un vers l'autre en une caresse,
Et leurs feuilles flûtaient des mots.
Le clos était plein de tendresse.
Mais rien ne valut mes ormeaux.

Hélas ! quand il fallut changer
De cieux et quitter ma liesse,
Le verger et le potager
Se partagèrent ma tristesse,
Et la fleur couleur charmeresse,
Et l'herbe, oreiller de mes maux,
Et l'oiseau, surent ma détresse.
Mais rien ne valut mes ormeaux.

Exercices

ENVOI
Prince, j'ai goûté la simplesse
De vivre heureux dans vos hameaux :
Gaîté, santé que rien ne blesse.
Mais rien ne valut mes ormeaux.

PAUL VERLAINE, *Amour*

4 Le sonnet

a. Quelle liberté Baudelaire prend-il dans ce poème avec les règles de composition du sonnet ?
b. Étudiez la structure du texte en montrant le rôle joué par les quatrains et les tercets dans ce qui apparaît comme une démonstration.
c. Analysez le rapport de sens des mots à la rime dans la deuxième strophe.

Correspondances

La Nature est un temple où de vivants piliers
Laissent parfois sortir de confuses paroles ;
L'homme y passe à travers une forêt de symboles
Qui l'observent avec des regards familiers.

Comme de longs échos qui de loin se confondent
Dans une ténébreuse et profonde unité,
Vaste comme la nuit et comme la clarté,
Les parfums, les couleurs et les sons se répondent.

Il est des parfums frais comme des chairs d'enfants,
Doux comme les hautbois, verts comme les prairies,
— Et d'autres, corrompus, riches et triomphants,

Ayant l'expansion des choses infinies,
Comme l'ambre, le musc, le benjoin et l'encens[1],
Qui chantent les transports de l'esprit et des sens.

CHARLES BAUDELAIRE, « Spleen et Idéal », IV, *Les Fleurs du mal*

1. Parfums exotiques.

5 Comparaison de deux sonnets

Étudiez l'utilisation du sonnet dans le poème de Ronsard (➤ CHAPITRE 12, P. 123) et dans celui de Verlaine (➤ CHAPITRE 23, P. 215).

6 Le poème en prose

a. Quels procédés d'écriture (disposition dans la page, rythme, sonorités, images) font de ce texte en prose un poème ?
b. Étudiez les jeux de la polysémie.

La bougie
La nuit parfois ravive une plante singulière dont la lueur décompose les chambres meublées en massifs d'ombre.
Sa feuille d'or tient impassible au creux d'une colonnette d'albâtre par un pédoncule très noir.
Les papillons miteux l'assaillent de préférence à la lune trop haute, qui vaporise les bois. Mais brûlés aussitôt ou vannés dans la bagarre, tous frémissent aux bords d'une frénésie voisine de la stupeur.
Cependant la bougie, par le vacillement des clartés sur le livre au brusque dégagement des fumées originales encourage le lecteur, – puis s'incline sur son assiette et se noie dans son aliment.

FRANCIS PONGE, *Le parti-pris des choses*, Éd. Gallimard, 1942

7 Un calligramme

Qu'apporte à la lecture de ce poème sa disposition dans la page ?

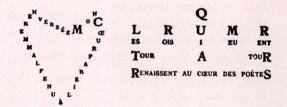

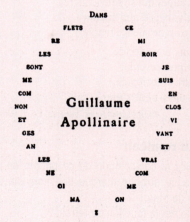

GUILLAUME APOLLINAIRE, *Calligrammes*, Éd. Gallimard

Exercices

2 La création poétique

8 Fonctions du poète

Quelles fonctions sont assignées au poète et à la poésie dans les textes suivants ?

Texte 1

Peuples ! écoutez le poète !
Écoutez le rêveur sacré !
Dans votre nuit, sans lui complète,
Lui seul a le front éclairé.
Des temps futurs perçant les ombres,
Lui seul distingue en leurs flancs sombres
Le germe qui n'est pas éclos.
Homme, il est doux comme une femme.
Dieu parle à voix basse à son âme
Comme aux forêts et comme aux flots.

C'est lui qui, malgré les épines,
L'envie et la dérision,
Marche, courbé dans vos ruines,
Ramassant la tradition.
De la tradition féconde
Sort tout ce qui couvre le monde,
Tout ce que le ciel peut bénir.
Toute idée, humaine ou divine,
Qui prend le passé pour racine
A pour feuillage l'avenir.

VICTOR HUGO, « Fonction du poète »,
Les Rayons et les Ombres, I

Texte 2

La première étude de l'homme qui veut être poète est sa propre connaissance entière ; il cherche son âme, il l'inspecte, il la tente, l'apprend. Dès qu'il la sait, il doit la cultiver ! Cela semble simple : en tout cerveau s'accomplit un développement naturel ; tant d'*égoïstes* se proclament auteurs ; il en est bien d'autres qui s'attribuent leur progrès intellectuel ! – Mais il s'agit de se faire l'âme monstrueuse : à l'instar des comprachicos[1], quoi ! Imaginez un homme s'implantant et se cultivant des verrues sur le visage.

Je dis qu'il faut être *voyant*[2], se faire *voyant*.

Le Poète se fait *voyant* par un long, immense et raisonné *dérèglement* de *tous les sens*. Toutes les formes d'amour, de souffrance, de folie ; il cherche lui-même, il épuise en lui tous les poisons, pour n'en garder que les quintessences. Ineffable torture où il a besoin de toute la foi, de toute la force surhumaine, où il devient entre tous le grand malade, le grand criminel, le grand maudit – et le suprême Savant ! – Car il arrive à l'*inconnu* ! Puisqu'il a cultivé son âme, déjà riche, plus qu'aucun ! Il arrive à l'inconnu, et quand, affolé, il finirait par perdre l'intelligence de ses visions, il les a vues !

ARTHUR RIMBAUD, *Lettre à Paul Demeny*, dite du Voyant

1. Voleurs d'enfants qui les mutilent pour en faire des monstres qu'ils exhiberont dans des foires. 2. C'est-à-dire chercher à voir l'invisible.

Texte 3

Et le Poète aussi est avec nous, sur la chaussée des hommes de son temps.
Allant le train de notre temps, allant le train de ce grand vent.
Son occupation parmi nous : mise en clair des messages. Et la réponse en lui donnée par illumination du cœur.
Non point l'écrit, mais la chose même. Prise en son vif et dans son tout.
Conservation non des copies, mais des originaux. Et l'écriture du poète suit le procès-verbal.
(Et ne l'ai-je pas dit ? les écritures aussi évolueront. – Lieu du propos : toutes grèves de ce monde.)

SAINT-JOHN PERSE, *Vents*, III, Éd. Gallimard, 1946

Texte 4

L'ouvrage d'un regard[1] d'heure en heure affaibli
n'est pas plus de rêver que de former des pleurs,
mais de veiller comme un berger et d'appeler
tout ce qui risque de se perdre s'il s'endort. [...]
Dans l'ombre et l'heure d'aujourd'hui se tient
    [cachée,
ne disant mot, cette ombre d'hier. Tel est le
    [monde.
Nous ne le voyons pas très longtemps : juste assez
pour en garder ce qui scintille et va s'éteindre,
pour appeler encore et encore, et trembler
de ne plus voir. Ainsi s'applique l'appauvri,
comme un homme à genoux qu'on verrait s'efforcer
contre le vent de rassembler son maigre feu...

PHILIPPE JACCOTTET, « Le travail du poète », *L'ignorant*, Éd. Gallimard, 1958

1. Le regard du poète.

Lire et comprendre **un texte**

Exercices

9 Le pouvoir de la poésie

Quelles ambitions de la poésie (célébration, exploration, invention...) sont illustrées par les poèmes présentés dans les exercices 2, 4 et 9 ?

10 Le verbe poétique

Quels pouvoirs ont les mots d'un poème d'après Hugo et Mallarmé ?

Texte 1

Oui, vous tous, comprenez que les mots sont des
  [choses.
Ils roulent pêle-mêle au gouffre obscur des proses,
Ou font gronder le vers, orageuse forêt.
Du sphinx Esprit Humain le mot sait le secret.
Le mot veut, ne veut pas, accourt, fée ou bacchante,
S'offre, se donne ou fuit ; devant Néron[1] qui chante
Ou Charles-Neuf[2] qui rime, il recule hagard ;
Tel mot est un sourire, et tel autre un regard ;
De quelque mot profond tout homme est le
  [disciple ;
Toute force ici-bas a le mot pour multiple ;
Moulé sur le cerveau, vif ou lent, grave ou bref,
Le creux du crâne humain lui donne son relief ;
La vieille empreinte y reste auprès de la nouvelle ;
Ce qu'un mot ne sait pas, un autre le révèle ;
Les mots heurtent le front comme l'eau le récif ;
Ils fourmillent, ouvrant dans notre esprit pensif
Des griffes ou des mains, et quelques-uns des ailes ;
Comme en un âtre noir errent des étincelles.
Rêveurs, tristes, joyeux, amers, sinsitres, doux,
Sombre peuple, les mots vont et viennent en nous ;
Les mots sont les passants mystérieux de l'âme.

Victor Hugo, *Les Contemplations*, I, 8

1. L'empereur romain qui faisait des vers pendant l'incendie de Rome. 2. Le roi qui décida le massacre de la Saint-Barthélemy rimait à ses heures.

Texte 2

Au contraire d'une fonction de numéraire[1] facile et représentatif, comme le traite d'abord la foule, le dire, avant tout, rêve et chant, retrouve chez le Poète, par nécessité constitutive d'un art consacré aux fictions, sa virtualité.
Le vers qui de plusieurs vocables refait un mot total, neuf, étranger à la langue et comme incantatoire[2], achève cet isolement de la parole : niant, d'un trait souverain, le hasard demeuré aux termes malgré l'artifice de leur retrempe[3] alternée en le sens et la sonorité, et vous cause cette surprise de n'avoir ouï jamais tel fragment ordinaire, en même temps que la réminiscence de l'objet nommé baigne dans une neuve atmosphère.

Stéphane Mallarmé, « Crise de vers », *Divagations*

1. Mallarmé compare le langage courant aux pièces de monnaie usées par leur circulation entre les mains de la foule. Il lui oppose le « dire » du poète. 2. Magique 3. Opération qui redonne leur force aux mots.

11 Poésie ininterrompue

a. Justifiez le titre de ce poème.
b. Quels mots le constituent ? Selon quels principes sont-ils assemblés ?
c. Quels visages de la femme évoquent-ils ?

Poésie ininterrompue

Nue effacée ensommeillée
Choisie sublime solitaire
Profonde oblique matinale
Fraîche nacrée ébouriffée
Ravivée première régnante
Coquette vive passionnée
Orangée rose bleuissante
Jolie mignonne délurée
Naturelle couchée debout
Étreinte ouverte rassemblée
Rayonnante désaccordée
Gueuse rieuse ensorceleuse
Étincelante ressemblante
Sourde secrète souterraine
Aveugle rude désastreuse
Boisée herbeuse ensanglantée
Sauvage obscure balbutiante
Ensoleillée illuminée
Fleurie confuse caressante
Instruite discrète ingénieuse
Fidèle facile étoilée
Charnue opaque palpitante
Inaltérable contractée
Pavée construite vitrifiée
Globale haute populaire
Barrée gardée contradictoire
Égale lourde métallique
Impitoyable impardonnable
Surprise dénouée rompue
Noire humiliée éclaboussée

Paul Éluard, *Poésie ininterrompue*, Éd. Gallimard, 1946

Exercices

12 Création verbale

a. Quelle est la fonction des mots inventés par le poète dans « Le Grand Combat » ?
b. Michaux affirme qu'il refuse « une langue créée par d'autres dans un autre âge, conventionnelle ». Qu'est-ce qui permet à cette création verbale de demeurer intelligible ?

Le Grand Combat

Il l'emparouille et l'endosque contre terre ;
Il le rague et le roupète jusqu'à son drâle ;
Il le pratèle et le libucque et lui barufle les ouillais ;
Il le tocarde et le marmine,
Le manage rape à ri et ripe à ra.
Enfin il l'écorcobalisse.
L'autre hésite, s'espudrine, se défaisse, se torse et
[se ruine.
C'en sera bientôt fini de lui ;
Il se reprise et s'emmargine… mais en vain
Le cerceau tombe qui a tant roulé.
Abrah ! Abrah ! Abrah !
Le pied a failli !
Le bras a cassé !
Le sang a coulé !
Fouille, fouille, fouille,
Dans la marmite de son ventre est un grand secret
Mégères alentour qui pleurez dans vos mouchoirs ;
On s'étonne, on s'étonne, on s'étonne
Et on vous regarde,
On cherche aussi, nous autres, le Grand Secret.

HENRI MICHAUX, *Qui je fus*, Éd. Gallimard, 1927

Bilan

a. Quel est le sujet de ce texte ?
b. Définissez sa forme poétique. Observez la phrase qui l'ouvre et celle qui le referme : que constatez-vous ?
c. Quelles fonctions de la poésie sont représentées dans ce texte ?
d. Quelle relation peut-on établir entre l'aventure qu'il raconte, le titre du recueil auquel il appartient et la poésie ? (➤ EXERCICE 6)

Aube

J'ai embrassé l'aube d'été.

Rien ne bougeait encore au front des palais. L'eau était morte. Les camps d'ombres ne quittaient pas la route du bois. J'ai marché, réveillant les haleines vives et tièdes, et les pierreries regardèrent, et les ailes se levèrent sans bruit.

La première entreprise fut, dans le sentier déjà empli de frais et blêmes éclats, une fleur qui me dit son nom.

Je ris au wasserfall[1] blond qui s'échevela à travers les sapins : à la cime argentée je reconnus la déesse.

Alors je levai un à un les voiles. Dans l'allée, en agitant les bras. Par la plaine, où je l'ai dénoncée au coq. À la grand'ville elle fuyait parmi les clochers et les dômes, et courant comme un mendiant sur les quais de marbre, je la chassais.

En haut de la route, près d'un bois de lauriers, je l'ai entourée avec ses voiles amassés, et j'ai senti un peu son immense corps. L'aube et l'enfant tombèrent au bas du bois.

Au réveil il était midi.

ARTHUR RIMBAUD, *Les Illuminations*

1. Mot allemand : chute d'eau.

CHAPITRE 22 — L'essai, le pamphlet, la lettre, l'autobiographie

Lecture et analyse

« Un être factice »

En naissant, un enfant crie ; sa première enfance se passe à pleurer. Tantôt on l'agite, on le flatte pour l'apaiser ; tantôt on le menace, on le bat pour le faire taire. Ou nous faisons ce qu'il lui plaît, ou nous en exigeons ce qu'il nous plaît ; ou nous nous soumettons à ses fantaisies, ou nous le soumettons aux nôtres : point de milieu, il faut qu'il donne des ordres ou qu'il en reçoive. Ainsi ses premières idées sont celles d'empire et de servitude. Avant de savoir parler il commande, avant de pouvoir agir il obéit ; et quelquefois, on le châtie avant qu'il puisse connaître ses fautes, ou plutôt en commettre. C'est ainsi qu'on verse de bonne heure dans son jeune cœur les passions qu'on impute ensuite à la nature, et qu'après avoir pris peine à le rendre méchant, on se plaint de le trouver tel.

Un enfant passe six ou sept ans de cette manière entre les mains des femmes, victime de leur caprice, et du sien ; et après lui avoir fait apprendre ceci et cela, c'est-à-dire après avoir chargé sa mémoire ou de mots qu'il ne peut entendre, ou de choses qui ne lui sont bonnes à rien ; après avoir étouffé le naturel par les passions qu'on a fait naître, on remet cet être factice entre les mains d'un précepteur, lequel achève de développer les germes artificiels qu'il trouve déjà tout formés, et lui apprend tout, hors à se connaître, hors à tirer parti de lui-même, hors à savoir vivre et se rendre heureux.

Jean-Jacques Rousseau, *Émile ou De l'éducation*, Livre I

Un traité d'éducation

▶ **Une description et une narration.** Ce texte en prose se présente comme un **portrait** : un enfant est décrit dans son **comportement** (*il crie*), ses réactions (*il commande, il obéit*), son **évolution** (on le rend *méchant*, il devient un *être factice*). Le texte s'apparente également à un **récit**, comprenant de nombreux **verbes d'action** (*agiter, menacer…*). Les étapes en sont la naissance puis *la première enfance*, les six ou sept ans que l'enfant passe *entre les mains des femmes*, puis *entre les mains d'un précepteur*. Des **indications temporelles** marquent ce déroulement (*tantôt, quelquefois, avant, après*).

▶ **Une réflexion.** Bien qu'elle possède les caractères de la prose narrative, cette page ne fait pas partie d'un roman : l'enfant est désigné par l'article indéfini *un* et le pronom *il*, sans précision sur son identité. Le temps **présent** exprime un caractère permanent. Les pronoms *on* et *nous* s'appliquent à **n'importe quel** éducateur et donc à la formation donnée à **tout individu** de la naissance à l'adolescence. Ce texte est une réflexion, extraite d'un traité pédagogique.

▶ **Une prise de position.** En même temps qu'il décrit une situation, l'auteur prend parti et exprime un jugement. Son opinion transparaît dans :
- le lexique **péjoratif** : *méchant, qui ne lui sont bonnes à rien, étouffé, factice*.
- les énoncés **ironiques** : *après avoir pris peine à le rendre méchant, on se plaint de le trouver tel* ; *on lui apprend tout, hors…, hors…, hors…*
- les **oppositions** : *nature, naturel* et *factice, artificiels*.

La position de Rousseau s'inscrit visiblement dans le contexte d'un débat sur l'éducation dans lequel son livre doit jouer un rôle.

Leçon

La prose non romanesque a une place importante dans les études littéraires en raison de ses qualités d'écriture, des moyens d'expression mis en jeu, des problématiques qu'elle fait apparaître. Certaines de ces formes se constituent en « genres » à part entière avec leurs caractères et leur fonction propre. Nous avons retenu : l'essai, le pamphlet, la lettre, l'autobiographie.

1 L'essai

Définition

On appelle « essai » un ouvrage qui développe une **réflexion**, qui expose des **opinions**, un **point de vue personnel** sur un sujet quel qu'il soit : société, culture, littérature, science, pédagogie, politique…

Analyser un essai

▶ **Le contexte de la réflexion :**
Le thème d'un essai s'inscrit dans **l'histoire** de la pensée ou bien dans **l'actualité** d'un débat. On tentera de dégager ce contexte :
– en se reportant à l'étude de l'arrière-plan, historique et idéologique (➤ Chapitre 5) ;
– en discernant dans le texte les références explicites ou implicites (➤ Chapitre 18).

▶ **Les thèses en présence :**
Le point de vue d'un essayiste s'exprime souvent **par opposition** à une opinion contraire. On doit donc **savoir distinguer** la thèse défendue et les thèses que l'essai réfute. On ne confondra pas celui qui donne son opinion et celui ou ceux dont il cite les propos (➤ Chapitre 17). Pour cela, on sera particulièrement attentif aux marques de l'énonciation (➤ Chapitre 10).

▶ **Les moyens mis en œuvre :**
L'essai n'obéissant pas à des règles strictes, il possède une grande **liberté de forme**. Il peut être fondé en totalité ou en partie sur une **argumentation**. Il est proche du portrait et de l'écrit intime dans le cas, très particulier, des *Essais* de Montaigne. Il utilise la **narration** ainsi que la **description** pour dresser un constat, illustrer un phénomène, dépeindre une situation (➤ Texte p. 198). Ou encore il se sert du **dialogue** pour débattre d'une question :

> Un entretien avec un philosophe ou un savant.

➤ Exercices 1, 2

2 Le pamphlet

Définition

▶ Un pamphlet est un **écrit satirique** qui attaque un adversaire, un parti, une institution ou une idée. C'est un texte **agressif**, violent, en général **bref**.

> Une « lettre ouverte », un article de journal, un poème, un court récit.

Mais il existe aussi de longs pamphlets :

> *Les Châtiments* de Victor Hugo.

▶ Le pamphlet appartient à la **littérature polémique** qui combat, riposte et prend parti. Il témoigne d'une écriture qu'on appelle **engagée** ou **militante**.

Analyser un pamphlet

▶ **Les circonstances :**
Le pamphlet est toujours lié à une **actualité**. Il convient donc de le replacer dans son contexte pour **identifier exactement** l'adversaire ou l'idéologie visés.

> « *J'accuse !* » de Zola a été écrit pendant l'Affaire Dreyfus (1894-1906) pour dénoncer l'antisémitisme et la partialité de l'armée et de la justice françaises.

▶ Mais ces cibles sont parfois cachées, soit en raison de la censure, soit pour pousser le lecteur à une attitude active et complice.

> En utilisant l'expression « Napoléon le petit » ou le nom de César ou celui de Sylla, incarnation du despotisme dans l'Antiquité, Victor Hugo vise l'empereur Napoléon III.

▶ Au-delà de l'événement précis et des attaques personnelles, on cherchera aussi à dégager la **portée générale** de la dénonciation. Les meilleurs pamphlets sont ceux dont l'enjeu dépasse les circonstances qui l'ont fait naître.

> Au-delà de ses attaques contre les Jésuites, le combat de Voltaire contre l'intolérance.

Leçon

▶ **Les armes :**
L'objectif du pamphlétaire est simple : **détruire**, **discréditer**. Pour cela, il recourt à plusieurs moyens expressifs : **l'ironie**, qui se marque par le faux étonnement, le décalage entre le sérieux de l'accusation et le comique de la forme ; **l'exagération**, qui force le trait, choisit toujours l'amplification plutôt que la mesure ; la **parodie**, qui, pour ridiculiser l'adversaire, imite ses procédés en les déformant ; et, de façon générale, un **lexique dévalorisant**.

➤ Exercices 3, 4

3 *La* **lettre**

Lettres réelles et lettres fictives

▶ Il faut distinguer les lettres qu'échangent des correspondants réels (Mme de Sévigné et sa fille) des lettres que l'on peut lire dans un roman et que s'adressent des personnages de fiction (*Lettres persanes* de Montesquieu). La correspondance fictive entre dans l'étude générale du **roman** (➤ Chapitre 19). Les lettres **réelles** ont d'abord une **fonction informative** mais elles peuvent présenter, elles aussi, un **intérêt littéraire**.

▶ Les **lettres d'écrivains**, bien qu'elles ne soient pas destinées en principe à être lues par d'autres que par le destinataire, ont souvent été diffusées et sont en général **publiées**. Elles témoignent de qualités d'écriture et révèlent un **aspect méconnu** de leur auteur.

Analyser une lettre

▶ **Les éléments matériels :**
– la lettre est-elle **datée** ? est-elle **signée** ?
– qui en est le **destinataire** ? est-il **nommé** ?
– quelle importance est accordée aux **formules** initiales ? aux formules finales ?
– la lettre contient-elle des **références** biographiques ou historiques ?
Répondre à ces questions permet de **délimiter le contexte** où se situe l'échange.

▶ **Les objectifs visés :**
La communication qui s'établit dans une lettre se réduit rarement à l'utilitaire. C'est pourquoi la lettre fait appel à plusieurs niveaux de lecture. Au-delà de **l'information** qu'il transmet, et qui n'est parfois qu'un prétexte, l'épistolier livre **une part de lui-même**.

L'étude d'une lettre conduit donc à considérer l'explicite comme l'implicite (➤ Chapitre 18).

▶ **L'écriture épistolaire :**
Les **marques de l'énonciation** sont nombreuses dans cette situation de communication particulière où deux interlocuteurs, en l'absence l'un de l'autre, s'adressent cependant l'un à l'autre. De plus, bien qu'elle soit soumise aux règles de clarté de la communication écrite, l'écriture épistolaire peut se rapprocher de **l'oral** par la liberté de ton, une apparente improvisation, et même le jeu du faux dialogue avec le destinataire. On s'intéressera à ces traits distinctifs pour mesurer **l'implication** de l'auteur dans son message et pour mieux comprendre les **liens** qui unissent les correspondants.

➤ Exercices 5, 6

4 *L'***autobiographie**

Définition

▶ Le mot « autobiographie » est formé de trois racines grecques : *graphein* (écrire) ; *bios* (vie) ; *autos* (soi-même). Une autobiographie est un « **récit rétrospectif en prose** qu'une personne réelle fait de sa propre existence, lorsqu'elle met l'accent sur sa vie individuelle, en particulier sur l'histoire de sa personnalité ». (Ph. Lejeune, *Le pacte autobiographique*, Éd. Seuil, 1975).

Analyser une autobiographie

Le genre de l'autobiographie présente des caractères spécifiques.

▶ **Un mode de narration particulier :**
Le « je » domine comme dans un récit à la première personne. Mais ici, celui qui signe le livre (l'auteur), celui qui raconte (le narrateur) et celui dont on raconte la vie (le personnage) sont un seul et même être. En conséquence, on s'intéressera particulièrement au **rapport que l'auteur établit avec lui-même** à travers l'écriture. **Comment se désigne-t-il** ? **Quelle distance** prend-il vis-à-vis de lui-même ? Quelle est la **part du récit**, **de l'analyse** et **du jugement** sur soi-même ?

Leçon

▶ **L'importance du Temps :**

Il convient de distinguer le **temps des faits** (l'époque dont on parle, l'enfance par exemple) et le **temps de l'écriture** (la période au cours de laquelle l'auteur écrit). Le plus souvent, de nombreuses années les séparent. Le **souvenir**, les mécanismes de la **mémoire** sont des thèmes fréquents de l'autobiographie. Parfois, le passé et le présent sont **comparés** ou bien les époques se **mêlent**. L'écrivain tire alors parti de cette superposition pour accéder à sa propre vérité par la **recomposition de ses « moi » successifs**.

▶ **Les buts de l'autobiographie :**

Elle peut être une **confidence**, un moyen d'introspection, ou l'occasion d'un **bilan** dans l'évolution de sa personnalité. L'écrivain peut aussi chercher à **se justifier**, comme Jean-Jacques Rousseau dans les *Confessions*.

Si l'auteur a l'ambition de retracer les événements historiques auxquels il a été mêlé, l'autobiographie devient « Mémoires » (*Les Mémoires d'Outre-Tombe* de Chateaubriand).

Le rôle que l'écrivain assigne à l'autobiographie fait souvent l'objet de **déclarations préliminaires** : Préambule, Avant-Propos, Avertissement.

➢ Exercices 7, 8

L'essentiel

▶ **Un essai** est un texte d'idées, un ouvrage de réflexion. Pour l'étudier, on déterminera de façon précise les **questions** traitées, les **points de vue** qui s'expriment et les **formes** adoptées pour conduire la réflexion.

▶ **Un pamphlet** est une œuvre satirique au ton agressif et violent. Pour l'étudier, on le replacera dans le **contexte** de la polémique où il s'inscrit, on identifiera clairement les **cibles visées** et les **moyens** mis en œuvre pour les atteindre.

▶ **Une lettre** écrite par des correspondants réels peut présenter des qualités littéraires. Pour l'étudier, on sera attentif à tous les indices matériels du genre épistolaire, au contenu explicite et implicite de la lettre, au mode d'énonciation propre à ce type de communication.

▶ **L'autobiographie** est le récit qu'une personne fait de sa propre vie. Pour l'étudier, on s'intéressera au regard que l'auteur porte sur lui-même à travers son récit, au phénomène du **souvenir**, au rapport entre le **temps des faits** et le **temps de l'écriture**, aux **buts** que l'écrivain fixe à son entreprise autobiographique.

Exercices

1 L'essai

1 Une argumentation

a. Quel sujet ce passage traite-t-il ?
b. Formulez en une phrase la thèse que réfute C. Lévi-Strauss. Où apparaît cette thèse ? Où les réfutations sont-elles exprimées explicitement ?
c. Pour récuser cette thèse, l'auteur utilise deux exemples à valeur d'arguments. Lesquels ? Quelle est leur différence ? Quelle phrase fait la synthèse de ces deux arguments ?

> Après qu'on a éliminé tous les critères proposés pour distinguer la barbarie de la civilisation, on aimerait au moins retenir celui-là : peuples avec ou sans écriture, les uns capables de cumuler les acquisitions anciennes et progressant de plus en plus vite vers le but qu'ils se sont assignés, tandis que les autres, impuissants à retenir le passé au-delà de cette frange que la mémoire individuelle suffit à fixer, resteraient prisonniers d'une histoire fluctuante à laquelle manqueraient toujours une origine et la conscience durable d'un projet.
> Pourtant, rien de ce que nous savons de l'écriture et de son rôle dans l'évolution ne justifie une telle conception. Une des phases les plus créatrices de l'histoire de l'humanité se place pendant l'avènement du néolithique : responsable de l'agriculture, de la domestication des animaux et d'autres arts. Pour y parvenir, il a fallu que, pendant des millénaires, de petites collectivités humaines observent, expérimentent et transmettent le fruit de leurs réflexions. Cette immense entreprise s'est déroulée avec une rigueur et une continuité attestées par le succès, alors que l'écriture était encore inconnue. [...] Inversement, depuis l'invention de l'écriture jusqu'à la naissance de la science moderne, le monde occidental a vécu quelque 5 000 années pendant lesquelles ses connaissances ont fluctué plus qu'elles ne se sont accrues. On a souvent remarqué qu'entre le genre de vie d'un citoyen grec ou romain et celui d'un bourgeois européen du XVIIIe siècle, il n'y avait pas grande différence. Au néolithique, l'humanité a accompli des pas de géant sans le secours de l'écriture ; avec elle, les civilisations historiques de l'Occident ont longtemps stagné. Sans doute concevrait-on mal l'épanouissement scientifique du XIXe et du XXe siècles sans écriture. Mais cette condition nécessaire n'est certainement pas suffisante pour l'expliquer.
>
> CLAUDE LÉVI-STRAUSS, *Tristes tropiques*, Éd. Plon, 1955

2 Une analyse

a. Distinguez les différents temps grammaticaux et soulignez les indices temporels. Sur quelle opposition l'extrait est-il construit ?
b. Quels sont les différents types de roman distingués dans ce texte ? Relevez et classez les termes qui caractérisent chacun de ces types.

> Le plus bel éloge que l'on pouvait faire autrefois d'un romancier était de dire : « Il a de l'imagination. » Aujourd'hui, cet éloge serait presque regardé comme une critique. C'est que toutes les conditions du roman ont changé. L'imagination n'est plus la qualité maîtresse du romancier. [...] J'insiste sur cette déchéance de l'imagination, parce que j'y vois la caractéristique même du roman moderne. Tant que le roman a été une récréation de l'esprit, un amusement auquel on ne demandait que de la grâce et de la verve, on comprend que la grande qualité était avant tout d'y montrer une invention abondante. Même quand le roman historique et le roman à thèse[1] sont venus, c'était encore l'imagination qui régnait toute-puissante, pour évoquer les temps disparus ou pour heurter comme des arguments des personnages bâtis selon les besoins du plaidoyer. Avec le roman naturaliste, le roman d'observation et d'analyse, les conditions changent aussitôt. Le romancier invente bien encore ; il invente un plan, un drame ; seulement, c'est un bout de drame, la première histoire venue, et que la vie quotidienne lui fournit toujours. Puis, dans l'économie de l'œuvre, cela n'a plus qu'une importance très mince. Les faits ne sont là que comme les développements logiques des personnes. La grande affaire est de mettre debout des créatures vivantes, jouant devant les lecteurs la comédie humaine avec le plus de naturel possible. Tous les efforts de l'écrivain tendent à cacher l'imaginaire sous le réel.
>
> ÉMILE ZOLA, *Du roman*, 1880

1. Écrit pour défendre une cause.

*Lire et comprendre **un texte***

Exercices

2 Le pamphlet

3 L'accusation

a. Quelles sont les différentes cibles visées ?
b. À quel mode la plupart des verbes sont-ils employés ? Quelle est la valeur de ce mode ici ?
c. À qui Victor Hugo s'adresse-t-il ? Quels indices permettent de le déterminer ?
d. En observant le type de phrases utilisé, leur longueur, leur rythme et la ponctuation (*Savez-vous ... honte*), dégagez la tonalité du texte.

> Démontez-moi cette vieille échelle boiteuse des crimes et des peines, et refaites-la. Refaites votre pénalité, refaites vos codes, refaites vos prisons, refaites vos juges. Remettez les lois au pas des mœurs.
> Messieurs, il se coupe trop de têtes par an en France. Puisque vous êtes en train de faire des économies, faites-en là-dessus.
> Puisque vous êtes en verve de suppressions, supprimez le bourreau. Avec la solde de vos quatre-vingts bourreaux, vous payerez six cents maîtres d'école.
> Songez au gros du peuple. Des écoles pour les enfants, des ateliers pour les hommes.
> Savez-vous que la France est un des pays de l'Europe où il y a le moins de natifs qui sachent lire ! Quoi ! La Suisse sait lire, la Belgique sait lire, le Danemark sait lire, la Grèce sait lire, l'Irlande sait lire, et la France ne sait pas lire ? c'est une honte.
>
> Victor Hugo, *Claude Gueux*

4 L'étonnement

a. Relevez les mots qui appartiennent au champ lexical de l'étrangeté. À propos de qui l'auteur les emploie-t-il ? Dans quel but ?
b. Dans ce contexte, quel rôle l'auteur donne-t-il aux lignes 18 à 24 ? Analysez l'effet comique.
c. Relevez les termes les plus violents. Dans quelle partie du texte apparaissent-ils ?

> Une chose m'étonne prodigieusement – j'oserai dire qu'elle me stupéfie – c'est qu'à l'heure scientifique où j'écris, après les innombrables expériences, après les scandales journaliers, il puisse exister encore dans notre chère France (comme ils disent à la Commission du budget) un électeur, un seul électeur, cet animal irrationnel, inorganique, hallucinant, qui consente à se déranger de ses affaires, de ses rêves ou de ses plaisirs, pour voter en faveur de quelqu'un ou de quelque chose. Quand on réfléchit un seul instant, ce surprenant phénomène n'est-il pas fait pour dérouter les philosophes les plus subtils et confondre la raison ? Où est-il le Balzac qui nous donnera la physiologie de l'électeur moderne ? et le Charcot[1] qui nous expliquera l'anatomie et les mentalités de cet incurable dément ? Nous l'attendons.
> Je comprends qu'un escroc trouve toujours des actionnaires, la Censure des défenseurs, l'Opéra-Comique des *dilettanti*, le Constitutionnel[2] des abonnés, M. Carnot[3] des peintres qui célèbrent sa triomphale et rigide entrée dans une cité languedocienne ; je comprends M. Chantavoine[4] s'obstinant à chercher des rimes ; je comprends tout. Mais qu'un député, ou un sénateur, ou un président de République, ou n'importe lequel parmi tous les étranges farceurs qui réclament une fonction élective, quelle qu'elle soit, trouve un électeur, c'est-à-dire l'être irrévé, le martyr improbable, qui vous nourrit de son pain, vous vêt de sa laine, vous engraisse de sa chair, vous enrichit de son argent, avec la seule perspective de recevoir, en échange de ces prodigalités, des coups de trique sur la nuque, des coups de pied au derrière, quand ce n'est pas des coups de fusil dans la poitrine ; en vérité, cela dépasse les notions déjà pas mal pessimistes que je m'étais faites jusqu'ici de la sottise humaine, en général, et de la sottise française en particulier. [...]
>
> Octave Mirbeau, *Le Figaro*, mercredi 28 novembre 1888
> In Octave Mirbeau, *Combats politiques*, Édition établie et présentée par P. Michel et J.-F. Niver, Librairie Séguier, 1990

1. Professeur de médecine. 2. Un journal. 3. Président de la République de 1887 à 1894. 4. Poète médiocre, aujourd'hui totalement oublié.

Exercices

3 La lettre

5 Le prétexte

a. Quelle information est à l'origine de cette lettre ? À partir de là, quels sont les autres sujets abordés ?
b. Formulez en une phrase chacune des réflexions philosophiques présentes implicitement.
c. De quel façon Voltaire passe-t-il d'une idée à l'autre ? Analysez l'effet produit.

> À Madame Necker[1].
> Ferney, 19 juin 1770
> Quand les gens de mon village ont vu Pigalle[2] déployer quelques instruments de son art : Tiens, tiens, disaient-ils, on va le disséquer ; cela sera drôle. C'est ainsi, madame, vous le savez, que tout spectacle amuse les hommes ; on va également aux marionnettes, au feu de la Saint-Jean, à l'Opéra-Comique, à la grand'messe, à un enterrement. Ma statue fera sourire quelques philosophes, et renfrognera les sourcils éprouvés de quelque coquin d'hypocrite ou de quelque polisson de folliculaire[3] : vanité des vanités[4] !
> Mais tout n'est pas vanité ; ma tendre reconnaissance pour mes amis et surtout pour vous, madame, n'est pas vanité.
> Mille tendres obéissances à M. Necker.
>
> 1. Femme du banquier Necker, qui fut plus tard Ministre des Finances. 2. Le célèbre sculpteur était venu faire la statue de Voltaire alors âgé de 76 ans. 3. Mot inventé par Voltaire : journaliste médiocre. 4. Phrase de la Bible, exprimant le vide, la fragilité des choses de ce monde.

6 L'épanchement

a. À qui cette lettre est-elle adressée ? Que nous apprend-elle sur les relations entre les correspondants ?
b. Dans quel contexte historique cette lettre a-t-elle été écrite ? Où ce contexte apparaît-il dans la lettre ? Quels sont les autres sujets abordés ? Occupent-ils une place égale ?
c. Observez les verbes à la première personne. Que nous révèlent-ils sur celui qui écrit ? Quelles sont les autres opinions qui transparaissent implicitement ?

Gustave Flaubert à George Sand

Croisset (22 juillet 1870), vendredi soir

> Que devenez-vous, chère maître, vous et les vôtres ? Moi, je suis écœuré, navré, par la bêtise de mes compatriotes. L'irrémédiable barbarie de l'Humanité m'emplit d'une tristesse noire. Cet enthousiasme, qui n'a pour mobile aucune idée, me donne envie de crever pour ne plus le voir.
> Le bon Français veut se battre[1] 1e parce qu'il est jaloux de la Prusse, 2e parce que l'état naturel de l'homme est la sauvagerie, 3e parce que la guerre contient en soi un élément mystique, qui transporte les foules.
> En sommes-nous revenus aux guerres de races ? j'en ai peur. L'effroyable boucherie qui se prépare n'a pas même un prétexte. C'est l'envie de se battre pour se battre.
> Je pleure les ponts coupés, les tunnels défoncés, tout ce travail humain perdu, enfin une négation si radicale.
> Le congrès de la Paix[2] a tort, pour le moment. La civilisation me paraît loin ? Hobbes avait raison : « Homo homini lupus[3] ».
> Le bourgeois d'ici ne tient plus. Il trouve que la Prusse était trop insolente et veut « se venger ». Vous avez vu qu'un monsieur a proposé à la Chambre le pillage du duché de Bade ! Ah ! que ne puis-je vivre chez les Bédouins !
> J'ai commencé *Saint-Antoine*[4]. Et ça marcherait peut-être assez bien si je ne pensais pas à la guerre.
> Et vous ?
> Ma mère est à Dieppe chez Caroline. Je suis seul à Croisset, pour longtemps. Il y fait une jolie petite chaleur. Mais je barbotte dans la Seine comme un marsouin.
> Et je vous embrasse très fort, chère bon maître.
>
> GVE FLAUBERT
>
> *Correspondance Flaubert-Sand*, Éd. Flammarion, 1981
>
> 1. Le 19 juillet 1870, la France avait déclaré la guerre à la Prusse. 2. Ce congrès, réuni en 1869, avait proposé une « organisation fédérale de l'Europe ». 3. « L'homme est un loup pour l'homme ». 4. *La tentation de Saint Antoine*, œuvre de Flaubert.

Exercices

4 L'autobiographie

7 Réflexion sur le Temps

a. L'auteur parle ici de son autobiographie. Quels sont les termes qui font référence explicitement à son œuvre et à l'acte d'écrire ?
b. Sur quelle opposition le texte est-il construit ? Relevez les mots qui forment une antithèse.
c. Montrez que pour Chateaubriand l'autobiographie parvient à annuler cette opposition. Relevez les termes qui expriment la fusion et la confusion.

> Ces *Mémoires* ont été composés à différentes dates et en différents pays. De là, des prologues obligés qui peignent les lieux que j'avais sous les yeux, les sentiments qui m'occupaient au moment où se renoue le fil de ma narration. Les formes changeantes de ma vie sont ainsi entrées les unes dans les autres : il m'est arrivé que dans mes instants de prospérité, j'ai eu à parler de mes temps de misère ; dans mes jours de tribulations, à retracer mes jours de bonheur. Ma jeunesse pénétrant dans ma vieillesse, la gravité de mes années d'expérience attristant mes années légères, les rayons de mon soleil, depuis son aurore jusqu'à son couchant, se croisant et se confondant, ont produit dans mes récits une sorte de confusion, ou si l'on veut, une sorte d'unité indéfinissable ; mon berceau a de ma tombe, ma tombe a de mon berceau : mes souffrances deviennent des plaisirs, mes plaisirs des douleurs, et je ne sais plus en achevant de lire ces *Mémoires*, s'ils sont d'une tête brune ou chenue.
>
> CHATEAUBRIAND, Avant-Propos aux *Mémoires d'Outre-Tombe*

8 Mise au point

a. Quel est le thème principal de cet extrait ? Quel autre sujet est abordé dans les premières lignes ? Que nous apprend-il sur l'écrivain ?
b. Quelles sont les différentes périodes de la vie de Stendhal présentes dans cette extrait (précisément datées ou simplement évoquées) ?
c. D'après ce texte, dégagez les fonctions que l'auteur donne à l'autobiographie.

> *Stendhal vient de parler de son intérêt pour la musique.*
>
> Tel j'étais pour la musique en 1799. Le hasard a fait que j'ai cherché à noter les sons de mon âme par des pages imprimées. La paresse et le manque d'occasion d'apprendre le physique, le bête de la musique, à savoir jouer du piano et noter mes idées, ont beaucoup de part à cette détermination qui eût été tout autre, si j'eusse trouvé un oncle ou une maîtresse amants de la musique. Quant à la passion, elle est restée entière.
>
> Je ferais dix lieues à pied par la crotte, la chose que je déteste le plus au monde, pour assister à une représentation de *Don Juan* bien joué. Si l'on prononce un mot italien de *Don Juan*[1], sur-le-champ le souvenir tendre de la musique me revient et s'empare de moi.
>
> Je n'ai qu'une objection mais peu intelligible ; la musique me plaît-elle comme *signe*, comme souvenir du bonheur de la jeunesse, ou *par elle-même* ?
>
> Je suis pour ce dernier avis. *Don Juan* me charmait avant d'entendre Bonoldi[2] s'écrier (à la Scala, à Milan) par sa petite fenêtre :
>
> > *Falle passar avanti,*
> > *Di che ci fanno onor ?*
>
> Mais ce sujet est délicat, j'y reviendrai quand je m'engouffrerai dans les discussions sur les arts pendant mon séjour à Milan si passionné et je puis dire au total la *fleur de ma vie* de 1814 à 1821.
>
> STENDHAL, *Vie de Henri Brulard*
>
> 1. *Don Giovanni*, opéra de Mozart. Le livret de Da Ponte est en italien. 2. Ténor de la Scala, l'Opéra de Milan.

Honoré Daumier (1808-1879). *Ai-je besoin d'éloquence...* (gravure) - Musée Carnavalet, Paris -

Partie 3

Préparer *l'oral* du Bac

CHAPITRE 23

La lecture méthodique

Lecture et analyse

Définition de l'épreuve

Instructions officielles B.O. n° 10 – 28 juillet 1994
Durée : 20 minutes
Temps de préparation : 20 minutes

Étude de texte littéraire, suivie d'un entretien
L'épreuve orale comporte deux parties.

1 – **La lecture méthodique** d'un court passage (une quinzaine de vers ou une quinzaine de lignes de prose) tiré de la liste d'œuvres et de textes présentés par le candidat. Il peut s'agir de tout ou partie de l'un des textes réunis dans le cadre d'un groupement, ou d'un passage, quel qu'il soit, d'une des œuvres intégrales étudiées. Le candidat lit le texte à haute voix. Il l'examine méthodiquement. Il propose, en se fondant sur des remarques précises, un jugement motivé sur ce qui en constitue à ses yeux l'intérêt.

➢ CHAPITRE 23

2 – **Un entretien**, qui permet à l'examinateur d'élargir l'interrogation dans la perspective du groupement de textes ou de l'œuvre intégrale dont le texte étudié est extrait.

➢ CHAPITRE 24

Vanité et faiblesse

À peine oserais-je dire la vanité[1] et la faiblesse que je trouve chez moi. J'ai le pied si instable et si mal assis, je le trouve si aisé à crouler[2] et si prêt au branle[3], et ma vue si déréglée, qu'à jeun je me sens autre qu'après le repas ; si ma santé me rit et la clarté d'un beau jour, me voilà honnête homme ; si j'ai un cor qui me presse l'orteil, me voilà renfrogné, mal plaisant et inaccessible. Un même pas de cheval me semble tantôt rude, tantôt aisé ; et même chemin à cette heure plus court, une autre fois plus long ; et une même forme ores[4] plus, ores moins agréable. Maintenant je suis à[5] tout faire, maintenant à rien faire ; ce qui m'est plaisir à cette heure me sera quelquefois peine. Il se fait mille agitations indiscrètes et casuelles[6] chez moi ; ou l'humeur mélancolique me tient, ou la colérique, et, de son autorité privée, à cette heure le chagrin prédomine en moi, à cette heure l'allégresse.

MONTAIGNE, *Essais, II, 12*, « Apologie de Raymond Sebond », (Orthographe modernisée).

1. Fragilité. 2. Vaciller. 3. Facile à ébranler. 4. Tantôt. 5. Je suis bon à... 6. Accidentelles et imprévues.

La peinture de l'instabilité

Premier axe de lecture méthodique : l'expression de la diversité

▶ **Les indications temporelles.**
Le texte fait apparaître une grande variété d'**adverbes** répétés par groupes de deux : *tantôt/tantôt, ores/ores, maintenant/maintenant, ou/ou, à cette heure/à cette heure*. On peut associer à ce schéma la **particule démonstrative** à valeur temporelle *me voilà/me voilà* (l. 4-5). D'autres parallélismes enfin s'ajoutent à cette **structure binaire** : *à cette heure/une autre fois, à cette heure/quelquefois.*

▶ **Une image du temps.**
Tous ces couples de mots ont pour **point commun** d'exprimer le temps. Mais quel temps ? Un temps stable et durable ? L'observation précise de ces formes amène à constater qu'elles traduisent la succession, le balancement, le va-et-vient d'un état à l'autre. À travers ces **répétitions** et ces **parallélismes**, s'expriment **l'instabilité**, le caractère fugitif, insaisissable d'un état ou d'un sentiment.

▶ **Une image de l'homme.**
Ces repérages permettent alors de proposer une interprétation fondée : à l'aide de ses expériences les plus personnelles, Montaigne donne ici une certaine image de l'homme : il le peint en **perpétuel changement** ; il souligne le mouvement qui l'anime. L'Homme est multiple et divers. En présentant cette image, le texte met en œuvre la fonction que Montaigne attribuait lui-même à son écriture : *Je ne peins pas l'être. Je peins le passage : non un passage d'âge en autre [...] mais de jour en jour, de minute en minute (Essais, III, 2).*

Deuxième axe de lecture méthodique : l'expression de la contradiction

▶ **Le lexique.**
L'observation du vocabulaire permet de distinguer de très nombreux termes **antithétiques**. On peut facilement classer ces oppositions selon qu'elles désignent :
– une **situation** *(à jeun/après le repas, tout faire/rien faire)* ;
– une **attitude morale** *(honnête homme/renfrogné, mal plaisant, inaccessible)* ;
– une **appréciation** *(rude/aisé, plus court/plus long, plaisir/peine)* ;
– un **état psychologique** *(mélancolique/colérique, chagrin/allégresse).*
Toutes mettent en évidence une succession d'états contradictoires.

▶ **La fragilité de l'homme.**
De ces termes antinomiques, se dégage la ligne de force du projet de Montaigne : donner l'image d'un **homme multiple**, jouet de tendances diverses et contraires. On peut alors interpréter le sens profond de ce passage. L'homme y est présenté comme un être **incohérent**, dont on ne peut rien savoir avec certitude. Une telle vision exprime la fragilité de l'homme et répond au scepticisme de Montaigne.

Leçon

1. Lire méthodiquement un texte

Définition de l'épreuve

▶ **L'exercice oral** de la lecture méthodique consiste à étudier un texte **en organisant méthodiquement** ses analyses à partir des caractères originaux du texte.

▶ La lecture méthodique ne prétend pas tout dire sur le texte : elle choisit des perspectives, **des axes de lecture** à partir de l'observation attentive et réfléchie **des formes mises en œuvre** dans le texte. C'est « une explication de texte consciente de ses démarches et de ses choix » *(Instructions officielles).*

On pourra fonder l'analyse d'un texte narratif sur l'étude du point de vue. Le relevé des indices pertinents pour déterminer le « point de vue » narratif fournira une « entrée » dans le texte.

▶ À partir de là, on pourra formuler **des hypothèses de lecture** qui permettront de construire peu à peu une signification du texte.

On définira le rapport qu'entretient le personnage avec ce qui l'entoure, ou bien on fera apparaître le lien qui s'établit entre le narrateur et le lecteur.

Les outils d'analyse

▶ Comme les axes de lecture doivent être dégagés des traits spécifiques du texte, les outils nécessaires à l'analyse sont fournis par les caractéristiques formelles de l'extrait envisagé.
Voici quelques exemples de ces caractéristiques, et les chapitres où elles sont étudiées :

Caractéristiques formelles pouvant servir d'outils d'analyse	Chapitre
le genre, le type de texte et les critères qui s'y attachent	4
l'emploi de champs lexicaux	7
le système de l'énonciation	10
le rapport entre le texte et son titre	5
la structure : schéma narratif, circuit argumentatif	14-16
les images et les métaphores	11
les modes et les temps	9
le système interrogatif	8
les paroles rapportées	10
la focalisation	14

▶ En fonction du texte à analyser, certains outils seront plus pertinents que d'autres. Certains textes **imposent** certaines questions.

S'il s'agit d'un texte argumentatif, on s'intéressera en priorité à l'énonciation, aux champs lexicaux, à la valeur appréciative du vocabulaire, et aux connecteurs logiques.

➤ EXERCICES 1, 2

2. La démarche à mettre en œuvre

Les repérages nécessaires

▶ La première approche de la lecture méthodique consiste à observer le texte et à repérer **les traits spécifiques de son écriture.** Ces repérages serviront à déterminer les instruments d'analyse appropriés.

Si le texte est un dialogue, on relève les marques distinctives du dialogue : style direct ou indirect, propositions incises (s'il s'agit d'un dialogue dans le récit) ; prises de parole, didascalies (s'il s'agit d'un dialogue théâtral). On répond aux questions : qui parle ? à qui ? qui ne parle pas ?

▶ Dans un deuxième temps, **on organise** ces relevés dans des ensembles signifiants. On établit des **classements**, des **rapprochements**.

Le relevé des prises de parole peut faire apparaître des répliques de longueur différente : on les compare sur ce plan. On peut également les distinguer selon d'autres critères : l'emploi de la forme interrogative, ou du mode impératif.

▶ Ces groupements permettent de dégager les constantes, les **lignes de force** qui donnent sens au texte.

Construire une signification du texte

▶ C'est l'étape de l'approfondissement et de l'interprétation. À partir des indices relevés dans le texte, il devient possible d'émettre des **hypothèses de lecture** à l'aide de **questionnements simples**.

Pourquoi tel personnage parle-t-il plus que les autres ? Qui parle le premier ? Qui mène le dialogue ? Qui interroge et qui répond ?

Préparer l'oral du Bac

Leçon

▶ Grâce à ces questionnements, l'outil d'analyse (dans l'exemple proposé, il s'agit de l'étude des prises de parole dans le dialogue) guide vers un sens du texte. Les perspectives se précisent. Les analyses vont nous permettre de proposer une interprétation d'ensemble.

On peut déduire de l'échange de paroles un certain type de relation entre les interlocuteurs. On peut interpréter le rôle que chacun donne au langage. On peut déterminer leur fonction dans l'intrigue, romanesque ou dramatique, selon le type de dialogue étudié.

▶ La lecture méthodique, on le voit, organise ses analyses suivant des perspectives que lui suggère le texte lui-même. Le travail de **découverte** et d'« **entrée** » **progressive dans le texte** jusqu'à son interprétation ne doit pas être considéré comme un « brouillon » préparatoire. Au contraire, c'est précisément cette démarche d'**exploration raisonnée** et ordonnée qui doit être présentée avec clarté au cours de l'épreuve.

➤ Exercices 3 à 6

3 Le déroulement de l'épreuve

Dans l'ensemble de l'épreuve orale (étude du texte littéraire suivie d'un entretien), l'étude du texte occupe une dizaine de minutes. Le candidat présente oralement son travail suivant quatre étapes.

▶ **L'introduction :**
Elle situe le texte (siècle, auteur, œuvre, contexte immédiat), précise les caractères du texte (genre auquel il appartient, thème général, intérêts successifs qui s'y développent), et indique les axes qui vont être suivis pour l'analyse.

▶ **La lecture du texte à haute voix :**
On doit lui accorder de l'importance. Bien lire un texte, c'est déjà lui donner sens.

▶ **L'analyse méthodique du texte :**
Elle rend compte des repérages ; elle suit les axes de lecture annoncés dans l'introduction ; elle justifie les choix qui ont été faits en rappelant le projet de lecture qui la guide.

▶ **La conclusion :**
Elle fait la synthèse de l'étude qui a été menée et propose une ouverture sur le groupement de textes ou l'œuvre complète dont le passage fait partie.

➤ Exercices 7, 8

Sur quels critères serez-vous évalué ?

▶ **La lecture méthodique** est une explication raisonnée et ordonnée d'un texte, qui prend en compte les **procédés spécifiques de l'écriture** du texte pour conduire ses analyses.

▶ **Les étapes** de la lecture méthodique sont : le **repérage** des faits de langue, des procédés expressifs, des traits spécifiques du texte ; le **relevé** et le **classement** de ces formes ; l'élaboration d'**axes de lecture** à partir de **questionnements** sur le texte ; l'**interprétation** du texte fondée sur les analyses qui ont été effectuées.

▶ Pendant l'épreuve orale, le candidat dispose d'une dizaine de minutes pour présenter l'**introduction** de son analyse, **la lecture à haute voix** du passage, l'**analyse méthodique** du texte suivant les axes choisis, **la conclusion** de son étude.

Exercices

1. Lire méthodiquement un texte

1. Choisir les outils d'analyse

a. Ce poème est construit sur une opposition. Laquelle ?
b. De quel outil d'analyse allez-vous vous servir pour l'étudier ? Aidez-vous du tableau p. 210. Faites les relevés nécessaires.

De l'amour du siècle antique

Au bon vieux temps un train d'amour[1] régnait,
Qui sans grand art et dons se démenait[2],
Si[3] qu'un bouquet donné d'amour profonde,
C'était donné toute la terre ronde,
Car seulement au cœur on se prenait.

Et si, par cas[4], à jouir on venait,
Savez-vous bien comme on s'entretenait[5] ?
Vingt ans, trente ans, cela durait un monde
    Au bon vieux temps.

Or est perdu ce qu'amour ordonnait :
Rien que pleurs feints, rien que changes[6] on n'oit[7].
Qui voudra donc qu'à aimer je me fonde,
Il faut premier[8] que l'amour on refonde,
Et qu'on la mène ainsi qu'on la menait
    Au bon vieux temps.

CLÉMENT MAROT, *Œuvres poétiques*, XXXII, (orthographe modernisée)

1. Manière d'aimer. 2. Se pratiquait. 3. Si bien que. 4. Éventuellement. 5. Combien de temps on restait amoureux. 6. Changements, infidélités. 7. On n'entend. 8. Premièrement.

2. Une « entrée » dans le texte

a. Quelle caractéristique formelle présente ce texte ? Sur quel effet est-il construit ?
b. Faites les relevés nécessaires, et classez les termes précisément.

Mlle Dufour essayait de se balancer debout, toute seule, sans parvenir à se donner un élan suffisant. C'était une belle fille de dix-huit à vingt ans ; une de ces femmes dont la rencontre dans la rue vous fouette d'un désir subit, et vous laisse jusqu'à la nuit une inquiétude vague et un soulèvement des sens. Grande, mince de taille et large des hanches, elle avait la peau très brune, les yeux très grands, les cheveux très noirs. Sa robe dessinait nettement les plénitudes fermes de sa chair qu'accentuaient encore les efforts des reins qu'elle faisait pour s'enlever. Ses bras tendus tenaient les cordes au-dessus de sa tête, de sorte que sa poitrine se dressait, sans une secousse, à chaque impulsion qu'elle donnait. Son chapeau, emporté par un coup de vent, était tombé derrière elle ; et l'escarpolette[1] peu à peu se lançait, montrant à chaque retour ses jambes fines jusqu'au genou, et jetant à la figure des deux hommes, qui la regardaient en riant, l'air de ses jupes, plus capiteux que les vapeurs du vin.

Assise sur l'autre balançoire, Mme Dufour gémissait d'une façon monotone et continue : « Cyprien, viens me pousser ; viens donc me pousser, Cyprien ! » À la fin, il y alla et, ayant retroussé les manches de sa chemise, comme avant d'entreprendre un travail, il mit sa femme en mouvement avec une peine infinie.

Cramponnée aux cordes, elle tenait ses jambes droites, pour ne point rencontrer le sol, et elle jouissait d'être étourdie par le va-et-vient de la machine. Ses formes, secouées, tremblotaient continuellement comme de la gelée sur un plat. Mais, comme les élans grandissaient, elle fut prise de vertige et de peur. À chaque descente, elle poussait un cri perçant qui faisait accourir tous les gamins du pays ; et là-bas, devant elle, au-dessus de la haie du jardin, elle apercevait vaguement une garniture de têtes polissonnes que des rires faisaient grimacer diversement.

GUY DE MAUPASSANT, *Une partie de campagne*

1. Balançoire.

2. La démarche à mettre en œuvre

3. Du repérage à l'interprétation

a. Quelle particularité stylistique présente ce texte ? Observez la ponctuation, la structure des phrases, le type de phrases employé.
b. Que pouvez-vous déduire de ces observations sur :
– l'état dans lequel se trouve le personnage ;
– le moment où se situe l'extrait dans la pièce ?

Exercices

LE COMTE, *seul, marche en rêvant.*

J'ai fait une gaucherie en éloignant Bazile !... la colère n'est bonne à rien. — Ce billet, remis par lui, qui m'avertit d'une entreprise[1] sur la Comtesse... ; la camariste[2] enfermée quand j'arrive... ; la maîtresse affectée d'une terreur fausse ou vraie... ; un homme qui saute par la fenêtre et l'autre après qui avoue... ou qui prétend que c'est lui... Le fil m'échappe. Il y a là-dedans une obscurité !... Des libertés chez mes vassaux, qu'importe à gens de cette étoffe ? Mais la Comtesse ! Si quelque insolent attentait... Où m'égaré-je ? En vérité, quand la tête se monte, l'imagination la mieux réglée devient folle comme un rêve ! — Elle s'amusait : ces ris étouffés, cette joie mal éteinte ! — Elle se respecte ; et mon honneur... où diable on l'a placé ! De l'autre part, où suis-je ? Cette friponne de Suzanne a-t-elle trahi mon secret ?[3] Comme il n'est pas encore le sien... Qui donc m'enchaîne à cette fantaisie ? J'ai voulu vingt fois y renoncer... Étrange effet de l'irrésolution ! Si je la voulais sans débat, je la désirerais mille fois moins.

BEAUMARCHAIS, *Le mariage de Figaro*, III, 4

1. Tentative de séduction. 2. La femme de chambre, Suzanne.
3. Le comte cherche à séduire Suzanne.

4 Les hypothèses de lecture

a. Observez la progression du texte phrase par phrase. Faites le relevé des différentes étapes.
b. Relevez les mots employés comme synonymes de « loger », « habiter », ainsi que le vocabulaire qui décrit ces habitations. Classez-les.
c. En tenant compte de ces observations, quelles hypothèses pouvez-vous formuler à partir des questions suivantes : quelles sont les relations au sein de la famille ? quel regard le narrateur porte-t-il sur le cadre où s'est déroulé son enfance ?

> Le calme morne du château de Combourg était augmenté par l'humeur taciturne et insociable de mon père. Au lieu de resserrer sa famille et ses gens autour de lui, il les avait dispersés à toutes les aires[1] de vent de l'édifice. Sa chambre à coucher était placée dans la petite tour de l'est, et son cabinet dans la petite tour de l'ouest. Les meubles de ce cabinet consistaient en trois chaises de cuir noir et une table couverte de titres et de parchemins. Un arbre généalogique de la famille des Chateaubriand tapissait le manteau de la cheminée, et dans l'embrasure d'une fenêtre on voyait toutes sortes d'armes depuis le pistolet jusqu'à l'espingole. L'appartement de ma mère régnait au-dessus de la grand'salle, entre les deux petites tours : il était parqueté et orné de glaces de Venise à facettes. Ma sœur habitait un cabinet dépendant de l'appartement de ma mère. La femme de chambre couchait loin de là, dans le corps de logis des grandes tours. Moi, j'étais niché dans une espèce de cellule isolée, au haut de la tourelle de l'escalier qui communiquait de la cour intérieure aux diverses parties du château. Au bas de cet escalier, le valet de chambre de mon père et le domestique gisaient dans des caveaux voûtés, et la cuisinière tenait garnison dans la grosse tour de l'ouest.

FRANÇOIS-RENÉ DE CHATEAUBRIAND, *Mémoires d'outre-tombe*, Livre III, Ch. 3

1. Espaces, zones.

5 Découvrir un axe de lecture

Déterminez un axe de lecture pertinent pour analyser ce court passage.
Pour cela, identifiez et analysez le procédé de style utilisé.

N'importe où hors du monde

> Cette vie est un hôpital où chaque malade est possédé du désir de changer de lit. Celui-ci voudrait souffrir en face du poêle, et celui-là croit qu'il guérirait à côté de la fenêtre. Il me semble que je serais toujours bien là où je ne suis pas et cette question de déménagement en est une que je discute sans cesse avec mon âme.

CHARLES BAUDELAIRE, *Le Spleen de Paris*

6 Vers la construction du sens

a. Analysez dans cet extrait le système interrogatif : relevez les interrogations directes et indirectes.
b. Lequel des deux personnages pose les questions et s'interroge ? Que fait l'autre ?
c. À partir de ces observations, analysez méthodiquement le texte en suivant ces deux axes :
1. le déséquilibre du dialogue ;
2. l'« étrangeté » du personnage de Meursault.

Le soir, Marie est venue me chercher et m'a demandé si je[1] voulais me marier avec elle. J'ai dit que cela m'était égal et que nous pourrions le faire si elle le voulait. Elle a voulu savoir alors si je l'aimais. J'ai répondu comme je l'avais déjà fait une fois, que cela ne signifiait rien mais que sans doute je ne l'aimais pas. « Pourquoi m'épouser alors ? » a-t-elle dit. Je lui ai expliqué que cela n'avait aucune importance et que si elle le désirait, nous pouvions nous marier. D'ailleurs, c'était elle qui le demandait et moi je me contentais de dire oui. Elle a observé alors que le mariage était une chose grave. J'ai répondu : « Non. » Elle s'est tue un moment et elle m'a regardé en silence. Puis elle a parlé. Elle voulait simplement savoir si j'aurais accepté la même proposition venant d'une autre femme, à qui je serais attaché de la même façon. J'ai dit : « Naturellement. » Elle s'est demandé alors si elle m'aimait et moi, je ne pouvais rien savoir sur ce point. Après un autre moment de silence, elle a murmuré que j'étais bizarre, qu'elle m'aimait sans doute à cause de cela mais que peut-être un jour je la dégoûterais pour les mêmes raisons. Comme je me taisais, n'ayant rien à ajouter, elle m'a pris le bras en souriant et elle a déclaré qu'elle voulait se marier avec moi. J'ai répondu que nous le ferions dès qu'elle le voudrait.

ALBERT CAMUS, *L'Étranger*, 1re partie, Ch. 5, Éd. Gallimard
1. Le personnage principal, Meursault.

7 Élaborer une lecture méthodique

a. Relevez les mots qui constituent le champ lexical de la violence et de la destruction.
b. Relevez les éléments du texte (lexique, modes et temps des verbes, présentatifs) qui actualisent la vision d'Andromaque.
c. Relevez une figure d'insistance qui intervient à trois reprises dans le texte. À partir de ces repérages, élaborez une lecture méthodique en suivant ces deux axes :
1. l'obsession du souvenir ;
2. la situation tragique.

Pyrrhus veut persuader sa captive Andromaque de l'épouser. Mais celle-ci refuse le mariage avec son ennemi, meurtrier de son époux Hector. Devant sa confidente Céphise qui la pousse à épouser Pyrrhus, elle se remémore la défaite de Troie, sa ville.

ANDROMAQUE
Dois-je les oublier, s'il ne s'en souvient plus ?
Dois-je oublier Hector privé de funérailles,
Et traîné sans honneur autour de nos murailles ?
Dois-je oublier son père à mes pieds renversé,
Ensanglantant l'autel qu'il tenait embrassé ?
Songe, songe, Céphise, à cette nuit cruelle
Qui fut pour tout un peuple une nuit éternelle.
Figure-toi Pyrrhus, les yeux étincelants,
Entrant à la lueur de nos palais brûlants,
Sur tous mes frères morts se faisant un passage,
Et de sang tout couvert échauffant le carnage.
Songe aux cris des vainqueurs, songe aux cris des
[mourants,
Dans la flamme étouffés, sous le fer expirants.
Peins-toi dans ces horreurs Andromaque éperdue :
Voilà comme Pyrrhus vint s'offrir à ma vue ;
Voilà par quels exploits[1] il sut se couronner ;
Enfin voilà l'époux que tu me veux donner.
Non, je ne serai point complice de ses crimes ;
Qu'il nous[2] prenne, s'il veut, pour dernières
[victimes.
Tous mes ressentiments lui seraient asservis.

JEAN RACINE, *Andromaque*, Acte III, Scène 8
1. Il s'agit des exploits guerriers de Pyrrhus, vainqueur de Troie. 2. Andromaque et le fils qu'elle a eu d'Hector, le petit Astyanax.

3 Le déroulement de l'épreuve

8 L'introduction

Mettez au point une introduction à la lecture méthodique du texte de Montaigne (p. 208). Rassemblez des informations sur l'auteur, sur l'œuvre des *Essais* et annoncez les axes suivis pour l'analyse.

9 La lecture à haute voix

Entraînez-vous à lire à haute voix :
a. l'extrait d'Andromaque (➤ EXERCICE 7) ;
b. le sonnet de Verlaine (➤ BILAN).
Vous serez particulièrement attentif aux [e] qui se prononcent et à ceux qui s'élident ; et, pour le poème de Verlaine, à la diérèse (vers 14 : *inflexi-on*).

Exercices

Bilan

Faites une lecture méthodique de ce poème en prenant pour idée directrice le titre du poème. Vous construirez vos axes de lecture sur la valeur sémantique des deux mots : *rêve* et *familier*.

Premier axe : « le rêve »

1. Le rêve : le songe
a. Relevez et analysez les mots qui évoquent le domaine du songe.
b. Relevez et analysez les structures qui expriment l'hésitation.
c. Relevez et analysez les tournures qui traduisent l'incertitude.

2. Le rêve : l'idéal
a. Relevez et analysez les expressions mises en valeur par les pronoms, les répétitions et les anaphores.
b. Relevez et analysez les adjectifs valorisants.

3. À partir de ces relevés et de ces classements, proposez une interprétation de ce que représente la femme pour Verlaine.

Deuxième axe : « familier »

1. Familier : intime
a. Relevez et analysez les pronoms qui désignent le moi personnel.
b. Relevez et analysez les scènes et les images de la vie intime.
c. Relevez et analysez les sonorités apaisantes.

2. Familier : habituel
a. Relevez et analysez les mots et les structures qui soulignent la fréquence.
b. Relevez et analysez les procédés de répétition et d'insistance.
c. Relevez et analysez les accents et les sonorités récurrentes.

3. À partir de ces relevés et de ces classements, proposez une interprétation sur le rôle de l'écriture poétique pour Verlaine.

Mon rêve familier

Je fais souvent ce rêve étrange et pénétrant
D'une femme inconnue, et que j'aime, et qui m'aime,
Et qui n'est, chaque fois, ni tout à fait la même
Ni tout à fait une autre, et m'aime et me comprend.

Car elle me comprend, et mon cœur, transparent
Pour elle seule hélas ! cesse d'être un problème
Pour elle seule, et les moiteurs de mon front blême,
Elle seule les sait rafraîchir, en pleurant.

Est-elle brune, blonde ou rousse ? — Je l'ignore.
Son nom ? Je me souviens qu'il est doux et sonore
Comme ceux des aimés que la Vie exila.

Son regard est pareil au regard des statues,
Et, pour sa voix, lointaine, et calme, et grave, elle a
L'inflexion des voix chères qui se sont tues.

PAUL VERLAINE, *Poèmes saturniens*, « Melancholia », VI

Lecture et analyse

Poètes en prison

Texte 1

Je plains le temps de ma jeunesse
(Auquel j'ai plus qu'autre gallé[1]
Jusques à l'entrée de vieillesse)
Qui son partement m'a celé[2].
Il ne s'en est à pied allé
N'à cheval : hélas ! comment donc ?
Soudainement s'en est volé
Et ne m'a laissé quelque don.

Allé s'en est, et je demeure,
Pauvre de sens et de savoir,
Triste, failli, plus noir que meure[3],
Qui n'ai ni cens[4], rente, n'avoir […]

FRANÇOIS VILLON, *Le Testament* (extrait)

1. Mené joyeuse vie. 2. Qui m'a caché son départ. 3. Mûre des buissons. 4. Revenu.

Texte 2

Un grand sommeil noir
Tombe sur ma vie :
Dormez, tout espoir,
Dormez, toute envie !

Je ne vois plus rien,
Je perds la mémoire
Du mal et du bien…
Ô la triste histoire !

Je suis un berceau
Qu'une main balance
Au creux d'un caveau :
Silence, silence !

PAUL VERLAINE, *Sagesse III, 5*

Texte 3

Avant d'entrer dans ma cellule
Il a fallu me mettre nu
Et quelle voix sinistre ulule
Guillaume qu'es-tu devenu

Le Lazare entrant dans la tombe
Au lieu d'en sortir comme il fit[1]
Adieu adieu chantante ronde
Ô mes années ô jeunes filles

GUILLAUME APOLLINAIRE, « À la Santé », I, *Alcools*

1. Dans les Évangiles, Lazare est ressuscité par le Christ.

Entretien sur les trois poèmes

Question : *Quel est le point commun entre ces trois poèmes ?*

Réponse : Les trois poèmes n'ont pas été écrits à la même époque : Villon est un poète du XVe siècle, Verlaine a écrit le poème de *Sagesse* autour de 1880 et *Alcools* d'Apollinaire a paru en 1913. Cependant les situations qui ont inspiré ces textes sont comparables : les trois poètes ont connu la prison, Villon pour plusieurs délits, Verlaine pour avoir tiré sur Rimbaud, Apollinaire accusé à tort d'un vol de statuettes au Louvre. Les trois poèmes se ressentent de cette expérience.

Question : *Est-ce le seul point de comparaison entre eux ?*

Réponse : On peut remarquer aussi que les trois poèmes présentent des analogies de forme. Ils sont constitués de vers courts : octosyllabes pour Villon et Apollinaire, vers de cinq syllabes pour Verlaine.

Question : *N'a-t-on pas l'habitude de dire que le vers court convient plutôt à des sujets légers ?*

Réponse : Oui, mais ce n'est pas toujours le cas. Ici, il produit une tonalité mélancolique. D'autres éléments contribuent aussi à cette tristesse : les répétitions *(il ne s'en est allé/Allé s'en est* ou *Silence, silence ; Adieu adieu)*, l'anaphore de *(Dormez)* et les interjections *(hélas ! ; ô la triste histoire ; ô mes années)*. Mais le vers court correspond très bien au rythme de la complainte par le retour rapide des rimes.

Question : *En connaissez-vous d'autres exemples ?*

Réponse : Le poème de Verlaine :

> Le ciel est, par-dessus le toit,
> Si bleu, si calme
> Un arbre, par-dessus le toit,
> Berce sa palme.

qui traduit également la tristesse. Il fait partie d'ailleurs du même recueil *Sagesse*, il a été écrit dans les mêmes circonstances, et il exprime le même thème que ces trois poèmes.

Question : *Parlons justement de ce thème. Quel est le sentiment dominant de ces trois textes ?*

Réponse : Chaque texte exprime un sentiment d'abandon. Les poètes constatent que cet emprisonnement les prive de leur vie, de leur être. Ce vide, Verlaine le traduit par les images du sommeil, du silence et du caveau. Apollinaire aussi reprend l'image de la tombe en s'opposant à Lazare. Chez Villon, la privation est rendue par la succession de formes négatives : *ne m'a laissé, qui n'ai ni...* et l'expression du manque : *pauvre de...* Tous éprouvent un sentiment de dépossession. Avec le vers *Il a fallu me mettre nu*, Apollinaire rend ce dépouillement de façon réaliste mais aussi symbolique : il doit renoncer à lui-même, tout abandonner.

Question : *À quoi doivent-ils renoncer principalement ?*

Réponse : À la jeunesse.

Question : *Vous allez maintenant montrer que ces trois poèmes sont un adieu à la jeunesse.*

Réponse : On peut considérer chaque poème comme un poème d'adieu. La prison a marqué pour chacun une étape et ils se retournent sur leur passé. Chez Villon, l'évocation de la jeunesse occupe une large place, et surtout la disparition de la jeunesse *(son partement)*. Face à ce départ il exprime son étonnement par des interrogations. L'idée d'un départ se trouve aussi chez Apollinaire à travers les mots *Adieu, adieu*. La jeunesse est rappelée avec nostalgie par l'évocation d'une ronde de jeunes filles. Dans le poème de Verlaine, c'est plus qu'un adieu à la jeunesse : c'est la disparition totale. La dernière strophe présente une image macabre : entre le *berceau* et le *caveau*, tout a disparu. Toutes ces années sont mortes, comme si elles n'avaient pas été vécues. On ne leur dit même pas adieu ; elles sont annulées.

Question : *Quel poème vous semble le plus triste ?*

Réponse : Celui de Verlaine, à cause de cette dernière image, qui est fondée sur un contraste tragique.

Leçon

1 Nature de l'épreuve

Un élargissement

▶ Ce qu'on appelle l'entretien est un **dialogue d'une dizaine de minutes** qui fait suite à la lecture méthodique du texte et permet d'« élargir l'interrogation **dans la perspective du groupement** de textes **ou de l'œuvre intégrale** dont le texte étudié est extrait » *(Instructions officielles)*.

▶ L'épreuve demande donc de prendre en compte **l'ensemble** des textes ou l'ensemble de l'œuvre pour **confronter** ou **analyser** des thèmes, des structures, des personnages, des formes.

➢ Exercice 1

Un dialogue

▶ L'entretien est chargé d'apprécier l'aptitude du candidat « à **entrer dans un dialogue** et à **argumenter** dans un échange suivi » *(Instructions officielles)*.

▶ Il ne s'agit donc pas de réciter un exposé appris mais de répondre à la question travaillée pendant les dix minutes de préparation et aux questions posées au cours de l'entretien. Pour instaurer un véritable dialogue, on doit être réceptif, pendant l'entretien, aux **interventions** de l'examinateur : celles-ci peuvent inviter à **préciser** ou à **développer**, orienter le débat dans une direction nouvelle, conduire à **approfondir** une analyse.

▶ Les réponses ne doivent pas consister seulement en brèves répliques comme dans une conversation. Les questions traitées doivent être présentées de manière ordonnée et il faut les développer.

2 Les différents types de questions

À propos d'une œuvre intégrale

▶ Les questions peuvent porter sur des points variés :
– l'étude d'un **personnage** :

Dans *Le rouge et le noir*, Julien Sorel change-t-il ou est-il fidèle à lui-même ?

– l'étude d'une **structure** :

Étudiez le rythme du *Mariage de Figaro* en examinant sa construction dramatique.

– l'étude d'un **thème** :

Quelles sont les différentes formes que prend le thème du Temps dans *Sylvie* de Nerval ?

▶ Certaines questions sont plus spécifiques à un genre. Pour un roman ou un conte, on s'intéressera plutôt à :
– **l'ordre de la narration** :

Dans *Thérèse Desqueyroux* de Mauriac, les événements sont-ils rapportés de façon chronologique ?

– **la description** :

Dans *Micromégas* de Voltaire, quel est le rôle des chiffres dans la description ?

▶ Pour une pièce de théâtre, on s'interrogera sur :
– **le décor** ;
– **les jeux de scène** ;
– **les didascalies**.

Quel est le rôle du décor et des objets dans *Le roi se meurt* d'Ionesco ?

➢ Exercice 2

À propos d'un groupement de textes

▶ Les questions peuvent porter sur différents points :
– **l'évolution** d'un **genre** ou d'une **forme** :

À travers les quatre sonnets présentés, voyez-vous plutôt une permanence ou une évolution ?

– un **thème** :

Quels sont les différents points de vue sur la guerre qui s'expriment ?

– une **tonalité** :

Quelle est la fonction de l'ironie dans ces textes de critique sociale du XVIIIe siècle ?

– une **problématique littéraire** :

Comparez ces débuts de romans du point de vue de l'information fournie au lecteur.

– l'évolution d'un **auteur** :

Voltaire et l'optimisme dans un extrait de *Zadig* et un extrait de *Candide*. Son opinion a-t-elle changé ?

➢ Exercice 3

▶ Ces questions, assez générales, donnent le fil conducteur de l'entretien. Mais d'autres questions peuvent intervenir pour faire avancer le dialogue.

Leçon

3 Les capacités évaluées

Les connaissances

▶ Les textes qui composent le groupement, l'œuvre sur laquelle porte l'interrogation, doivent être connus en profondeur. Des **références précises** sont à fournir : nom des personnages, situations clairement identifiées, chapitres, scènes, citations...

▶ Les questions dans l'entretien peuvent faire appel à des connaissances culturelles qui viendront éclairer tel ou tel point de l'étude. Une **lecture personnelle**, un **spectacle** vu au cours de l'année, des **connaissances historiques**, pourront être mis en relation avec la question traitée.

➢ Exercice 4

La réflexion

▶ Mener une réflexion est **indispensable** pour procéder à des comparaisons, des oppositions, des rapprochements, nécessaires dans ce **travail de synthèse**. On ne peut porter un jugement motivé que si l'on a examiné en profondeur et avec un certain recul la question que l'on traite.

▶ Dans le cours de l'entretien, on doit être capable de déceler les **développements qu'implique** la question posée.

La question : « Aimez-vous tel personnage ? » n'invite pas seulement à donner une appréciation subjective. Une réflexion doit être menée sur la complexité du personnage, sur son évolution, sur le phénomène d'identification du lecteur ou du spectateur.

➢ Exercices 5, 6

La correction de l'expression

▶ On veillera à la propriété des termes : ceux de **l'analyse littéraire** *(énonciation, implicite...)* mais aussi les mots du **vocabulaire abstrait** *(morale, absurde, psychologie...)*. On se méfiera des confusions possibles.

On distinguera le vers en poésie et la ligne dans la prose ; l'auteur et le narrateur dans le récit ; la réplique, la tirade et le monologue au théâtre.

▶ L'expression doit être spontanée tout en restant correcte. On évitera les hésitations trop longues, les « appuis du discours » trop fréquents *(Heu, je veux dire, bon, et puis)*. On **bannira** absolument : *Voltaire, il montre...* ou *le texte, il est* ; ainsi que, à propos d'un sonnet de Baudelaire, par exemple : *Dans le poème, ils disent...*

➢ Exercice 7

Sur quels critères serez-vous évalué ?

▶ **L'entretien** fait suite à la lecture méthodique du texte. Il permet d'**approfondir l'analyse** en envisageant l'ensemble des textes ou l'intégralité de l'œuvre. Cet élargissement se fait au cours d'un échange oral avec l'examinateur.

▶ Les questions posées amènent le candidat à rendre compte de sa **lecture globale** de l'œuvre ou des textes. Elles peuvent porter sur des confrontations, des appréciations motivées, sur l'étude d'un thème, sur l'analyse d'un personnage ou d'une structure.

▶ Le candidat sera évalué sur sa capacité à **mobiliser** ses connaissances, à **adapter** avec souplesse sa réflexion aux questions posées, à s'exprimer avec **clarté** et **justesse**.

Préparer l'oral du Bac

Exercices

1 Nature de l'épreuve

1 Comparer des textes

Lisez ces trois textes. Dégagez les comparaisons possibles en répondant aux questions suivantes.
a. Quelles sont les ressemblances et les différences de formes entre ces trois textes ?
b. Quel est le thème commun à ces trois textes ?
c. Le système de l'énonciation est-il comparable ? Quelles sont les différences ? Interprétez ces choix.
d. Dégagez les images. Précisez leur nature. Quelle est leur fonction dans les poèmes ?
e. Diriez-vous de ces textes qu'ils sont didactiques, explicatifs, injonctifs, descriptifs ? (➤ Chapitre 4, p. 45 et Exercice 2, p. 46). Justifiez votre réponse.

Texte 1

Travaillez à loisir, quelque ordre qui vous presse,
Et ne vous piquez point d'une folle vitesse :
Un style si rapide, et qui court en rimant,
Marque moins trop d'esprit que peu de jugement.
J'aime mieux un ruisseau qui, sur la molle arène,
Dans un pré plein de fleurs lentement se promène,
Qu'un torrent débordé qui, d'un cours orageux,
Roule, plein de gravier, sur un terrain fangeux.
Hâtez-vous lentement, et, sans perdre courage,
Vingt fois sur le métier remettez votre ouvrage :
Polissez-le sans cesse et le repolissez ;
Ajoutez quelquefois, et souvent effacez.

Nicolas Boileau, *Art poétique*, Chant I (extrait), v. 163 à 174

Texte 2

De la musique avant toute chose,
Et pour cela préfère l'Impair,
Plus vague et plus soluble dans l'air,
Sans rien en lui qui pèse ou qui pose.

Il faut aussi que tu n'ailles point
Choisir tes mots sans quelque méprise :
Rien de plus cher que la chanson grise
Où l'Indécis au Précis se joint.

C'est des beaux yeux derrière des voiles,
C'est le grand jour tremblant de midi,
C'est, par un ciel d'automne attiédi,
Le bleu fouillis des claires étoiles !

Car nous voulons la Nuance encor,
Pas la Couleur, rien que la nuance !
Oh ! la nuance seule fiance
Le rêve au rêve et la flûte au cor !

Paul Verlaine, « Art poétique », v. 1 à 16, *Jadis et Naguère*

Texte 3

Prenez un mot prenez-en deux
faites cuire comme des œufs
prenez un petit bout de sens
puis un grand morceau d'innocence
faites chauffer à petit feu
au petit feu de la technique
versez la sauce énigmatique
saupoudrez de quelques étoiles
poivrez et puis mettez les voiles

Où voulez-vous donc en venir ?
À écrire
   vraiment ? à écrire ? ?

Raymond Queneau, « Pour un art poétique », *Le chien à la mandoline*, 1965

2 Les différents types de questions

2 Sur une œuvre intégrale

Voici des questions qui pourraient vous être posées à propos de *L'Étranger* d'Albert Camus. Vous répondrez oralement à ces questions après avoir organisé vos réponses sous forme de notes au brouillon.
a. Pouvez-vous expliquer le titre du roman ?
b. Quel est le rôle du soleil dans le roman ?
c. Par qui la narration est-elle conduite ? Ce mode de narration favorise-t-il l'intimité avec le narrateur ? l'identification du lecteur avec le personnage ? la profondeur de l'analyse psychologique ? le lyrisme ? Qu'en pensez-vous ?
d. Quel est le temps grammatical qui domine dans *L'Étranger* ? Expliquez quelle est la valeur de ce temps et quel « aspect » il exprime. Qu'apporte le choix de ce temps à la signification générale de l'œuvre ?

Exercices

3 Sur un groupement

Rassemblez quelques poèmes des XIXe et XXe siècles autour du thème de la fuite du temps (Lamartine, Nerval, Hugo, Baudelaire, Apollinaire). Entraînez-vous à répondre oralement aux questions suivantes :
a. Comparez les sentiments exprimés face à la fuite du temps.
b. Quels sont les symboles et les images utilisés pour exprimer la fuite du temps ?
c. Définissez précisément les différentes tonalités. Analysez la relation entre les formes poétiques (longueur et disposition du vers, rythmes) et ces tonalités (➤ CHAPITRE 13 P. 125).

3 Les critères d'évaluation

4 Tester ses connaissances

a. Citez trois pièces de Molière qui traitent du thème de l'hypocrisie.
b. Quels sous-titres Voltaire a-t-il donné à ses contes *Zadig* et *Candide* ?
c. Dans quelle comédie du XVIIIe siècle trouve-t-on la phrase suivante ? Qui la prononce ?
Parce que vous êtes un grand seigneur, vous vous croyez un grand génie !... Noblesse, fortune, un rang, des places, tout cela rend si fier ! Qu'avez-vous fait pour tant de biens ? Vous vous êtes donné la peine de naître, et rien de plus ?
d. Qu'est-ce que la bataille d'*Hernani* (1830) ?
e. Où Victor Hugo a-t-il vécu en exil ? Pendant combien de temps ? Pour quelle raison a-t-il été exilé ?
f. Gervaise, personnage de l'*Assommoir* de Zola a quatre enfants : Claude, Jacques et Étienne (Lantier) puis Anna (Coupeau). De quels romans de Zola ces personnages devenus adultes sont-ils les héros ?
g. Citez trois écrivains du XXe siècle qui se sont inspirés de la mythologie grecque dans une œuvre théâtrale. Donnez le titre de ces pièces.

5 Justifier une appréciation

Répondez de façon approfondie et organisée à cette question : *Aimez-vous le personnage de Don Juan dans l'œuvre de Molière ?*

6 Raisonner et porter un jugement

Justifiez en l'ordonnant avec clarté votre réponse à cette question : *Dans* Phèdre *de Racine, le personnage de Phèdre est-il à votre avis coupable ou victime ?*

7 Improviser à partir de notes

Improvisez une intervention orale à partir de notes que vous aurez prises sur la question suivante : *Justifiez le titre donné par Balzac à son roman* Le Père Goriot.

Bilan

Reportez-vous aux textes de Stendhal (Chapitre 5, Exercice 10, p. 62), de Nerval (Chapitre 9, Exercice 6, p. 90), et de Flaubert (Chapitre 10, Exercice 9, p. 101).
Répondez oralement aux questions suivantes après avoir organisé vos réponses sous forme de notes au brouillon.
1. Quel est le point commun entre ces 3 textes ? À quel genre appartiennent-ils ?
2. Qui raconte ? Quel est l'effet produit par ce mode de narration ? Dans quel cas le lecteur est-il plus proche du personnage ? Justifiez votre réponse.
3. Quels sont les modes de focalisation adoptés ? Les scènes sont-elles racontées du point de vue des <u>deux</u> personnages principaux ? Expliquez.
4. Quel est le rôle du hasard dans ces scènes ? Comparez ce rôle aux répercussions de l'événement sur le personnage.
5. Quel regard le narrateur porte-t-il sur le personnage masculin ?

Préparer l'oral du Bac

Jean Cocteau (1889-1963). *Autoportrait dans une lettre à Valéry* - oct. 1924 - Bibliothèque Nationale mss, Paris. © Spadem, Paris, 1995.

Partie 4

Préparer *l'écrit* du Bac

Les nouveau

Première

Premier sujet
Étude d'un texte argumentatif

DÉFINITION DE L'ÉPREUVE
(Résumé des instructions officielles, B. O. n°10 - 28 juillet 1994)

L'épreuve s'organise autour d'un texte argumentatif (ou de deux textes), avec toute la variété de choix que cette qualification autorise : passage d'un essai ou d'un ouvrage théorique, texte polémique ou pamphlet, article de presse, préface d'un ouvrage littéraire, poème à contenu argumentatif...
L'épreuve comprend deux parties, notées chacune sur dix points.

PREMIÈRE PARTIE
Trois ou quatre questions précises et progressives, liées à ce type de texte et guidant vers sa compréhension globale. Ces questions peuvent par exemple porter sur le système énonciatif (pronoms personnels, procédés de modalisation, modes de citation...), l'organisation lexicale, la structure logique et rhétorique, le maniement de l'implicite, les buts et modalités de l'argumentation.

(➢ **CHAPITRE 25**)

DEUXIÈME PARTIE
Un travail ou des travaux d'écriture visant, à partir de consignes précises, à évaluer la capacité du candidat d'entrer dans le débat fixé par le ou les textes fournis, d'en peser les choix argumentatifs, de discuter, réfuter, étayer, reformuler, résumer tout ou partie de l'argumentation ou des argumentations en présence.

(➢ **CHAPITRES 26, 27**)

Deuxième sujet
Étude et commentaire d'un texte littéraire

DÉFINITION DE L'ÉPREUVE
L'épreuve porte sur un texte relevant des divers genres littéraires (poésie, théâtre, récit, littérature d'idées...). Elle comporte deux parties, notées sur 4 et 16 points respectivement pour les séries générales et sur 8 et 12 points pour les séries technologiques.

PREMIÈRE PARTIE
Deux ou trois questions d'observation du texte. Ces questions sont avant tout de l'ordre du repérage, de l'examen méthodique. Elles ont pour fin de guider l'investigation et d'ouvrir des perspectives sur le fonctionnement et l'interprétation du texte, qui seront pris en compte dans la seconde partie de l'épreuve.

(➢ **CHAPITRE 28**)

DEUXIÈME PARTIE
Séries technologiques: **deux ou trois questions d'analyse, d'interprétation ou de commentaire.** Cette partie de l'épreuve vise à susciter une réflexion personnelle sur le texte ou sur tel ou tel de ses aspects.

(➢ **CHAPITRE 28**)

Séries générales: un **commentaire composé** du texte. Il doit présenter avec ordre un bilan de lecture organisé de façon à donner force au jugement personnel qu'il prépare et qu'il justifie.

(➢ **CHAPITRE 29**)

ujets du BAC

Troisième sujet
Dissertation sur un sujet littéraire

DÉFINITION DE L'ÉPREUVE
L'épreuve porte sur un **programme national** organisé autour d'œuvres ou de problématiques littéraires. Le choix des œuvres est laissé à l'appréciation du professeur, à condition que l'œuvre choisie s'inscrive dans le cadre fixé par le programme. Par exemple, si le programme porte sur le conte philosophique de Voltaire, on pourra choisir d'étudier *Zadig, Candide, Micromégas*...

L'épreuve consiste en **une dissertation littéraire** prenant apupui sur une ou plusieurs des œuvres étudiées dans le cadre du programme (une œuvre pour les séries technologiques, deux pour les séries S ou ES, trois pour les séries L).
Le sujet porte sur une question que le candidat doit traiter grâce à la connaissance précise qu'il a des œuvres et plus généralement à l'ensemble des connaissances qu'il a acquises (genres et histoire littéraire, autres formes d'expression artistique).

(➣ CHAPITRE 30)

Terminale

DÉFINITION DE L'ÉPREUVE ÉCRITE
(Rappel de l'annexe de la N. S. n° 15, 23 juin 1994)

Épreuve obligatoire pour les séries L
Épreuve facultative pour les séries ES
Durée de l'épreuve : 2 heures

NATURE DE L'ÉPREUVE
Les candidats sont invités à répondre à **deux ou trois questions** sur une ou plusieurs des œuvres inscrites au programme. Leurs réponses doivent être composées et rédigées.

Les questions peuvent porter :
– sur l'ensemble d'une œuvre (composition, forme, spécificité, intérêt et portée historiques ou esthétiques, implications de l'auteur, etc.) ;
– sur un aspect ou une partie d'une œuvre (un thème ou un motif significatif, un élément de la technique argumentative, poétique, narrative ou dramatique, la fonction ou l'importance d'un passsage, le rôle d'un personnage, le développement d'une idée ou d'une thèse, etc.) ;
– éventuellement sur un point précis de comparaison entre plusieurs œuvres ;

Les critères d'évaluation sont les suivants :
– l'aptitude à dégager une problématique ;
– la capacité d'organiser une argumentation appuyée sur des exemples pertinents ;
– la maîtrise des savoirs culturels, méthodologiques, linguistiques, littéraires, artistiques, historiques ;
– la justesse de l'expression, la clarté et l'intelligibilité du propos, la cohérence de la rédaction.

(➣ ANNEXE P. 280)

Analyse et rédaction

Les questions

Discours sur le bonheur

Il faut commencer par se bien dire à soi-même et par se bien convaincre que nous n'avons rien à faire dans ce monde qu'à nous y procurer des sensations et des sentiments agréables. Les moralistes qui disent aux hommes : réprimez vos passions, et maîtrisez vos désirs, si vous voulez être heureux, ne connaissent pas le chemin du bonheur. On n'est heureux que par des goûts et des passions satisfaites ; je dis des goûts, parce qu'on n'est pas toujours assez heureux pour avoir des passions, et qu'au défaut des passions, il faut bien se contenter des goûts. Ce serait donc des passions qu'il faudrait demander à Dieu, si on osait lui demander quelque chose […]

Mais, me dira-t-on, les passions ne font-elles pas plus de malheureux que d'heureux ? Je n'ai pas la balance nécessaire pour peser en général le bien et le mal qu'elles ont faits aux hommes ; mais il faut remarquer que les malheureux sont connus parce qu'ils ont besoin des autres, qu'ils aiment à raconter leurs malheurs, qu'ils y cherchent des remèdes et du soulagement. Les gens heureux ne cherchent rien, et ne vont point avertir les autres de leur bonheur ; les malheureux sont intéressants, les gens heureux sont inconnus. […]

On connaît donc bien plus l'amour par les malheurs qu'il cause, que par le bonheur souvent obscur qu'il répand sur la vie des hommes. Mais supposons pour un moment, que les passions fassent plus de malheureux que d'heureux, je dis qu'elles seraient encore à désirer, parce que c'est la condition sans laquelle on ne peut avoir de grands plaisirs ; or, ce n'est la peine de vivre que pour avoir des sensations et des sentiments agréables ; et plus les sentiments agréables sont vifs, plus on est heureux. Il est donc à désirer d'être susceptible de passions, et je le répète encore : n'en a pas qui veut.

MADAME DU CHÂTELET, Discours sur le bonheur, publié en 1779

Questions

1. Étudiez la valeur d'emploi du pronom *on* dans les deux premiers paragraphes.
2. Étudiez la logique de l'argumentation dans les deux dernières phrases du troisième paragraphe *(Mais supposons …)* en vous fondant en particulier sur l'observation des connecteurs logiques.
3. Résumez en une phrase la thèse de Mme du Châtelet et, en une seconde phrase, la thèse des « moralistes » qu'elle réfute.

(La deuxième partie de cette épreuve est proposée au chapitre 26, exercice 15, p. 245).

Réponses rédigées

1. Le pronom *on* a une valeur universelle dans la proposition : *On n'est heureux que par des goûts et des passions satisfaites*. Il représente dans ce cas tous les hommes et en particulier Mme du Châtelet et son destinataire qui se trouve ainsi impliqué dans l'argumentation. Dans la proposition : *Si on osait lui demander quelque chose*, *on* a aussi une valeur universelle (les hommes) et s'oppose à *lui* (Dieu).
Dans *On n'est pas toujours assez heureux*, *on* a une valeur plus restreinte, puisqu'il désigne les hommes qui n'ont pas le bonheur d'avoir des passions.
Enfin, le *on* de l'incise *me dira-t-on*, qui a, apparemment, une valeur d'indéfini, représente, en fait, de manière voilée, un contradicteur de Mme du Châtelet, un des « moralistes » ennemis des passions, auxquels elle répond dans ce texte.
Ainsi, le pronom *on* a deux emplois très différents, puisqu'il implique, soit le locuteur et son destinataire, soit un « adversaire » du locuteur.

2. Dans la phrase *Mais supposons... plus on est heureux*, Mme du Châtelet emploie un raisonnement concessif introduit par : *Mais supposons pour un moment...* : elle feint d'accepter que les passions *fassent plus de malheureux que d'heureux*. Mais, à partir de cette hypothèse, elle opère un renversement argumentatif marqué par l'affirmation : *je dis qu'elles seraient encore à désirer*. Pour expliquer ce paradoxe, elle recourt à une subordonnée de cause *(parce que c'est la condition...)* et à un syllogisme que l'on peut ainsi résumer :
a. Sans la passion, même malheureuse, on ne peut avoir de grands plaisirs.
b. Or on vit pour éprouver ces plaisirs.
c. Donc il faut *désirer d'être susceptible de passions*.
Les trois étapes du syllogisme sont articulées par les conjonctions de coordination *or* et *donc*.

3. La thèse de Mme du Châtelet est : Il faut désirer éprouver des goûts et des passions pour avoir des sensations et des sentiments agréables, qui sont la condition du bonheur.
La thèse des moralistes est à l'opposé : Il faut réprimer ses passions et ses désirs pour éviter les malheurs et trouver le chemin du bonheur.

Leçon

1. Le texte et les questions

Le travail préliminaire : lire et comprendre le texte

▶ Lire une ou deux fois le texte pour en saisir le sens général.

▶ Identifier :

– **le type de texte** : il peut être précisé par une note ou par le titre de l'oeuvre. La date de composition est essentielle à la compréhension d'un texte à caractère historique (➢ Chapitre 4).

Quelques types de textes : un dialogue de théâtre, la préface d'une oeuvre, un article de presse...

– **le locuteur et le destinataire** : qui parle ? à qui ?

L'auteur d'un pamphlet qui s'adresse à ceux qu'il veut critiquer, un personnage de théâtre dialoguant avec un autre personnage.

– **le sujet du texte** : quel est le thème de l'argumentation ? (L'étude des champs lexicaux permet de mieux cerner le sujet.)

Quelques sujets : la guerre, le travail du romancier, le bonheur...

– **les thèses en présence** : celle que le locuteur soutient ou celle qu'il réfute.

Discours sur le bonheur, Question 3, p. 227.

– **la progression du texte** : l'organisation en **paragraphes** et le **parcours argumentatif** adopté. Les questions invitent parfois à en rendre compte mais, dans tous les cas, établir au brouillon le plan du texte permet de mieux comprendre sa logique (➢ Chapitre 16), et donc de mieux répondre (➢ Chapitres 26 et 27).

La nature des questions

▶ Le tableau suivant présente des questions-types, les éléments grammaticaux et rhétoriques qu'il convient d'étudier pour y répondre, la référence des leçons qui permettent, dans cet ouvrage, de se familiariser avec ces notions.

➢ Exercices 1 à 7

Questions posées	Éléments à étudier	Définitions des notions
Étudiez le système d'énonciation.	• le rôle et la valeur d'emploi des indices personnels • l'implication du destinataire • les marques des sentiments et du jugement du locuteur : les termes modalisateurs et évaluatifs • la fonction des discours rapportés et des citations • la référence du locuteur au contexte	Ch. 10 Ch. 10 Ch. 10 Ch. 10, 17 Ch. 5
Étudiez la valeur des temps et des modes.	• l'emploi des modes • la valeur des temps	Ch. 9 Ch. 9
Étudiez l'organisation lexicale, le sens d'une expression.	• l'étymologie, la formation et l'évolution des mots • le sens propre et le sens figuré • les champs lexicaux, les lexiques spécialisés • le vocabulaire appréciatif	Ch. 6 Ch. 6 Ch. 7 Ch. 7
Étudiez la structure logique d'un texte (d'une phrase, d'un paragraphe).	• la syntaxe de la phrase • la composition du paragraphe argumentatif • la composition de l'argumentation : les types de plan • les relations logiques, implicites ou explicites : le rôle de la ponctuation, les connecteurs logiques	Ch. 8 Ch. 27 Ch. 16 Ch. 16
Étudiez une stratégie argumentative : l'art de convaincre, les thèses et les arguments.	• le développement de la thèse : les types de raisonnement et la nature des arguments en présence. • le rôle des exemples et des citations	Ch. 16 Ch. 17
Étudiez une stratégie argumentative : l'art d'émouvoir, de séduire, de provoquer.	• le rôle de l'énonciation • le rôle de l'implicite • les tonalités (ironique, polémique, didactique, oratoire) • les figures de rhétorique • le rythme de la phrase et les sonorités • les modalités de la phrase et l'ordre des termes • les caractères propres au genre (essai, pamphlet, lettre...)	Ch. 10 et 15 Ch. 18 Ch. 13 Ch. 11 Ch. 12 Ch. 8 Ch. 22

Leçon

2 Répondre aux questions

La préparation de la rédaction

▶ Bien lire la question et **rechercher** dans le texte, crayon en main, **les éléments** qui permettent d'y répondre en les soulignant ou en les encadrant.

   Quelques éléments : repérage d'un champ lexical, de connecteurs logiques, d'un pronom.

▶ Donner à ces éléments un nom **précis**.

   Connecteurs logiques : adverbes, conjonction de coordination et de subordination.

➤ EXERCICE 8

▶ **Analyser** ces éléments en les classant et en donnant leur valeur d'emploi.

On peut organiser ces repérages et ces analyses sous forme de notes au brouillon, avant de passer à la rédaction.

Discours sur le bonheur, p. 226, question 1 sur les emplois de *on* :

Repérage	Analyse
1er § : *On n'est heureux que par des goûts et des passions satisfaites* = valeur universelle du pronom ...	On = Tous les hommes (et les femmes), et en particulier Mme du Châtelet et son lecteur ...

➤ EXERCICES 9, 10

Conseils pour la rédaction

▶ Les réponses doivent être **entièrement rédigées** dans une langue précise et correcte. On exclut donc les énoncés sous forme de notes ou d'abréviations, les propos vagues et allusifs, les développements sans rapport avec la question.

▶ On présente les réponses successivement en les numérotant dans le **même ordre** que les questions.

▶ La réponse à chaque question doit **articuler les faits de langue et de style** qu'elle invite à étudier **et leur valeur d'emploi**, leur sens dans le texte (et en particulier dans le cadre de son argumentation). Chaque élément étudié doit être **cité** avec exactitude et entre guillemets, mais aussi **défini**.

   « Absolument » est un adverbe de manière modalisateur marquant la certitude.

▶ Dans le cas d'une **étude lexicale**, on ne se contente pas d'une explication au mot à mot mais on indique clairement **le sens** que l'expression prend **dans le texte**.

   L'adjectif « intéressant » dans la proposition « *Les malheureux sont intéressants* » (p. 226) a un sens fort : les malheureux suscitent un vif intérêt, un sentiment de compassion « *parce qu'ils ont besoin des autres* ». Ils s'opposent aux heureux qui peuvent vivre « *inconnus* » dans « *un bonheur obscur* ».

▶ On utilise dans la réponse des tournures **variées** en recourant à des verbes variés : *exprimer, traduire, suggérer, souligner, renforcer, confirmer, manifester, mettre en évidence, en valeur, associer, relier, articuler, distinguer ...*

➤ EXERCICES 11, 12

L'essentiel

Sur quels critères serez-vous évalué ?

La compréhension d'une argumentation

▶ **Identifier des faits de langue et de style** nécessaires à la compréhension du texte : reconnaître les éléments grammaticaux, lexicaux, logiques et rhétoriques du texte argumentatif.

▶ **Repérer** les éléments du problème posé par le texte.

▶ **Mettre en relation** les observations : repérer les arguments, dégager la thèse soutenue, découvrir les procédés argumentatifs.

La rédaction des réponses

▶ Donner une réponse **pertinente** à la question posée en nommant avec **précision** et en étudiant dans leur **contexte** les éléments demandés.

▶ Rédiger entièrement et lisiblement les réponses dans une **langue correcte** (constructions, orthographe, vocabulaire et ponctuation appropriés).

Préparer l'écrit du Bac

Exercices

1. Le texte et les questions

1 Le système d'énonciation

a. À travers quels indices de l'énonciation le locuteur affirme-t-il sa présence ?
b. Quelle est la fonction de *on* dans la phrase : *Toutes ces cérémonies lugubres qu'on observe ... fonctions animales* ?
c. Comment le locuteur implique-t-il son auditoire ?
d. Relevez trois arguments opposés par le locuteur à la vie religieuse.

> *L'avocat d'une religieuse qui veut rompre ses vœux dresse un réquisitoire contre la vie dans les couvents.*

Les couvents sont-ils donc si essentiels à la constitution d'un État ? Jésus-Christ a-t-il institué des moines et des religieuses ? l'Église ne peut-elle absolument s'en passer ? Quel besoin a l'époux de tant de vierges folles ? et l'espèce humaine de tant de victimes ? Ne sentira-t-on jamais la nécessité de rétrécir l'ouverture de ces gouffres, où les races futures vont se perdre ? Toutes les prières de routine qui se font là valent-elles une obole que la commisération donne au pauvre ? Dieu qui a créé l'homme sociable, approuve-t-il qu'il se renferme ? Dieu qui l'a créé si inconstant, si fragile, peut-il autoriser la témérité de ses vœux ? Ces vœux, qui heurtent la pente générale de la nature, peuvent-ils jamais être bien observés que par quelques créatures mal organisées, en qui les germes des passions sont flétris, et qu'on rangerait à bon droit parmi les monstres, si nos lumières nous permettaient de connaître aussi facilement et aussi bien la structure intérieure de l'homme que sa forme extérieure ? Toutes ces cérémonies lugubres qu'on observe à la prise d'habit et à la profession, quand on consacre un homme ou une femme à la vie monastique et au malheur, suspendent-elles les fonctions animales ? Au contraire ne se réveillent-elles pas dans le silence, la contrainte et l'oisiveté avec une violence inconnue aux gens du monde, qu'une foule de distractions emporte ?

DENIS DIDEROT, *La Religieuse*

2. La valeur des temps et des modes

a. Étudiez le jeu des temps de l'indicatif dans le 1er paragraphe : quelle opposition soulignent-ils ?
b. Relevez dans le texte une phrase où le présent est le temps d'une vérité éternelle.
c. Quelle est la valeur du conditionnel dans la phrase : *Vous avez cru qu'il vous suffirait...* ?
d. Quel est le projet de l'argumentation du locuteur ?

> *La peste sévit à Oran. Un prédicateur, le père Paneloux, adresse ce sermon à la foule des fidèles.*

« Oui, l'heure est venue de réfléchir. Vous avez cru qu'il vous suffirait de visiter Dieu le dimanche pour être libres de vos journées. Vous avez pensé que quelques génuflexions le paieraient bien assez de votre insouciance criminelle. Mais Dieu n'est pas tiède. Ces rapports espacés ne suffisaient pas à sa dévorante tendresse. Il voulait vous voir plus longtemps, c'est sa manière de vous aimer et, à vrai dire, c'est la seule manière d'aimer. Voilà pourquoi, fatigué d'attendre votre venue, il a laissé le fléau vous visiter comme il a visité toutes les villes du péché depuis que les hommes ont une histoire. Vous savez maintenant ce qu'est le péché, comme l'ont su Caïn et ses fils, ceux d'avant le déluge, ceux de Sodome et de Gomorrhe, Pharaon et Job et aussi tous les maudits. Et comme tous ceux-là l'ont fait, c'est un regard neuf que vous portez sur les êtres et sur les choses, depuis le jour où cette ville a refermé ses murs autour de vous et du fléau. Vous savez maintenant, et enfin, qu'il faut venir à l'essentiel. »
[...]
« Beaucoup d'entre vous, je le sais, se demandent justement où je veux en venir. Je veux vous faire venir à la vérité et vous apprendre à vous réjouir, malgré tout ce que j'ai dit. Le temps n'est plus où des conseils, une main fraternelle étaient les moyens de vous pousser vers le bien. Aujourd'hui, la vérité est un ordre. Et le chemin du salut, c'est un épieu rouge qui vous le montre et vous y pousse. C'est ici, mes frères, que se manifeste enfin la miséricorde divine qui a mis en toute chose le bien et le mal, la colère et la pitié, la peste et le salut. Ce fléau même qui vous meurtrit, il vous élève et vous montre la voie [...] »

ALBERT CAMUS, *La Peste*, Éd. Gallimard, 1947

Exercices

3 L'organisation lexicale

a. Quels sont les différentes significations des mots *barbare* et *sauvage* ici ? Recherchez l'étymologie de ces mots : en quoi éclaire-t-elle les connotations qu'ils reçoivent dans le texte ?

b. Donnez un synonyme du mot *usage* et expliquez la phrase : *Chacun appelle barbarie ce qui n'est pas de son usage*.

c. Quel est le sens de l'expression : *ceux que nous avons altérés par notre artifice* ? À quels autres mots du texte s'oppose *artifice* ? Recherchez dans le texte des mots appartenant au même champ lexical que *altérés*.

d. Quelle valeur Montaigne accorde-t-il aux adjectifs *parfait* et *parfaite* dans la phrase : *Là est toujours la parfaite religion…* ?

e. Quelle est la thèse de l'auteur et à quelle opinion s'oppose-t-il ?

> Montaigne défend les Indiens d'Amérique appelés « sauvages » par ses contemporains.

Or je trouve, pour revenir à mon propos, qu'il n'y a rien de barbare et de sauvage en cette nation, à ce qu'on m'en a rapporté ; sinon que chacun appelle barbarie ce qui n'est pas de son usage ; comme de vrai, il semble que nous n'avons autre mire de la vérité et de la raison que l'exemple et l'idée des opinions et usances du pays où nous sommes. Là est toujours la parfaite religion, la parfaite police, parfait et accompli usage de toutes choses. Ils sont sauvages, de même que nous appelons sauvages les fruits que nature, de soi et de son progrès ordinaire, a produits : là où, à la vérité, ce sont ceux que nous avons altérés par notre artifice et détournés de l'ordre commun, que nous devrions appeler plutôt sauvages. En ceux-là sont vives et vigoureuses les vraies et plus utiles et naturelles vertus et propriétés, lesquelles nous avons abâtardies en ceux-ci, et les avons seulement accommodées au plaisir de notre goût corrompu.

MONTAIGNE, « Des Cannibales », *Essais*, I, 31

4 La logique de l'argumentation

a. Étudiez la composition de cette argumentation : comment s'explique la disposition en paragraphes ?

b. Recherchez des connecteurs logiques explicitant les relations entre les différentes étapes de l'argumentation. Comment s'opère la transition entre le quatrième et le cinquième paragraphes ?

c. Quel est le rôle du point-virgule dans la dernière phrase du premier paragraphe ?

d. Cherchez deux phrases du texte construites sur une opposition et expliquez le sens de cette opposition.

e. Résumez en une phrase le sujet du texte.

Les voyageurs

En ce temps de vacances, le monde est plein de gens qui courent d'un spectacle à l'autre, évidemment avec le désir de voir beaucoup de choses en peu de temps. Si c'est pour en parler, rien de mieux ; car il vaut mieux avoir plusieurs noms de lieux à citer ; cela remplit le temps.

Mais si c'est pour eux, et pour réellement voir, je ne les comprends pas bien. Quand on voit des choses en courant, elles se ressemblent beaucoup. Un torrent, c'est toujours un torrent. Ainsi celui qui parcourt le monde à toute vitesse n'est guère plus riche de souvenirs à la fin qu'au commencement.

La vraie richesse des spectacles est dans le détail. Voir, c'est parcourir les détails, s'arrêter un peu à chacun, et, de nouveau, saisir l'ensemble d'un coup d'œil. Je ne sais si les autres peuvent faire cela vite, et courir à autre chose, et recommencer. Pour moi, je ne le saurais. Heureux ceux de Rouen qui, chaque jour, peuvent donner un regard à une belle chose, et profiter de Saint-Ouen, par exemple, comme d'un tableau que l'on a chez soi.

Tandis que, si l'on passe dans un musée une seule fois, ou dans un pays à touristes, il est presque inévitable que les souvenirs se brouillent et forment enfin une espèce d'image grise aux lignes brouillées.

Pour mon goût, voyager c'est faire à la fois un mètre ou deux, s'arrêter, et regarder de nouveau un nouvel aspect des mêmes choses. Souvent, aller s'asseoir un peu à droite ou à gauche, cela change tout, et bien mieux que si je fais cent kilomètres.

Exercices

Si je vais de torrent en torrent, je trouve toujours le même torrent. Mais si je vais de rocher en rocher, le même torrent devient autre à chaque pas. Et si je reviens à une chose déjà vue, en vérité elle me saisit plus que si elle était nouvelle, et réellement, elle est nouvelle. Il ne s'agit que de choisir un spectacle varié et riche, afin de ne pas s'endormir dans la coutume. Encore faut-il dire qu'à mesure que l'on sait mieux voir, un spectacle quelconque enferme des joies inépuisables. Et puis, de partout, on peut voir le ciel étoilé ; voilà un beau précipice.

29 août 1906

ALAIN, *Propos*, Éd. Gallimard, 1956

5 La stratégie argumentative

a. Quelle thèse est soutenue ou réfutée par Molière dans chaque paragraphe ?
b. Relevez deux arguments dans le deuxième paragraphe. Lequel vous paraît le plus convaincant ? Pourquoi ?
c. L'exemple des Espagnols dans le deuxième paragraphe est-il illustratif ou argumentatif ?
d. Quel est le type de raisonnement adopté dans le deuxième paragraphe ?
e. Étudiez le rôle de l'implicite dans le troisième paragraphe.

Molière répond à ceux qui l'ont accusé d'avoir porté atteinte à la foi dans Tartuffe, *en présentant un faux dévot.*

Si l'on prend la peine d'examiner de bonne foi ma comédie, on verra sans doute que mes intentions y sont partout innocentes, et qu'elle ne tend nullement à jouer les choses que l'on doit révérer, que je l'ai traitée avec toutes les précautions que me demandait la délicatesse de la matière ; et que j'ai mis tout l'art et tous les soins qu'il m'a été possible, pour bien distinguer le personnage de l'Hypocrite d'avec celui du vrai Dévot. J'ai employé pour cela deux actes entiers à préparer la venue de mon scélérat. Il ne tient pas un seul moment l'auditeur en balance ; on le connaît d'abord aux marques que je lui donne ; et d'un bout à l'autre, il ne dit pas un mot, il ne fait pas une action qui ne peigne aux spectateurs le caractère d'un méchant homme, et ne fasse éclater celui du véritable homme de bien, que je lui oppose.

Je sais bien que, pour réponse, ces Messieurs tâchent d'insinuer que ce n'est point au théâtre à parler de ces matières ; mais je leur demande, avec leur permission, sur quoi ils fondent cette belle maxime. C'est une proposition qu'ils ne font que supposer, et qu'ils ne prouvent en aucune façon ; et sans doute il ne serait pas difficile de leur faire voir que la comédie, chez les anciens, a pris son origine de la religion, et faisait partie de leurs mystères ; que les Espagnols, nos voisins, ne célèbrent guère de fête où la comédie ne soit mêlée ; et que, même parmi nous, elle doit sa naissance aux soins d'une confrérie à qui appartient encore aujourd'hui l'Hôtel de Bourgogne ; que c'est un lieu qui fut donné pour y représenter les plus importants mystères de notre foi ; qu'on en voit encore des comédies imprimées en lettres gothiques, sous le nom d'un docteur de Sorbonne ; et sans aller chercher si loin, que l'on a joué, de notre temps, des pièces saintes de M. de Corneille, qui ont été l'admiration de toute la France.

Si l'emploi de la comédie est de corriger les vices des hommes, je ne vois pas par quelle raison il y en aura de privilégiés. Celui-ci est, dans l'État, d'une conséquence bien plus dangereuse que tous les autres ; et nous avons vu que le théâtre a une grande vertu pour la correction. Les plus beaux traits d'une sérieuse morale sont moins puissants, le plus souvent, que ceux de la satire ; et rien ne reprend mieux la plupart des hommes, que la peinture de leurs défauts. C'est une grande atteinte aux vices, que de les exposer à la risée de tout le monde. On souffre aisément des répréhensions, mais on ne souffre point la raillerie. On veut bien être méchant ; mais on ne veut point être ridicule.

MOLIÈRE, Préface de *Tartuffe*

6 La rhétorique de la persuasion

a. Comment Danton implique-t-il ses auditeurs par ce discours ? Comment s'engage-t-il lui-même ?
b. Relevez trois figures de rhétorique employées pour émouvoir, entraîner, frapper.
c. Relevez et étudiez les phrases au rythme ternaire : quelle est leur fonction ?
d. Quel argument essentiel est développé dans ce discours ?
e. Définissez sa tonalité.

Exercices

Devant les dangers d'invasion de la France par les armées de la contre-révolution, Danton lance un appel à la « levée en masse ».

Il est bien satisfaisant, Messieurs, pour les ministres du peuple libre d'avoir à lui annoncer que la patrie va être sauvée. Tout s'émeut, tout s'ébranle, tout brûle de combattre.
Vous savez que Verdun n'est point encore au pouvoir de vos ennemis. Vous savez que la garnison a promis d'immoler le premier qui proposerait de se rendre.
Une partie du peuple va se porter aux frontières ; une autre va creuser des retranchements, et la troisième, avec des piques, défendra l'intérieur de nos villes.
Paris va seconder ces grands efforts. Les commissaires de la commune vont proclamer d'une manière solennelle l'invitation aux citoyens de s'armer et de marcher pour la défense de la patrie. C'est en ce moment, Messieurs, que vous pouvez déclarer que la capitale a bien mérité de la France entière ; c'est en ce moment que l'Assemblée nationale va devenir un véritable comité de guerre. Nous demandons que vous concouriez avec nous à diriger ce mouvement sublime du peuple, en nommant des commissaires qui nous seconderont dans ces grandes mesures. Nous demandons que quiconque refusera de servir de sa personne, ou de remettre ses armes, soit puni de mort.
Nous demandons qu'il soit fait une instruction aux citoyens pour diriger leurs mouvements. Nous demandons qu'il soit envoyé des courriers dans tous les départements pour les avertir des décrets que vous aurez rendus. Le tocsin qu'on va sonner n'est point un signal d'alarme, c'est la charge sur les ennemis de la patrie. *(On applaudit.)* Pour les vaincre, Messieurs, il nous faut de l'audace, encore de l'audace, toujours de l'audace et la France est sauvée *(Les applaudissements recommencent.)*

DANTON, *Discours du 2 septembre 1792 devant l'Assemblée nationale*

7 La compréhension des questions

Voici une série de questions possibles sur un texte argumentatif. Pour chaque question, indiquez quels faits de langue ou de style vous devez considérer parmi ceux proposés dans la liste de droite. (Plusieurs réponses sont possibles).

Questions	Faits de langue et de style
1. Étudiez les relations logiques à l'intérieur d'un paragraphe.	a. Les indices personnels
2. Comment le locuteur se démarque-t-il de l'opinion commune ?	b. Les termes modalisateurs et évaluatifs
3. Relevez et identifiez deux procédés responsables de la tonalité polémique du texte.	c. L'interrogation oratoire
	d. La ponctuation
	e. Les temps des verbes
	f. La citation
	g. Les connecteurs logiques
4. Quels procédés contribuent à l'éloquence de ce discours ?	h. L'ironie
	i. Le rythme de la phrase
5. Étudiez le rôle de l'implicite dans cette phrase.	j. La syntaxe de la phrase

2 Répondre aux questions

8 Les faits de langue et de style

Voici une série de mots, d'expressions, de phrases (liste de gauche). Repérez la dénomination qui leur convient dans la liste des faits de langue et de style proposée à droite. (Une seule réponse possible).

Mots et expressions	Dénominations des faits de langue et de style
1. Vos	a. Verbe modalisateur
2. J'affirme	b. Périphrase
3. Un torrent de louanges	c. Conjonction de coordination
4. Donc	d. Conjonction de subordination
5. Bien que	e. Adjectif dépréciatif
6. Quelque	f. Verbe à l'impératif
7. Certainement	g. Adjectif possessif
8. Le Président de la République	h. Métaphore hyperbolique
9. Infect	i. Adverbe de manière
10. Partons	j. Adjectif indéfini

Préparer l'écrit du Bac

Exercices

9 Des notes à la rédaction

Voici une question possible sur le texte de Camus (➤ EXERCICE 2, P. 230) : *Relevez dans le premier paragraphe les termes appartenant aux champs lexicaux de la faute et du châtiment et indiquez quelle relation le locuteur établit entre eux.*

Nous avons constitué pour vous les champs lexicaux. Rédigez, à partir de ces notes, la réponse à la deuxième partie de la question.

Champ lexical de la faute	Champ lexical du châtiment
votre insouciance <u>criminelle</u> toutes les villes du <u>péché</u> vous savez ce qu'est le <u>péché</u> tous les <u>maudits</u>	il a laissé le <u>fléau</u> le <u>déluge</u> la <u>peste</u> = ce <u>fléau</u> même qui <u>vous meurtrit</u>

10 De l'observation à l'analyse

a. Plusieurs oppositions peuvent être observées dans le discours suivant. Relevez-les et montrez comment elles mettent en cause les destinataires du discours.
b. Quels sentiments suggèrent-elles chez Bonaparte ?

De retour de la Campagne d'Égypte, Bonaparte apostrophe ainsi les membres du Directoire qui gouvernent alors la France.

Qu'avez-vous fait de cette France, que *je* vous avais laissée si brillante ? *Je* vous ai laissé la paix, *je* retrouve la guerre. *Je* vous ai laissé les millions de l'Italie, *je* retrouve partout des lois spoliatrices[1] et la misère... Qu'avez-vous fait de cent mille Français que je connaissais, tous mes compagnons de gloire et de travaux ? Ils sont morts !

NAPOLÉON BONAPARTE
Cité dans le *Livre des Orateurs de Timon*

1. Des lois qui volent les citoyens.

11 Préciser l'analyse et varier l'expression

Voici une réponse rédigée à la question : *Comment le père Paneloux implique-t-il ses auditeurs dans l'extrait de* La Peste *(➤ EXERCICE 2, P. 230) ?*

a. Complétez cette réponse en suivant les consignes entre parenthèses.
b. Variez l'expression en remplaçant les mots soulignés par des termes équivalents : vous éviterez ainsi des répétitions.

Le père Paneloux implique ses auditeurs en employant « vous » ... *(définir le fait de langue et citer des expressions du texte comportant ce « vous »).* Il <u>implique</u> également ses <u>auditeurs</u> en faisant constamment référence au moment présent par des expressions comme : « l'heure est venue » et des ... *(nommer le fait de langue)* <u>comme</u> « maintenant », « enfin », « aujourd'hui ». Il <u>implique également</u> ceux qui l'écoutent en employant une ...*(nommer le fait de style)* : « mes frères ». Il cherche <u>également</u> à frapper l'imagination par des ... *(nommer le fait de style)* <u>comme</u> « le bien et le mal, la colère et la pitié, la peste et le salut ». Il <u>cherche</u> enfin à entraîner par des ... *(nommer le fait de langue)* : « faire venir », « pousser », « montre la voie ».

12 Rédiger, corriger et conclure

Voici une explication portant sur le rôle des exemples dans le texte d'Alain (➤ EXERCICE 4, PP. 231-232) : elle n'est pas complètement rédigée et comporte des répétitions.

a. Rédigez entièrement l'explication en la reformulant afin d'éviter les redites.
b. Résumez en une phrase de conclusion les différentes fonctions des exemples dans le texte.

Le texte d'Alain présente plusieurs types d'exemples :

– *Un torrent, c'est toujours un torrent* = exemple pour illustrer la ressemblance des choses qu'on voit en courant.
– *Le spectacle de Saint-Ouen à Rouen* = le plaisir de profiter d'un monument qu'on voit plusieurs fois. Cet exemple s'oppose au premier.
– *Si je vais de torrent en torrent* = exemple développé comme une anecdote personnelle pour illustrer le plaisir de la découverte = changement de regard.
– *Le ciel étoilé ; voilà un beau précipice* = plus qu'un exemple = une métaphore pour illustrer la capacité d'un regard à inventer un nouveau paysage.

Exercices

Bilan

Questions

1. Étudiez les emplois de *on* dans le premier paragraphe et de *vous* dans le deuxième paragraphe. Quelle valeur prennent ces pronoms dans l'argumentation de Rousseau ?
2. Relevez les termes appartenant au champ lexical de l'aliénation. Quel est le rôle de ce champ lexical dans le texte ?
3. Justifiez l'organisation de ce texte en deux paragraphes.
4. Formulez en une phrase la thèse défendue par Rousseau. Relevez trois arguments présentés à l'appui de cette thèse.

> Que faut-il donc penser de cette éducation barbare qui sacrifie le présent à un avenir incertain, qui charge un enfant de chaînes de toute espèce, et commence par le rendre misérable, pour lui préparer au loin je ne sais quel prétendu bonheur dont il est à croire qu'il ne jouira jamais ? Quand je supposerais cette éducation raisonnable dans son objet, comment voir sans indignation de pauvres infortunés soumis à un joug insupportable et condamnés à des travaux continuels comme des galériens, sans être assuré que tant de soins leur seront jamais utiles ! L'âge de la gaieté se passe au milieu des pleurs, des châtiments, des menaces, de l'esclavage. On tourmente le malheureux pour son bien ; et l'on ne voit pas la mort qu'on appelle, et qui va le saisir au milieu de ce triste appareil. Qui sait combien d'enfants périssent victimes de l'extravagante sagesse d'un père ou d'un maître ? Heureux d'échapper à sa cruauté, le seul avantage qu'ils tirent des maux qu'il leur a fait souffrir est de mourir sans regretter la vie, dont ils n'ont connu que les tourments.
>
> Hommes, soyez humains, c'est votre premier devoir ; soyez-le pour tous les états, pour tous les âges, pour tout ce qui n'est pas étranger à l'homme. Quelle sagesse y a-t-il pour vous hors de l'humanité ? Aimez l'enfance ; favorisez ses jeux, ses plaisirs, son aimable instinct. Qui de vous n'a pas regretté quelquefois cet âge où le rire est toujours sur les lèvres, et où l'âme est toujours en paix ? Pourquoi voulez-vous remplir d'amertume et de douleurs ces premiers ans si rapides, qui ne reviendront pas plus pour eux qu'ils ne peuvent revenir pour vous ? Pères, savez-vous le moment où la mort attend vos enfants ? Ne vous préparez pas des regrets en leur ôtant le peu d'instants que la nature leur donne : aussitôt qu'ils peuvent sentir le plaisir d'être, faites qu'ils en jouissent, faites qu'à quelque heure que Dieu les appelle, ils ne meurent point sans avoir goûté la vie.
>
> JEAN-JACQUES ROUSSEAU, *Émile ou De l'éducation*, Livre II

Étude d'un texte argumentatif (2)

Analyse et rédaction

Les travaux d'écriture (1)
Résumer, étudier, comparer des argumentations

Une querelle sur le mariage

Henriette apprend à sa sœur Armande qu'elle veut se marier.

HENRIETTE
Et qu'est-ce qu'à mon âge on a de mieux à faire,
Que d'attacher à soi, par le titre d'époux,
Un homme qui vous aime et soit aimé de vous,
Et de cette union, de tendresse suivie,
Se faire les douceurs d'une innocente vie ?
Ce nœud, bien assorti, n'a-t-il pas des appas ?

ARMANDE
Mon Dieu, que votre esprit est d'un étage bas !
Que vous jouez au monde un petit personnage,
De vous claquemurer[1] aux choses du ménage,
Et de n'entrevoir point de plaisirs plus touchants
Qu'un idole d'époux et des marmots d'enfants !
Laissez aux gens grossiers, aux personnes vulgaires,
Les bas amusements de ces sortes d'affaires.
À de plus hauts objets élevez vos désirs.
Songez à prendre un goût des plus nobles plaisirs,
Et traitant de mépris les sens et la matière,
À l'esprit comme nous donnez-vous toute entière.
Vous avez notre mère en exemple à vos yeux,
Que du nom de savante on honore en tous lieux :
Tâchez ainsi que moi de vous montrer sa fille,
Aspirez aux clartés qui sont dans la famille,
Et vous rendez sensible aux charmantes douceurs
Que l'amour de l'étude épanche dans les cœurs ;
Loin d'être aux lois d'un homme en esclave asservie,
Mariez-vous, ma sœur, à la philosophie,
Qui nous monte au-dessus de tout le genre humain,
Et donne à la raison l'empire souverain,
Soumettant à ses lois la partie animale,
Dont l'appétit grossier aux bêtes nous ravale[2].
Ce sont là les beaux feux, les doux attachements,
Qui doivent de la vie occuper les moments ;
Et les soins où je vois tant de femmes sensibles
Me paraissent aux yeux des pauvretés horribles.

HENRIETTE
Le Ciel, dont nous voyons que l'ordre est
[tout-puissant,
Pour différents emplois nous fabrique en naissant ;
Et tout esprit n'est pas composé d'une étoffe
Qui se trouve taillée à faire un philosophe.
Si le vôtre est né propre aux élévations
Où montent des savants les spéculations[3],
Le mien est fait, ma sœur, pour aller terre à terre,
Et dans les petits soins son faible se resserre.
Ne troublons point du Ciel les justes règlements,
Et de nos deux instincts suivons les mouvements :
Habitez, par l'essor d'un grand et beau génie,
Les hautes régions de la philosophie,
Tandis que mon esprit, se tenant ici-bas,
Goûtera de l'hymen[4] les terrestres appas.
Ainsi, dans nos desseins l'une à l'autre
[contraire,
Nous saurons toutes deux imiter notre mère :
Vous, du côté de l'âme et des nobles désirs,
Moi, du côté des sens et des grossiers plaisirs ;
Vous, aux productions d'esprit et de lumière,
Moi, dans celles, ma sœur, qui sont de la matière.

MOLIÈRE, *Les Femmes savantes*, I, 1

1. Enfermer. 2. Nous rabaisse. 3. Réflexions. 4. Du mariage.

Travaux d'écriture*

1. **Résumé** : résumez les arguments d'Armande.
2. **Étude de l'argumentation** : commentez les moyens utilisés par Henriette pour défendre son opinion.
3. **Comparaison de deux argumentations** : dans un développement organisé, vous apprécierez les deux argumentations présentées.

* Nous vous proposons ici trois exemples de travaux d'écriture, mais le jour de l'examen vous n'en aurez qu'un ou deux.

1. Résumé rédigé de l'argumentation d'Armande

Refusez le mariage qui rabaisse la femme en l'enfermant dans les plaisirs dégradants de l'amour domestique et maternel. Préférez, en effet, à cette vie vulgaire car matérielle une vie élevée par l'esprit en suivant l'exemple de notre mère. Échappez ainsi à l'esclavage du mariage en dépassant l'animalité du genre humain. Grâce à votre raison, vous atteindrez dès lors un bonheur supérieur et vous échapperez aux malheurs des femmes passionnées.

2. Étude rédigée de l'argumentation d'Henriette

[INTRODUCTION[1]]
[DÉFINITION DES THÈSES EN PRÉSENCE] Dans la première scène des *Femmes savantes* de Molière, face à la critique du mariage énoncée par sa sœur Armande, Henriette présente avec éloquence la défense de cette union. [PLAN DE L'ÉTUDE] Elle l'envisage tout d'abord sous l'angle des sentiments. Puis elle se déclare prédestinée au mariage avant de réfuter, avec ironie, les arguments de sa sœur sur la matérialité des unions terrestres.

[I. LE MARIAGE, CONDITION DU BONHEUR]
Le premier argument d'Henriette dans sa justification du mariage est que celui-ci est un lien naturel qui mène au bonheur par la réciprocité des sentiments. Cette conception est développée à travers le champ lexical de l'attachement (*attacher, union, nœud*) associé à celui du sentiment (*aimer, tendresse, douceurs*).
Ce rêve d'harmonie est également mis en évidence par les adjectifs évaluatifs (*innocente vie ; ce nœud, bien assorti*), par l'équilibre du vers (6 // 6) : *Un homme qui vous aime et soit aimé de vous*.
L'interrogation rhétorique (*Et qu'est-ce qu'à mon âge...*) traduit chez Henriette le désir de persuader. Elle s'y efforce également en abandonnant la première personne du singulier pour des tournures plus générales (*Un homme qui vous aime ; se faire les douceurs ; Le Ciel, dont nous voyons...*) qui visent l'universalité de la maxime : *Et tout esprit n'est pas composé d'une étoffe...*

---

1. Le plan est indiqué entre crochets. Ces mentions ne doivent pas figurer sur votre devoir.

Analyse et rédaction

[II. LE REFUS D'ÊTRE UNE FEMME SAVANTE]

[TRANSITION] Cependant, devant l'échec de son premier argument et pour répliquer à la tirade d'Armande, Henriette recourt à l'argument d'autorité par excellence, celui de la volonté divine.

La référence au Ciel (*Le Ciel, dont nous voyons que l'ordre est tout puissant*) renforce l'idée d'une prédestination au mariage que confirment les champs lexicaux de la naissance et de l'instinct (*en naissant, le vôtre est né, nos deux instincts*).

Dans ce dialogue théâtral, Henriette répond au discours de sa sœur en l'apostrophant (*Vous, ma sœur*). Elle multiplie les antithèses qui soulignent la différence de leur désirs et de leurs destinées (*le vôtre est né / le mien est fait ; Vous, du côté de l'âme / Moi, du côté des sens*). Cette opposition prend une tonalité polémique par les procédés de l'ironie : Henriette fait semblant de s'abaisser (*pour aller terre à terre ; se tenant ici-bas*) pour élever sa sœur par des termes mélioratifs employés par antiphrase : *un grand et beau génie, des nobles désirs*.

En acceptant sa condition terrestre, Henriette refuse d'être une *femme savante* et elle rappelle subtilement, sur le mode de l'allusion, que sa mère, modèle du pur esprit, selon Armande, est aussi une femme de chair puisqu'elle leur a donné le jour. Elle reprend ainsi l'initiative dans le dialogue, comme l'attestent les impératifs qui scandent sa tirade.

[CONCLUSION] L'argumentation d'Henriette présente deux aspects principaux : elle célèbre les attraits du mariage mais elle adopte aussi une attitude plus critique qui l'amène à contester avec habileté et efficacité, sur un mode ironique, les idées de sa soeur.

3. Comparaison des deux argumentations (Plan détaillé)

[INTRODUCTION]
- Les argumentations d'Armande et d'Henriette s'opposent.
- Cependant elles se répondent.
- Aucune des deux argumentations n'est totalement satisfaisante dans l'image qu'elles donnent de la femme.

[PREMIÈRE PARTIE : L'OPPOSITION DES DEUX ARGUMENTATIONS]
- Les thèses sont diamétralement opposées.
- Les arguments reposent sur deux conceptions différentes de la vie :
  – pour Armande, c'est la liberté et la supériorité de l'esprit qui doivent l'emporter, et elle le déclare avec exaltation et grandiloquence ;
  – pour Henriette, plus ironique, les plaisirs d'un attachement naturel, le mariage, sont plus certains que les ambitions intellectuelles.

[DEUXIÈME PARTIE : LES ÉCHOS ENTRE LES DEUX ARGUMENTATIONS]
- Sur le mode de l'ironie, Henriette utilise la même opposition qu'Armande entre les plaisirs de l'esprit et ceux de la matière.
- Les deux sœurs utilisent l'argument d'autorité en faisant référence à leur mère : Henriette va cependant plus loin en évoquant la puissance divine.
- Chaque sœur tente de s'imposer face à l'autre en employant l'impératif.

[TROISIÈME PARTIE : CRITIQUE DES DEUX ARGUMENTATIONS]
- Aucune des deux argumentations n'est complètement convaincante :
  – celle d'Armande est la plus caricaturale et la moins crédible : l'opposition entre l'esprit et les sens est trop radicale, son mépris pour les sentiments dans le mariage trop hautain ;
  – les idées d'Henriette paraissent recevables : son apologie de la douceur d'un amour partagé est touchante. Sa référence à un instinct nous déterminant dans nos actions est plus discutable.

[CONCLUSION]
- Dans ce texte, en confrontant Armande et Henriette, Molière développe la critique des « femmes savantes » déjà esquissée dans *Les Précieuses ridicules*. Plus généralement, il soulève la question de l'éducation et du statut social de la femme, une femme le plus souvent dominée dans la société du XVIIe siècle.
- De nos jours, l'opposition entre la « femme savante » et la femme épanouie dans son mariage n'a plus beaucoup de signification.
- L'éducation aidant, la vie de famille et la vie de l'esprit ne semblent pas incompatibles aujourd'hui, dans les pays développés, pour une femme.

Leçon

1 Le résumé

Le résumé est un des travaux d'écriture proposés à l'examen (➤ CHAPITRE 25).

Travail préliminaire : comment procéder ?

▶ Lire le texte crayon en main et utiliser les informations qui l'accompagnent (date, titre, type de texte...).

▶ Repérer **la situation d'énonciation** : distinguer les discours du locuteur et les discours rapportés (➤ CHAPITRE 10).

▶ Identifier la **tonalité** du texte : polémique, ironique, didactique... (➤ CHAPITRE 13).

▶ Repérer le **thème principal** de l'argumentation : s'aider des champs lexicaux et encadrer les mots-clés.

▶ Dégager **la thèse du locuteur** ou **la thèse qu'il réfute** : le mode des verbes, les termes modalisateurs ou évaluatifs renseignent sur l'adhésion plus ou moins grande du locuteur à l'idée qu'il développe.

Le mariage aurait de grands charmes selon certains (= thèse mise en doute).
Le mariage a de grands charmes pour moi (= thèse affirmée).
Le mariage est un projet stupide (= thèse réfutée).
➤ EXERCICES 1, 3

▶ Repérer les **relations logiques** en encadrant les connecteurs logiques, en observant la disposition des paragraphes, la ponctuation, le temps des verbes...

Dans la tirade d'Armande, p. 237, les liens logiques sont implicites mais la succession des phrases guide dans la découverte du plan.
➤ EXERCICE 4

▶ Distinguer et souligner les **principaux arguments** et les **exemples** ayant une **valeur argumentative**.

L'exemple de la mère, dans le discours d'Armande, p. 237, a une valeur argumentative : à conserver absolument.

▶ Préparer la rédaction en établissant schématiquement au brouillon le **plan du texte** et en marquant ses articulations logiques.

Tirade d'Henriette p. 237 :
Critique du mariage car 1. il rabaisse la femme ; 2. il l'enferme dans des contraintes ; 3. il donne des plaisirs vulgaires contre les plaisirs de l'esprit donc il faut rechercher ces douces lumières de la pensée, etc.
➤ EXERCICE 2

La rédaction du résumé

▶ Résumer à peu près au **quart** du texte initial (100 mots → 25 mots).

▶ Suivre l'ordre du texte.

▶ **Conserver** son système **d'énonciation** (personne, temps et modes des verbes) en bannissant tout jugement personnel.

Surtout ne pas écrire : *Armande dit que...*, *L'auteur dit que ...*

▶ Garder la **tonalité** du texte.

▶ **Reformuler** en évitant l'imprécision (les indéfinis, les expressions vagues : *des choses, certaines personnes*). En règle générale, ne pas reprendre des phrases du texte. On peut tout à fait garder des mots-clés *(le mariage)* mais il faut créer ses propres phrases.

▶ **Supprimer** les exemples illustratifs, les citations, les répétitions, les périphrases, les parenthèses, les arguments mineurs.

▶ **Condenser** l'expression :
– en remplaçant une relative par un adjectif ou un complément du nom.

L'amour que l'étude épanche dans les cœurs → *le goût de l'étude.*

– en substituant une phrase à deux phrases et en utilisant des **synonymes**.

Le mariage comporte beaucoup d'obligations. Celles-ci rendent l'existence pénible. → *Les contraintes du mariage sont pesantes.*

– en englobant par une seule expression toute une série.

L'union, l'attachement entre les mariés, l'engagement qu'ils prennent → *les liens du mariage.*
➤ EXERCICES 5 à 7

▶ **Marquer** clairement **les liens logiques** en évitant la simple juxtaposition des idées.

Résumé rédigé p. 236 : *en effet, ainsi, dès lors...*
➤ EXERCICES 8, 9

Étude d'un texte argumentatif (2) — CHAPITRE 26

Préparer l'écrit du Bac

Leçon

2 L'étude d'une argumentation

L'analyse d'une stratégie argumentative

▶ Ce travail de compréhension et d'écriture **s'appuie sur les observations** faites dans la **première partie de l'épreuve** (➤ CHAPITRE 25).

Voici des questions qui auraient pu être posées en première partie du sujet n° 1 à propos du texte de Molière p. 237 :
1. À travers quelles images et quels termes évaluatifs, Henriette présente-t-elle un éloge du mariage dans sa première réplique ?
2. Définissez la tonalité de la deuxième tirade d'Henriette et citez un procédé qui crée cette tonalité.

▶ **Analyse de la stratégie argumentative** :
Son objectif est de faire étudier les choix d'une argumentation pour convaincre et séduire. Pour cela :
– distinguer **l'information** et **l'argumentation** (➤ CHAPITRE 15).
– étudier **le choix de la thèse** et **la nature des arguments** : le type de raisonnement, les relations logiques, la progression démonstrative, le rôle des exemples et des citations (➤ CHAPITRES 16 ET 17 ET CHAPITRE 25 PP. 236-238).

Étude rédigée de l'argumentation d'Henriette, deuxième partie, p. 236 : ses arguments (la prédestination, la mère), son raisonnement par opposition aux idées de sa sœur.

– évaluer **la position du locuteur** vis-à-vis d'une thèse qu'il ne soutient pas : attitude de doute, attitudes critique, ironique, polémique, réfutation.

L'ironie d'Henriette dans les vers :
Habitez, par l'essor d'un grand et beau génie, ...

– étudier l'art de séduire, d'émouvoir, de frapper l'imagination, de solliciter l'attention, d'entraîner l'adhésion en impliquant le destinataire (pour les procédés mis en jeu, voir le tableau p. 228).

Les apostrophes et les impératifs dans le discours d'Henriette.

➤ EXERCICE 10

Le plan de l'étude

▶ L'étude doit être entièrement rédigée, composée en paragraphes, et comporter une introduction et une conclusion.

▶ Le plan de l'étude peut **suivre** les grandes **étapes** du parcours argumentatif **du texte étudié**.

Étude de l'argumentation d'Henriette, p. 236.

▶ À l'intérieur de chaque partie, la rédaction en **paragraphes distincts** permet d'aborder les **différents aspects** de l'argumentation.

Étude de l'argumentation d'Henriette, première partie, p. 236 :
Paragraphe 1 = *l'argument principal et les champs lexicaux qui le développent*
Paragraphe 2 = *les procédés qui suggèrent l'harmonie dans le mariage*
Paragraphe 3 = *les autres moyens de persuasion*

▶ L'étude des moyens logiques propres à convaincre doit être **accompagnée** de celle des procédés rhétoriques destinés à émouvoir. Elle doit s'appuyer sur des éléments précis du texte, nommés avec exactitude et cités entre guillemets.

▶ Des transitions font le lien entre les parties principales de l'étude.

Transition de l'étude rédigée, p. 236.

➤ EXERCICES 11, 12

L'introduction

▶ L'introduction présente rapidement **l'origine** du texte (auteur, œuvre, éventuellement contexte), sa **nature** (scène de théâtre, essai, préface...), le **thème** de l'argumentation, le **locuteur** et le **destinataire** de celle-ci. L'introduction annonce enfin les **étapes** principales de l'étude.

Introduction de l'étude rédigée, p. 236.

➤ EXERCICE 13

La conclusion

▶ La conclusion permet de **résumer** les différentes découvertes de l'étude et de formuler une **appréciation** sur la logique, la capacité de convaincre et de séduire de l'argumentation proposée. Elle peut remettre en perspective le texte en fonction de son genre, de son époque.

Conclusion de l'étude rédigée, p. 236.

➤ EXERCICES 14, 15

Leçon

3 La comparaison de deux argumentations

La confrontation de deux textes

▶ Un troisième type de travail possible consiste à comparer deux argumentations (à l'intérieur d'un même texte ou entre deux textes).

Comment procéder ?

▶ Bien lire les textes pour repérer le thème commun, la **question traitée**.

Dans le texte de Molière p. 237, la question est : *Une fille doit-elle se marier ?*

▶ **Établir** au brouillon le plan schématique des deux argumentations en deux colonnes placées en regard afin de déterminer des **points de confrontation (ou de convergence)**.

Le point de confrontation, dans le texte de Molière p. 237, est la définition du bonheur entre Henriette et Armande.

▶ **Comparer** les thèses, les tonalités, les parcours argumentatifs et les stratégies logiques et rhétoriques.

➤ Exercices 16 à 18

Du plan à la rédaction

▶ La comparaison, dans tous les cas, se fonde sur l'**étude précise des procédés** logiques et rhétoriques de l'argumentation (voir l'étude d'une argumentation, p. 240).

▶ Élaborez un plan clair pour présenter la comparaison : évitez de présenter successivement et séparément les deux argumentations et préférez un plan qui, **dans chaque partie**, présente **un point de confrontation** et aboutit à un bilan critique.

Plan de la comparaison entre Henriette et Armande, p. 238.

▶ Présentez dans une **introduction** les deux textes, leur genre, leur tonalité, le thème abordé puis annoncez les points de confrontation des thèses en présence et les étapes du développement.

▶ Formulez toujours dans une **dernière partie** un **jugement critique**, personnel et argumenté sur les textes comparés, la force et les limites de leur pouvoir de conviction.

▶ Soigner les transitions.

▶ **Conclure**.

➤ Exercice 19

L'essentiel

Sur quels critères serez-vous évalué ?

▶ **Le résumé :** il reformule et condense, dans une langue correcte et précise, les **principales étapes** d'un texte argumentatif en veillant à restituer et expliciter ses relations logiques.

▶ **L'étude d'une argumentation :** elle présente l'analyse d'une stratégie argumentative sous la forme d'un **développement construit** en paragraphes et comportant introduction, transitions et conclusion. Elle s'appuie sur une étude précise des **procédés de l'argumentation** dans ses aspects logiques et rhétoriques et conduit à un jugement personnel.

▶ **La comparaison de deux argumentations :** elle analyse et confronte deux thèses, deux parcours démonstratifs et deux stratégies pour convaincre et séduire. Elle **organise** la confrontation **autour de points de convergence et de divergence** et la présente dans un développement comportant paragraphes, introduction et conclusion. Elle doit comporter un **bilan critique**.

Préparer l'écrit du Bac

Exercices

1. Le résumé

1. L'énonciation et le thème

a. Définissez la situation d'énonciation : qui parle ? à qui ?
b. Quel est le sujet principal du texte ? À travers quels champs lexicaux est-il développé ?
c. Par quels indices s'exprime l'opinion du locuteur ?

> L'œil, qu'on appelle fenêtre de l'âme, est la principale voie par où le sens commun peut considérer, largement et dans leur splendeur, les œuvres infinies de la nature.
> L'oreille vient ensuite qui s'ennoblit à écouter le récit de ce que l'œil a vu.
> Si vous, historiographes ou poètes ou mathématiciens, vous n'avez pas vu les choses par vos yeux, vous ne pourrez pas les bien rapporter dans ce que vous écrivez ; et si toi, poète, tu figurais une histoire avec la peinture de ta plume et le peintre avec son pinceau, celui-ci satisfera davantage et se fera mieux comprendre. Si tu appelles la peinture une poésie muette, le peintre pourra te répondre que la poésie est une peinture qu'on ne voit pas. Or décide : quel est la pire infirmité d'être aveugle ou d'être muet ?
>
> LÉONARD DE VINCI, *Traité de la peinture* (trad. 1907)

2. Thèse, arguments, exemples

a. Dégagez la thèse du locuteur.
b. Faites le plan de l'argumentation du deuxième paragraphe : combien relevez-vous d'arguments importants ? Doit-on conserver des exemples dans le résumé ?

> Au néolithique, l'humanité a accompli des pas de géant sans le secours de l'écriture ; avec elle, les civilisations historiques de l'Occident ont longtemps stagné. Sans doute concevrait-on mal l'épanouissement scientifique du XIXe et du XXe siècles sans écriture. Mais cette condition nécessaire n'est certainement pas suffisante pour l'expliquer.
> Si l'on veut mettre en corrélation l'apparition de l'écriture avec certains traits caractéristiques de la civilisation, il faut chercher dans une autre direction. Le seul phénomène qui l'ait fidèlement accompagnée est la formation des cités et des empires, c'est-à-dire l'intégration dans un système politique d'un nombre considérable d'individus et leur hiérarchisation en castes et en classes. Telle est, en tout cas, l'évolution typique à laquelle on assiste, depuis l'Égypte jusqu'à la Chine, au moment où l'écriture fait son début : elle paraît favoriser l'exploitation des hommes avant leur illumination. Cette exploitation, qui permettait de rassembler des milliers de travailleurs pour les astreindre à des tâches exténuantes, rend mieux compte de la naissance de l'architecture que la relation directe envisagée tout à l'heure. Si mon hypothèse est exacte, il faut admettre que la fonction primaire de la communication écrite est de faciliter l'asservissement. L'emploi de l'écriture à des fins désintéressées, en vue de tirer des satisfactions intellectuelles et esthétiques, est un résultat secondaire, si même il ne se réduit pas le plus souvent à un moyen pour renforcer, justifier ou dissimuler l'autre.
>
> CLAUDE LÉVI-STRAUSS, *Tristes tropiques*, Éd. Plon, 1955

3. Modes et tonalité

a. Qu'y a-t-il de particulier dans le système d'énonciation et les modes employés dans le texte suivant ?
b. Quelle est sa tonalité ? Comment la faire apparaître dans le résumé ?
c. Quelles sont les trois principales étapes du texte ?

> Rendez votre élève attentif aux phénomènes de la nature, bientôt vous le rendrez curieux ; mais, pour nourrir sa curiosité ne vous pressez jamais de la satisfaire. Mettez les questions à sa portée, et laissez-les lui résoudre. Qu'il ne sache rien parce que vous le lui avez dit, mais parce qu'il l'a compris lui-même ; qu'il n'apprenne pas la science, qu'il l'invente. Si jamais vous substituez dans son esprit l'autorité à la raison, il ne raisonnera plus ; il ne sera plus que le jouet de l'opinion des autres.
> Vous voulez apprendre la géographie à cet enfant, et vous lui allez chercher des globes, des sphères, des cartes ; que de machines ! Pourquoi toutes ces représentations ? que ne commencez-vous par lui montrer l'objet même, afin qu'il sache au moins de quoi vous lui parlez ! [...]
> Ne tenez point à l'enfant des discours qu'il ne peut entendre... Point de descriptions, point

Exercices

d'éloquence, point de figures, point de poésie. Il n'est pas maintenant question de sentiment ni de goût. Continuez d'être clair, simple et froid ; le temps ne viendra que trop tôt de prendre un autre langage.

JEAN-JACQUES ROUSSEAU, *Émile ou De l'éducation*

4 Relations logiques

a. Délimitez les deux parties principales de ce texte : quelle phrase marque la transition entre les deux ? Quelle relation logique exprime-t-elle ?
b. Parmi les connecteurs logiques suivants, choisissez ceux qui pourraient exprimer cette relation dans votre résumé : *car, parce que, pourtant, cependant, donc, de sorte que, dès lors, bien que, si bien que.*

> Vous le savez, mais vous ne l'avez peut-être pas assez médité, à quel point l'ère moderne est parlante. Nos villes sont couvertes de gigantesques écritures. La nuit même est peuplée de mots de feu. Dès le matin, des feuilles imprimées innombrables sont aux mains des passants, des voyageurs dans les trains, et des paresseux dans leurs lits. Il suffit de tourner un bouton dans sa chambre pour entendre les voix du monde, et parfois la voix de nos maîtres. Quant aux livres, on n'en a jamais tant publié. On n'a jamais tant lu, ou plutôt tant parcouru !
> Que peut-il résulter de cette grande débauche ?
> Les mêmes effets que je vous décrivais tout à l'heure ; mais, cette fois, c'est notre sensibilité verbale qui est brutalisée, émoussée, dégradée... Le langage s'use en nous.
> L'épithète est dépréciée. L'inflation de la publicité a fait tomber à rien la puissance des adjectifs les plus forts. La louange et même l'injure sont dans la détresse ; on doit se fatiguer l'esprit à chercher de quoi glorifier ou insulter les gens !

PAUL VALÉRY, « Essais quasi politiques », *Variété*, Éd. Gallimard, 1924

5 Rédiger : reformulation

a. Remplacez ces trois expressions tirées du texte précédent (➤ EXERCICE 4) par une formule unique :
– *couvertes de gigantesques écritures*
– *peuplées de mots de feu*
– *feuilles imprimées innombrables*
b. Résumez la série suivante par un seul adjectif :
– *émoussée*

– *dégradée*
– *dépréciée*
c. Cherchez un synonyme des mots suivants :
– *parlante* (l'ère moderne est parlante)
– *inflation* (inflation de la publicité)
– *puissance* (puissance des adjectifs)
– *louange* (la louange et même l'injure)

6 Rédiger : condenser l'expression

Condensez le résumé du texte suivant en remplaçant les expressions entre parenthèses par des formulations plus concises.

Texte

> Aujourd'hui, les objets sont là avant d'être gagnés, ils anticipent sur la somme d'efforts et de travail qu'ils représentent, leur consommation précède pour ainsi dire leur production. Certes je n'ai plus envers eux, dont je ne fais que me servir, de responsabilité patrimoniale, ils ne m'ont été légués par personne, et je ne les léguerai à personne. C'est une autre contrainte qu'ils exercent : ils sont comme suspendus au-dessus de moi, qui dois les acquitter. Si je ne suis plus relatif à travers eux à la famille ni à un groupe traditionnel, par contre je deviens relatif à la société globale et à ses instances (ordre économique et financier, fluctuations de la mode, etc.). Il va falloir les racheter chaque mois, les renouveler tous les ans.

JEAN BAUDRILLARD, *Le système des objets*, Éd. Denoël

Résumé à condenser :

> (À l'heure actuelle) les biens matériels (sont pris dans le cycle de la consommation) (alors qu'on ne les a pas encore gagnés) et ils me placent (dans une situation de dépendance vis-à-vis de la société). En effet (il est nécessaire que) je les rembourse et que (je procède à leur changement).

7 Rédiger : les termes englobants

a. Quels mots-clés pourraient être conservés dans le résumé du texte suivant ?
b. Classez les expressions soulignées en trois séries cohérentes et résumez chacune des séries par une formulation englobante.
c. Rédigez le résumé de ce paragraphe en utilisant ces formules englobantes.

Exercices

À la vie régulière, occupée aux travaux quotidiens, paisible, prise dans un système d'interdits, toute de précautions, où la maxime *quieta non movere*[1] maintient l'ordre du monde, s'oppose l'effervescence de la fête. Celle-ci, si l'on ne considère que ses aspects extérieurs, présente des caractères identiques à n'importe quel niveau de civilisation. Elle implique un grand concours de peuple agité et bruyant. Ces rassemblements massifs favorisent éminemment la naissance et la contagion d'une exaltation qui se dépense en cris et en gestes, qui incite à s'abandonner sans contrôle aux impulsions les plus irréfléchies. Même aujourd'hui, où cependant les fêtes appauvries ressortent si peu sur le fond de grisaille que constitue la monotonie de la vie courante et y apparaissent dispersées, émiettées, presque enlisées, on distingue encore en elles quelques misérables vestiges du déchaînement collectif qui caractérise les anciennes frairies[2].

R. CAILLOIS, *L'homme et le sacré*, Éd. Gallimard, 1950

1. Il est prudent de ne rien changer. 2. Fêtes.

8 Rédiger : les connecteurs logiques

Nous vous proposons ci-dessous, sous forme de notes, le schéma des idées du texte suivant de Diderot.
a. Quelles relations logiques existent entre elles ?
b. Quels connecteurs logiques peuvent les expliciter ?
c. Rédigez le résumé en employant ces connecteurs.

Texte

Aucun homme n'a reçu de la nature le droit de commander aux autres. La liberté est un présent du Ciel, et chaque individu de la même espèce a le droit d'en jouir aussitôt qu'il jouit de la raison. Si la nature a établi quelque *autorité*, c'est la puissance paternelle : mais la puissance paternelle a ses bornes ; et dans l'état de nature, elle finirait aussitôt que les enfants seraient en état de se conduire. Toute autre *autorité* vient d'une autre origine que la nature. Qu'on examine bien et on la fera toujours remonter à l'une de ces deux sources : ou la force et la violence de celui qui s'en est emparé ; ou le consentement de ceux qui s'y sont soumis par un contrat fait ou supposé entre eux et celui à qui ils ont déféré l'*autorité*.

DIDEROT, article « Autorité politique » de l'*Encyclopédie*

Notes

1. Le gouvernement des hommes n'est pas un droit naturel.
2. La liberté est innée.
3. L'autorité paternelle est naturelle.
4. Ce pouvoir est limité à l'enfance.
5. Les autres pouvoirs ont un fondement qui n'est pas naturel.
6. Ce fondement peut être l'usurpation par la violence.
7. Il peut être un contrat entre gouvernants et gouvernés.

9 La rédaction du résumé

Rédigez le résumé du texte de Lévi-Strauss p. 242 (➤ EXERCICE 2) en marquant les relations logiques.

2 L'étude d'une argumentation

10 L'analyse d'une stratégie argumentative

a. Quels événements historiques sont évoqués dans ce texte ? En quoi peut-on dire qu'il s'agit d'un texte plus argumentatif qu'informatif ?
b. Quelle est la thèse de Michelet ? Quelle thèse réfute-t-il ? Dans quelle partie du texte cette thèse adverse est-elle formulée ? Comment Michelet s'en démarque-t-il ?
c. Dégagez le plan en mettant en évidence sa progression démonstrative et le rôle des exemples.
d. Étudiez dans ce texte les procédés destinés à entraîner l'adhésion du lecteur et notamment :
– la personnification de la révolution,
– les modalités et le rythme des phrases,
– l'usage du paradoxe,
– les termes évaluatifs qui traduisent l'opinion du locuteur.

Ah ! pauvre Révolution, si confiante à ton premier jour, tu avais convié le monde à l'amour et à la paix...
« Ô mes ennemis, disais-tu, il n'y a plus d'ennemis ! » Tu tendis la main à tous, leur offris ta coupe à boire à la paix des nations... Mais ils ne l'ont pas voulu.

Exercices

Et lors même qu'ils sont venus pour la frapper par surprise, l'épée que la France a tirée, ce fut l'épée de la paix. C'est pour délivrer les peuples, pour leur donner la vraie paix, la Liberté, qu'elle frappa les tyrans. Dante[1] assigne pour fondateur aux portes de l'enfer l'Amour éternel. Ainsi, sur son drapeau de guerre, la Révolution écrivit : La Paix. Ses héros, ses invincibles, furent, entre tous, les pacifiques. Les Hoche, les Marceau, les Desaix et les Kléber[2] sont pleurés, comme les hommes de la paix, des amis et des ennemis, pleurés du Nil et du Rhin, pleurés de la guerre elle-même, de l'inflexible Vendée.

La France s'était fiée si bien à la puissance de l'idée, qu'elle fit ce qu'elle pouvait pour ne pas faire de conquête. Tout peuple ayant même besoin, la liberté, poursuivant le même droit, d'où pouvait naître la guerre ? La Révolution, qui n'était dans son principe que le triomphe du droit, la résurrection de la justice, la réaction tardive de l'idée contre la force brutale, pouvait-elle, sans provocation, employer la violence ?

Ce caractère profondément pacifique, bienveillant, de la Révolution, semble un paradoxe aujourd'hui. Tant on ignore ses origines, tant sa nature est méconnue, tant la tradition, au bout d'un temps si court, se trouve déjà obscurcie !

Les efforts violents, terribles, qu'elle fut obligée de faire, pour ne pas périr, contre le monde conjuré, une génération oublieuse les a pris pour la Révolution elle-même.

JULES MICHELET, Préface de 1847 à l'*Histoire de la Révolution française*

1. Poète italien du XVIe siècle, auteur de *La Divine Comédie*.
2. Généraux de la Révolution.

11 Le plan de l'étude

À partir des conclusions dégagées dans l'exercice précédent, complétez le plan suivant afin d'organiser l'étude de l'argumentation de Michelet.

Première partie : Le message de paix de la révolution défendu par Michelet
1. Ses arguments
2. Les moyens destinés à convaincre : l'enchaînement logique des idées, l'opposition entre les tyrans et la révolution, l'exemple des héros
3. L'art d'émouvoir

Deuxième partie : ....

12 Les transitions

Rédigez une phrase une transition entre chacune des idées suivantes exprimées par Rousseau (➤ EXERCICE 3, P. 242).

Idée 1 : Rousseau propose de donner à l'enfant une autonomie dans la recherche et la réflexion.
Idée 2 : L'élève, selon Rousseau, doit être confronté directement à la réalité sans en être distrait par les représentations que son maître lui en montrera.
Idée 3 : Rousseau critique l'obscurité et la complication excessive des discours pédagogiques.

13 L'introduction

Reportez-vous au texte de l'Exercice 3, p. 242 et rédigez l'introduction de son étude en précisant :
a. son origine (auteur, œuvre),
b. son genre, sa tonalité et la relation entre locuteur et destinataire,
c. le thème de son argumentation,
d. les étapes principales de l'étude.

14 La conclusion

Voici, sous forme de notes très incomplètes, les éléments d'une conclusion pour l'étude du texte de Michelet (➤ EXERCICE 10, P. 244) :
– La double ambition de Michelet dans le texte
– Les moyens employés pour convaincre
– La vision et l'écriture de l'histoire selon Michelet

a. Comparez sa manière d'envisager et d'écrire l'histoire à celle d'un historien contemporain (dans un manuel d'histoire par exemple).
b. Rédigez et complétez la conclusion en utilisant ces éléments.

15 Rédiger une étude

Vous commenterez sous la forme d'un développement composé les moyens utilisés par Madame du Châtelet (➤ CHAPITRE 25, P. 226) pour entraîner l'adhésion du lecteur.

Exercices

3 La comparaison de deux argumentations

16 Un réquisitoire

a. Quelle thèse est développée dans le texte suivant ?
b. Sur quels présupposés et sur quelles oppositions repose son argumentation ?
c. Définissez la tonalité du propos et étudiez par quels procédés l'auteur cherche à entraîner l'adhésion de son lecteur.
d. Formulez enfin un jugement personnel sur cette argumentation.
e. Relisez maintenant le texte de Michelet (➤ Exercice 10, p. 244) et comparez-le avec le texte suivant en faisant les Exercices 17, 18 et 19.

> La Révolution française a parcouru, sans doute, une période dont tous les moments ne se ressemblent pas ; cependant, son caractère général n'a jamais varié, et dans son berceau même elle éprouva tout ce qu'elle devait être. C'était un certain délire inexplicable, une impétuosité aveugle, un mépris scandaleux de tout ce qu'il y a de respectable parmi les hommes ; une atrocité d'un nouveau genre, qui plaisantait de ses forfaits ; surtout une prostitution impudente du raisonnement et de tous les mots faits pour exprimer des idées de justice et de vertu.
> [...] Et maintenant encore, voyez comment le crime sert de base à tout cet échafaudage républicain ; ce mot de citoyen qu'ils ont substitué aux formes antiques de la politesse, ils le tiennent des plus vils des humains ; ce fut dans une de leurs orgies législatrices que des brigands inventèrent ce nouveau titre. Le calendrier de la république, qui ne doit point seulement être envisagé par son côté ridicule, fut une conjuration contre le culte ; leur ère date des plus grands forfaits qui aient déshonoré l'humanité ; ils ne peuvent dater un acte sans se couvrir de honte, en rappelant la flétrissante origine d'un gouvernement dont les fêtes mêmes font pâlir.
> Est-ce donc de cette fange sanglante que doit sortir un gouvernement durable ? Qu'on ne nous objecte point les mœurs féroces et licencieuses des peuples barbares, qui sont cependant devenus ce que nous voyons. L'ignorance barbare a présidé, sans doute, à nombre d'établissements politiques ; mais la barbarie savante, l'atrocité systématique, la corruption calculée, et surtout l'irréligion, n'ont jamais rien produit. La verdeur mène à la maturité ; la pourriture ne mène à rien.

JOSEPH DE MAISTRE, *Considérations sur la France*, 1797

17 Deux thèses opposées

a. Comparez l'argumentation développée par Joseph de Maistre (➤ Exercice 16) et celle de Jules Michelet (➤ Exercice 10) : sur quels points les deux auteurs s'opposent-ils ?
b. Quels points communs peut-on noter dans les procédés mis en œuvre pour persuader le lecteur ?

18 Le plan de la comparaison

En vous appuyant sur les conclusions dégagées dans les Exercices 16 et 17, élaborez le plan d'une comparaison entre l'argumentation de Michelet et celle de Maistre.

19 La rédaction de la comparaison

a. Rédigez l'introduction de la comparaison entre les textes de Michelet et de Maistre (➤ Exercice 18) : précisez l'origine des textes (auteur, œuvre, date), leur genre et leur tonalité, le thème abordé, les points de confrontation et les différentes étapes de la comparaison.
b. Formulez dans une conclusion un point de vue critique sur le pouvoir de conviction de ces textes et leurs limites : indiquez de quel auteur vous vous sentez le plus proche et pourquoi.

Préparer l'écrit du Bac

Exercices

Traitez l'un des travaux d'écriture suivants :
1. **Résumé :** Résumez l'argumentation de Rousseau.
2. **Étudier des argumentations :** Commentez, sous la forme d'un développement composé, les moyens utilisés par Voltaire pour entraîner l'adhésion du lecteur.
3. **Comparer des argumentations :** Dans un développement organisé, vous comparerez et apprécierez les deux argumentations présentées.

Texte 1

J'aime le luxe, et même la mollesse
Tous les plaisirs, les arts de toute espèce
La propreté, le goût, les ornements :
Tout honnête homme a de tels sentiments.
Il est bien doux pour mon cœur très immonde[1],
De voir ici l'abondance à la ronde,
Mère des arts et des heureux travaux,
Nous apporter de sa source féconde,
Et des besoins et des plaisirs nouveaux.
L'or de la terre et les trésors de l'onde,
Leurs habitants et les peuples de l'air,
Tout sert au luxe, aux plaisirs de ce monde.
Ah ! le bon temps que ce siècle de fer[2] !
Le superflu, chose très nécessaire,
A réuni l'un et l'autre hémisphère ;
Voyez-vous pas ces agiles vaisseaux
Qui du Texel[3], de Londres, de Bordeaux,
S'en vont chercher, par un heureux échange,
De nouveaux biens, nés aux sources du Gange,
Tandis qu'au loin, vainqueurs des musulmans,
Nos vins de France enivrent les sultans ?
Quand la nature était dans son enfance,
Nos bons aïeux vivaient dans l'innocence,
Ne connaissant ni le tien ni le mien.
Qu'auraient-ils pu connaître ? Ils n'avaient rien,
Ils étaient nus ; et c'est chose très claire
Que qui n'a rien n'a nul partage à faire.
Sobres étaient. Ah ! je le crois encor ;
Martialo[4] n'est point du siècle d'or.
D'un bon vin frais ou la mousse ou la sève
Ne gratta point le triste gosier d'Ève.
La soie et l'or ne brillaient point chez eux :
Admirez-vous pour cela nos aïeux ?
Il leur manquait l'industrie[5] et l'aisance :
Est-ce vertu ? C'était pure ignorance.

VOLTAIRE, *Le Mondain*, 1736

1. Impur. 2. L'âge de fer qui ressemble ici à l'âge d'or de la légende grecque. 3. Île hollandaise. 4. Auteur d'un traité de gastronomie. 5. Le savoir-faire.

Texte 2

C'est un grand mal que l'abus du temps. D'autres maux pires encore suivent les lettres et les arts. Tel est le luxe, né comme eux de l'oisiveté et de la vanité des hommes. Le luxe va rarement sans les sciences et les arts, et jamais ils ne vont sans lui. Je sais que notre philosophie, toujours féconde en maximes singulières, prétend, contre l'expérience de tous les siècles, que le luxe fait la splendeur des États ; mais, après avoir oublié la nécessité des lois somptuaires[1], osera-t-elle nier encore que les bonnes mœurs ne soient essentielles à la durée des empires, et que le luxe ne soit diamétralement opposé aux bonnes mœurs ? Que le luxe soit un signe certain des richesses ; qu'il serve même si l'on veut à les multiplier : que faudra-t-il conclure de ce paradoxe si digne d'être né de nos jours, et que deviendra la vertu, quand il faudra s'enrichir à quelque prix que ce soit ? Les anciens politiques parloient sans cesse de mœurs et de vertu : les nôtres ne parlent que de commerce et d'argent. L'un vous dira qu'un homme vaut, en telle contrée, la somme qu'on le vendroit à Alger ; un autre, en suivant ce calcul, trouvera des pays où un homme ne vaut rien, et d'autres où il vaut moins que rien. Ils évaluent les hommes comme des troupeaux de bétail. Selon eux, un homme ne vaut à l'État que la consommation qu'il y fait ; ainsi un Sybarite[2] auroit bien valu trente Lacédémoniens[3]. Qu'on devine donc laquelle de ces deux républiques, de Sparte ou de Sybaris[2], fut subjuguée par une poignée de paysans, et laquelle fit trembler l'Asie. [...]
Que nos politiques daignent suspendre leurs calculs pour réfléchir à ces exemples, et qu'ils apprennent une fois qu'on a de tout avec de l'argent, hormis des mœurs et des citoyens.

JEAN-JACQUES ROUSSEAU, *Discours sur les sciences et les arts*, 1750

1. Lois restreignant les dépenses de luxe. 2. Habitant de Sybaris vivant dans le luxe et la mollesse. 3. Habitants de Sparte élevés dans le culte des armes et le refus du luxe.

Étude d'un texte argumentatif (3)

CHAPITRE 27

Analyse et rédaction

Les travaux d'écriture (2)
Développer, réfuter ou discuter une argumentation

L'« imposture » de la presse

Le moyen le plus puissant et le plus répandu qu'ait de nos jours le monde des choses inférieures pour menacer l'homme de la rue dans sa possession de soi-même, la presse, le fait donc vivre dans un univers de fictions. Plus encore qu'au cours des siècles passés, l'imposture est son élément. Qu'on ne juge pas que j'ai donné ici une part trop grande à la presse. N'importe quelle insanité sociale, entre autres la guerre, la faire accepter est l'affaire d'une campagne de presse de six semaines. Notre condition, notre vie, les vies de ceux qui nous sont chers, sont à la merci des directeurs de journaux et des journalistes.

HENRI DE MONTHERLANT, La Possession de soi-même,
extrait d'une conférence faite le 8 mars 1935

Les travaux d'écriture*

1. Réfutation : Réfutez, sous une forme organisée et rédigée, la thèse défendue par Henri de Montherlant dans ce texte.
2. Discussion : Comment jugez-vous cette condamnation de la presse ?

* Nous vous proposons ici deux exemples de travaux d'écriture, mais le jour de l'examen vous n'en aurez qu'un ou deux.

---

1. Réfutation rédigée de la thèse de Montherlant

[**INTRODUCTION**[1]] Véhiculées par de puissants médias, les informations de la presse orale et écrite font parfois l'objet de contestations [A]. Ainsi, en 1935, au cours d'une conférence intitulée *La possession de soi-même*, l'écrivain Henri de Montherlant condamnait sans réserve l'« imposture » de la presse, son pouvoir de nous faire vivre dans un *univers de fictions* [B]. Ce jugement sévère qui voit dans le travail des journalistes un mensonge et une manipulation de nos consciences est beaucoup trop radical [C]. La presse est indispensable parce qu'elle permet d'accéder à la connaissance des faits. C'est justement parce qu'elle s'efforce de dire la vérité sur les faits qu'elle est menacée par les pouvoirs qui voudraient fonder leur autorité sur le mensonge : défendre la liberté de la presse, c'est donc défendre notre propre liberté de conscience [D].

[**PREMIÈRE PARTIE : UNE NÉCESSAIRE INFORMATION SUR LES FAITS**]
Ne pouvant être directement informé d'événements survenus hors du champ de notre expérience, nous trouvons dans les journaux, à la radio ou à la télévision, le récit de faits importants, de décisions qui engagent parfois notre vie. Sans ce relais de la presse, nous pourrions avoir le sentiment d'être relégué hors du présent, hors de l'histoire, hors du monde. Et ce monde n'est pas forcément, comme le craint Montherlant *le monde des choses inférieures* : c'est le monde

---

1. Le plan est indiqué entre crochets. Ces mentions ne doivent pas figurer sur votre devoir.

de la politique, de l'économie, de la culture où nous cherchons à entrer *en possession de nous-mêmes*, c'est-à-dire à approfondir notre réflexion personnelle et notre maîtrise des événements.

Ainsi dans la vie professionnelle, dans une société de services où les communications sont devenues complexes et instantanées, les informations données par la presse sont capitales. Une entreprise de dimension internationale en relation avec des pays en guerre doit être tenue au courant au jour le jour de la situation afin de déterminer sa stratégie. Il en va parfois de la vie des hommes et des femmes qu'elle emploie sur le terrain.

De même, dans le domaine politique, comment pourrions-nous exercer notre réflexion de citoyens sans la connaissance des données économiques, des programmes des partis, des discussions du parlement ? Un journal nous offre les échos des débats essentiels dans une démocratie comme ceux qui portent aujourd'hui sur la construction européenne ou sur la réduction du temps de travail.

[TRANSITION] Chaque citoyen a donc le devoir et le droit de s'informer : un droit qui lui est parfois contesté.

[DEUXIÈME PARTIE : LE DROIT D'INFORMER CONTRE LE POUVOIR DE MANIPULER]

Accuser la presse d'« imposture », c'est se tromper de cible. Ce sont souvent les pouvoirs établis, notamment dans les régimes autoritaires, qui voudraient empêcher les journalistes de poursuivre leurs investigations et de révéler la vérité des faits. Au demeurant, les journalistes sont souvent les victimes de pressions quand leur vie, elle-même, n'est pas mise en danger. Dans *Le Mariage de Figaro* de Beaumarchais, le héros rapporte ainsi les menaces dont il a fait l'objet lorsqu'il a voulu créer un journal et exercer son esprit critique. Or, *sans la liberté de blâmer, il n'est point d'éloge flatteur*, rappelle Figaro.

Certes, la pratique de ce métier conduit parfois des journalistes à céder aux sirènes du pouvoir et de l'argent. On peut cependant rappeler plusieurs exemples historiques où la presse a refusé *l'imposture* et dénoncé des injustices : c'est dans les colonnes du journal *L'aurore*, en janvier 1898, que Zola, dans un article intitulé « J'accuse », s'est engagé pour la réhabilitation du capitaine Dreyfus.

Il y a évidemment des limites à la divulgation des informations, qui sont celles du respect de la vie privée. Jean Lacouture, dans *Le Courrier de l'Unesco*, notait que le problème majeur du journaliste *n'a pas trait à l'acquisition mais à la diffusion de sa part de vérité*, que seule sa conscience lui permet de déterminer. Il s'efforcera ainsi d'éviter les pièges de la *fiction*, de la désinformation et de la propagande.

[CONCLUSION] La mission de la presse, dans le sens noble du terme, ce n'est donc pas la manipulation de l'opinion, mais la recherche sérieuse de la vérité des faits entre les écueils de la fausse information et de la pression politique [E]. Comme le souligne le philosophe Hannah Arendt, *sans les journalistes, nous ne nous y retrouverions jamais dans un monde en changement perpétuel* [F]. Le véritable gouvernement démocratique est celui qui reconnaît, *même en cas de conflit, qu'il a intérêt à l'existence d'hommes et d'institutions sur lesquels il n'a pas de pouvoir*. La presse, comme la justice ou l'université, est l'une de ces institutions fragiles mais essentielles [G].

2. Discussion de la thèse de Montherlant
(Plan d'ensemble)

[PREMIÈRE PARTIE : LA MANIPULATION DES CONSCIENCES]

Elle examine dans quelle mesure la condamnation de la presse par Montherlant est fondée. Elle note que la presse peut diffuser de fausses nouvelles, qu'elle peut être un « quatrième pouvoir » entre les mains de politiques qui confondent leur intérêt particulier et l'intérêt général, qu'elle peut enfin transformer l'information en spectacle au risque d'une confusion entre la réalité et la fiction.

[DEUXIÈME PARTIE : LA LIBERTÉ DE LA PRESSE]

Elle reprend les arguments développés dans la réfutation de la thèse de Montherlant (Voir ci-dessus).

[TROISIÈME PARTIE : LA RESPONSABILITÉ DE LA PRESSE]

Elle précise dans quelles conditions la presse peut échapper aux dangers décrits dans la première partie et rejoindre l'objectif défini dans la deuxième partie : pour être une mission de vérité, le travail du journaliste doit être consciencieux dans sa méthode d'investigation, éviter la recherche du spectaculaire et se placer à l'extérieur des cercles de pouvoir afin de préserver sa liberté de pensée.

Leçon

1. Le développement ou la réfutation d'une thèse

▶ L'un de ces travaux d'écriture peut être proposé à l'examen à partir de l'étude d'un texte argumentatif (➤ CHAPITRE 25).

▶ **Développer une argumentation**, c'est soutenir une thèse par des arguments.

▶ **Réfuter une argumentation**, c'est contester, critiquer une thèse d'une manière argumentée.

De la thèse à l'argumentation : comment procéder ?

▶ **Définir la thèse** qu'il convient de développer ou de réfuter : ce peut être celle du locuteur, ou bien la thèse qu'il critique dans son argumentation. On est donc attentif à l'intitulé de la question, aux champs lexicaux et aux termes évaluatifs.

> La condamnation de la presse par Montherlant est traduite par des termes péjoratifs : *monde des choses inférieures, imposture, insanité*.

➤ EXERCICES 1 à 5

▶ **Rechercher les arguments** qui permettent d'étayer la thèse que l'on défend.

> La thèse qui permet de réfuter celle de Montherlant est : *La presse est nécessaire dans la recherche de la vérité des faits.*
> Argument 1 : *La presse nous donne des informations indispensables pour nous situer dans le présent.* (etc.)

▶ **Rechercher des exemples et des citations** afin de développer et illustrer les arguments (➤ CHAPITRE 17).

> Exemple de Zola et de l'affaire Dreyfus.

▶ **Vérifier la pertinence** des arguments et des exemples à partir des règles suivantes :
– un exemple particulier (illustratif) **ne peut** remplacer un argument (une preuve).

> L'exemple d'un journaliste malhonnête ne prouve pas la malhonnêteté de tous les journalistes.

– un énoncé trop général peut ne pas être vrai dans tous les cas. On introduit donc des **nuances** dans sa présentation.

> *Les journalistes recherchent toujours la vérité* (= trop général). Reformulation : *La mission du journaliste est définie le plus souvent comme la recherche de la vérité des faits.*

– la validité d'un argument peut être **testée** par le recours à des connaissances historiques, économiques, littéraires.

> Les exemples historiques des atteintes à la liberté de la presse.

➤ EXERCICES 6 à 9

Le plan

▶ Choisir un plan approprié à la présentation de l'argumentation (➤ CHAPITRE 16).

Développement d'une thèse	Réfutation d'une thèse
Partie 1 Développer les arguments favorables à la thèse que l'on doit défendre.	*Partie 1* Critiquer les arguments de celui dont on veut réfuter la thèse.
Partie 2 Présenter la critique des arguments défavorables à la thèse que l'on soutient.	*Partie 2* Développer les arguments contraires à la thèse que l'on veut réfuter.

➤ EXERCICES 10, 11

La rédaction

▶ Chaque argument est présenté dans un paragraphe distinct, marqué par un alinéa.

▶ On peut rédiger des **paragraphes argumentatifs** d'après le canevas suivant :
1. Énoncez **l'idée directrice** de chaque partie dans son premier paragraphe.
2. Énoncez **l'argument** qui soutient cette thèse.
3. Présentez **l'exemple** qui illustre cet argument.
4. Rédigez une **transition** vers le paragraphe ou la partie qui suit.

> Paragraphes et transitions dans la réfutation rédigée, p. 248.

➤ EXERCICES 12 à 15

▶ L'introduction suit les étapes suivantes :
1. Elle amène le sujet par une phrase d'appel qui en précise le **contexte**.

> Introduction de la réfutation p. 248 : *étape [A]*.

2. Elle énonce la **thèse** à développer ou à réfuter.

> Introduction de la réfutation p. 248 : *étape [B]*.

3. Elle **explique** cette thèse (dans le cas de la thèse à développer) ou formule une thèse opposée (dans le cas de la thèse à réfuter).

> Introduction de la réfutation p. 248 : *étape [C]*.

Leçon

4. Elle annonce le **plan** du développement.

> Introduction de la réfutation p. 248 : *étape [D]*.
>
> ➤ Exercice 16

▶ La conclusion propose les étapes suivantes :
1. Elle **résume** l'argumentation développée.

> Conclusion de la réfutation p. 248 : *étape [E]*.

2. Elle énonce clairement un **jugement**.

> Conclusion de la réfutation p. 248 : *étape [F]*.

3. Elle peut éventuellement **élargir** la réflexion en envisageant les **conséquences** de ce qu'on a affirmé ou en présentant une **comparaison** qui éclaire le problème posé (ce qui ne signifie pas renoncer à son opinion par des formules banales comme « chacun son avis »).

> Conclusion de la réfutation p. 248 : *étape [G]*.
>
> ➤ Exercice 17

2 La discussion

Définition

▶ C'est une **réflexion critique** sur une thèse et une argumentation.

> Sujet 2, p. 248 : *Comment jugez-vous la condamnation de la presse par Montherlant ?*
>
> ➤ Exercice 18

Le plan

▶ Il s'agit d'exprimer un **avis argumenté** en confrontant différents points de vue. On n'en reste donc pas à la réfutation ou au développement d'une seule thèse, mais on présente un **jugement équilibré** :

1. On envisage **les raisons qui justifient** (partiellement ou totalement) la thèse considérée.

> Les raisons qui peuvent conduire Montherlant à condamner la presse.

2. On montre, par des arguments et des exemples, **en quoi** cette thèse est **excessive** ou **dépassée**.

> On part de ce qui paraît trop radical dans la thèse de Montherlant.

3. On **reformule** de manière personnelle et nuancée la thèse discutée, en fonction des conclusions des points 1 et 2.

> ➤ Exercices 19, 20

La rédaction

▶ Veillez à ne pas employer de formulations contradictoires dans les transitions *(Montherlant a raison mais il a tort...)*. Utilisez le **raisonnement concessif** (➤ Chapitre 16).

> Transition rédigée : *Certes, la presse n'est pas à l'abri de l'imposture. Cependant on ne peut la réduire, comme le fait Montherlant, à cette dérive. Elle est aussi recherche de vérité.*

▶ Pour l'introduction et la conclusion, on peut suivre l'ordre de présentation proposé p. 250.

> ➤ Exercice 21

Sur quels critères serez-vous évalué ?

▶ Développer, réfuter ou discuter une idée, c'est d'abord **cerner** avec précision **la thèse** en question.

▶ C'est aussi élaborer une argumentation. Le **développement** soutient la thèse considérée. La **réfutation** la conteste. La **discussion** permet un jugement nuancé.

▶ Il faut présenter l'argumentation dans le cadre d'un **plan** cohérent (analytique, dialectique).

▶ Les **arguments** doivent être clairement énoncés, concordant avec la thèse soutenue, articulés grâce à des **transitions** et illustrés par des **exemples** pertinents. Ils doivent être classés (par ordre d'importance, par thème...).

▶ Une **introduction** doit énoncer et analyser la thèse en discussion et annoncer le plan.

▶ La **conclusion** résume l'argumentation, prend clairement position et propose éventuellement un élargissement.

Exercices

1. Le développement ou la réfutation d'une thèse

1 Repérer la thèse

a. Quels champs lexicaux et quelles oppositions sont développés ?
b. À travers quels termes évaluatifs le locuteur exprime-t-il son point de vue ?
c. Formulez en une phrase la thèse du locuteur.

> Il y a, et il y aura toujours, en France (sinon sous la pressante menace d'un danger commun) division et partis ; c'est-à-dire dialogue. Grâce à quoi, le bel équilibre de notre culture : équilibre dans la diversité. Toujours, en regard d'un Pascal, un Montaigne ; et de nos jours en face d'un Claudel, un Valéry. Parfois c'est une des deux voix qui l'emporte, en force et en magnificence. Mais malheur aux temps où l'autre serait réduite au silence ! Le libre esprit a cette supériorité de ne souhaiter point garder seul la parole.
>
> ANDRÉ GIDE, *Journal*, 13 février 1943, Éd. Gallimard, 1954

2 Distinguer les thèses

a. Quelle est la thèse du locuteur ?
b. Quelle thèse réfute-t-il ?

> Ce qui est important, ce sont les tendances délinquantes et violentes qui existent en nous et non pas leur expression dans les bandes dessinées, les films ou à la télévision, ni la question de savoir si les mass media alimentent ces tendances et rendent leur contrôle plus difficile.
>
> BRUNO BETTELHEIM, *Survivre*, 1979

3 Réfuter une thèse

Formulez, en une phrase, la thèse opposée aux opinions suivantes.

1. La paresse est « la mère des arts et des nobles vertus » (P. Lafargue).
2. La violence est essentiellement liée à l'éducation et à la vie en société.
3. Les médias exercent sur nous une véritable dictature.
4. « Livre : Quel qu'il soit, toujours trop long. » Flaubert, *Dictionnaire des idées reçues*.

4 Approuver et désapprouver

a. Présentez en une phrase la thèse de L. de Broglie en l'approuvant.
b. Présentez cette même opinion en une phrase en la désapprouvant.

> La langue française court aujourd'hui un grand danger et risque de se détériorer rapidement.
>
> LOUIS DE BROGLIE

5 Thèse et argumentation

a. Recherchez dans le texte suivant trois arguments pour justifier et développer la thèse de Louis de Broglie (➤ EXERCICE 4).
b. Recherchez dans ce même texte trois exemples d'un appauvrissement de notre discours.
c. Présentez en une phrase l'expression *notre rage de nivellement,* en l'attribuant sur le mode de la citation directe à Marthe Robert et en l'utilisant pour expliquer la disparition de certains mots de notre vocabulaire.

> *Deuil et mélancolie des mots perdus.*— Qu'est-ce qui les a chassés du discours quotidien, où ils marquaient pourtant le besoin de la nuance, de la différence, et, au physique comme au moral, l'inépuisable variété des phénomènes humains ? Où sont partis le débonnaire, l'affable, le bonhomme ou le bonasse, l'atrabilaire ou le chafouin ? Où, le chenapan, le papelard, le doucereux ? Le salace, le graveleux, le salé ont complètement succombé au porno ; l'acrimonieux et le sarcastique s'abolissent dans l'agressif ; le piquant cède la place à l'intéressant, tandis que la charmeuse ou la sorcière, la sainte-nitouche ou la virago, et combien d'autres mots si propres à diversifier choses et gens, tombent dans le néant créé en hâte par notre rage de nivellement (comme si de tout fourrer dans la grisaille de l'uniforme avançait le règne de l'égalité). Ces mots nuancés qui fixaient rangs et qualités en laissant jouer toutes les tonalités subtiles des sensations et des sentiments, on ne les rencontre plus guère que dans nos dictionnaires et nos anthologies ; à la rigueur sans doute la littérature peut toujours les retrouver, surtout lorsqu'elle ne craint pas de paraître démodée ; mais pour peindre, situer, juger dans le langage de chaque jour, nous n'avons déjà presque plus rien à mettre entre le type bien et le salaud ; les raisons et les

Préparer l'écrit du Bac

Exercices

torts, les qualités et les défauts forment des blocs opposés, entre lesquels apparemment nous ne concevons même plus de degrés. Impossible de démêler si ce dépérissement de notre appareil descriptif est dû à l'usure naturelle des mots, ou s'il est le fait de notre paresse de cœur et d'esprit.

MARTHE ROBERT, *La vérité littéraire*,
Éd. Grasset et Fasquelle, 1981.

6 Chercher des arguments

a. Recherchez dans cet extrait un argument afin de soutenir la thèse suivante : « Dans une adaptation cinématographique, un roman perd son âme ».
b. Trouvez deux autres arguments et deux exemples pour développer cette même idée.

La transcription cinématographique d'un roman impose brutalement au lecteur, et même à l'auteur, les incarnations pourtant très largement arbitraires qu'elle a choisies pour chacun des personnages ; ce n'est qu'avec le temps que le texte éliminera les visages trop précis que le film lui surimpose, et qui ne sont pas de sa substance.

JULIEN GRACQ, *En lisant, en écrivant*, Éd. J. Corti, 1980.

7 La pertinence des arguments

a. Parmi les arguments proposés pour justifier la vie en ville, lesquels apparaissent deux fois, mais sous des formulations différentes ?
b. Faites le tri entre bons et mauvais arguments.
c. Classez les arguments pertinents du moins convaincant au plus convaincant.

   a. La vie en ville donne l'occasion de côtoyer les autres, dans la foule, dans tous les lieux où les citadins se pressent et se croisent.
   b. La ville est attrayante : elle est ce mouvement permanent qu'ont célébré les artistes de notre temps.
   c. En ville, grâce aux espaces verts, aux animaux domestiques, on peut approfondir la connaissance du milieu naturel.
   d. Vivre en ville permet d'accéder à une culture variée et vivante dont les pôles les plus attractifs sont les cinémas, les théâtres, les musées, etc.
   e. La ville est l'espace de la réussite sociale et professionnelle, le lieu où l'on trouve facilement un emploi ou une activité conforme à ses ambitions.
   f. La ville dynamique et stimulante est le creuset des innovations esthétiques de la modernité.
   g. La ville est l'univers de la rencontre, au hasard des rues, des cafés, des cinémas.

8 Arguments et exemples

Vous devez défendre la thèse suivante : « Le conflit des générations est d'abord la conséquence d'une difficulté de communication. »
a. Distinguez, parmi les phrases proposées, celles qui présentent un argument et celles qui présentent un exemple.
b. Associez à chaque argument l'exemple qui lui correspond. (Il y a trois arguments et trois exemples).

   1. Si les jeunes et leurs parents ont parfois des difficultés pour communiquer, c'est souvent en raison d'une différence d'éducation.
   2. Aujourd'hui, de plus en plus de jeunes à la recherche d'un emploi vivent dans l'instabilité, ce qui inquiète leurs parents souvent habitués à une vie plus stable.
   3. Les mots (souvent empruntés à l'anglais : *look*, *speed*, *stand by*, *cool*, *hard*, etc.) adoptés par les jeunes constituent un dialecte dans lequel ils se reconnaissent mieux que les anciennes générations.
   4. Dans le roman de Stendhal, *Le Rouge et le Noir*, le fossé entre le héros, Julien Sorel, et son père tient en grande partie à l'incompréhension de ce dernier pour un fils qui, refusant de devenir charpentier comme lui, a passé sa jeunesse à étudier dans les livres.
   5. Si la communication passe mal entre les générations, c'est parce qu'elles ne parlent pas le même langage.
   6. Comment communiquer entre générations quand les styles de vie sont aussi différents que celui des jeunes d'aujourd'hui par rapport à celui de leurs aînés ?

9 Chercher des exemples

a. À quels domaines sont empruntés les exemples du texte suivant ?
b. Trouvez un exemple de livre et un exemple de film qui pourraient illustrer le thème de la violence au XXe siècle.

Avec le XXe siècle seraient nés les plaisirs de la violence gratuite, symbolisés au début des

Préparer l'écrit du Bac

années 70 par le film *Orange mécanique*, les attentats, les attaques nocturnes pour quelques francs, les enfants assassinés, et les violences contre les biens. Le XXe siècle, période de violence, trouverait son symbole avec New York, le mythe New York, sommet de cette pyramide d'horreur.

JOSYANE SAVIGNEAU, *Le Monde*, Juillet 1979

10 L'ordre du plan

Nous vous proposons le plan détaillé mais en désordre de la réfutation de la thèse suivante : « La défense du patrimoine est incompatible avec les exigences du monde moderne ».
a. Retrouvez les deux principales parties du plan.
b. Classez dans chacune les arguments, du moins important au plus important.

1. La restauration des monuments anciens est un secteur créateur d'emplois.
2. Les monuments du passé constituent le plus souvent un cadre de beauté.
3. La défense du patrimoine ne s'oppose pas aux exigences du monde moderne.
4. L'ancien et le nouveau peuvent cohabiter dans les plans d'urbanisme sans difficulté.
5. Le patrimoine répond à la nécessité de trouver des repères dans un monde instable.
6. Défendre le patrimoine, c'est défendre la qualité de la vie aujourd'hui.
7. Les constructions anciennes ont souvent une qualité qui défie le temps.
8. À travers les monuments du patrimoine, c'est l'imaginaire du passé qui demeure présent.

11 Le choix du plan

a. Quelle thèse est soutenue par le locuteur ? Par quel argument ?
b. Construisez un plan afin de présenter la réfutation de cette thèse.

La rigidité des devoirs relatifs des deux sexes n'est ni ne peut être la même : c'est à celui des deux que la nature a chargé du dépôt des enfants d'en répondre à l'autre. [...]
Les femmes, dites-vous, ne font pas toujours des enfants ! Non, mais leur destination propre est d'en faire.

JEAN-JACQUES ROUSSEAU, *Émile ou de l'Éducation*

12 Rédiger un argument

Complétez ce paragraphe argumentatif en retrouvant l'idée qu'illustrent les exemples qu'il propose.

Avec la télévision, de l'ingénieur à l'ouvrier, du directeur d'entreprise au concierge de l'usine, du magistrat au balayeur, tous ont vu le même film, le même reportage, le même documentaire ; tous ont assisté (à distance) aux mêmes événements.

JEAN FOURASTIÉ, *Des loisirs : pour quoi faire ?*

13 Rédiger un exemple

Complétez ce paragraphe argumentatif en présentant un exemple qui éclairerait l'idée qui y est exposée.

L'adolescent, grâce à sa personnalité naissante, se pose en égal de ses aînés, mais il se sent autre, différent d'eux par le vie nouvelle qui s'agite en lui. Et alors, comme il se doit, il veut les dépasser en transformant le monde.

JEAN PIAGET, *Six études de psychologie*

14 Rédiger un paragraphe argumentatif

Rédigez un paragraphe argumentatif cohérent à partir des éléments suivants.

Idée directrice : L'excellence est définie de nos jours en termes de records.
Argument : Notre civilisation est celle du nombre, du quantitatif plus que du qualitatif.
Exemple : Les critères de jugement dans le domaine du sport ou de la chanson.

15 Rédiger une transition

Rédigez une phrase de transition qui permette de relier de manière cohérente les deux paragraphes.

Demain, en disposant à notre gré des énergies intra-atomiques, nous pourrons sans doute accroître dans des proportions inouïes le bien-être des hommes, mais nous pourrons aussi détruire d'un seul coup des portions entières de notre planète. [...]
Nous sommes lancés dans la grande aventure et, comme la boule de neige qui roule sur la pente déclive, il ne nous est plus possible de nous arrêter. Il faut courir le risque puisque le risque est la condition de tout succès.

LOUIS DE BROGLIE, *Physique et microphysique*

Exercices

16 L'introduction

Rédigez l'introduction du développement de la thèse de Michel Tournier. Pour cela, choisissez parmi les phrases d'appel que nous vous proposons celle qui vous paraît la plus adaptée, présentez le problème posé, puis annoncez le plan qui est suggéré.

Thèse
« Il n'y a pas de véritable éducation sans une part totalement inutile ». MICHEL TOURNIER

Phrases d'appel
a. Qu'est-ce que l'utilité ?
b. Selon Platon, il faut distinguer ce qui est utile et ce qui fait plaisir.
c. De nos jours, le mot « utile » a une vertu magique : le travail, les loisirs ou l'enseignement doivent être utiles.

Plan
I. On ne doit pas sacrifier la culture aux exigences immédiates de l'économie de marché.
II. Il faut développer une « éducation de l'inutile » qui aura une utilité à long terme.

17 La conclusion

a. Rédigez la conclusion de la réfutation de la thèse de Rousseau (> EXERCICE 10, P. 254).
b. Proposez un élargissement sur le rôle des femmes non seulement dans le domaine de l'éducation, mais dans tous les grands domaines d'activités.

2 La discussion

18 Le « pour et le « contre »

La Fontaine affirme : *Apprendre à se connaître est le premier des soins,* tandis que Pascal juge que *le Moi est haïssable.*
a. Cherchez trois arguments pour justifier chacune de ces thèses.
b. Formulez une nouvelle thèse qui explique à quelle condition le Moi pourrait ne pas être haïssable.

19 Discuter une thèse

a. Discutez la thèse présentée dans l'Exercice 6.
b. Proposez un plan pour mener cette discussion.

20 Un plan

Sous forme de plan, construisez les deux parties d'un développement possible autour de cette transition :

> Mais s'il est vrai que notre civilisation est de plus en plus dominée par le mode de pensée scientifique, on remarque toutefois la permanence de croyances et de conduites superstitieuses.

21 Rédiger la discussion

Rédigez la discussion dont vous avez composé le plan dans l'Exercice 19.

Bilan

1. Présentez une réfutation de la thèse de Renan.
2. Par quels arguments pourrait-on nuancer cette réfutation dans une discussion ?

> Bien loin d'être indifférente à la démocratie, la science pure lui rend les plus grands services et contribue plus que quoi que ce soit au grand but de la démocratie qui est l'émancipation et l'amélioration du peuple.
> Une chose évidente d'abord, c'est que chaque découverte pratique de l'esprit humain correspond à un progrès moral, à un progrès de dignité pour l'universalité des hommes. [...] Il n'y a pas jusqu'aux inventions les plus meurtrières qui n'aient servi elles-mêmes à la civilisation.
>
> ERNEST RENAN, *Conférence à Notre-Dame*

Préparer l'écrit du Bac

Les questions
Observation, analyse, interprétation, commentaire

« Choses vues »

Hier, 22 février, j'allais à la Chambre des pairs. Il faisait beau et très froid, malgré le soleil et midi. Je vis venir rue de Tournon un homme que deux soldats emmenaient. Cet homme était blond, pâle, maigre, hagard ; trente ans à peu près, un pantalon de grosse toile, les pieds nus et écorchés dans des sabots avec des linges sanglants roulés autour des chevilles pour tenir lieu de bas ; une blouse courte, souillée de boue derrière le dos, ce qui indiquait qu'il couchait habituellement sur le pavé ; la tête nue et hérissée. Il avait sous le bras un pain. Le peuple disait autour de lui qu'il avait volé ce pain et que c'était à cause de cela qu'on l'emmenait. En passant devant la caserne de gendarmerie, un des soldats y entra, et l'homme resta à la porte, gardé par l'autre soldat.

Une voiture était arrêtée devant la porte de la caserne. C'était une berline armoriée portant aux lanternes une couronne ducale, attelée de deux chevaux gris, deux laquais en guêtres derrière. Les glaces étaient levées, mais on distinguait l'intérieur tapissé de damas bouton d'or. Le regard de l'homme fixé sur cette voiture attira le mien. Il y avait dans la voiture une femme en chapeau rose, en robe de velours noir, fraîche, blanche, belle, éblouissante, qui riait et jouait avec un charmant petit enfant de seize mois enfoui sous les rubans, les dentelles et les fourrures.

Cette femme ne voyait pas l'homme terrible qui la regardait.

Je demeurai pensif.

Cet homme n'était plus pour moi un homme, c'était le spectre de la misère, c'était l'apparition, difforme, lugubre, en plein jour, en plein soleil, d'une révolution encore plongée dans les ténèbres, mais qui vient. Autrefois le pauvre coudoyait le riche, ce spectre rencontrait cette gloire ; mais on ne se regardait pas. On passait. Cela pouvait durer ainsi longtemps. Du moment où cet homme s'aperçoit que cette femme existe, tandis que cette femme ne s'aperçoit pas que cet homme est là, la catastrophe est inévitable.

Victor Hugo, Choses vues, 1846

Questions d'observation

1. Relevez les opposition lexicales entre les trois premiers paragraphes.
2. Relevez la phrase à partir de laquelle le témoignage prend une orientation nouvelle. Caractérisez le lexique employé à partir de là. Justifiez votre réponse en citant trois mots appartenant à ce lexique.
3. Identifiez la présence du narrateur par un relevé d'indices pertinents.

> **Questions d'analyse, d'interprétation et de commentaire**
>
> **1.** La phrase : *Cette femme ne voyait pas l'homme qui la regardait* est reprise sous une autre forme dans la suite du texte. Quel sens donnez-vous aux modifications apportées à cette phrase ?
>
> **2.** Diriez-vous de ce texte qu'il est un récit ou qu'il est un texte d'idées ? Justifiez votre réponse.

Réponses rédigées

Questions d'observation

1. Dans les trois premiers paragraphes, on relève dans le vocabulaire employé une opposition entre le champ lexical de la pauvreté d'une part et celui de la richesse et du luxe d'autre part. Appartiennent au champ lexical de la pauvreté : *grosse toile, pieds nus, sabots, souillée, il couchait habituellement sur le pavé, il avait volé ce pain*. Tous ces mots ont pour connotation le dénuement et la misère.
Appartiennent au champ lexical de la richesse : *voiture, berline armoriée, couronne ducale, chevaux, deux laquais, damas, velours, rubans, dentelles, fourrures*.
À cette opposition s'ajoute celle de la souffrance et du bonheur : la souffrance est exprimée par : *pâle, maigre, hagard, pieds écorchés, linges sanglants* ; le bonheur par les mots : *rose, fraîche, blanche, belle, éblouissante, riait, jouait, charmant petit enfant*.

2. La phrase qui marque le tournant du texte est : *Je demeurai pensif*. Cette phrase assure la transition entre la description qui précède et la réflexion qui va suivre. À partir de là, les mots qui sont employés appartiennent au vocabulaire social et politique. Les mots *misère, révolution, le pauvre, le riche* caractérisent ce lexique.

3. La présence du narrateur est perceptible par l'emploi du pronom personnel de la première personne : *J'allais à la Chambre des pairs* [l. 1], *Je vis venir* [l. 2], *Je demeurai pensif* [l. 21].
De plus, le narrateur précise l'influence que cette scène a eue sur lui, d'abord sur son comportement : *Le regard de l'homme [...] attira le mien* ; puis sur ses réactions et sa réflexion : *Cet homme n'était plus pour moi un homme, c'était...* [l. 22]. Ici, le narrateur exprime son jugement personnel.

Questions d'analyse

1. [PLAN DÉTAILLÉ]

[PRÉSENTATION DE LA RÉPONSE]
La reprise, sous une autre forme, de la phrase : *Cette femme ne voyait pas l'homme qui la regardait*, apparaît dans les dernières lignes du texte : *Du moment où cet homme s'aperçoit que cette femme existe, tandis que cette femme ne s'aperçoit pas que cet homme est là, la catastrophe est inévitable*.
Cette phrase finale comporte des éléments nouveaux :
– passage de l'imparfait au présent ;
– introduction du verbe *s'apercevoir* (*cet homme s'aperçoit, cette femme ne s'aperçoit pas*) ;
– introduction de la conjonction *tandis que* ;
– ajout de la locution conjonctive *du moment où* ;
– ajout de la proposition finale : *la catastrophe est inévitable*.

[INTERPRÉTATION DE CES MODIFICATIONS]

[PREMIÈRE PARTIE : UNE OPPOSITION PLUS RADICALE]
Tandis que, qui sépare les deux propositions, oppose plus nettement l'homme et la femme, en soulignant l'inégalité de la situation. Cette opposition est d'autant plus forte que *tandis que* exprime aussi la simultanéité : les deux personnages sont présentés comme appartenant à deux mondes totalement séparés.

[DEUXIÈME PARTIE : PRISE DE CONSCIENCE ET INDIFFÉRENCE]
Par rapport à *regardait* et *ne voyait pas*, qui terminaient le récit, *s'aperçoit* et *ne s'aperçoit pas* disent plus. La femme ne se rend pas compte de ce qui l'entoure : c'est son insouciance et son égoïsme qui sont soulignés. L'homme, lui, prend conscience de l'inégalité. Cette prise de conscience conduit à un jugement, et peut-être à une action.
L'antithèse est accentuée par la différence entre *existe* et *est là*. *Est là* indique une simple localisation. *Exister* signifie que cette femme se trouve là, mais

surtout que ce qu'elle représente est une réalité de la vie sociale, un signe visible de ses inégalités, de ses injustices.

[TROISIÈME PARTIE : UN ÉVÉNEMENT PROPHÉTIQUE]

Du moment où indique un point de départ décisif ; la catastrophe est donnée comme conséquence de cet événement initial. La situation décrite apparaît, en cette fin de texte, comme l'origine d'un phénomène déterminant. Le présent de vérité générale (utilisé ici de préférence à l'imparfait du troisième paragraphe) énonce l'enchaînement des faits comme une loi scientifique. Cette nouvelle perspective permet de comprendre la valeur des démonstratifs (*cet* homme, *cette* femme) : il ne s'agit plus seulement des individus décrits plus haut ; les démonstratifs établissent un classement en désignant toute femme de cette condition et tout homme dans une telle situation.

[CONCLUSION]

La première phrase, qui conclut le passage narratif, contient la description d'un comportement. La deuxième phrase, qui conclut la réflexion et l'ensemble du texte, se présente comme une analyse sociale et politique.

2. [PLAN D'ENSEMBLE]

[PRÉSENTATION DE LA RÉPONSE]

On commence par relever les principales marques de la narration (repères spatio-temporels, verbes d'action au passé simple), en indiquant que cette narration intègre aussi un important passage descriptif. Puis on en vient à l'idée que le texte délivre surtout une réflexion.

[PREMIÈRE PARTIE]

Elle examine la composition du texte. On analyse le tournant de la ligne 36 (question d'observation n°2) comme le pivot du texte : le passage de la narration à la réflexion. On en déduit que le récit des trois premiers paragraphes sert de point d'appui à l'énoncé des idées qui font suite et qui terminent le texte.

[DEUXIÈME PARTIE]

Elle présente le passage narratif et descriptif lui-même comme l'expression d'idées, de réflexions et de choix politiques. On utilise l'étude des champs lexicaux (question d'observation n°1) pour analyser comment, à travers eux, transparaît l'opinion de Victor Hugo :
– le sentiment de pitié envers le prisonnier qui se dégage du lexique de la souffrance ;
– les forts contrastes entre deux situations antithétiques qui expriment implicitement un jugement sur l'inégalité sociale.

[CONCLUSION]

Elle indique sous forme de synthèse la valeur symbolique du récit : utilisant une situation concrète, celui-ci sert à transmettre une pensée, une réflexion, un engagement.

Leçon

1 Travail préliminaire

Découvrir le texte

▶ Observer le **paratexte** (auteur, œuvre, date de publication, contexte).

▶ **Lire** plusieurs fois le texte pour en apprécier le sens général, le mouvement, la tonalité.

▶ Identifier le **type de texte** : a-t-on à faire à une lettre ? à une fable ? à un extrait de roman ? Le texte est-il une description ? un récit ? On se souviendra que certains types de textes appellent certains types de questionnements.

▶ Dégager **les faits de langue** (syntaxe, lexique…), **les procédés expressifs** (exclamations, répétitions…), **les figures de style** (métaphores, antithèses…) qui donnent son originalité à l'écriture du texte.

▶ Ces premières découvertes guident vers une interprétation du texte. On souligne les éléments significatifs, on les classe ; on peut déjà ébaucher une analyse dans des notes au brouillon.

➢ Exercice 1

Comprendre les questions d'observation

▶ Les questions consistent en des **repérages** et des **relevés**.

> Identifiez la figure de style qui se développe dans les deux premières strophes.

▶ Il est nécessaire pour comprendre ces questions de **connaître** avec précision **le vocabulaire de l'analyse littéraire** :
– le mot « versification » fait référence à l'ensemble des techniques du vers : longueur et disposition des vers, rimes…
– la « syntaxe » désigne la façon dont les éléments d'une phrase sont organisés (proposition principale, propositions subordonnées…).
– par l'expression « oppositions lexicales », on désigne des groupes de mots qui s'opposent.

Comprendre les questions d'analyse, d'interprétation et de commentaire

▶ C'est la deuxième partie de l'épreuve pour les séries technologiques.

▶ Les questions invitent à une réflexion plus **personnelle**. Elles permettent de passer du simple relevé à l'étude de la valeur que prend tel élément dans le texte.

Étudiez le rôle que joue le changement de pronom (emploi de « vous » suivi de « tu »).

▶ Il est nécessaire de bien comprendre le sens des mots qui servent à formuler la question.
– « **Analysez** » signifie : distinguez les différents éléments et faites comprendre l'effet qu'ils produisent.
– « **Étudiez le rôle, la fonction…** » signifie : expliquez l'importance de cet élément, son influence, les conséquences qu'il entraîne.
– « **Comment peut-on interpréter… ?** » signifie : quel sens donnez-vous… ? quelle signification peut-on tirer de… ? comment justifiez-vous l'emploi de tel élément, au-delà de son emploi et de sa signification explicites ?

➢ Exercices 2, 3

2 Les différents types de questions

Les tableaux suivants présentent certains types de questions et les références des leçons qui permettent de se familiariser avec les différents points qu'elles font étudier.

Questions d'observation	Chapitres
L'étude d'une structure : – la syntaxe de la phrase – les connecteurs logiques – la disposition des paragraphes ou de la strophe	8 16 21
Identification d'une forme poétique : – formes fixes, versification, vers libre, poème en prose	21
Identification d'un type de texte : – la narration, la description – genre, énonciation, tonalité, objectif – prose non romanesque	14 4 22
Identification du lexique : – les champs lexicaux – les connotations – les oppositions lexicales – la polysémie – le sens figuré	7 7 7 6 6
Identification d'une figure de style : – métaphores, antithèses, hyperboles, etc.	11
Étude de l'énonciation : – discours et récit – pronoms, modalisateurs	10 10

Leçon

Questions d'analyse et d'interprétation	Chapitres
La valeur des temps et des modes	9
L'interprétation du titre	5
Le rôle du lexique	6 – 7
L'interprétation de la tonalité	13
L'interprétation de l'implicite	18
Le rôle des figures de rhétorique	11

➤ Exercices 4 à 8

3 La rédaction des réponses

Réponses aux questions d'observation

▶ Les réponses doivent être **entièrement rédigées**. On ne peut se contenter d'une citation. On ne doit pas utiliser d'abréviation ni écrire dans un style télégraphique.

▶ On **reformule** dans la réponse le point sur lequel porte la question.

Question : « *Identifiez dans les vers x à x une figure de style. Justifiez votre réponse* ».
Réponse : *La figure de style apparaît dans le vers* x : *« Quand je suis tout de feu, d'où me vient cette glace ? »*.

C'est une antithèse. On dit qu'il y a antithèse parce que deux mots de sens opposé « feu » et « glace » sont rapprochés et mis en relation dans une même phrase.

▶ On présente les réponses successivement en les numérotant dans le **même ordre** que les questions.

➤ Exercice 9

Réponses aux questions d'analyse

▶ Les réponses doivent être présentées dans un **développement composé**, qui comporte une présentation, deux ou trois parties et une synthèse.

▶ La **présentation** rappelle les termes de la question en reprenant ou en reformulant les données essentielles. Elle doit aussi préciser les éléments sur lesquels va porter le développement.

Question : « *Étudiez le rôle joué par le champ lexical de l'obscurité* ».
Il faut commencer par relever les principaux éléments qui composent ce champ lexical de l'obscurité dans le texte.

▶ Les **deux ou trois parties** correspondent aux étapes de l'analyse et de la réflexion.

1re partie : *l'obscurité crée le mystère.*
2e partie : *l'obscurité entraîne la peur.*
3e partie : *l'obscurité a une valeur symbolique.*

▶ Chaque partie doit apporter une démonstration à l'aide de citations précises. Le plan présente un **approfondissement progressif** de la question traitée.

▶ La **synthèse**, rapide, rappelle clairement le lien

L'essentiel

Sur quels critères serez-vous évalué ?

▶ **L'étude du texte littéraire** comporte :
– des questions d'observation qui consistent en des repérages et des relevés demandant un **examen attentif** du texte ;
– des questions d'analyse plus approfondies qui demandent une **interprétation motivée** du texte (pour les séries technologiques).

▶ **Les questions d'observation** portent sur un fait de langue, une structure, une figure de style, un procédé expressif. **Les questions d'analyse** invitent à interpréter, à déterminer le rôle, la fonction d'un élément significatif du texte.

▶ **Les réponses** doivent être entièrement rédigées : les réponses aux questions d'observation en des phrases d'explication complètes et claires ; les réponses aux questions d'analyse dans des développements composés avec rigueur.

Exercices

1 Travail préliminaire

1 Les premiers repérages

a. À quel temps sont employés la plupart des verbes ? Soulignez ces verbes.
b. Relevez deux verbes (au début et à la fin du texte) qui permettent d'exprimer la durée de l'action décrite. À quel temps sont-ils ?
c. Caractérisez le lexique employé dans ce texte : lexique des sentiments ? du concret ? du jugement ? autre ? Caractérisez les verbes : verbes d'action ? verbes d'état ? verbes d'opinion ? autres ?
d. Identifiez le type du texte.

> J'ai dîné chez Céleste. J'avais déjà commencé à manger lorsqu'il est entré une bizarre petite femme qui m'a demandé si elle pouvait s'asseoir à ma table. Naturellement, elle le pouvait. Elle avait des gestes saccadés et des yeux brillants dans une petite figure de pomme. Elle s'est débarrassée de sa jaquette, s'est assise et a consulté fiévreusement la carte. Elle a appelé Céleste et a commandé immédiatement tous ses plats d'une voix à la fois précise et précipitée. En attendant les hors-d'œuvre, elle a ouvert son sac, en a sorti un petit carré de papier et un crayon, a fait d'avance l'addition, puis a tiré d'un gousset, augmentée du pourboire, la somme exacte qu'elle a placée devant elle. À ce moment, on lui a apporté des hors-d'œuvre qu'elle a engloutis à toute vitesse. En attendant le plat suivant, elle a encore sorti de son sac un crayon bleu et un magazine qui donnait les programmes radiophoniques de la semaine. Avec beaucoup de soin, elle a coché une à une presque toutes les émissions. Comme le magazine avait une douzaine de pages, elle a continué ce travail méticuleusement pendant tout le repas. J'avais déjà fini qu'elle cochait encore avec la même application. Puis elle s'est levée, a remis sa jaquette avec les mêmes gestes précis d'automate et elle est partie.
>
> ALBERT CAMUS, *L'Étranger*, 1re partie, Chapitre 5, Éd. Gallimard, 1942.

2 Comprendre les questions

a. Dégagez l'organisation syntaxique du texte.
b. Quel est le rôle de cette structure dans la démonstration de l'auteur ?

> Tant que les hommes se contentèrent de leurs cabanes rustiques, tant qu'ils se bornèrent à coudre leurs habits de peaux avec des épines ou des arêtes, à se parer de plumes et de coquillages, à se peindre le corps de diverses couleurs, à perfectionner ou embellir leurs arcs et leurs flèches, à tailler avec des pierres tranchantes quelques canots de pêcheurs ou quelques grossiers instruments de musique, en un mot tant qu'ils ne s'appliquèrent qu'à des ouvrages qu'un seul pouvait faire, et qu'à des arts qui n'avaient pas besoin du concours de plusieurs mains, ils vécurent libres, sains, bons et heureux autant qu'ils pouvaient l'être par leur nature, et continuèrent à jouir entre eux des douceurs d'un commerce indépendant ; mais dès l'instant qu'un homme eut besoin du secours d'un autre ; dès qu'on s'aperçut qu'il était utile à un seul d'avoir des provisions pour deux, l'égalité disparut, la propriété s'introduisit, le travail devint nécessaire et les vastes forêts se changèrent en des campagnes riantes qu'il fallut arroser de la sueur des hommes, et dans lesquelles on vit bientôt l'esclavage et la misère germer et croître avec les moissons.
>
> JEAN-JACQUES ROUSSEAU, *Discours sur l'origine de l'inégalité*.

3 Les mots de l'analyse

La liste I propose une série de mots nécessaires à la compréhension des questions. Associez ces mots aux définitions ou aux équivalents que vous trouverez dans la liste II.

Liste I : 1. la syntaxe 2. le lexique 3. la structure 4. un connecteur logique 5. une figure de style 6. la chronologie 7. la mise en page (ou typographie).

Liste II : a. la disposition du texte (alinéas, paragraphes, titres, etc.)
b. la composition, l'organisation
c. le vocabulaire
d. une image ou un procédé expressif
e. un mot qui relie deux propositions et articule un raisonnement
f. l'ordre des mots et la construction de la phrase
g. la succession des événements dans le temps

Exercices

2 Les différents types de questions

4 La structure du texte

a. Relevez dans les deux premiers paragraphes les symétries dans l'emploi des modes et des temps.
b. Relevez les points communs entre les deux derniers paragraphes du point de vue de la narration.

> Demandez à un crapaud ce que c'est que la beauté, le grand beau, le *to kalon*[1]. Il vous répondra que c'est sa femelle avec deux gros yeux ronds sortant de sa petite tête, une gueule large et plate, un ventre jaune, un dos brun. Interrogez un nègre de Guinée ; le beau est pour lui une peau noire, huileuse, des yeux enfoncés, un nez épaté. Interrogez le diable ; il vous dira que le beau est une paire de cornes, quatre griffes, et une queue. Consultez enfin les philosophes, ils vous répondront par du galimatias ; il leur faut quelque chose de conforme à l'archétype du beau en essence, au *to kalon*.
>
> J'assistais un jour à une tragédie auprès d'un philosophe. « Que cela est beau ! disait-il. — Que trouvez-vous là de beau ? lui dis-je. — C'est, dit-il, que l'auteur a atteint son but. » Le lendemain il prit une médecine qui lui fit du bien. « Elle a atteint son but, lui dis-je ; voilà une belle médecine ! » Il comprit qu'on ne peut dire qu'une médecine est belle, et que pour donner à quelque chose le nom de *beauté*, il faut qu'elle vous cause de l'admiration et du plaisir. Il convint que cette tragédie lui avait inspiré ces deux sentiments, et que c'était là le *to kalon*, le beau.
>
> Nous fîmes un voyage en Angleterre : on y joua la même pièce, parfaitement traduite ; elle fit bâiller tous les spectateurs. « Oh ! oh, dit-il, le *to kalon* n'est pas le même pour les Anglais et pour les Français. » Il conclut, après bien des réflexions, que le beau est très relatif, comme ce qui est décent au Japon est indécent à Rome, et ce qui est de mode à Paris ne l'est pas à Pékin ; et il s'épargna la peine de composer un long traité sur le beau.
>
> VOLTAIRE, « Beau, Beauté », *Dictionnaire philosophique*

1. En grec : le Beau

5 La structure d'un poème

De combien de phrases ce poème est-il constitué ? Relevez le ou les verbes principaux.

Remords posthume

> Lorsque tu dormiras, ma belle ténébreuse,
> Au fond d'un monument construit en marbre noir
> Et lorsque tu n'auras pour alcôve et manoir
> Qu'un caveau pluvieux et qu'une fosse creuse ;
>
> Quand la pierre, opprimant ta poitrine peureuse
> Et tes flancs qu'assouplit un charmant nonchaloir[1],
> Empêchera ton cœur de battre et de vouloir,
> Et tes pieds de courir leur course aventureuse,
>
> Le tombeau, confident de mon rêve infini
> (Car le tombeau toujours comprendra le poète),
> Durant ces longues nuits d'où le somme est banni,
>
> Te dira : « Que vous sert, courtisane imparfaite,
> De n'avoir pas connu ce que pleurent les morts ? »
> — Et le ver rongera ta peau comme un remords.
>
> CHARLES BAUDELAIRE, *Les Fleurs du Mal*

1. Nonchalance, indolence.

6 La valeur des temps

Dans le sonnet de Baudelaire (➤ EXERCICE 5), quel est le temps le plus employé ? Qu'exprime la forme *n'avoir pas connu* (vers 13) par rapport au temps des autres verbes ?

7 Interprétation d'un élément

D'après l'ensemble du poème de Baudelaire (➤ EXERCICE 5), quel sens peut-on donner à la proposition : *ce que pleurent les morts* (vers 13) ?

8 Le rôle d'une figure de style

Dans ce texte de Zola, deux séries de métaphores désignent deux formes d'expression artistiques.
a. Identifiez ces métaphores et justifiez votre réponse.
b. Quel est le rôle de ces métaphores ?

> Florent, forçat évadé ramassé mourant de faim dans une rue de Paris par des maraîchers, est amené aux Halles.
>
> Maintenant, la ville entière repliait ses griffes ; les carreaux[1] bourdonnaient, les pavillons grondaient, toutes les voix donnaient, et l'on eût dit

Exercices

l'épanouissement magistral de cette phrase² que Florent, depuis quatre heures du matin, entendait se traîner et se grossir dans l'ombre. À droite, à gauche, de tous côtés, des glapissements de criées mettaient des notes aiguës de petite flûte, au milieu des basses sourdes de la foule. C'était la marée, c'était les beurres, c'était la volaille, c'était la viande. Ces volées de cloches passaient, secouant derrière elles le murmure des marchés qui s'ouvraient. Autour de lui, le soleil enflammait les légumes. Il ne reconnaissait plus l'aquarelle tendre des pâleurs de l'aube. Les cœurs élargis des salades brûlaient, la gamme du vert éclatait en vigueurs superbes, les carottes saignaient, les navets devenaient incandescents, dans ce brasier triomphal. À sa gauche, des tombereaux de choux s'éboulaient encore. Il tourna les yeux, il vit, au loin, des camions qui débouchaient toujours de la rue Turbigo. La mer continuait à monter. Il l'avait sentie à ses chevilles, puis à son ventre ; elle menaçait, à cette heure, de passer par-dessus sa tête. Aveuglé, noyé, les oreilles sonnantes, l'estomac écrasé par tout ce qu'il avait vu, devinant de nouvelles et incessantes profondeurs de nourriture, il demanda grâce et une douleur folle le prit, de mourir ainsi de faim dans Paris gorgé, dans ce réveil fulgurant des Halles. De grosses larmes chaudes jaillirent de ses yeux.

ÉMILE ZOLA, *Le Ventre de Paris*

1. Endroit des Halles où l'on vendait à la criée les fruits et les légumes. 2. La rumeur de la ville qui revient comme un leitmotiv.

3 La rédaction des réponses

9 Questions d'observation

Rédigez entièrement la réponse à cette question d'observation sur le texte de Voltaire (➤ EXERCICE 4) : *En vous aidant du paratexte (œuvre, titre), identifiez le type du texte.*

10 Question d'analyse

Rédigez en un développement composé la réponse à cette question d'analyse sur le texte de Voltaire (➤ EXERCICE 4) : *Comment interprétez-vous la phrase : « et il s'épargna la peine de composer un long traité sur le beau » ?* (Aidez-vous des réponses aux questions des Exercices 4 et 9).

Bilan

Questions d'observation

1. *Si je compare...* Par quel procédé syntaxique la comparaison est-elle exprimée dans le texte ?
2. *Les grands/le peuple.* Classez en deux colonnes les termes qui servent à désigner a) *le peuple*, b) *les grands* dans la suite du texte.

Questions d'analyse

1. Étudiez dans le texte le rôle joué par les oppositions.
2. *Faut-il opter ?* À la lumière de l'ensemble du texte, et en vous aidant de la question précédente, vous vous demanderez quel(s) sens on peut donner à cette interrogation.

Si je compare ensemble les deux conditions des hommes les plus opposées, je veux dire les grands avec le peuple, ce dernier me paraît content du nécessaire, et les autres sont inquiets et pauvres avec le superflu. Un homme du peuple ne saurait faire aucun mal ; un grand ne veut faire aucun bien, et est capable de grands maux. L'un ne se forme et ne s'exerce que dans les choses qui sont utiles ; l'autre y joint les pernicieuses. Là se montrent ingénument la grossièreté et la franchise ; ici se cache une sève maligne et corrompue sous l'écorce de la politesse. Le peuple n'a guère d'esprit, et les grands n'ont point d'âme : celui-là a un bon fond, et n'a point de dehors ; ceux-ci n'ont que des dehors et qu'une simple superficie¹. Faut-il opter ? Je ne balance pas : je veux être peuple.

JEAN DE LA BRUYÈRE, *Les Caractères*, IX, « Des Grands »

1. Apparence.

Étude et commentaire d'un texte littéraire (2)

Analyse et rédaction

Le commentaire composé

La fin de Javert

Jean Valjean, l'ancien bagnard, vient de sauver l'inspecteur Javert qui l'avait reconnu. Javert, partagé entre le devoir et la reconnaissance, s'est résolu à laisser partir Jean Valjean. Mais il ne supporte pas d'avoir manqué à son devoir. Il va s'accouder sur un parapet, au bord de la Seine.

Javert pencha la tête et regarda. Tout était noir. On ne distinguait rien. On entendait un bruit d'écume ; mais on ne voyait pas la rivière. Par instants, dans cette profondeur vertigineuse, une lueur apparaissait et serpentait vaguement, l'eau ayant cette puissance, dans la nuit la plus complète, de prendre la lumière on ne sait où et de la changer en couleuvre. La lueur s'évanouissait, et tout redevenait indistinct. L'immensité semblait ouverte là. Ce qu'on avait au-dessous de soi, ce n'était pas de l'eau, c'était du gouffre. Le mur du quai, abrupt, confus, mêlé à la vapeur, tout de suite dérobé, faisait l'effet d'un escarpement de l'infini.

On ne voyait rien, mais on sentait la froideur hostile de l'eau et l'odeur fade des pierres mouillées. Un souffle farouche montait de cet abîme. Le grossissement du fleuve plutôt deviné qu'aperçu, le tragique chuchotement du flot, l'énormité lugubre des arches du pont, la chute imaginable dans ce vide sombre, toute cette ombre pleine d'horreur.

Javert demeura quelques minutes immobile, regardant cette ouverture de ténèbres ; il considérait l'invisible avec une fixité qui ressemblait à de l'attention. L'eau bruissait. Tout à coup, il ôta son chapeau et le posa sur le rebord du quai. Un moment après, une figure haute et noire, que de loin quelque passant attardé eût pu prendre pour un fantôme, apparut debout sur le parapet, se courba vers la Seine, puis se redressa, et tomba droite dans les ténèbres ; il y eut un clapotement sourd ; et l'ombre seule fut dans le secret des convulsions de cette forme obscure disparue sous l'eau.

VICTOR HUGO, *Les Misérables*, Cinquième Partie, IV, 1

Commentaire composé

[INTRODUCTION RÉDIGÉE]

Le spectacle de Paris et de la Seine a inspiré un grand nombre d'écrivains. Hugo, dans *Les Misérables* (1862), fait des bords du fleuve le cadre des derniers moments de l'inspecteur Javert. Celui-ci vient de laisser s'échapper Valjean, l'ancien bagnard qu'il traque depuis le début du livre. Ce geste de reconnaissance est, pour l'inspecteur, une faute grave. Dans le miroir de la Seine, Javert contemple son âme avant de mettre fin à ses jours. Ce suicide est situé, à la faveur d'une description au caractère fantastique, dans une atmosphère nocturne et mystérieuse. La Seine est, ici, plus qu'un fleuve : elle apparaît, dans une amplification épique, comme une puissance effrayante. C'est dans ce gouffre liquide et sombre que se projettent les états d'une conscience tourmentée et irrémédiablement condamnée.

[DÉVELOPPEMENT (PLAN DÉTAILLÉ)]

I. Les derniers moments de Javert sont situés dans une atmosphère sombre et fantastique.

I.1. On notera les incertitudes du point de vue : négation des verbes de la vision, lexique du confus, du secret, indistinction du sujet de la vision *(on)*, changement final du point de vue *(quelque passant attardé...).*

I.2. L'obscurité efface peu à peu les contours visibles du réel : lexique de la nuit, de l'obscurité, glissement des objets solides et limités dans l'espace (ex : le mur du quai) à l'illimité. Javert lui-même n'échappe pas à cette dissolution : à la fin du texte, c'est une forme obscure et anonyme, une ombre, *un fantôme.*

I.3. Comme le lieu et le personnage, la temporalité semble affectée par l'incertitude : l'imparfait est le temps sans limites où la destinée de Javert passe du stable à l'instable (voir noms, verbes et adverbes marquant le changement, la métamorphose, le passage).

[TRANSITION] Dans cette page, l'écriture du fantastique, par les incertitudes du regard, de l'espace et du temps, crée une hésitation entre le connu et l'inconnu, le visible et l'invisible. La description devient évocation d'un univers surnaturel et angoissant.

II. Le lieu (et en particulier le fleuve) prennent une dimension épique et suscitent un sentiment d'effroi.

II.1 Le décor du drame apparaît comme celui d'un cauchemar. Il inspire le vertige par ses dimensions immenses et sa verticalité : gouffre attirant et repoussant évoqué par les hyperboles, les indéfinis, les phrases en expansion par accumulation des groupes, le lexique de l'ouverture et de l'abîme, l'opposition constante entre le haut et le bas.

II.2. Le fleuve *plutôt deviné qu'aperçu* se transforme en puissance monstrueuse. C'est le fleuve des Enfers doté de pouvoirs mystérieux (changer la lumière en couleuvre), dangereux *(froideur hostile, souffle farouche)*, mortels *(ombre pleine d'horreur, ouverture de ténèbres)* : amplification rythmique du 2e §, lexique hyperbolique, notations suggérant des sensations pénibles, symboles de l'au-delà (le serpent, la nuit, le vide), voracité du monstre qui engloutit Javert dans le dernier paragraphe.

II.3. Dans cette nuit où la lumière est dérobée, la rumeur du fleuve semble un appel de la *bouche d'ombre* : lexique de la vision remplacé par le lexique des bruits et des voix, personnification du flot, extraordinaire harmonie des sons qui donne une voix au fleuve (allitération des fricatives : <u>souffle</u> <u>farouche</u>, gro<u>ss</u>issement du <u>fl</u>euve, <u>chu</u>chotement du <u>fl</u>ot).

[TRANSITION] Dans ce paysage qui semble *plein d'âmes* comme un cercle de l'enfer, Javert s'arrête *au bord de l'infini*. Son examen de conscience, s'il n'est pas raconté, est du moins suggéré métaphoriquement par le lieu lui-même.

III. Un jeu de miroir s'établit entre le personnage et le paysage : dans ce contexte, la chute de Javert apparaît fatale.

III.1. Ici se joue le face-à-face de Javert avec sa conscience : son regard fixe est un regard intérieur. Dès lors la nuit impénétrable est à l'image de son âme tourmentée. Javert est l'homme tragique, aspirant à la lucidité (la *lueur* passagère du 1er paragraphe), confronté à son destin et voué au déchirement (réinterprétation de l'opposition entre haut et bas, juge et coupable, policier au chapeau et condamné à mort).

III.2. Le sentiment de la faute conduit Javert dans une sorte de folie où le dégoût de soi, le vertige intérieur se projettent dans un paysage plein d'horreur : symbolisme de la couleuvre, accumulation des adjectifs négatifs (gradation) dans le 2e paragraphe (de *fade* à *lugubre*), glissement progressif vers l'imaginaire.

III.3. La dimension tragique du texte apparaît dans le passage de la description du paysage-état d'âme à la décision du suicide. Le thème (biblique) de la chute est annoncé par les images du gouffre contemplées par Javert et concrétisée par la reprise du récit (après la description) au 3e paragraphe. Le changement de temps (de l'imparfait au passé simple, de *quelques minutes* à *Tout à coup*), de point de vue, de rythme (succession de notations brèves), l'évocation des gestes quasiment mécaniques de Javert, sa disparition finale apparaissent comme les étapes d'un processus fatal.

[CONCLUSION] Le plus surprenant dans cet extrait des *Misérables* est l'absence presque totale d'analyse psychologique. Pourtant le lecteur a le sentiment de pénétrer dans l'âme de Javert transformée par l'imagination poétique de Hugo en une nuit pleine d'hallucinations et de présages d'une mort inéluctable. Les romantiques avaient d'ailleurs la conviction que les espaces de ce monde (ou de l'autre monde) sont des reflets de nos sentiments les plus intimes et que la mission de l'artiste consiste précisément à en déchiffrer les signes mystérieux.

Leçon

1. Qu'est-ce qu'un commentaire **composé** ?

Définition

▶ L'exercice consiste à présenter avec **ordre** un **bilan de lecture** du texte proposé. L'organisation du commentaire peut adopter différentes présentations :
– analyser le texte en allant de **l'observation à l'interprétation** ;
– s'inspirer des **structures** mêmes **du texte** et de sa composition ;
– organiser le commentaire **d'après les effets** qui se développent dans le texte ou **à partir des thèmes**.

➤ Exercice 1

Ce qu'il ne faut pas faire

▶ Construire le commentaire sur une présentation qui distinguerait artificiellement le fond et la forme.

▶ Suivre le fil du texte en accompagnant de façon mécanique chaque élément d'une observation.

▶ Aligner des remarques « ponctuelles et discontinues », « sans lien entre elles et sans perspectives ».

Un travail composé

▶ Le commentaire composé est construit sur le schéma connu de la dissertation ou de la discussion : ce schéma comprend une **introduction**, un **développement**, une **conclusion**.

▶ Le développement suit un plan en **deux ou trois parties** présentant chacune un objectif cohérent.

▶ Chaque partie du développement est organisée elle-même autour de deux ou trois points d'étude, convergeant vers le **même centre d'intérêt**.

➤ Exercice 2

2. De l'observation au plan

Repérages et analyses

▶ Rappelons qu'on explore un texte littéraire à travers divers niveaux d'analyse que nous résumons ici :
1. **Le niveau lexical** : étude du sens des mots, de la constitution de champs lexicaux, de la polysémie, etc. (➤ Chapitres 6, 7).
2. **Le niveau grammatical** : étude de la phrase, des effets stylistiques des types de phrase, de l'emploi des temps, des modes, des pronoms, des articulations du discours... (➤ Chapitres 8, 9, 10, 16).
3. **Le niveau rhétorique** : étude de la composition du discours, des figures et des registres littéraires (➤ Chapitres 11, 13).
4. **Le niveau rythmique et prosodique** : étude des vers, des rythmes, des sons (➤ Chapitre 12).

▶ Dans le cas du commentaire composé, le **travail préalable** sur le texte a déjà été effectué en grande partie pour répondre aux « **questions d'observation** » (Première partie de l'épreuve ➤ Chapitre 28).

Une de ces questions pourrait attirer l'attention sur l'emploi de l'impératif dans le texte.

▶ **On poursuit ces observations** en les étendant et en les approfondissant. À ce stade, on peut déjà opérer des regroupements.

On explore systématiquement la modalité impérative. On distingue l'ordre et la défense. On leur associe les injonctions qui ne sont pas à l'impératif *(il faut, on doit...).*

▶ Dès cette étape, il convient d'accompagner ces relevés **d'analyses** et de **déductions**.

Quels effets ces emplois produisent-ils ? Que traduisent-ils ? Quelles intentions servent-ils ?

▶ À partir de là, on procédera à un examen plus étendu pour faire apparaître d'autres éléments qui viendront s'ajouter à ceux qui ont été identifiés.

La tournure exclamative, les interjections...

▶ L'observation de ces effets convergents guide déjà vers une **organisation** du commentaire : il paraît désormais possible de constituer un **centre d'intérêt** qui fournira une partie du développement.

L'implication du personnage dans son discours (ou de l'auteur dans son propos), le caractère persuasif du texte.

➤ Exercices 3 à 5

Définir les axes d'étude

▶ Un axe d'étude (ou « centre d'intérêt ») est à construire **en regroupant des éléments stylistiques variés** concourant au **même effet**.

Une métaphore, un procédé phonique, la structure grammaticale d'une phrase, un phénomène rythmique, un champ lexical peuvent tous concourir à l'expression de la nostalgie.

Leçon

▶ À la différence de la **lecture méthodique** qui n'a pas à rendre compte de tous les effets du texte, le commentaire doit offrir un « bilan de lecture » et s'organiser autour de **plusieurs centres d'intérêt**. Les axes choisis doivent donc être suffisamment nombreux pour rendre compte de **tout l'intérêt du texte**.

▶ Un total de trois centres d'intérêt apparaît nécessaire pour mener à bien cette étude. Chacune de ces parties doit elle-même être construite sur deux ou trois points d'étude.

➢ Exercices 6, 7

▶ Certains axes peuvent être définis en s'aidant des questions d'observation (➢ Chapitre 28). Les autres sont à dégager d'une analyse attentive du texte et de ses caractères propres. Si chaque texte détermine le choix d'axes particuliers en fonction de ses traits distinctifs, il existe néanmoins **certaines directions d'étude** qui se révèlent pertinentes pour de nombreux textes :
– la **tonalité** dominante ;
– le traitement **original** d'un thème connu ;
– la **transformation** ou la transfiguration **du réel** ou du quotidien ;
– le caractère **symbolique** d'un élément essentiel ;
– la **fonction** du texte.

▶ Plus spécifiquement **s'il s'agit d'un récit** :
– le rythme et la progression du récit ;
– le mode de présentation des faits ;
– le rôle de la focalisation.

▶ Si le texte est **une description ou un portrait** :
– le mode de caractérisation des personnages ;
– les contrastes ;
– le caractère élogieux ou dépréciatif ;
– la fonction de la description (ou du portrait).

L'élaboration du plan

▶ **L'ordre de présentation** des différentes parties du développement est un élément **essentiel** de la qualité du commentaire. La stratégie démonstrative impose que l'on termine par le plus important, le plus riche. On s'efforcera donc de présenter ses axes d'étude suivant un ordre de **complexité croissante** : on peut aller du sens le plus apparent au sens le plus implicite ; de l'analyse des thèmes à leur interprétation symbolique.

➢ Exercice 8

▶ Le plan du développement une fois établi, on peut mettre au point :
– **l'introduction**, qui fournit les principaux éléments d'information sur le texte (le nom de l'auteur, l'œuvre d'où le texte est tiré, le sujet, le genre, la tonalité, les intentions de l'auteur). Elle annonce les différents aspects qui seront traités dans le développement.
– **la conclusion**, qui rassemble les principales découvertes réalisées dans le développement, et propose un élargissement sur une question d'ordre littéraire.

▶ **La disposition du commentaire** devra faire apparaître avec évidence ces différents ensembles dans la page. Il faut :
– distinguer par des blancs (en passant une ou deux lignes) l'introduction, le développement, la conclusion ;
– distinguer dans le développement les différentes parties (ou centres d'intérêt) ;
– distinguer par un alinéa les différents points traités dans chaque partie.

3 La rédaction du commentaire

Le commentaire doit être entièrement rédigé. On n'utilisera ni abréviation, ni style télégraphique, ni numérotation.

Articuler la démonstration

▶ La rédaction du commentaire exige les qualités de logique d'une argumentation. On rédigera avec un soin particulier les **transitions** qui permettent d'avancer dans la démonstration en passant d'une partie du développement à une autre : on **rappelle** d'une phrase ce qui a été vu dans ce qui précède et on **annonce** dans une autre phrase ce qui va être étudié dans la partie suivante.
De plus, au début de chaque partie du développement, une phrase **d'introduction partielle** annonce le projet dominant de l'étude :

> Phrases en gras dans le plan détaillé du commentaire composé p. 265.

➢ Exercice 9

▶ Les **liens logiques** assurent la progression du raisonnement. On évitera le trop insistant *d'une part... d'autre part... enfin*. On préférera : *tout*

Leçon

d'abord, ainsi, pourtant, donc, ou des formulations plus longues : *À cela s'ajoute... On constate également... Mais cette image dévoile un nouvel aspect...*

➤ EXERCICE 10

Éviter la paraphrase

▶ Pour éviter les pièges de la « traduction » paraphrasée des éléments signifiants du texte, on utilisera des tournures capables de rendre compte de l'effet littéraire envisagé. Voici **quelques formulations** :
– (l'opposition) **est rendue par** (les antithèses) ;
– (l'émotion) **naît de l'emploi** (d'un vocabulaire affectif) ;
– (l'interjection) **exprime** (l'admiration) ;
– (la répétition) **produit un effet** (comique) ;
– (les hyperboles) **traduisent** (la violence des sentiments) ;
– (le vocabulaire dépréciatif) **renforce l'impression de** (misère).

▶ On variera l'expression à l'aide des verbes : *souligner, mettre en évidence, en valeur, renforcer, suggérer, révéler...* L'emploi de ces tournures rappelle que l'étude des procédés littéraires doit toujours s'accompagner d'une analyse des effets de sens.

Présenter les citations

▶ On peut adopter différents modes de présentation des éléments du texte dans le cours du commentaire. On renverra à la rigueur le lecteur à « la première strophe » d'un poème ou au « premier paragraphe » d'un texte en prose, ou, exceptionnellement, « au vers 5 » ou à « la première (ou la dernière) ligne » du passage. Mais il vaut beaucoup mieux se référer au texte **en le citant**.

▶ Les citations doivent être signalées par des **guillemets**. On peut avoir recours aux parenthèses pour les inclure dans l'analyse, mais il est préférable de les **intégrer** dans la rédaction.

> La personnification de l'animal (il « rêve », il « soupire », il « pleure ») ajoute à l'émotion du texte.
> Ou : En précisant que l'animal « rêve », « soupire », et « pleure » le poète le personnifie et renforce ainsi l'émotion du texte.

▶ Deux défauts sont à éviter :
– les citations trop longues. L'élément étudié n'est pas mis en valeur ; il n'est plus convaincant ; le texte semble recopié par facilité.
– les citations trop nombreuses : on risque alors d'avoir une simple énumération qui devient vite un catalogue fastidieux.

➤ EXERCICE 11

Sur quels critères serez-vous évalué ?

▶ **Les qualités nécessaires à la lecture d'un texte littéraire** : on doit se révéler sensible aux effets développés dans le texte et capables de **réactions personnelles** motivées par des **analyses précises**.

▶ La capacité à composer et à **organiser son bilan** de lecture **autour de centres d'intérêt** pertinents : on doit conduire le commentaire avec rigueur et méthode, avec le souci de démontrer et de convaincre.

▶ **Les qualités d'expression** qui permettront de formuler une appréciation avec justesse et nuance : on recherchera surtout la clarté et la cohérence.

Exercices

1. Qu'est-ce qu'un commentaire composé ?

1 Le schéma d'ensemble

Observez le commentaire composé du texte p. 264. Suivant quel type de plan est-il construit ? de l'observation à l'interprétation ? suivant la structure du texte ? suivant les grands effets qui se développent ? par thèmes ? (Plusieurs types peuvent se combiner). Justifiez votre réponse.

2 L'organisation des analyses

Observez le commentaire composé du texte p. 264. Résumez en quelques mots le point d'étude sur lequel porte les différents paragraphes de chacune des parties (I-1, 2, 3 ; II-1, 2, 3 ; III-1, 2, 3).

2. De l'observation au plan

3 Utiliser les questions

Répondez à ces questions d'observation :
a. Quel est le rôle des locutions prépositives et des adverbes de lieu dans cette description ?
b. Relevez les oppositions lexicales dans les lignes 9 à 29 (de *Partout* à *... immobile*).
Puis, à partir de vos réponses, dégagez le centre d'intérêt d'une première partie de commentaire composé.

Le vieux Saltimbanque

... Tout n'était que lumière, poussière, cris, joie, tumulte ; les uns dépensaient, les autres gagnaient, les uns et les autres également joyeux. Les enfants se suspendaient aux jupons de leurs mères pour obtenir quelque bâton de sucre, ou montaient sur les épaules de leurs pères pour mieux voir un escamoteur éblouissant comme un dieu. Et partout circulaire, dominant tous les parfums, une odeur de friture qui était comme l'encens de cette fête.

Au bout, à l'extrême bout de la rangée de baraques, comme si, honteux, il s'était exilé lui-même de toutes ces splendeurs, je vis un pauvre saltimbanque, voûté, caduc[1], décrépit, une ruine d'homme, adossé contre un des poteaux de sa cahute ; une cahute plus misérable que celle du sauvage le plus abruti, et dont deux bouts de chandelles, coulants et fumants, éclairaient trop bien encore la détresse.

Partout la joie, le gain, la débauche ; partout la certitude du pain pour les lendemains ; partout l'explosion frénétique de la vitalité. Ici la misère absolue, la misère affublée, pour comble d'horreur, de haillons comiques, où la nécessité, bien plus que l'art, avait introduit le contraste. Il ne riait pas, le misérable ! Il ne pleurait pas, il ne dansait pas, il ne gesticulait pas, il ne criait pas ; il ne chantait aucune chanson, ni gaie, ni lamentable, il n'implorait pas. Il était muet et immobile. Il avait renoncé, il avait abdiqué. Sa destinée était faite.

Mais quel regard profond, inoubliable il promenait sur la foule et les lumières dont le flot mouvant s'arrêtait à quelques pas de sa répulsive[2] misère ! [...]

BAUDELAIRE, *Le Spleen de Paris*

1. Qui menace ruine. 2. Repoussante, répugnante.

4 Des questions au commentaire

Quelles questions d'observation (➤ CHAPITRE 28) proposeriez-vous pour le texte de V. Hugo, p. 264.

5 Définir un centre d'intérêt

Voici des repérages convergents effectués sur le texte qui suit :
– le grand corps de tristesse, les articulations dures, noueuses, la gerçure (des rochers), cette sauvage carapace ;
– pâle, (eau) froide, (sable) froid ;
– supporte mal la vie, l'expulse.

a. À partir de ces relevés lexicaux, sur quel centre d'intérêt pouvez-vous bâtir une partie de commentaire composé ?
b. Établissez le plan de cette partie.

Un pâle soleil, un soleil irréel s'est levé sur les crêtes des vagues. Le grand corps de tristesse de la Bretagne sort des brumes, avec ses articulations dures, noueuses, lavées. Quelle côte solitaire ! Sommes-nous donc parvenus si loin déjà ? Le cri important des mouettes, si dépaysant, tombe du haut de leur royaume sauvage, agrandit l'étendue

Exercices

de ses prolongements rauques. Sur quelles perspectives peuvent s'ouvrir ces portiques de brumes, vaguement guirlandés d'oiseaux de mer – cette côte cuirassée ?

Quelle étrange matinée, toute lancéolée[1] de rayons pâles, errants, aveugles comme le pinceau d'un phare, qu'on voudrait prendre entre ses doigts. Quel temps de grave mystère, amorti, dueveté de bancs d'ouate opaques, avec de longues échappées claires et bâillantes, comme les vitres irrégulières d'une maison de neige. Solitude désolée. L'eau froide et douce, si calme entre les gerçures des rochers, avec ses bestioles minuscules, ingénues. Le sable froid, lavé. Le sel gris et pur, qui récure cette sauvage carapace de toute souillure. On voudrait partir de là pour quelque voyage sans espérance, fouler pour la dernière fois, pour un grand départ, cette terre sans complaisance et sans accueil.

Comme ce sol supporte mal la vie, l'expulse. Ici on a pu, on a dû être plus exigeant qu'ailleurs sur les raisons qu'on a d'y rester, s'interroger plus pertinemment sur ses vraies chances.

JULIEN GRACQ, *Un beau ténébreux*, Éd. José Corti, 1945

1. Striée.

6 Deuxième axe d'étude

Dans le texte précédent, rassemblez les éléments nécessaires pour construire un deuxième axe d'étude autour du *mystère*.

7 Construire une partie de commentaire

a. Dans le texte suivant, rassemblez les éléments nécessaires pour organiser une partie du commentaire autour de l'idée d'éloge et de célébration.
b. Construisez le plan de cette partie sur trois points servant à l'étayer (I-1 ; I-2 ; I-3). Pour chaque point, appuyez-vous sur des références précises au texte.

> La belle route ! la chère route ! Vertigineuse amie, promesse immense ! L'homme qui l'a faite de ses mains pouce à pouce, fouillée jusqu'au cœur, jusqu'à son cœur de pierre puis enfin polie, caressée, ne la reconnaît plus, croit en elle. La grande chance, la chance suprême, la chance unique de sa vie est là, sous ses yeux, sous ses pas, brèche fabuleuse, déroulement sans fin, miracle de solitude et d'évasion, arche sublime lancée sur l'azur. Il l'a faite, il s'est donné à lui-même ce jouet magnifique et sitôt qu'il a foulé la piste couleur d'ambre, il oublie que son propre calcul en a tracé d'avance l'itinéraire inflexible. Au premier pas sur le sol magique arraché par son art à l'accablante, à la hideuse fertilité de la terre, nu et stérile, bombé comme une armure, le plus abandonné reprend patience et courage, rêve qu'il est peut-être une autre issue que la mort à son âme misérable… Qui n'a pas vu la route à l'aube, entre ces deux rangées d'arbres, toute fraîche, toute vivante, ne sait ce que c'est que l'espérance.

GEORGES BERNANOS, *Monsieur Ouine*, Éd. Plon, 1946

8 Plan du développement

Complétez le plan d'un commentaire du texte précédent de Bernanos (> EXERCICE 7) en construisant cette fois deux parties autour des idées directrices suivantes :
– le thème de l'évasion et du voyage ;
– le caractère symbolique de la route.

3 La rédaction du commentaire

9 La transition

Pour le commentaire du texte de Bernanos, rédigez en une phrase une transition entre les différentes parties du développement telles qu'elles ont été définies dans les exercices 7 et 8.

10 La démonstration

Reprenez le plan détaillé du commentaire p. 264 (Victor Hugo, *Les Misérables*). Remplacez les repères indiquées par les chiffres I-1 ; I-2, etc. par des mots de liaison appropriés que vous intégrerez à la phrase.

11 Les citations

Reprenez le plan détaillé du commentaire p. 264 (Victor Hugo, *Les Misérables*). Rédigez entièrement les analyses suggérées dans les parenthèses de la partie I-3, en intégrant les citations nécessaires.

Exercices

Questions d'observation

1. Quel est le temps verbal le plus employé dans le poème ? Quels sont les autres temps de l'indicatif utilisés ? Quelle est leur valeur par rapport au temps dominant ?
2. Quels changements observez-vous dans la strophe 4 par rapport au reste du poème ?

Vers un commentaire composé du texte

1. À l'aide des questions d'observation et d'une analyse précise du poème, construisez le plan du développement d'un commentaire composé en prenant pour centres d'intérêt les idées directrices :
– le thème de la fuite du temps – le thème de la pérennité – la relation entre l'Homme et la nature.
2. Rédigez l'introduction du commentaire composé à partir du schéma suivant :
– idée de départ : le motif du soleil couchant
– l'auteur (éléments utiles pour éclairer le texte)
– titre du recueil et titre du poème
– forme, thème et tonalité du texte
– annonce du plan du développement.

Soleils couchants

Le soleil s'est couché ce soir dans les nuées.
Demain viendra l'orage, et le soir, et la nuit ;
Puis l'aube, et ses clartés de vapeurs obstruées ;
Puis les nuits, puis les jours, pas du temps qui s'enfuit !

Tous ces jours passeront ; ils passeront en foule
Sur la face des mers, sur la face des monts,
Sur les fleuves d'argent, sur les forêts où roule
Comme un hymne confus des morts que nous aimons.

Et la face des eaux, et le front des montagnes,
Ridés et non vieillis, et les bois toujours verts
S'iront rajeunissant ; le fleuve des campagnes
Prendra sans cesse aux monts le flot qu'il donne aux mers.

Mais moi, sous chaque jour courbant plus bas ma tête,
Je passe, et, refroidi sous ce soleil joyeux,
Je m'en irai bientôt, au milieu de la fête,
Sans que rien manque au monde, immense et radieux !

22 avril 1829

Victor Hugo, *Les Feuilles d'Automne*, «Soleils couchants», VI

Analyse et rédaction

La dissertation sur un sujet littéraire

CHAPITRE 30

Sujet

J. Van den Heuvel écrit : « Le conte voltairien offre cette particularité remarquable que la fantaisie et la vérité, intimement mêlées l'une à l'autre, s'y renforcent mutuellement ». Vous expliquerez et commenterez cette phrase en fondant votre réflexion sur le conte philosophique de Voltaire que vous avez étudié.

Plan d'ensemble

[INTRODUCTION]

[REMARQUE GÉNÉRALE] L'expression de « conte philosophique » dont on se sert pour désigner les contes de Voltaire rapproche deux mots, apparemment contradictoires. L'un, le « conte », se rapporte au domaine de la fiction, de l'invraisemblance, tandis que l'autre, « philosophique », évoque le pouvoir de la raison et de la réflexion. **[ÉNONCÉ DU SUJET]** J. Van den Heuvel reprend ces deux notions dans une définition du conte voltairien lorsqu'il dit que « la fantaisie et la vérité, intimement mêlées l'une à l'autre, s'y renforcent mutuellement ». **[EXPLICATION DU SUJET]** Il souligne ainsi l'idée que chez Voltaire, la drôlerie et l'invention d'une part, le jugement et les idées de l'autre, ne sont pas séparables et qu'elles agissent les unes sur les autres et ensemble dans l'œuvre. **[ANNONCE DU PLAN]** Nous étudierons cette définition à partir du conte *Zadig* en faisant apparaître d'abord la place qu'y tient la fantaisie puis les grandes questions philosophiques qui se dégagent de cette légèreté. Enfin, nous montrerons la réussite de Voltaire qui parvient à ne jamais séparer la fonction de divertissement et la fonction d'enseignement qu'il donne à ses contes.

[DÉVELOPPEMENT]

I. Le conte, une œuvre de fantaisie

I.1. Une action pleine d'invraisemblance

L'action de Zadig connaît des retournements soudains. Le héros subit les sorts les plus contraires. Il est sauvé du supplice par le perroquet du roi (Chapitre 4). Après avoir été premier ministre, il devient esclave d'un marchand. Les personnages se rencontrent, se croisent et se retrouvent par le plus grand des hasards (Zadig retrouvant Astarté,

Chapitre 16). Ces invraisemblances donnent l'image d'une destinée chaotique (voir le titre complet : *Zadig ou la destinée*) et de la difficulté de connaître un bonheur durable.

I.2. La couleur orientale
Zadig, sous-titré *Histoire orientale*, commence par ces mots : *Du temps du roi Moabdar...* Le conte influencé par *Les mille et une nuits* dépayse et fait rêver. Les mœurs orientales (le sérail, les sultans) y sont décrites avec pittoresque. Les coutumes religieuses les plus curieuses et les plus « barbares » sont présentées à l'aide des détails les plus burlesques. Mais à travers cet exotisme, c'est la France qui est désignée et ces fantaisies dénoncent tout fanatisme et toutes formes d'intolérance.

I.3. Le merveilleux
Les éléments du merveilleux propres au conte sont nombreux : Zadig est visité par des songes prémonitoires (Chapitre 7). On parle d'animaux fabuleux, les griffons, qui n'existent pas et que cependant la loi de Zoroastre interdit de manger. On y cherche le basilic, autre animal imaginaire (Chapitre 16). Un ermite, compagnon de Zadig, se transforme en ange pour enseigner les voies de la Providence, et disparaît dans les airs (Chapitre 18). Voltaire s'amuse ici à parodier le merveilleux des récits légendaires.

[TRANSITION] : Ces rebondissements, cette couleur locale et ces prodiges transportent dans le rêve. Mais ils servent surtout à délivrer des leçons de sagesse philosophique.

II. Le conte, une leçon de vérité

II.1. Le problème de la liberté et de la Providence
Le conte montre l'Homme soumis aux hasards de l'existence. La volonté des personnages ne peut s'exercer sur leur vie, dominée par la fatalité. Leurs projets sont réduits à néant. La politique répressive, les préjugés limitent encore son libre-arbitre (fin du Chapitre 11, fin du Chapitre 12). Que faire, face à une destinée incompréhensible ? Faut-il se soumettre à la Providence, c'est-à-dire admettre qu'une puissance divine dirige avec sagesse et justice l'ordre du monde ? Le conte pose toutes ces questions avec légèreté et gravité à la fois.

II.2. La sagesse et l'esprit philosophique
Face aux superstitions (Chapitre 7), aux interdits religieux et aux rites cruels (Chapitre 11, *Le bûcher*), Zadig oppose la sagesse du philosophe. Tous les grands combats de l'esprit des Lumières se dégagent des séductions de l'imagination : l'appel à la tolérance, le déisme (Chapitre 12, *Le souper*, et début du Chapitre 11), le pouvoir de la raison et l'esprit d'examen (Chapitre 3, *Le chien et le cheval*). Le conte dénonce le fanatisme et l'obscurantisme en utilisant les ressources de la fantaisie.

II.3. Le souverain éclairé
Zadig possède toutes les qualités du souverain philosophe. Il sait faire régner la justice (Chapitre 6, Chapitre 10), supprime la corruption *(La danse)*. Dans un même chapitre (Chapitre 7), on le voit libérer un peuple de la superstition, réconcilier des partis hostiles, s'occuper d'urbanisme et protéger les artistes. Le conte propose un modèle politique à travers les péripéties de la vie du héros.

[TRANSITION] : Toutes les questions philosophiques contenues dans *Zadig* sont étroitement mêlées au récit. La vérité passe par les séductions de la fantaisie. Comment Voltaire parvient-il à cette fusion ?

III. Le conte voltairien parvient à unir le désir d'instruire et celui d'amuser

III.1. Les apologues
Les leçons philosophiques ne sont jamais données en marge du récit ; elles sont intégrées à des épisodes chargés de les illustrer : *Le chien et le cheval* enseigne les lois de l'observation et de la déduction. Zadig transmet des leçons de sagesse à travers des mises en scènes fantaisistes : en guérissant le seigneur Ogul grâce à un ballon magique (Chapitre 16), en faisant danser les ministres malhonnêtes *(La danse)*. Le rôle de la narration dans *Zadig* est comparable à celui qu'il a dans la fable : c'est à travers un récit, une action, une saynète qu'est délivrée la moralité.

III.2. Des registres mêlés
Les plus graves questions sont traitées avec légèreté pour ne pas ennuyer : la question du suicide est traitée dans un chapitre (Chapitre 15) mettant en scène un pêcheur, blessé dans son honneur de meilleur fabricant de fromage à la crème. Le problème des divisions religieuses se réduit à savoir s'il faut entrer dans le temple du pied droit ou du pied gauche (Chapitre 7). Jusqu'à l'anecdote la plus burlesque est mise au service de la pensée philosophique.

III.3. L'ironie

L'ironie est le moyen le plus efficace pour séduire l'esprit tout en provoquant la réflexion. Grâce à elle, les explications sont inutiles et le récit ne perd rien de sa vivacité. Les attaques se font à demi-mot ; par exemple, la satire de la justice : quand Zadig gagne son procès, on lui restitue les quatre cent onces d'or qu'il avait dû verser, en en retenant *seulement trois cent quatre-vingt-dix huit pour frais de justice* (Chapitre 3). La dénonciation passe par la complicité avec le lecteur : l'épisode de l'archimage Yébor, *le plus sot des Chaldéens, et partant le plus fanatique* (Chapitre 4) illustre bien la lecture à double sens qu'offre le conte. Les fins de chapitres donnent aussi une bonne image de la légèreté et de la profondeur de l'ironie : à la fin du chapitre 11, Zadig est acclamé pour avoir empêché que les veuves se brûlent sur le corps de leur mari ; à la fin du chapitre 12, il apprend qu'on *avait fait son procès en son absence et qu'il allait être brûlé à petit feu*. Ces cocasseries en disent plus qu'un long plaidoyer.

[CONCLUSION]

[FERMETURE DE LA RÉFLEXION] Le conte voltairien parvient donc à assembler très étroitement le divertissement d'un récit plein de fantaisie et la recherche de la vérité par l'exercice de la raison. Les ressources d'un style vif, allusif, ironique parviennent à fondre ensemble ces deux objectifs. [OUVERTURE DE LA RÉFLEXION] On peut s'étonner qu'un esprit éclairé et rationnel comme celui de Voltaire ait choisi de recourir au conte, c'est-à-dire à l'invraisemblance et au merveilleux. C'est que la fantaisie répond à une stratégie philosophique ; elle s'inscrit dans un projet d'émancipation et non pas dans une volonté d'illusion. Dans *L'Ingénu* le personnage du Huron philosophe formulera cette exigence qu'illustre si bien *Zadig* : « Ah ! s'il nous faut des fables, que ces fables soient du moins l'emblème de la vérité ! »

Leçon

1 Réflexion sur **le sujet**

Différents types de sujets

▶ Le sujet propose une **définition** :

À partir de l'œuvre étudiée au cours de l'année, vous tenterez de définir ce qu'on appelle un « roman d'apprentissage ».

▶ Le sujet demande de réfléchir à la **fonction d'un élément** :

En prenant appui sur l'œuvre que vous avez étudiée, vous vous demanderez quels sont les caractéristiques et le rôle des valets de comédie.

▶ Le sujet invite à **choisir entre deux positions**. On est amené ici à démontrer le bien fondé relatif des points de vue proposés, puis à dépasser l'opposition :

D'après la pièce de Racine que vous avez étudiée, diriez-vous de la tragédie racinienne qu'elle est une œuvre dominée par la raison ou par la déraison ?

▶ Le sujet invite à **commenter ou apprécier une citation**. On éclaire et on analyse le contenu de la citation et, selon les cas, on la discutera en prenant position.

« L'une des principales fonctions du conte voltairien est de mettre en scène […] l'absurdité du monde et la vanité des projets humains ».
Expliquez et commentez ce propos de Robert Mauzi en vous appuyant sur le conte de Voltaire que vous avez étudié.

➤ Exercice 1

Analyse du sujet

▶ Dégager les **différents éléments** qui composent le sujet.

P.-H. Simon, un critique contemporain, affirme : « Un texte dramatique est un texte littéraire conçu en vue d'être représenté ; sa nature est double : il n'existe pas sans un style, appréciable à la lecture, et, pourtant, ses valeurs propres ne peuvent jaillir pleinement que par le jeu du théâtre, par la représentation ».
Vous commenterez ce jugement en illustrant votre développement d'exemples variés et précis empruntés à l'œuvre théâtrale que vous avez étudiée.

Le sujet comporte :
– une citation attribuée à un critique contemporain ; elle est délimitée par des guillemets ;
– une question : « vous commenterez ce jugement » ;
– des consignes : utilisation d'exemples précis tirés de l'œuvre étudiée.

▶ S'assurer du **sens des termes employés** dans le sujet, de leur connotation éventuellement. Vérifier s'ils sont employés dans leur sens général, ou s'ils sont le support de jeux de mots ou d'ironie. Connaître le **vocabulaire de l'histoire ou de la technique littéraire**.

Dans le sujet cité, il importe d'interpréter le qualificatif « dramatique » au sens de « théâtral », conformément à l'étymologie grecque (*drama* = action ; une pièce de théâtre quelle qu'elle soit est une « œuvre dramatique »).

▶ Repérer les **éléments essentiels** : les mots-clés, les réseaux lexicaux ; les mots de liaison.

Citation de P.-H. Simon :
– Thème central : *le texte dramatique* (= œuvre théâtrale) dont il s'agit de déterminer la nature et la valeur.
– Vocabulaire de l'écriture : *texte littéraire, style, lecture.*
– Vocabulaire de la représentation : *représenté, jeu du théâtre, représentation.*
– Lien logique : *pourtant.*

▶ **Analyser la citation**

Citation de P.-H. Simon : La première phrase contient une définition du texte dramatique, placée sous le signe de la dualité entre écriture et représentation. La même structure d'opposition et de complémentarité est reprise dans la suite de la citation (« sa nature est *double* ») et renforcée par l'adverbe *pourtant.*

▶ En déduire les **idées principales**.

Citation de P.-H. Simon :
– La représentation donne toute sa dimension au texte théâtral *(ses valeurs propres, ne peuvent jaillir que par le jeu du théâtre…).*
– L'écriture d'un texte théâtral obéit à des contraintes spécifiques, liées à l'existence d'une représentation *(conçu en vue de… :* on n'écrit pas une pièce de théâtre comme on écrit un roman par exemple).

▶ Formuler clairement la **problématique**, c'est-à-dire l'ensemble des questions soulevées par le sujet, à partir desquelles on pourra élaborer le plan.

– Le texte dramatique est-il avant tout un texte écrit ?

Préparer l'écrit du Bac

Leçon

– Qu'apporte la représentation ? Quelles sont les modalités d'écriture spécifiques au texte théâtral ?
– La distinction entre texte et représentation est-elle totalement justifiée ?

➤ Exercices 2 à 4

2 L'élaboration du plan

Différents types de plans

▶ **Le plan thématique** : il convient pour explorer les différents aspects d'un thème proposé par le sujet.

Sujet : Quel est selon vous la fonction du confident dans les tragédies ?
Plan : – un conseiller et parfois mauvais conseiller ;
– un témoin attentif capable de faire émerger les secrets ;
– un miroir tendu à la conscience du héros qui dialogue avec lui-même à travers son confident.

▶ **Le plan analytique** : il convient pour l'analyse approfondie d'une notion, d'un genre, d'un problème. Il sépare les idées puis propose une synthèse.

Sujet sur le théâtre (P.-H. Simon).
Plan : – le texte dramatique est un texte écrit fait pour être lu ;
– mais sa vocation est d'être représenté ;
– l'écriture théâtrale est une écriture spécifique réunissant ces deux qualités.

▶ **Le plan comparatif** : il est proche du plan analytique. Il convient aux sujets qui invitent à examiner une opposition, puis à la dépasser.

Sujet : Un écrivain prétend qu'il n'y a que deux sortes de romans : « le roman qui nous fait oublier la vie, et le roman qui nous explique notre vie ».
Plan : – le roman peut nous faire oublier la vie ;
– le roman peut nous expliquer notre vie ;
– les meilleurs romans proposent une sublimation de notre vie.

▶ **Le plan critique (ou dialectique)** : il est nécessaire pour traiter des sujets faisant état de jugements contradictoires, ou énonçant une opinion abrupte et extrême. Le devoir commence par l'exposé argumenté d'une thèse, se poursuit par la présentation des arguments opposés (antithèse) et débouche sur un jugement personnel sous forme de synthèse.

➤ Exercices 5, 6

Recherche des arguments et des exemples

▶ Les arguments sont à dégager **d'une réflexion** sur la problématique du sujet. Les idées sont notées au brouillon, puis organisées en paragraphes.

Sujet sur le théâtre (P.-H. Simon).
Qu'apporte la représentation au texte théâtral ? = la présence du public ; l'importance des décors, éclairages, costumes, musique qui animent le texte ; le jeu de l'acteur, ses gestes, les jeux de scène ; la représentation permet de voir ce que le texte laissait imaginer.

▶ Simultanément, on rassemble les exemples tirés de **l'œuvre étudiée** dans l'année. Ils serviront à illustrer les arguments, c'est-à-dire à les concrétiser et à les préciser.

Si la pièce étudiée est *Le Mariage de Figaro*, de Beaumarchais, on pourra choisir :
– le rôle des apartés qui font du public le complice des personnages ;
– la scène du déguisement de Chérubin (Acte II, scène 6) ;
– la romance chantée par Chérubin (Acte II, scène 4) et la chanson finale (Acte V, scène 19), la scène des personnages cachés (Acte I, scène 9, Acte II, scènes 10 à 18) ;
– les quiproquos dus à l'obscurité et à l'échange des costumes (Acte V, par exemple scènes 7 et 8).

➤ Exercices 7, 8

3 La rédaction de la dissertation

L'introduction

Elle comporte quatre étapes.

▶ **L'approche du sujet** : on peut commencer par une remarque plus générale que le sujet mais ayant un rapport avec lui.

Sujet de P.-H. Simon : Le théâtre, lié par ses origines aux fêtes et aux rites dionysiaques, est avant tout un spectacle collectif, une représentation. Néanmoins, les élèves ont accès au genre théâtral essentiellement par l'intermédiaire des livres. C'est sans doute ce paradoxe qui a conduit P.-H. Simon…

Leçon

▶ **L'énoncé du sujet** :
– si le sujet comporte une **citation courte**, on la reprend ;
– si le sujet comporte une **citation longue**, on ne reprend que les fragments comportant les éléments essentiels, en les intégrant dans une phrase et en les signalant par des guillemets ;
– si le sujet ne comporte **pas de citation**, on fait apparaître les mots-clés de la question posée.

▶ **L'explication rapide du sujet** : on résume, on reformule le contenu du sujet, en dégageant clairement la problématique.

▶ **L'annonce du plan** : elle doit être claire sans être lourde. On peut adopter une présentation du type « d'abord », « ensuite », « enfin » ou préférer une formulation indirecte plus fine : « on peut donc se demander si (...) et si (...) » ou encore procéder par une courte série de questions.

▶ **L'introduction ne propose que des hypothèses** ; elle ne doit pas encore contenir d'argumentation.

➤ Exercices 9, 10

Le développement

▶ Il doit comporter au moins deux parties ; au plus quatre parties, qui est la limite au-delà de laquelle on tombe dans le catalogue.

▶ Chaque partie comprend une introduction partielle, des paragraphes, et une conclusion partielle.

▶ **L'introduction partielle** reprend en d'autres termes l'annonce effectuée dans l'introduction générale : elle fixe le projet qui sera suivi dans cette partie.

▶ **Les paragraphes** (ou « sous-parties »), peuvent être au nombre de trois. Ils développent un argument en l'illustrant d'un ou plusieurs exemples. Le passage de l'argument à l'exemple doit s'effectuer par l'emploi de **mots de liaison** appropriés.

▶ **La conclusion partielle** récapitule brièvement ce qui a été démontré.

▶ Pour que le développement soit cohérent et progressif, il faut veiller à l'articulation des différentes parties entre elles. Une **transition** assure ce passage.

Sujet de P.-H. Simon : Ainsi le texte de théâtre possède-t-il toutes les qualités d'un texte littéraire. Mais contrairement à celle d'un roman, son écriture suppose une représentation.

La conclusion

▶ La **conclusion générale** doit dresser le bilan de ce qui a été démontré dans le développement. Elle ne doit plus comporter d'argumentation. **Synthétique**, elle doit être claire dans sa fonction de **fermeture de la réflexion**.

▶ Dans un second temps, il est bon qu'elle propose **une ouverture** vers un autre sujet de réflexion, lié à celui qui a motivé la dissertation.

Sujet de P.-H. Simon : On peut évoquer l'adaptation à la scène de textes littéraires non théâtraux (roman, correspondances, poèmes, etc.).

➤ Exercice 11

Sur quels critères serez-vous évalué ?

▶ La **connaissance** à la fois **précise et globale** de l'œuvre étudiée dans le cadre du programme, et, de façon plus générale, l'utilisation judicieuse des connaissances acquises sur l'histoire littéraire, sur d'autres œuvres ou sur d'autres formes d'art.

▶ La capacité à **entrer dans une réflexion** spécifique à l'étude d'un genre et d'une œuvre intégrale, l'aptitude à **dégager une problématique** et, enfin, à **organiser une argumentation** appuyée sur des exemples pertinents.

▶ La cohérence de la rédaction ainsi que la clarté de l'expression.

Préparer l'écrit du Bac

Exercices

1. Réflexion sur le sujet

1 Découverte

a. Examiner le sujet suivant. Distinguez les différents éléments qui le composent.
b. Sous forme de notes, interrogez-vous sur le sens du mot *classique* tel qu'il est employé dans le sujet.
c. Éclairez le sens du verbe *dire* dans la phrase : *il n'a jamais fini de dire ce qu'il a à dire*.

Sujet : L'écrivain italien Italo Calvino tentait de dire ce qu'on entend exactement par les termes d'« œuvre classique » et proposait cette définition : *Un classique est un livre qui n'a jamais fini de dire ce qu'il a à dire.* Vous commenterez cette définition en vous demandant dans quelle mesure elle s'applique à l'œuvre que vous avez étudiée.

2 Questionnement

À partir de l'exercice précédent, formulez une problématique en vous interrogeant sur l'expression : *qui n'a jamais fini de…*

3 Identifier une question littéraire

Identifiez le problème soulevé par les sujets suivants en répondant à la question mise entre crochets.

1. Aragon, réfléchissant sur l'avenir de son œuvre a écrit : *Qui seront les lecteurs demain de ce que j'écris aujourd'hui ? […] Pour qui écrivons-nous que nous ne verrons pas, qui ne nous posera plus de question ?* [Comment appelle-t-on cet avenir de l'œuvre d'art dont la vie dépasse en durée celle de son auteur ?]

2. Paul Valéry écrivait dans *Tel Quel* (« Choses tues ») : *Rien de plus original, rien de plus **soi** que de se nourrir des autres. Mais il faut les digérer. Le lion est fait de mouton assimilé.* [Par cette formulation surprenante, quelles questions littéraires Valéry soulève-t-il ? Résumez-les en quelques mots.]

3. À la fin de son livre *Les Mots* (1964), Jean-Paul Sartre écrit : *Longtemps j'ai pris ma plume pour une épée : à présent je connais notre impuissance. N'importe : je fais, je ferai des livres ; il en faut, cela sert tout de même.* [Comment appelle-t-on l'écrivain qui prend sa « plume pour une épée » ?]

4 La problématique littéraire

a. Précisez le sens de *drame* dans le sujet suivant ; définissez le mouvement littéraire auquel il renvoie ; rassemblez sous forme de notes les différentes questions liées à ce genre littéraire.
b. À partir de là, dégagez la problématique contenue dans ces termes du sujet : *tout, à la fois, toutes*. En quoi cette insistance sur la totalité et le mélange aide-t-elle à définir le drame romantique ?

Sujet : À partir du drame romantique que vous avez étudié, expliquez et commentez la phrase de Victor Hugo : *Le drame […], c'est tout, regardé à la fois sous toutes ses faces.*

2. L'élaboration du plan

5 Justifier une définition

a. Quel plan vous paraît convenir le mieux au sujet ?
b. Élaborez ce plan en trois ou quatre parties.

Sujet : En analysant l'œuvre que vous avez étudiée, vous vous demanderez dans quelle mesure elle correspond à ce que l'on appelle le *fantastique*.

6 Les fonctions d'une tonalité

En vous interrogeant sur la restriction (*ne… que*) contenue dans ce sujet, élaborez un plan analytique en trois parties.

Sujet : Le comique n'a-t-il dans une œuvre qu'une fonction de divertissement ? Vous fonderez votre réflexion sur la comédie de Molière que vous avez étudiée.

7 Les arguments

Construisez un développement pour le sujet suivant autour de ces trois grandes directions :
– l'ambition ; – les situations et les circonstances ;
– d'autres personnages.
Organisez chaque partie autour de trois arguments.

Sujet : Dans les grands romans de formation du XIXe siècle, quels sont les éléments qui favorisent l'apprentissage du héros ? Vous vous appuierez sur l'œuvre que vous avez étudiée pour répondre.

Exercices

8 Les exemples

Pour le sujet précédent, rassemblez des exemples précis tirés d'un roman de formation du XIXe siècle pour illustrer les arguments de la troisième partie (l'initiation du héros par d'autres personnages).

3 La rédaction de la dissertation

9 Introduction

Relisez le sujet de l'Exercice 6, p. 278. Rédigez l'introduction de la dissertation.

10 Comprendre et résumer une citation

Lisez ce sujet. Analysez les mots-clés, dégagez la problématique et mettez au point le plan du développement. À partir de tous ces éléments, rédigez l'introduction de la dissertation. (Vous résumerez la citation en conservant les données essentielles).

Sujet
Le poète Jean Tardieu, récemment disparu, proposait cette définition de la poésie : *Tout ce qu'on peut dire, c'est qu'elle est, par essence, l'art du langage transposé et que son rôle est de suggérer, à la faveur d'une certaine surprise et d'un certain enchantement verbal, des significations superposées.*
Vous commenterez ces propos en vous appuyant sur le recueil poétique que vous avez étudié.

11 Présenter un exemple

Trouvez le plus grand nombre de formulations possibles pour introduire un exemple dans un développement.
Exemples : *Ainsi, par exemple, on le voit...*

12 Conclusion

Relisez le sujet de l'Exercice 7, p. 278. Rédigez la conclusion de la dissertation, en fonction du plan que vous aurez élaboré.

Sujet
De grands romanciers (Balzac, Flaubert, Zola par exemple) ont prétendu donner dans leur ouvrage une image fidèle de la réalité.
Mais, selon Albert Camus (*L'Homme révolté*), *l'art n'est jamais réaliste*.
Vous discuterez cette phrase en vous appuyant sur l'œuvre d'un des auteurs cités.

Vers la rédaction de la dissertation

1. Éclairez le sens de la citation en vous interrogeant sur le courant littéraire et artistique appelé « réalisme ».
2. Dégagez la problématique contenue dans le rapprochement des mots *art* et *réaliste*, présentés par Albert Camus comme incompatibles.
3. Présentez un plan détaillé du développement de la dissertation organisé autour de trois parties contenant chacune trois arguments illustrés d'exemples.
4. Rédigez l'introduction de la dissertation en suivant le schéma donné dans le leçon p. 276.

L'épreuve écrite en Terminale

1/ Nature de l'épreuve

Définition

▶ Les candidats sont invités à répondre à deux ou trois questions sur une ou plusieurs des œuvres au programme. Leurs réponses doivent être composées et rédigées. Les questions peuvent porter sur :
– l'ensemble d'une œuvre ;
– sur un aspect ou une partie d'une œuvre ;
– éventuellement sur un point précis de comparaison entre plusieurs œuvres.

Les différents types de questions

▶ Voici différents types de questions qui peuvent être posées et les références des chapitres qui permettront, dans cet ouvrage, de se familiariser avec ces notions :

Questions	Chapitres
Étude de l'ensemble de l'œuvre, de sa composition, de sa forme, de sa spécificité.	Chapitres 19, 20, 21, 22
Étude d'un thème ou d'un motif significatif, de la fonction d'un passage, du rôle d'un personnage.	
Étude d'un élément de la technique argumentative.	Chapitres 15, 16, 25
Étude d'un élément de la technique poétique.	Chapitres 11, 21
Étude d'un élément de la technique narrative.	Chapitres 14, 19
Étude d'un élément de la technique dramatique.	Chapitre 20
Étude du développement d'une idée ou d'une thèse.	Chapitres 15, 16, 25

Les critères d'évaluation

▶ Voici les critères sur lesquels vous serez évalués et les références des chapitres qui traitent de ces compétences :

Compétences	Chapitres
L'aptitude à dégager une problématique.	Chapitre 30
La capacité à organiser une argumentation.	Chapitres 16 et 27
La maîtrise des savoirs linguistiques.	Chapitres 1, 4, 6 à 13, 18
La maîtrise des savoirs littéraires.	Chapitres 3, 4, 5
La cohérence de la rédaction.	Chapitres 25 à 30

2/ Conseils pour la rédaction

Cohérence de l'ensemble
▶ Les réponses doivent présenter la rigueur et la clarté d'une démonstration.
▶ On commence par rappeler les données de la question dans une courte introduction.
Exemple : S'il s'agit d'analyser le rôle ou la fonction d'un élément de l'œuvre, rappeler où intervient cet élément : l'acte, la scène pour une œuvre théâtrale, l'épisode pour un roman, la section pour un recueil poétique, le chapitre pour un essai, etc.
▶ On développe la question en plusieurs points et on conclut brièvement.

Organisation de la réponse
▶ Il convient de présenter sa réponse en suivant une démarche progressive. On ira du plus apparent au plus implicite, en terminant toujours par le plus important.
▶ On doit articuler son argumentation à l'aide d'outils logiques.
Exemple : Les différentes fonctions d'un élément dans une œuvre seront étudiés dans des paragraphes distincts reliés par des connecteurs exprimant l'addition.

Clarté des exemples
▶ Il faut citer le texte avec exactitude, surtout si la question porte sur un motif ou une métaphore significatifs, sur les modes de désignation d'un personnage, sur un élément de la technique narrative.
▶ Il faut également indiquer précisément les références essentielles (nom des personnages, des lieux, titres des chapitres, etc.). On n'oubliera pas de souligner le titre des chapitres et le titre de l'œuvre.
▶ Il convient enfin de rapporter, résumer ou décrire avec justesse, concision et clarté les épisodes, les passages, les thèmes ou les thèses sur lesquels s'appuie l'étude.

L'épreuve orale de contrôle en Terminale

Définition
(Rappel de l'annexe de la N.S. n°25, 23 juin 1994)

▶ Le candidat est invité à répondre, dans un exposé organisé, à une question portant sur l'ensemble d'une œuvre, sur un aspect d'une œuvre ou sur un point de comparaison entre plusieurs des œuvres inscrites au programme.
▶ L'exposé est suivi d'un entretien au cours duquel l'examinateur peut demander au candidat de préciser son propos, de développer un commentaire ou une interprétation, d'ouvrir des perspectives.

Pour en savoir plus ➢ Chapitre 24.

Les principaux mouvements littéraires
Tableaux chronologiques

XVIᵉ SIÈCLE

LA PLÉIADE

Courant poétique formé par un groupe de sept poètes (nom emprunté à une constellation de sept étoiles), 1550-1560.

Principes
– renouvellement de la poésie française ;
– admiration pour l'Antiquité ;
– volonté de donner à la langue française des chefs-d'œuvre dignes des Grecs et des Latins ;
– affirmation de la mission du poète, serviteur de la Beauté.

Thèmes
– lyrisme ;
– sentiment amoureux ;
– fuite du Temps ;
– mythologie.

Formes
– sonnet, odes ;
– allégorie, métaphores ;
– rythme et musicalité.

Poètes de la Pléiade
Du Bellay (1522-1560) ;
Ronsard (1524-1585).

XVIIᵉ SIÈCLE

LE BAROQUE

Conception artistique née dès la fin du XVIᵉ siècle.

Thèmes
– l'instabilité ;
– l'apparence ;
– l'illusion ;
– les motifs de l'eau, de la fumée, du miroir.

Formes
– la métamorphose ;
– le théâtre dans le théâtre ;
– les hyperboles, les antithèses, les périphrases, les métaphores.

Écrivains et œuvres littéraires se rattachant au Baroque
Tristan l'Hermite ;
Saint-Amant ;
les comédies de Corneille ;
Cyrano de Bergerac ;
Dom Juan de Molière.

LE CLASSICISME

Idéal esthétique et humain représenté par les écrivains de la seconde moitié du siècle (génération de 1660-1680).

Principes
– imitation des Anciens sans renoncer pour autant à faire œuvre personnelle ;
– goût de l'analyse ;
– l'écrivain fait œuvre de moraliste ;
– dépassement de l'individu pour atteindre un Homme éternel, une vérité universelle, un Beau idéal ;
– désir de plaire.

Esthétique
– séparation des genres ;
– respect des règles (unité au théâtre, vraisemblance, bienséances) ;
– équilibre et mesure ;
– simplicité et naturel dans le style.

Écrivains de la période classique
Molière (1622-1673) ;
Racine (1639-1699) ;
La Fontaine (1621-1695) ;
Bossuet (1627-1704)…

XVIIIᵉ SIÈCLE

LE MOUVEMENT DES LUMIÈRES

Mouvement d'idées qui s'exprime depuis la fin du XVIIᵉ siècle mais prend toute son ampleur avec l'entreprise de l'Encyclopédie (1751-1772).

Principes
– développement des connaissances ;
– émancipation de la pensée ;
– foi dans le progrès ;
– primauté de la pensée rationnelle (observation, expérience, esprit d'examen) appliquée non seulement aux sciences mais aussi aux domaines religieux, politique et social.

Thèmes
– critique des préjugés ;
– lutte contre la superstition et le fanatisme ;
– anticléricalisme ;
– refus de la métaphysique et des dogmes religieux, facteurs de division ;
– tolérance et liberté ;
– recherche du bonheur.

Formes
« Tous les genres [...] sauf le genre ennuyeux » (Voltaire) :
– essais, contes, romans, articles de dictionnaire, discours, pamphlets ;
– prédilection pour la tonalité ironique.

Philosophes des Lumières
Voltaire (1694-1778) ;
Montesquieu (1689-1755) ;
Rousseau (1717-1778) ;
Diderot (1713-1784)...

XIXᵉ SIÈCLE

LE ROMANTISME

Mouvement artistique et littéraire, conçu comme une rupture avec les règles, le goût et le Beau classiques ; amorcé dès la fin du XVIIIᵉ siècle par le courant sensible (inspiré de Rousseau). 1820-1850.

Thèmes
– la primauté de la sensibilité ;
– l'aspiration vers l'infini et le sentiment religieux ;
– le désir d'évasion (goût du passé et goût de l'exotisme) ;
– la mélancolie et le mal de vivre (vague des passions, mal du siècle, spleen) ;
– la valorisation de l'individu ;
– la mission prophétique du poète.

Formes
– poésie (ou prose) lyrique (méditation ou exaltation) ; tonalité épique, ou élégiaque ;
– goût du pittoresque mais aussi du symbole ;
– métaphores, allégories, mouvements oratoires, musicalité ;
– mélange des genres dans le théâtre.

Écrivains romantiques
Chateaubriand (1768-1848) ;
Lamartine (1790-1869) ;
Musset (1810-1857) ;
Hugo (1802-1885).

LE RÉALISME

Courant artistique qui se développe entre 1848 et 1890 en réaction contre l'idéalisme et le lyrisme du romantisme.

Principes
– la reproduction la plus fidèle possible de la réalité ;
– le romancier, comparable au savant, applique les méthodes des sciences expérimentales et la philosophie positiviste.

Thèmes
– l'influence du milieu sur l'individu ;
– les mœurs d'une époque, d'un milieu, d'une classe éclairées par le contexte historique, politique et social ;
– la vie urbaine, la vie provinciale ;
– misères sociales et ascension sociale.

Formes
– roman « objectif » à la 3ᵉ personne ;
– intrigues tirées de faits-divers ;
– descriptions du milieu ;
– goût de la documentation et des termes précis ;
– langage approprié au personnage et à son milieu dans le dialogue ;
– recherche du fait « vrai ».

Écrivains réalistes
Stendhal (1783-1842) ;
Balzac (1799-1850) ;
Flaubert (1821-1880).

XIXe SIÈCLE

LE NATURALISME

Mouvement littéraire de la fin du Second Empire, né de l'influence des sciences, de la médecine expérimentale et des débuts de la psychiatrie.

Principes
– renforce certains caractères du réalisme ;
– le romancier vérifie expérimentalement dans ses romans le rôle des déterminismes sociaux et biologiques sur l'individu et le groupe.

Thèmes
– le rôle du physiologique (plus que du psychologique) ;
– étude des tares physiques et psychiques ;
– l'hérédité et le milieu ;
– le monde du travail (commerce, industrie…) ;
– les paysages urbains ;
– le machinisme et la Révolution industrielle.

Formes
– cycle romanesque couvrant plusieurs générations (*les Rougon-Macquart* de Zola) ;
– description du milieu ;
– vocabulaire technique ou spécifique ;
– langage parlé ou populaire ;
– métaphores et grossissement épique (chez Zola).

Écrivains naturalistes
Zola (1840-1902) ;
Maupassant (1850-1893) ;
Daudet (1840-1897)…

LE SYMBOLISME

École poétique (de 1885 à 1900) née dans le prolongement de la poésie de Baudelaire. En réaction contre le naturalisme.

Principes
– subjectivité de la connaissance ;
– suggérer plutôt que nommer, décrire ou raconter.

Thèmes
– mythologie, légendes médiévales, récits et personnages bibliques ;
– les correspondances entre les sensations ;
– les correspondances entre le monde sensible et les réalités qu'il cache et révèle parfois ;
– la poésie comme moyen d'accès à ce monde caché.

Formes
– poèmes en prose ;
– vers libre ;
– symboles ;
– vers impair et recherche de la musicalité.

Poètes apparentés au symbolisme
Verlaine (1844-1896) ;
Rimbaud (1854-1891) ;
Mallarmé (1842-1898).

XXᵉ SIÈCLE

LE SURRÉALISME

Mouvement esthétique né au lendemain de la guerre de 1914-1918.

Principes
– expression de l'inconscient ;
– rôle du hasard et des associations fortuites dans la création artistique ;
– refus des catégories esthétiques traditionnelles ;
– l'art comme instrument de libération et de révolution.

Thèmes
– l'amour fou et la femme ;
– la révolte ;
– la magie des villes et les rencontres insolites ;
– l'inconscient, le rêve, l'imagination ;
– les phénomènes paranormaux.

Formes
– poèmes ;
– écriture automatique, jeux surréalistes, collages, calligrammes ;
– associations d'idées, d'images, de métaphores étonnantes.

Écrivains liés au surréalisme
Breton (1896-1966) ;
Éluard (1895-1952) ;
Aragon (1897-1982) ;
Desnos (1900-1945).

L'ABSURDE

Notion philosophique issue de l'existentialisme, illustrée dans les années 1940 dans des œuvres qui expriment l'absurdité de la condition humaine et l'« étrangeté » de l'homme. Sartre *La Nausée*, 1938, *Huis-clos*, 1944 ; Camus, *L'Étranger*, 1942.

THÉÂTRE DE L'ABSURDE

Nom donné à un ensemble d'œuvres théâtrales créées dans les années 1950 ayant en commun leur rupture avec le théâtre traditionnel.

Principes
– refus du théâtre réaliste et psychologique ;
– mise en question de l'intrigue ;
– distanciation.

Thèmes
– solitude de l'homme, silence du monde ;
– attente ;
– plongées dans l'inconscient ;
– insignifiance ou prolifération du langage.

Formes
– disparition des structures traditionnelles (actes, scènes) ;
– monologues, non sens, répétitions, incohérences ;
– importance des didascalies ;
– rôle envahissant des objets.

Principaux dramaturges de l'absurde
Eugène Ionesco (1912-1994) ;
Samuel Beckett (1906-1989).

NOUVEAU ROMAN

Nom donné à un ensemble d'œuvres romanesques écrites dans les années 1950, marquées par la déconstruction du roman traditionnel.

Principes
– refus du roman psychologique ;
– remise en question et abandon du personnage ;
– refus du déroulement chronologique.

Thèmes et formes
« L'aventure de l'écriture » devient le sujet du roman :
– nouveaux procédés de narration, de construction ;
– absence d'intrigue ;
– discontinuité du récit ;
– précision minutieuse de la description, limitée au « regard » sans arrière-plan psychologique ;
– monologue intérieur.

Principaux romanciers représentant ce courant
Alain Robbe-Grillet (né en 1922) ;
Michel Butor (né en 1926) ;
Nathalie Sarraute (née en 1902) ;
Claude Simon (né en 1913).

Index des notions

A

Abstrait (mot) 72
Absurde (comique de l'absurde) 125 (raisonnement par l'absurde) 152 (théâtre de l'absurde) 183, 285
Accent tonique (rythme du vers) 116
Action (dans le roman) 173 (au théâtre) 181
Adjuvant 174, 182
Alexandrin 115
Allégorie 105
Allitération 12, 117
Alternance métrique 116
Amplification (figures par amplification) 106 (amplification rythmique par anaphore) 106 (épique) 1125 (dans le pamphlet) 199
Anacoluthe 107
Anagramme 12
Analogie (figures par analogie) 105
Analytique (plan) 152
Anaphore 106
Antiphrase 106
Antithèse 106
Antonyme 67 (Ex. 4)
Aparté 181
Argument 144 (et exemple) 161 (argument d'autorité) 161 (dans le résumé) 239 (dans la dissertation) 276
Argumentation (et information) 142 (procédés d'éloquence) 151 (logique) 151 (et illustration) 161 (dans un essai) 199 (étude d'une argumentation) 226, 236, 248
Argumentatif (texte) 45, 144, 152, 161, 167
Art poétique 190, 195-196
Assonance 12, 117
Atténuation (figures par atténuation) 106
Auteur (/narrateur) 133
Autobiographie 200-201
Axe de lecture (dans la lecture méthodique) 210 (axes d'étude dans le commentaire composé) 266-267

B

Ballade 191
Baroque 54-55, 282

C

Calembour 125
Calligramme 191
Caricature 125
Catastrophe tragique 182
Catharsis 182
Césure 115
Champ lexical 71 (dans le texte argumentatif) 229
Champ sémantique 66
Chiasme 106
Chronologie (dans la narration) 133
Citation (rôle dans l'argumentation) 161-162 (dans le commentaire composé) 268
Clair-obscur 19
Cliché 105
Comédie 183
Comique (tonalité) 125 (comique verbal/de caractère/de situation) 125
Commentaire (dans la narration) 133
Commentaire composé 264
Communication (écrite) 12 (orale) 12 (littéraire) 34
Comparaison 105 (comparé/comparant) 105
Comparatif (plan) 152
Composition (mots composés) 65
Concessif (raisonnement) 152
Conclusion (de la lecture méthodique) 211 (de l'étude ou de la comparaison de textes argumentatifs) 240 (du développement, de la réfutation, de la discussion d'une argumentation) 251 (du commentaire composé) 267 (de la dissertation) 277
Concret (mot) 72
Conditionnel (valeur d'emploi) 87
Connecteurs logiques (tableau) 153
Connotation 72 (et poésie) 192
Contexte (biographique, historique, artistique, littéraire) 56 (culturel dans la connotation) 72
Contre-rejet 117
Couleurs 18
Coup de théâtre 181
Coupe (du vers) 115
Création littéraire 32
Critique (d'art) 21 (raisonnement critique) 152

D

Décasyllabe 115
Déductif (raisonnement) 151
Dénotation 72
Dénouement (au théâtre) 181
Descriptif (texte) 45, 134
Description 134 (ordre de la description) 134 (fonctions ornementale/descriptive/symbolique) 134
Destinataire (ou récepteur) 12, 95
Dérivation 65
Développement (dissertation) 277
Dialectique (plan) 152
Dialogue (théâtre) 191 (dans un essai) 199
Didactique (tonalité) 125
Didascalies (indications scéniques) 181
Diérèse 115
Dilemme tragique 182
Discours (oral) 12 (opposition discours/récit) 44 (temps du discours) 87-88 (énonciation) 96 (tonalité oratoire) 125 (discours argumentatif) 144, 151 (discours au théâtre) 181
Discours rapportés 44, 96-97, 133
Dissertation 272
Distique 191
Dizain 191
Dramatique (tonalité) 125
Dramatisation 181
Drame 183 (drame romantique) 183

E

Emphase (par hyperbole) 106
Enjambement 117
Énonciation (du discours/ du récit) 44 (situation d'énonciation : définition) 95 (présence/absence des marques de l'énonciation) 96, 133 (dans l'argumentation) 144 (tableau récapitulatif) 228 (dans l'essai) 199
Entretien (oral du Bac) 218 (types de questions) 218
Épopée 125, 192
Épique (tonalité)125
Épistolaire (écriture) 200
Espace (dans le roman) 174
Essai 199
Étymologie 65
Étymon (ou racine) 65
Euphémisme 107
Évaluatifs (termes affectifs et évaluatifs) 96 (dans l'argumentation) 144
Évolution (des mots) 65
Exemple 144 (illustratif/argumentatif) 161 (types d'exemples : historique, littéraire, statistique, personnel...) 161 (étude du texte argumentatif) 239, 250 (dissertation) 276
Explicatif (texte) 45,143
Exposition (au théâtre) 181
Expressif (texte) 45

F

Fable 161, 192
Farce 183
Fiction (romanesque) 173
Figures (de rhétorique) 104
Focalisation (dans l'image) 20 (externe/interne/zéro) 134-135
Fonction du langage (expressive) 34 (poétique) 34, 66
Formes fixes (poésie) 191
Futur (valeur d'emploi) 88

G

Genre (roman, théâtre ...) 44 (autres genres en prose) 198
Gradation 107
Groupement de textes (confrontation des thèmes, des structures...) 218

H

Harmonie imitative 117
Hémistiche 115
Heptasyllabe 116
Héros (du roman) 173
Hexasyllabe 116
Huitain 191
Humour 125
Hymne 192
Hyperbole 106

I

Image 16 (en chaîne) 19 (et texte) 20
Imparfait (valeur d'emploi) 88
Implicite (dans la logique de l'argumentation) 152 (jugement implicite) 168 (dans une lettre) 200
Impressif (texte) 45
Incipit 57 (du roman)178 (Ex. 8)
Indices (temporels) 88 (dans la narration/la description) 133 (spatio-temporels de l'énonciation) 96 (indices personnels de l'énonciation) 95, 133-134 (du jugement et des sentiments du locuteur) 96, 134-135
Inductif (raisonnement) 151
Informatif (texte) 143
Information (présentation, classement) 143
Injonctif (texte) 45
Interrogation rhétorique 80, (dans la tonalité oratoire) 126
Intonation 12
Intrigue (dans le roman) 173 (au théâtre) 181
Introduction (de la lecture méthodique) 211 (de l'étude ou de la comparaison des textes argumentatifs) 240 (du développement, de la réfutation, de la discussion d'une argumentation) 250 (du commentaire composé) 267 (de la dissertation) 276
Ironie (par antiphrase) 106 (tonalité) 125 (et implicite) 168 (dans le pamphlet) 200

L

Lecture méthodique 208 (déroulement de l'épreuve à l'oral du Bac) 210-211
Lettre (réelle/fictive) 200
Lexique 64 (concret/abstrait) 72 (affectif, appréciatif) 73, 96 (tableau récapitulatif) 228 (dans l'étude du texte littéraire) 259
Litote 107

Locuteur (émetteur) 12, 45, 95 (dans le texte informatif/argumentatif) 143, 144
Logique (de l'argumentation) 152 (tableau récapitulatif) 228
Lumières (mouvement des) 283
Lyrisme 125, 192

M

Mélioratif 73
Métaphore 105 (métaphore filée) 105
Métonymie 105
Mètre (les différents mètres) 115
Métrique 115
Mythe (et poésie) 192
Modalisateurs 96 (dans l'argumentation) 144
Modalité (déclarative/interrogative/exclamative/ impérative) 80
Mode du verbe (indicatif/sujonctif/impératif/infinitif/participe) 87
Monologue 181

N

Narrateur (distinction auteur/narrateur) 133 (dans le roman) 175 (dans l'autobiographie) 200-201
Narratif (texte) 145, 133
Narration 133 (à la première/à la troisième personne) 133 (dans le roman) 175 (dans l'autobiographie) 200
Naturalisme 56, 284 (et roman) 160
Néologisme 65
Nœud dramatique 181
Nouveau roman 173, 285

O

Objet (fonction du personnage) 174
Octosyllabe 115
Ode 192
Œuvre (texte dans l') 56
On (valeurs du pronom) 95
Onomatopée 117
Opposant 174
Opposition (figures par opposition) 106
Oratoire (tonalité) 126
Oxymore 106

P

Pamphlet 199
Paradoxe 106
Paratexte 57
Parodie 125 (complicité avec le lecteur) 168 (dans le pamphlet) 199
Paronomase 12
Passé simple (valeur d'emploi) 87-88
Pathétique (tonalité) 125
Péjoratif 73
Période 79, 117, 126
Péripétie (au théâtre) 181
Périphrase 106
Personnage (romanesque) 174 (de théâtre) 181-182
Personnification 105
Perspective géométrique 18
Phonème 117
Phrase (verbale/nominale) 79 (simple/composée/complexe) 79 (ordre de la) 79 (phrase et vers) 117
Plan (dialectique/analytique/comparatif) 152 (plan de l'étude du texte argumentatif) 240 (comparaison de textes argumentatifs) 241 (développement, réfutation, discussion d'une thèse) 250, 251 (commentaire composé) 267 (dissertation) 276
Pléiade 282
Poème en prose 191
Poésie (vers et prose) 191 (fonctions de la poésie) 192
Point de vue (dans les arts de l'image) 20 (dans la description et le récit : externe/interne/omniscient) 134-135
Polémique (tonalité) 125 (dans l'argumentation) 144 (présupposition et polémique) 167 (dans le pamphlet) 199
Polysémie 66 (et poésie) 192
Ponctuation (et logique de l'argumentation) 152
Portrait 134 (psychologique) 134 (fonctions) 134
Préfixe 65
Présent (valeurs du présent de l'indicatif) 87
Presse (texte de) 143
Présupposition 167
Problématique (d'une argumentation) 144 (d'un sujet de dissertation) 275
Pronoms personnels (de la présence/de l'absence) 95
Prose (et poésie) 191 (prose non romanesque) 198
Prose cadencée 117

Q

Quatrain 191
Questions (dans l'entretien à l'oral) 218 (sur le texte argumentatif) 228 (étude et commentaire d'un texte littéraire) 259 (tableau récapitulatif des questions d'observation, d'analyse et d'interprétation) 259, 260
Quintil 191
Quiproquo 181

R

Raisonnement (inductif/déductif/concessif/critique/par l'absurde) 151-152
Réalisme 283 (dans le roman) 173
Réception d'une œuvre 35
Récit (en images) 19 (opposition récit/discours) 44 (temps du récit) 87-88 (énonciation) 96 (narration) 133 (composition du récit) 133 (récit et description) 133 (point de vue) 134 (récit informatif) 143 (récit romanesque) 173 (récit emboîté) 175 (récit autobiographique) 200
Réfutation (d'une thèse) 250
Rejet 117
Relations logiques (dans l'argumentation) 153 (dans le résumé) 239 (dans le commentaire composé) 267
Réplique (de théâtre) 181
Représentation théâtrale 182
Réseau (voir champ lexical) 70
Résumé (dans le roman)175 (épreuve à l'examen) 239
Rhétorique (définition) 105 (figures) 104 (rhétorique de l'argumentation) 240
Rime (pauvre/suffisante/riche) 118 (féminine/masculine) 118 (suivie/croisée/embrassée/intérieure) 118 (sémantique/anti-sémantique) 118
Roman (information et fiction) 143 (genre romanesque) 172 (moralité du roman) 173(personnages/espace/ temps) 173-174 (roman par lettres) 175, 200
Romantisme 56, 283
Rondeau 191
Rythme (à l'oral)12 (dans un texte en vers/ en prose) 117 (binaire/ternaire/croissant/accumulatif) 116

S

Satire (dans la comédie) 183 (dans un pamphlet) 199
Scène (dans le roman) 175 (dans le théâtre) 181
Sens (propre/figuré) 66
Septain 191
Séquence (narrative) 173
Signe 11 (de l'image) 18
Signifiant 11 (jeu sur le signifiant) 12 (avec plusieurs signifiés) 66
Signifié 11 (sens et forme) 34 (polysémie) 66
Situation (au théâtre) 181
Sizain 191
Sonnet 191
Sonorités 117
Stratégie argumentative (tableau récapitulatif) 228 (analyse) 240
Strophe 191
Structure narrative 173
Style 34 (richesse stylistique de la polysémie) 65 (direct/indirect/indirect libre) 96-97
Subordonnée (relative/conjonctive) 79
Substitution (figures par substitution) 105
Suffixe 65
Sujet (fonction du héros) 173, 182
Sujet de dissertation (typologie) 275 (analyse) 275
Surréalisme 285
Syllabe (compte syllabique en métrique) 115
Syllogisme 152
Symbole 11 (symbolisation dans la métonymie) 106 (dans l'épopée) 125
Symbolisme 284
Synecdoque 106
Synérèse 115
Synonyme 71
Syntaxe 79

T

Temporalité (du récit/de la description) 133, 134 (dans le roman) 174
Temps (du discours/du récit) 44 (valeur des temps) 87 (simples/composés) 87 (dans le roman) 174 (au théâtre) 182 (dans l'autobiographie) 201
Tercet 191
Texte (littéraire) 34 (types de textes) 42 (narratif, descriptif, argumentatif, explicatif, injonctif, impressif, expressif) 45
Théâtre 180
Thème (et champ lexical) 71
Thèse (d'une argumentation) 144, 240 (dans le plan dialectique) 152 (développement, réfutation, discussion d'une thèse) 250-251
Tirade 181
Titre (valeur du) 57
Tonalité (lyrique, épique, tragique, pathétique, comique, dramatique, polémique, didactique, oratoire) 45, 125-126 (unité/mélange des tons) 126
Tragédie 182
Tragique (tonalité) 125
Transition (dans l'étude du texte argumentatif) 240 (dans la discussion) 250 (dans le commentaire composé) 267
Types de texte 42, 259

U

Unités (de temps, de lieu, d'action: règles du théâtre classique) 182

V

Vaudeville 183
Verbe (formes simples/composées) 87 (verbes d'action) 133
Vers (étude, disposition, rythme) 114 (vers libre) 116
Verset 191
Vitesse du récit 174

Index des auteurs

Cet index renvoie aux auteurs des textes et tableaux faisant l'objet d'analyses et d'exercices. Les chiffres en **gras** signalent les textes proposés en « Lecture et Analyse ».

A
Alain 232
Alain-Fournier 37
Allais (Maurice) 164
Anouilh (Jean) 169
Apollinaire (Guillaume) **33**, 63, 119, **124**, 194, **216**
Aragon (Louis) 14, 47, 89, 100, 109, 119

B
Balzac (Honoré de) 15, 36, 60, 62, 74, 76, 98, 109, **132**, 138, 139, 149, 154, **172**, 176
Barreaux (Jacques des) **54**
Baudelaire (Charles) 28, 30, 77, 98, **104**, 108, 120, 122, 123, **142**, 159, 171, 193, 194, 213, 262, 269
Baudrillard (Jean) 243
Beaumarchais (Pierre Augustin Caron de) 74, **180**, 213
Beckett (Samuel) 92, 130, 189
Bergson (Henri) 154
Bernanos (Georges) 270
Berthod (M.) 157
Bettelheim (Bruno) 252
Boileau (Nicolas) 46, 220
Bonaparte (Napoléon) 234
Bonnefoy (Yves) 148
Bossuet (Jacques-Bénigne) 50
Boubat (Édouard) 23, 28
Bourdieu (Pierre) 157
Brécout (Bernadette) 157
Breton (André) 91
Broglie (Louis de) 252, 254
Butor (Michel) 179

C
Caillebotte (Gustave) 25
Caillois (Roger) 103, 155, 244
Camus (Albert) 89, 139, 155, 214, 230, 261
Céline (Louis-Ferdinand) 84, 112
Cendrars (Blaise) 49, 120, 122
Cendrars (Blaise) 49, 120, 122
Chateaubriand (François-René de) 38, 58, 85, 92, 100, 108, 111, 127, 205, 213
Châtelet (Émilie du) **226**
Chénier (André) 110

Clausse (R.) 157
Cocteau (Jean) 14
Colette 39
Corneille (Pierre) 112, 119, 120

D
Danton (Georges-Jacques) 15, 233
Daudet (Alphonse) 137
Debray (Régis) 148
Delacroix (Eugène) **16**
Desnos (Robert) 62, 119, 120
Diderot (Denis) 48, 89, 130, 178, 230, 244
Droit (Roger-Pol) 145
Du Bellay (Joachim) **190**, 193
Dumas (Alexandre) 141, 188
Duras (Marguerite) 81, 139

E
Eluard (Paul) 31, 196

F
Flaubert (Gustave) 36, 39, 51, 81, 90, 102, 204
Fourastié (Jean) 254
Friedrich (Caspar David) 22
Fumaroli (Marc) 149

G
Gautier (Théophile) 110
Genette (Gérard) 55
Gide (André) 252
Giono (Jean) 75, 178
Gouhier (Henri) 164
Gracq (Julien) 253, 270
Grigny (E.) 154
Guéhenno (Jean) 14
Guichard-Meili (Jean) 30

H
Hérédia (José-Maria de) 60
Hugo (Victor) **42**, 46, 53, **70**, 75, 92, 98, 110, 119, 120, 121, 122, 128, 131, 138, 139, 154, **166**, 176, 186, 195, 196, 203, **256**, **264**, 271
Huyghe (René) 148

I
Ikor (Roger) 49
Ionesco (Eugène) 154, 156, 163, 185

J
Jaccottet (Philippe) 81, 195

K
Kowaliski **142**

L
La Bruyère (Jean de) 98, 101, 113, 263
Lacarrière (Jacques) 157
Laclos (Choderlos de) 15
La Fontaine (Jean de) 38, 93, 108, 110, 112, **114**, 136
Lamartine (Alphonse de) 59, 108
Langevin (Paul) 155
La Tour (Georges de) 26
Lévi-Strauss (Claude) 163, 202, 242
Lipovetsky (Gilles) 113

M
Magritte (René) 29
Maistre (Joseph de) 246
Mallarmé (Stéphane) 121, 196
Malraux (André) 48
Marivaux (Pierre Carlet de Chamblain de) **43**, 84, 99, 111, 176
Marot (Clément) 119, 193, 212
Martin du Gard (Roger) 81
Maupassant (Guy de) 15, 48, 77, 85, 101, 136, 139, 140, 177, 212
Mauriac (François) 108, **114**, 163, 178
Maurois (André) 38
Mestiri (Ezzedine) 165
Michaux (Henri) 197
Michelet (Jules) 83, 91, 100, 245
Mirbeau (Octave) 203
Miró (Joan) 24
Molière 83, 99, 129, 155, 169, 185, 187, 232, **236**
Montaigne (Michel Eyquem de) **208**, 231
Montesquieu (Charles de) 102, 171, 176
Montherlant (Henri de) 248
Musset (Alfred de) 47, 61, 84, 85, 120, 184

N
Nerval (Gérard de) 58, 90

O
Obaldia (René de) 127
Ormesson (Jean d') 147

P
Pascal (Blaise) **42**, 89, 101, 110
Pérec (Georges) 76, 138, 179
Piaget (Jean) 254
Picasso (Pablo) 30
Poirot-Delpech (Bertrand) 145
Ponge (Francis) 38, 194
Pratt (Hugo) 27
Préel (Bernard) 49
Prévert (Jacques) 76
Prévost (Abbé) 176
Proust (Marcel) 39, 58, 82, 93, 110

Q
Queneau (Raymond) 51, 220

R
Rabelais (François) **124**
Racine (Jean) 38, 111, 122, 186, 188, 214
Ramonet (I.) 157
Renan (Ernest) 255
Reverdy (Pierre) 120
Rilke (Rainer Maria) 193
Rimbaud (Arthur) 48, 119, 121, 122, 130, 195, 197
Robert (Marthe) 253
Romilly (Jacqueline de) 156
Ronsard (Pierre de) 48, 122, 123
Rostand (Edmond) 52, **64**, 75
Rousseau (Jean-Jacques) **78**, 99, **198**, 235, 243, 247, 254, 261

S
Saint-Amant 122
Saint-John Perse 195
Sand (George) 91, 111
Savigneau (Josyane) 254
Sévigné (Madame de) **94**
Simon (Claude) 39, 82
Staël (Germaine de) 158
Steen (Jan) 24
Stendhal 62, 103, 108, 136, 140, 205
Sully-Prudhomme 137

T
Tardieu (Jean) **10**, 279
Tocqueville (Alexis de) 157
Todorov (Tzvetan) 165
Tournier (Michel) 109

V
Valéry (Paul) 14, 129, **150**, 243
Vallès (Jules) 69
Van Eyck (Jan) 22
Velasquez (Diego) 25
Verlaine (Paul) **43**, 74, 119, 194, 215, **216**, 220
Verne (Jules) 146
Vialatte (Alexandre) 49
Vigny (Alfred de) 170
Villon (François) 127, **216**
Vinci (Léonard de) 242
Voltaire 46, 47, 74, 89, 155, 170, 204, 247, 262

Y
Yourcenar (Marguerite) **86**

Z
Zola (Émile) 59, 60, 90, 128, **160**, 202, 263

Imprimé en France par Hérissey à Évreux - n° 69970 — Dépôt légal n° 14827 - Août 1995